CRIMINALIDADE ORGANIZADA & GLOBALIZAÇÃO DESORGANIZADA

CURSO COMPLETO DE ACORDO COM A LEI 12.850/13

EDUARDO LUIZ SANTOS CABETTE
Delegado de Polícia, Mestre em Direito Social, Pós-graduado com especialização em Direito Penal e Criminologia, Professor de Direito Penal, Processo Penal, Criminologia e Legislação Penal e Processual Penal Especial na graduação e na pós-graduação da Unisal e Membro do Grupo de Pesquisa sobre Ética e Direitos Fundamentais do Programa de Mestrado da Unisal.

MARCIUS TADEU MACIEL NAHUR
Delegado de Polícia, Mestre em Direito, Professor de Filosofia do Direito no curso de Direito e de Filosofia Antiga no curso de Filosofia da Unisal e Membro do Grupo de Pesquisa sobre Ética e Direitos Fundamentais do Programa de Mestrado da Unisal.

CRIMINALIDADE ORGANIZADA & GLOBALIZAÇÃO DESORGANIZADA

CURSO COMPLETO DE ACORDO COM A LEI 12.850/13

Freitas Bastos Editora

Maria Augusta Delgado Livraria Distribuidora e Editora

Editor: *Isaac D. Abulafia*
Capa: *Neilton Lima*
Revisão de Texto: *Wilson Silva*
Diagramação: *Neilton Lima*

DADOS INTERNACIONAIS PARA
CATALOGAÇÃO NA PUBLICAÇÃO (CIP)

C114c

Cabette, Eduardo Luiz Santos
Criminalidade organizada & globalização desorganizada : curso completo de acordo com a lei 12.850/13 / Eduardo Luiz Santos Cabette, Marcius Tadeu Maciel Nahur. – Rio de Janeiro : Freitas Bastos, 2014.
318p. ; 23cm.

ISBN 978-85-7987-184-9

1. Crime organizado – Brasil. 2. Brasil. Lei n. 12.850, de 2 de agosto de 2013. I. Nahur, Marcius Tadeu Maciel II. Título.

CDD- 345.810206

Freitas Bastos Editora

Tel./Fax: (21) 2276-4500
freitasbastos@freitasbastos.com
vendas@freitasbastos.com
www. freitasbastos.com

PREFÁCIO

Durante muitos anos, foram inúmeras as críticas externadas pela doutrina nacional, em virtude da ausência de um conceito de organização criminosa. Sempre se utilizou essa denominação, mas não sabíamos, ao certo, como defini-la. Assim, cada autor tentava, a seu modo, apontar seus traços fundamentais.

Em 24 de junho de 2012, foi editada a Lei nº 12.694, dispondo sobre o processo e o julgamento colegiado em primeiro grau de jurisdição de crimes praticados por organizações criminosas, traduzindo, finalmente, esse conceito através do seu art. 2º.

Não tínhamos, ainda, contudo, uma figura típica que dissesse respeito à constituição de uma organização criminosa. Tal lacuna foi preenchida com o advento da Lei nº 12.850, de 2 de agosto de 2013, que, não somente criou o mencionado tipo penal, como também deu nova definição ao conceito de organização criminosa, além de dispor sobre a investigação criminal, os meios de obtenção da prova, infrações penais correlatas e o procedimento criminal.

Foram muitas e importantes as inovações trazidas pela mencionada Lei nº 12.850, de 2 de agosto de 2013. A doutrina, como se esperava, começou a cumprir o seu papel, de tentar, da melhor forma possível, interpretar a nova legislação.

Neste ponto, ninguém melhor dos que os autores, Eduardo Luiz Santos Cabette e Marcius Tadeu Maciel Nahur, para comentar as novas disposições contidas da Lei nº 12.850, de 2 de agosto de 2013, uma vez que conseguem, com perfeição inigualável, fundir toda sua experiência como delegados de polícia, com a vida acadêmica, já que, ambos, além da função policial que exercem, são professores universitários, pesquisadores e autores de incontáveis obras jurídicas.

Assim, não se podia esperar nada menos do que um trabalho extraordinário e profundo sobre os novos temas que, obrigatoriamente, farão parte do dia a dia daqueles que militam na área penal, e que os autores conseguiram, com muita didática, trazer para as páginas desse livro.

O título, inclusive, sugere o que o leitor terá pela frente. Criminalidade organizada e Globalização desorganizada: Curso completo de acordo com a Lei nº 12.850/13 – é um verdadeiro tratado sobre o tema, que tem o mérito de enfrentar os problemas mais polêmicos que envolvem a criminalidade organizada.

Importante destacar que os autores não se furtaram em enveredar pelas discussões em terrenos inóspitos, fazendo um passeio progressivo, partindo dos problemas da nova ordem econômica global, da economia da criminalidade global, do enfrentamento da criminalidade organizada, até enveredarem no estudo de todos os temas abordados pela Lei nº 12.850, de 2 de agosto de 2013.

É, portanto, uma obra de fôlego, onde o leitor poderá desfrutar de ensinamentos modernos, práticos, aprofundados, sempre com enfoque constitucional, característica marcante dos autores, que fazem parte de uma safra importante de penalistas nacionais.

Assim, só tenho a agradecer aos meus queridos amigos Eduardo Luiz Santos Cabette e Marcius Tadeu Maciel Nahur por terem nos brindado com seu brilhante trabalho que, certamente, passará a ocupar um lugar de destaque nas prateleiras daqueles que, efetivamente, querem conhecer e aplicar corretamente os novos institutos trazidos pela Lei nº 12.850, de 2 de agosto de 2013, que cuida de um tema, infelizmente, mais do que atual, vale dizer, a organização criminosa.

Rogério Greco
Procurador de Justiça
Mestre e Doutor em Direito

SUMÁRIO

INTRODUÇÃO

Já no século XIX, um pensador da utopia, Charles Fourier, provocava o chamado grupo dos intelectuais sobre o constante esquecimento de questões primordiais sempre que iniciavam suas discussões sobre algum assunto de relevância social. Se tratavam da economia industrial, esqueciam-se de analisar a associação entre os homens como base de toda a economia. Se discutiam política, não se lembravam de tratar da taxa de população, cuja medida justa está na base do bem-estar do mundo. Se falavam de administração, não debatiam os meios de operar a unidade administrativa do globo, sem a qual não podem existir nem ordem fixa, nem garantia do futuro. Se abordavam o industrialismo, deixavam de investigar as medidas opressivas da burla, do açambarcamento e da agiotagem, além dos entraves diretos à circulação de bens e serviços. Parece que os intelectuais tinham essa capacidade bizarra de se esquecerem dos problemas fundamentais dos temas que investigavam com suas inquietações teóricas e práticas.

Passado mais de um século, cabe perguntar se essa situação sofreu alguma mudança significativa ou não. Será que os intelectuais estão dotados de informações e conhecimentos acumulados, além de equipamentos de apoio às suas pesquisas, para não se esquecerem, tão facilmente, desses problemas fundamentais ou, ao revés, continuam a esquecê-los de modo sistemático. Esse questionamento não deixa de conter certa armadilha. Se os problemas continuam os mesmos, pode significar que talvez sejam insolúveis e, nesse sentido, de nada adianta se ocupar deles; ao contrário, se os problemas fundamentais são diferentes hoje, só o fato de se rememorar que tenham sido olvidados significa que não incidiram ainda em total esquecimento. Além disso, de certo modo, remete a se pensar que algum progresso já ocorreu nas reflexões sobre eles, mesmo que não de maneira suficiente.

De qualquer modo, alguns pressupostos não podem ser esquecidos. O primeiro é que os problemas fundamentais, hoje, parecem mais incertos do que eram outrora. O segundo é que se algumas correntes e vertentes continuam a se esquecer dos problemas fundamentais, outras têm se esforçado para identificá-los, mesmo com todas as dificuldades inerentes a essa empreitada. O terceiro é que não podem deixar de ser reconhecidos, nos dias atuais, os limites do próprio conhecimento, enquanto são capazes de mobilizar e de travar o embate da ampla diversidade de opiniões como sendo reflexo desses limites e, ao mesmo tempo, meio de sua sempre incompleta superação.

Com essas premissas postas, é possível focalizar o cerne da questão. Trata-se de indagar o que se pode entender, antes de tudo, por problemas fundamentais. Não é tarefa das mais fáceis dizê-lo, de forma categórica e irretocável, como se espera, geralmente, que uma definição cortante o faça com toda precisão e objetividade. Entretanto, isso não pode ser desculpa para não ser apresentada alguma ideia do que eles sejam realmente. Problemas fundamentais são todos aqueles que estão na raiz das instituições e de suas teorias e práticas, modos muito enraizados de estruturação e de ação sociais, que podem ser considerados como fontes de contradições, antinomias, incoerências, injustiças e que repercutem, de forma extensa e intensa, ainda que variável, nos mais diversos segmentos da vida em coletividade.

Se a definição esboçada ainda é precária e suscetível de ajustes, e de fato ela o é, pelo menos já permite visualizar que o contexto mundial atual, uma época fractal, com mudanças de escala imprevisível e distorções difíceis de conceber, não permite que se siga pelo cínico caminho de sempre se lembrar de esquecer, ou, da cegueira que consegue enxergar, mas prefere não ver, ou ainda, do inescrupuloso dialogar com mudos, inclusive sem a linguagem dos sinais, a respeito de alguns problemas fundamentais dos dias em curso. Todos aqueles que não têm se esquivado da abordagem desses problemas fundamentais da sociedade contemporânea sabem das enormes dificuldades que eles suscitam e dos riscos de qualquer simplificação de eventuais alternativas de solução para suas intrincadas engrenagens.

Há heterogêneos pontos de partida para essa abordagem. Entretanto, um deles tem se destacado como uma espécie de primado. Trata-se de modelo analítico que identifica os principais processos de estruturação e da prática social, constelações de relações sociais que asseguram, em conjunto, o ritmo e o sentido da transformação social ou do seu bloqueio. Esse modelo é destacável não por ser melhor que outros, mas porque pode ser aplicado tanto a sociedades nacionais, quanto a sociedades transnacionais contemporâneas. Essas constelações de relações sociais podem ser designadas por espaço-tempo mundial, ou seja, o espaço-tempo das relações sociais entre sociedades territoriais, no sistema mundial, inseridas no contexto conglobante da economia planetária. É nessa linha de relações que se pretende discutir, como questão primordial dos dias em curso, a globalização desorganizada e a criminalidade organizada.

Para avançar nos problemas fundamentais dessa inter-relação, no primeiro item, será apresentada uma análise da globalização em seu contexto e conceito como base para a abordagem mais focalizada da dimensão econômica desse fenômeno, até alcançar o nível alargado do espaço-tempo mundial com a globalização da economia e as interações transnacionais que têm gerado esse processo de circulação da riqueza sem fronteiras, agregando novos mercados das muitas regiões e localidades do mundo, mas nem sempre de uma forma tão inclusiva, simétrica e equânime de países e povos.

Em seguida, já no segundo item, será discutida a nova ordem econômica global, dando-se destaque inicial para a questão da produtividade e da economia informacional, com a subsequente análise do tema da competitividade e do capitalismo, formando um universo de componentes ativos e dinâmicos da economia global, em um processo de reformulação da ordem econômica, tudo contribuindo para a introdução e articulação de uma nova economia mundial.

Superada essa etapa, no terceiro item, serão abordados os impactos da nova ordem econômica, com seus reflexos na diluição do poder do Estado nacional e na expansão do fenômeno além das fronteiras da globalização da riqueza, da globalização da mídia comunicacional e da globalização da criminalidade organizada.

No próximo passo, já em sede de quarto item, haverá um desenvolvimento teórico de uma conexão do mal, enquanto uma teia de inter-relações que envolvem desde uma economia da criminalidade global, até se alcançar uma visão mais articulada da própria criminalidade organizada, a partir de paradigmas, contornos, aspectos essenciais e não essenciais de sua caracterização.

No quinto item, serão apresentados e discutidos os desafios da criminalidade organizada, em uma sociedade contemporânea atordoada e aterrorizada por esse fenômeno tentacular, de muitas faces horrendas, atingindo o global e o local, o que reclama um enfrentamento coordenado entre três dimensões fundamentais, notadamente a ética, a política e a cultural, bem como a proteção jurídica penal e processual penal eficaz e efetiva às suas atividades ilícitas deletérias para a vida coletiva em uma ordem democrática constitucional.

A partir do sexto item iniciar-se-ão os comentários acerca do tratamento legislativo do tema da criminalidade organizada no Brasil por intermédio da Lei 12.850/13. O primeiro tema é a exposição do conceito de "Crime Organizado" sob o prisma jurídico-penal, passando-se ao estudo do novo "Crime de Organização Criminosa" (artigo 2º, da Lei 12.850/13). Serão estudados os diversos institutos especiais de investigação e meios de obtenção de prova, que constituem o arcabouço inovador processual penal da Lei 12.850/13, ofertando novos instrumentos para o enfrentamento do crime organizado (colaboração premiada; ação controlada; infiltração de agentes; acesso a registros, dados cadastrais, documentos e informações; captação ambiental de sinais eletromagnéticos, ópticos e acústicos; interceptação de comunicações telefônicas e telemáticas; afastamento dos sigilos financeiro, bancário e fiscal, e cooperação entre instituições e órgãos federais, distritais, estaduais e municipais na busca de provas e informações de interesse da investigação ou da instrução criminal). No seguimento serão delineados elementos para interpretação e aplicação dos demais crimes previstos na Lei de Organização Criminosa previstos nos artigos 18 a 21. Encerrando, serão abordadas as disposições finais do diploma. Um ponto importante é a determinação do procedimento estabelecido para a apuração dos crimes previstos na Lei 12.850/13. Outra questão refere-se ao decreto de sigilo judicial das investigações e ao acesso da defesa aos autos, tendo em conta princípios constitucionais, tais como o devido processo legal e seus corolários da ampla defesa e do contraditório. Será também abordado o tema das alterações promovidas no antigo crime de "Quadrilha ou Banco" (artigo 288, CP), agora denominado "Associação Criminosa", e suas consequências jurídicas. Na mesma toada será feita menção à alteração levada a efeito no crime de Falso Testemunho ou Falsa Perícia, previsto no artigo 342, CP. Não poderia ser deixada de lado a notícia da revogação total da antiga Lei do Crime Organizado (Lei 9.034/95) e do período de "vacatio legis" disposto pelo legislador para o início do vigor da nova Lei 12.850/13.

Dessa forma, o presente trabalho tem o intento de apresentar o tema da criminalidade organizada com uma análise aprofundada e diferenciada das demais obras existentes, indo ao âmago histórico, social, cultural, econômico, político, ético para, finalmente, desembocar no tratamento jurídico-penal dessa intrincada e complexa questão.

1

A GLOBALIZAÇÃO ECONÔMICA

1.1 – NOTAS PRELIMINARES

A história da internacionalização da economia é longa. As atividades comerciais remontam às primeiras civilizações da Antiguidade. Nos tempos medievais, no chamado Velho Mundo, iniciaram-se as operações comerciais além das fronteiras. Não se ignora que os primeiros tempos das atividades comerciais no Velho Mundo foram bastante difíceis. Um dos maiores obstáculos ao desenvolvimento comercial eram os pedágios. Outro empecilho era o mau estado de conservação dos caminhos, sobretudo nas intempéries, quando se tornavam intransitáveis. Entretanto, o comércio além das fronteiras já dava seus primeiros passos na chamada Baixa Medievalidade. A partir do século XI, cidades da península itálica, como Gênova, Piza e Amalfi, passaram a liderar o comércio no Mediterrâneo Ocidental, enquanto Veneza e Sicília avançavam no comércio com o Oriente. O comércio do norte da Europa era controlado pela Grande Hansa Germânica. A Grande Hansa possuía entrepostos comerciais e diversas localidades, e sua atividades comerciais incluíam, além de vários produtos, as especiarias orientais, comercializadas por rotas muito ativas. Uma delas era a rota do Mar do Norte e do Mar Báltico. Além desses caminhos marítimos, havia também as rotas terrestres que interligavam pelo menos três grandes centros dinâmicos do comércio, quais sejam, Constantinopla, cidades italianas e Flandres. A organização do comércio internacional estava em franca ascensão e se tornava cada vez mais complexa. Com o desenvolvimento do comércio internacional surgiram as sociedades capitalizadas e lucrativas. O regime de circulação monetária também já dava seus passos mais alargados e novos meios de pagamento eram engendrados sem a utilização daqueles metais já tão conhecidos (ouro, prata e cobre). As portas estavam abertas para o início do acúmulo de capital, isto é, um modo pelo qual o capital se avoluma como resultado do lucro obtido nas atividades econômicas. De um modo geral, do século XII ao XV, a economia europeia esteve em ascensão e com a tendência maior para avançar rumo à prosperidade, ainda que houvesse momentos de retração. Já se falava de crise econômica e de busca de sua superação, sempre com foco na ampliação de atividades comerciais por novos mercados, especialmente pela via da expansão marítima e com o suporte da acumulação de capital baseado na circulação de mercadorias e não na produção. No final do século XIV, estima-se que mais de uma centena das companhias bancárias italianas operavam de maneira multinacional. Nos séculos seguintes, do XV ao XVIII, o apoio do Estado às atividades comerciais, a longa distância, ampliava-se bastante, enquanto as grandes companhias de comércio coloniais estabeleciam-se por diversas regiões do mundo. Surgiram as Companhias das Índias e da África Real. Uma revolução comercial preparou o caminho para uma outra revolução, ainda mais transformadora das relações econômicas internacionais. Era a revolução industrial, que dava seus primeiros e decisivos passos rumo a uma nova ordem mundial. A essa altura já havia uma significativa acumulação de capitais, deflagrada na transição feudalismo-capitalismo, a partir da substituição de oficinas pelas manufaturas, modernização da estrutura produtiva dos campos, incremento da atividade comercial em âmbito mundial, atividades de corsários camufladas e expressivo crescimento do sistema bancário, disponibilidade de matéria-prima, condições técnicas favoráveis, disponibilidade de fartas matérias-primas, meios de transporte mais dinâmicos, em especial frotas mercantes, e existência de mercados consumidores. Da maquinofatura à expansão industrial e desta ao notável avanço tecnológico, a Revolução Industrial, em sua fase mais avançada, promoveu a crescente ampliação da produção, a rápida obsolescência de produtos, a miniaturização da produção e a padronização dos hábitos de consumo, tudo contribuindo para ciclos intermináveis de (in)satisfação de um mercado globalizado. Nesse sentido, em um primeiro momento, serão apresentados uma contextualização desse fenômeno chamado globalização e o esboço de um conceito que ajude a compreender os principais elementos caracterizadores desse processo de expansão da circulação mundial das riquezas. Em seguida, será apresentada a ideia de que a globalização comporta facetas multifacetárias, não obstante a sua dimensão econômica seja, na contemporaneidade, a mais propagada e também a mais incrementada, tornando-se objeto primordial das análises teóricas e práticas. Na etapa subsequente, será colocado em mira, dentro dessa perspectiva econômica, o aspecto do espaço–tempo mundial da cada vez mais crescente globalização da economia e seus reflexos nos países e povos, nem sempre capazes de promoverem inclusões e relações mais equilibradas entre países e povos nos quadrantes dos hemisférios do mundo. Por último, será discutido o quanto essa globalização econômica contou com o engajado e engrenado suporte e com o apoio decisivo e determinado da economia política mobilizada por interesses de lideranças governamentais ou de pessoas próximas dessa esfera deliberativa do poder.

1.2 – CONTEXTUALIZAÇÃO E CONCEITO DE GLOBALIZAÇÃO

Em vários contextos e por diversos fatores, é frequente surgir o termo globalização. Fala-se de globalização para expressar a deslocalização de empresas, de grandes marcas de mercadorias, da circulação de bens e serviços, da competitividade mundial entre grupos transnacionais, do comércio internacional, das migrações planetárias.

As definições de globalização têm variado de acordo com o fenômeno focalizado. Alguns acentuam o aspecto multidimensional do processo. Outros assinalam tratar-se de um processo civilizacional inevitável. Há quem sublinhe seu aspecto político, social e cultural. E não faltam aqueles que identificam mais a sua dimensão econômica, associando o fenômeno à sua vertente financeira, ao sistema capitalista e ao modelo neoliberal da modernidade.

De qualquer modo, a globalização envolve um processo em escala mundial com a crescente interligação e interdependência entre Estados nacionais, organizações da sociedade civil e indivíduos por todo o planeta. Traz a não territorialidade de relações de toda ordem, não mais confinadas a determinados marcos de fronteira. Além disso, a globalização também ajudou a viabilizar os desenvolvimentos tecnológicos, facilitando a comunicação global entre indivíduos e instituições, bem como contribuiu para a circulação, cada vez mais ágil, de bens e serviços por todo o mundo. Trata-se de um fenômeno complexo e abrangente, capaz de promover modificações profundas nas muitas e múltiplas relações políticas, econômicas, sociais e culturais.

No entanto, não se pode deixar de dar destaque para um aspecto que parece sobressair-se na complexidade e abrangência da globalização: é o de sua história de inserção na trajetória do capitalismo e da economia de mercado.

O mundo está diante da integração mais estreita entre países e povos, resultante da facilitação de comunicações, de transportes, da destruição de barreiras artificiais à circulação de mercadorias, capitais, serviços, conhecimentos e pessoas, para além das fronteiras. É um processo que tem conduzido ao condicionamento crescente das políticas econômicas nacionais pela esfera hipereconômica, ao mesmo tempo em que se adensam as relações de interdependência, dominação e dependência entre atores nacionais e internacionais, na busca de estabelecimento de suas estratégias no mercado global.

Já no século XIX, emergiu a noção de que a globalização traduzia a ideia de que o processo de modernização implicava uma crescente integração do mundo.

É fato que as atividades comerciais a distância, por meio de rotas marítimas e terrestres, datam de tempos históricos mais remotos. Entretanto, tem se preferido apontar a expansão ultramarina empreendida pelos povos ibéricos (portugueses e espanhóis), com suas grandes navegações transatlânticas, como os primórdios do fenômeno moderno da globalização.

De qualquer maneira, é importante visualizar duas realidades distintas. A primeira é a designada economia mundial, isto é, a economia do mundo considerado em sua dimensão global, com o mercado constituído e alastrado por todas as regiões do mundo. A segunda é a nomeada economia–mundo, ou seja, uma economia que ocupa determinado espaço territorial e, desse modo, com todos seus limites, o que significa um modelo que se submete a um epicentro ou, então, a alguns poucos polos de poder. É a primeira concepção que traduz o fenômeno da chamada globalização econômica contemporânea. Uma economia com a capacidade de funcionar como uma unidade em tempo real, em escala planetária.[1]

1 BRAUDEL, Fernand. *Civilisation Matérielle et Capitalisme: XV–XVII siècle*. Paris: Armand Colin, 1967, p. 11–13.

Apesar de toda essa dimensão histórica, não se pode dizer que a globalização econômica não seja portadora de novidade. Na realidade, essa globalização compreende novas dinâmicas, levando a um acelerado e contínuo processo mais generalizado de integração local, regional e mundial. A globalização rompe e recria o mapa do mundo, inaugurando outros processos, outras estruturas e formas de sociabilidade que se articulam entre tribos, povos e nações. Os territórios e as fronteiras, os estilos de vida, as culturas e as civilizações parecem mesclar-se, confrontar-se e dinamizar-se em outras modalidades, direções e possibilidades. Alteram-se as sensações e as noções de próximo e distante, lento e célere, passado e presente, atual e remoto, visível e invisível, singular e universal. O mundo contemporâneo assiste ao fenômeno do "global", enquanto relações, processos, estruturas de apropriação e dominação desenvolvidos em escala mundial. São articulações, integrações, tensões e contradições, envolvendo uns e outros, organizações e instituições, ou mesmo as mais diversas realidades sociais, de tal modo que a globalização pode aparecer, mais ou menos decisivamente, na forma pela qual se mobilizam indivíduos e coletividades no novo mapa-múndi. A envergadura das relações, processos e estruturas de âmbito mundial, com as suas implicações locais, regionais e nacionais, exige conceitos, categorias e interpretações de alcance global. Trata-se de um contexto em que são elaboradas noções como multinacional, transnacional, mundial, planetário e global. E outros, ainda, como aldeia global, nova ordem econômica mundial, mundo sem fronteiras, o não territorial, cosmopolitismo, capitalismo global. Tudo está repleto de enigmas teóricos. Ocorre que a globalização, enquanto não só totalidade abrangente e integrativa, mas também complexa, fragmentária e contraditória, em acelerada escala crescente, subsume culturas e civilizações, sem esquecer-se de que essas múltiplas realidades também influenciam a globalização em sua totalidade. De fato, é um fenômeno envolto em enigmas. Pelo menos, cinco deles podem ser suscitados e se entrelaçam nas dinâmicas e conformações das sociedades contemporâneas.

O primeiro enigma é que a realidade social torna-se diferente, nova e surpreendente. Revela-se mundial, nacional, regional, local, simultaneamente, sem esquecer o tribal. Muito do que é particular revela-se também geral. O individual e o coletivo constituem-se na trama das formas de sociabilidade e no jogo das forças sociais em desenvolvimento em âmbito global. Muito do que pode ser identidade e alteridade, nação e nacionalidade, ocidental e oriental, expressa-se nos variados modos de sociabilidade que são desenvolvidos na globalização com sua indisfarçável onipresença. Nesse cenário complexo, desenvolvem-se e mesclam-se relações, processos e estruturas, demarcando as configurações e os movimentos da sociedade global. Uma sociedade em que se inserem dinâmicas relacionais entre os indivíduos e as coletividades, os grupos e as classes sociais, os movimentos sociais e as miríades decorrentes de opinião pública.

O segundo enigma é a insuficiência do acervo teórico das ciências sociais para lidar com essas novas realidades, exigindo nova elaboração de conceitos, categorias e leis. São muitos os recursos teóricos acumulados pelas várias teorias da realidade social que se tornam problemáticos, inadequados ou mesmo carentes de complementação. Ocorre que os conceitos, as categorias e as leis, em sua maioria, têm como referencial a "sociedade nacional." Entretanto, agora a questão desloca-se para a "sociedade mundial", em toda sua originalidade e complexidade, considerando-se as dificuldades ainda maiores de interpretação de seus movimentos e de suas configurações. Decorre desse aspecto a importância de metáforas ou noções, ainda que fluidas, de mundo sem fronteiras, aldeia global, fábrica global, cidade global, divisão transnacional da produção, estruturas mundiais de poder, cultura global, mídia global, sociedade civil mundial, cidadão do mundo, mercados mundiais.

O terceiro enigma refere-se ao aspecto da orientação multidisciplinar. A originalidade e a complexidade da globalização, no seu todo ou em seus mais distintos aspectos, desafiam sugestões e conquistas de várias teorias sociais. Acontece que a globalização pode ser vista como um processo político, econômico, social, cultural, compreendendo problemas dos mais diversos matizes. Mesmo que haja destaque para um ou outro ângulo de análise, não há como deixar de enxergar a globalização como uma teia de muitas e múltiplas realidades.

O quarto enigma relaciona-se com a dimensão comparativa. A globalização envolve comparações mais ou menos complexas, e nem por isso menos rigorosas. Na medida em que a globalização descortina um vasto e complexo cenário de realidades plurais, é preciso mapear ângulos e tendências, condições e possibilidades, recorrências e descontinuidades, diversidades e desigualdades, impasses e rupturas, avanços e retrocessos.

O quinto enigma reabre a discussão presente–passado. Quando se opera a globalização, tanto se criam novos desafios e renovadas perspectivas para a compreensão do presente, como se abrem outras possibilidades de interpretação do passado. A partir dos horizontes da globalização, o passado pode revelar-se ainda pouco desvendado e carente de novas interpretações. É como se uma nova luminosidade permitisse clarificar com outras cores aquilo que já estava desenhado, assim como sugerisse novos traços ainda não percebidos. Desde as novas perspectivas, são várias as realidades que podem ser repensadas.

O sexto enigma traz de volta o problema do sujeito do conhecimento. Ele precisa a todo tempo rever suas posições adotadas com frequência. Posições cômodas ou mesmo estratégicas precisam ser reavaliadas e, não raras vezes, modificadas em profundidade. Quando se trata da problemática global, o sujeito do conhecimento é desafiado a deslocar o seu olhar por muitos lugares e diferentes perspectivas, como se estivesse viajando pelo mapa do mundo. As exigências de novas reflexões envolvem a adoção de uma visão de longo alcance, capaz de mover-se do indivíduo à coletividade, transitando por povos e nações, tribos e nacionalidades, grupos e classes sociais, culturas e civilizações.

Percebe-se que são muitos os processos e complexas as estruturas, visíveis ou opacas, no vasto e complicado "palco constituído com a globalização do capitalismo, como modo de produção e processo civilizatório."[2] Nesse emaranhado de um processo civilizatório, entretanto, nos tempos atuais, descortina-se uma perspectiva de uma economia global, com sua estrutura e dinâmica, marcada pela acumulação de capital em avanço por todo o mundo.

1.3 – A DIMENSÃO ECONÔMICA DA GLOBALIZAÇÃO

As leituras da globalização econômica, com maior ou menor grau, inspiram-se no conceito de modo de produção capitalista com toda sua arquitetônica modeladora da sociedade e das relações pautadas por esse sistema. De fato, enquanto um modelo civilizacional, o capitalismo é veículo da globalização econômica, na medida em que suas instituições específicas, tais como mercados, bens materiais e imateriais, mercadorias, trabalho assalariado e propriedade privada dos meios de produção, facilitam as trocas econômicas em todas as distâncias. É possível até mesmo apresentar uma espécie de subdivisão da dimensão econômica da globalização em quatro grandes grupos. O primeiro corresponde à produção de bens e serviços. O segundo refere-se ao capital e ao mercado

2 IANNI, Octavio. *Teorias da globalização.* 4. ed. Rio de Janeiro: Civilização Brasileira, 1997, p. 21.

financeiro. O terceiro relaciona-se ao mercado de trabalho e à mão de obra. O quarto diz respeito ao comércio mundial de mercadorias.

O crescimento do comércio mundial, certamente, é o mais remoto fundamento da globalização econômica, ao articular produtores e consumidores, nas mais diversas distâncias espaciais, e ao estabelecer uma relação de interdependência entre todas elas.

O capital transnacional e o alavancar do capitalismo financeiro fizeram desse mercado de ativos, especialmente, o mais globalizado de todos os mercados. A liberalização dos fluxos de capitais, aliada às revoluções tecnológicas da informação e da comunicação, permitindo o deslocamento volátil das aplicações e dos investimentos, tem sido considerada o centro nevrálgico da globalização econômica. Podem ser até mesmo identificadas três etapas no desenvolvimento dos mercados financeiros internacionais. De 1870 a 1914, a Grã-Bretanha era o maior exportador de capitais e o mais importante centro financeiro internacional. O crescimento das empresas estrangeiras quintuplicou nesse período. De 1920 a 1939, os Estados Unidos da América do Norte tornaram-se um ator econômico poderoso, fornecendo fundos líquidos ao sistema financeiro internacional, embora tenham reduzido os empréstimos a determinados centros estrangeiros. De 1947 a 1985, a administração financeira contava com a presença ativa de instituições mundiais, e o capital privado de matizes dos mais diversos ganhou muita proeminência como fonte de abastecimento do sistema financeiro global.

Outra dimensão importante da globalização econômica é a internacionalização da própria produção de bens e serviços. Houve uma progressiva transição da produção em série, demasiado rígida e dispendiosa, para sistemas produtivos mais flexíveis. A grande empresa de integração vertical como modelo organizacional sofreu profundas alterações em suas estruturas e estratégias de gestão dos negócios, com a formação de redes empresariais, em um processo intenso de circulação dos mais variados bens e serviços para novos mercados, buscados de forma contínua e frenética.[3] O mercado de trabalho e a mão de obra na globalização econômica têm se direcionado, cada vez mais, para a adoção de sistemas de fornecimento momentâneo, controle de qualidade total das mercadorias, com redução de custos, envolvimento de todos os trabalhadores no processo produtivo e alta especialização dos conhecimentos, com desenvolvimento de múltiplas competências e habilidades.

3 GILPIN, Robert. *O Desafio do Capitalismo Global*. Rio de Janeiro: Record, 2004, p. 33-35.

De qualquer maneira, todo esse complexo estruturante da globalização econômica não escapa ao primado da deslocalização da produção de bens e serviços, com a presença marcante e pujante, pelas mais diversas partes do mundo, das chamadas empresas transnacionais.

As empresas transnacionais organizam seus investimentos, sua produção e disponibilização de bens e serviços em mais de um país. Essas empresas estão presentes em quase todos os setores da atividade econômica. Em alguns segmentos atingem uma pujança econômica gigantesca, superando até determinados países em que operam. As formas de atuação desses poderosos atores econômicos são variáveis, em função de diversos fatores, como proporção de atividade econômica no estrangeiro, quantidade de países de suas operações, quantidade de empresas subsidiárias, grau de internacionalização do capital, nível de internacionalização das atividades básicas de gestão e diversidade de setores econômicos de atuação.

Sem que se trate de um itinerário definitivo, já é possível até mesmo expor uma espécie de linha histórica do desenvolvimento dessas empresas transnacionais, seguindo o eixo da globalização econômica. Apareceram no fluxo do capitalismo mercantil com a exploração de recursos naturais e busca incessante de matérias-primas para seus sistemas de produção. No avanço do capitalismo industrial expandiram suas maquinofaturas por várias regiões do mundo, embaladas pela produção em série e pelo consumo de massa. No capitalismo financeiro, em sua etapa globalizante, acompanham a otimização de mercados, de investimentos e rendimentos incessantes nessa circulação acelerada e sem fronteiras de fontes articuladas em redes, propiciadoras da expansão de suas altas rentabilidades.[4]

Mais recentemente, as empresas transnacionais têm multiplicado suas fusões, envolvendo diversos tipos de transferências, tais como: de capital, de tecnologias, de licenças, além de muitas partilhas, ou seja, de componentes de produção, de logísticas de gerenciamento de negócios, de fatias de mercado. O fato é que a era da globalização econômica contribui, e muito, para a expansão desses gigantes econômicos, atuando no espaço-tempo mundial com incomensurável força econômica, cujos rostos sem contornos estão por todos os lados, e passos sem rastros pisam todas as paisagens do globo.

4 DUNNING, John. *Multinational Enterprises and the Global Economy*. Reading-MA: Addison-Wesley, 1993, p. 21-25.

1.3.1 – O ESPAÇO –TEMPO MUNDIAL DA CRESCENTE GLOBALIZAÇÃO DA ECONOMIA

Mesmo se admitindo a existência de uma economia mundial, desde o século XVI, é inegável que os processos da globalização intensificaram-se, e muito, nas últimas décadas. Tal fenômeno é reconhecido até mesmo quando se diz que economia internacional não é ainda uma economia global, em função da continuada importância dos mecanismos nacionais de gestão macroeconômica e da formação de blocos comerciais. Entre 1945 e 1973, a economia mundial teve uma enorme expansão. A partir de 1973, esse crescimento até sofreu um abrandamento, mas ainda assim a economia mundial cresceu mais do pós–guerra até hoje do que em toda a história mundial anterior.

Dos traços dessa expansão, sobretudo nas duas últimas décadas, é possível notar e apontar pelo menos quatro mais significativos. O primeiro traço é o do deslocamento da produção mundial para uma ou outra área mais específica do globo. A asiática é uma das mais destacadas. Esse deslocamento é tanto maior quanto mais elevado é o teor tecnológico da produção medida pelo investimento em pesquisa e desenvolvimento. A importância desses deslocamentos não pode ser subestimada. Tanto assim que não são surpreendentes essas palavras, muito embora também não sejam desprovidas de enorme significado: pela primeira vez, depois de cinco séculos, o motor do capitalismo parece ter passado do Ocidente para o Oriente. As condições únicas do Ocidente, que explicariam a emergência do capitalismo, deixaram de ter grande significado, uma vez consolidado esse modo de produção e, quando muito, doravante, caberia apenas averiguar as condições únicas do Oriente, no final do século, para o desenvolvimento pujante do capitalismo.

O segundo traço dessa globalização da economia é a primazia total das empresas transnacionais como agentes de poder econômico descomunal no mercado global. A própria progressão do nome pelo qual são conhecidas aponta a constante expansão dessas empresas com intensas atividades em mais de um país. De empresas multinacionais foram transformadas em empresas transnacionais. Atualmente, já se fala de empresas globais. Quaisquer que sejam os indicadores utilizados é mais do que evidente o aumento da importância dessas empresas. Entre as muitas causas desse fato, duas merecem destaque: a desregulamentação dos mercados financeiros e a revolução das comunicações transcontinentais. Por vias distintas, ambas funcionaram como um grande incentivo à internacionalização das empresas ao mesmo tempo que contribuíram para a separação entre fluxos financeiros, por um lado, e o comércio de mercadorias e serviços, pelo outro.

O terceiro traço é a erosão da eficácia do Estado na gestão macroeconômica. A transnacionalização da economia trouxe esse processo acelerado de desmantelamento da atuação estatal na gestão dos agentes macroeconômicos. A desregulamentação dos mercados financeiros e a revolução das comunicações reduziram a muito pouco a prerrogativa que o Estado detinha sobre os aspectos da vida nacional, notadamente sobre a moeda e a comunicação, consideradas atributos da soberania nacional e vistas como peças estratégicas do controle nacional. De outro lado, as multinacionais podem e conseguem, facilmente, pôr em instabilidade econômica dois ou mais Estados, ou duas ou mais regiões, dentro do mesmo Estado, sobre as condições que influenciam na localização do investimento por parte da empresa multinacional, porque dotadas de uma enorme capacidade de intervenção global e de se beneficiarem da mobilidade crescente dos processos de produção. Entre partes com poder tão desproporcional, atores globais em contraposição a atores nacionais, a negociação não poderia deixar mesmo de ser tão desigual.

O quarto traço está vinculado, muito fortemente, às proeminências das transnacionais e é caracterizado pelo avanço tecnológico. Os aumentos de produção e consumo, propalados com as novas tecnologias, escondem o fato de que essas tecnologias contribuem, frequentemente, para algumas polarizações no mundo globalizado. Não há uma simétrica distribuição de investimentos de capital, de recursos técnicos e científicos, de mão de obra qualificada, contribuindo para o aprofundamento de assimetrias em várias regiões dos Hemisférios Norte e Sul. As condições econômicas globalizadas que levam grupos seletos de países ricos a colherem os melhores resultados em relação a uma plêiade de países pobres tornam muito difícil a inserção equilibrada nesse cenário de globalização econômica dos países centrais e impossível a dos países periféricos.

Todos esses traços da globalização da economia ajudam a compreender um pouco melhor algumas razões pelas quais as desigualdades planetárias, nas últimas décadas, aumentaram de forma tão significativa. Na década de 1980, os países periféricos sofreram muito os impactos negativos dessa desorganização da globalização econômica. Na década de 1990, as privações para países periféricos agravaram-se bastante. Há dados alarmantes dessas realidades tão precárias, que ainda são sentidos nos tempos atuais. Enquanto a realidade africana está próxima de atingir um ponto de colapso, a latino-americana mostra que o nível de vida no início da década de 1990 era mais baixo do que o da década de 1970. De oitenta e quatro países menos desenvolvidos, cinquenta e quatro tiveram quebras no rendimento nacional "per capita" na década de 1980. Em quatorze países, o rendimento "per capita" caiu cerca de trinta e cinco por cento.[5] Não são apenas simbólicas as seguintes incisivas palavras, mas também inquietantes:

> Perante isto, não admira que o cisma global entre os ricos e os pobres se tenha aprofundado. Calcula-se que um bilhão de pessoas viva em pobreza absoluta [...]. Do outro lado do abismo, quinze por cento da população produziu e consumiu setenta por cento do rendimento mundial. Enquanto a ajuda externa dos países centrais aos países periféricos caiu [...], as taxas de juros da dívida externa dos países do Sul subiram[...], o que leva alguns autores a calcular em quarenta bilhões de dólares o montante anual de transferências líquidas do Sul para o Norte, sendo esse pois literalmente o valor da contribuição de um Sul mirrado de fome para a abastança do Norte. O aumento da dívida externa, combinado com a queda do preço mundial de alguns produtos exportáveis pelo Sul, levou alguns países ao colapso.[6]

O surgimento do "informacionalismo" nessas últimas décadas está entremeado de desigualdade e exclusão social crescentes em todo o mundo. São novas faces de sofrimento humano e não se pode ignorar que o processo de reestruturação do capitalismo, como uma lógica de competitividade econômica, é responsável por boa parte desse sofrimento.

Houve uma enorme reviravolta nesse modelo de busca do lucro como substituto de todo e qualquer outro objetivo. Entretanto, há informações contraditórias que nutrem um debate carregado de ideologias sobre a real situação de muitas pessoas e/ou grupos desprovidos de recursos em todo o mundo.

---

5 IHONVBERE, Julius O. *The Third World and the New World Order in the 1990s*. New York: Futures, 1992, p. 989.

6 SANTOS, Boaventura de Sousa. *Pela Mão de Alice: o social e o político na pós-modernidade*. 7. ed. São Paulo: Afrontamento, 1999, p. 293.

No último quartel do século XX franqueou-se o acesso ao desenvolvimento, produção e consumo a milhões de pessoas de menor porte econômico em inúmeros países. A maior parte da população do Hemisfério Norte, porém, ainda goza dos mais elevados padrões de vida do mundo e da história da humanidade. Por essa razão, nessa era da globalização econômica, na dinâmica de seu "informacionalismo", é necessário estabelecer uma distinção entre vários processos de diferenciação social: de um lado, desigualdade, polarização, pobreza e miséria enquadram-se no domínio das relações de distribuição e consumo ou, ainda, apropriação diferencial da riqueza gerada pelo esforço coletivo; de outro, individualização do trabalho, superexploração dos trabalhadores, exclusão social e integração perversa são características de quatro processos específicos das relações produtivas.

O primeiro conjunto conceitual comporta desdobramento em definições mais ou menos bem delineadas. A desigualdade pode ser entendida como a apropriação diferencial de riqueza (renda e bens), por parte dos indivíduos e grupos sociais distintos, que mantêm níveis diversos de relacionamentos entre si. A polarização refere-se a um processo específico de desigualdade, que ocorre quando o ápice e a base da escala de distribuição de riqueza aumentam mais rapidamente do que a faixa intermediária da escala, provocando seu encolhimento e acentuando as disparidades sociais entre as populações situadas nas extremidades da escala. A pobreza diz respeito a um nível de recursos abaixo do qual não é possível atingir o padrão de vida considerado mínimo em um sociedade em determinada época. Miséria refere-se ao nível mais baixo ou até mesmo privação de acesso a rendas e bens. Não se desconhece que tais definições até podem ser manipuladas por motivações políticas. No entanto, de algum modo, elas permitem observações e análises da diferenciação social no universo do capitalismo globalizado.

O segundo bloco conceitual também pode ser desmembrado em elementos definidores de seus aspectos teóricos. Ele diz respeito à analise das relações de produção. Claro que esse bloco, com suas definições específicas, não está desvinculado das definições de desigualdade, polarização, pobreza e miséria apontadas no primeiro. Há relações causais entre as definições de ambos os blocos. Entende-se por individualização do trabalho o processo pelo qual a contribuição da mão de obra ao sistema produtivo, de forma específica, é definida para cada trabalhador e em razão de cada uma de suas contribuições no contexto de um mercado bastante desregulamentado. A superexploração indica relações trabalhistas que permitem ao capital a retenção sistemática das alocações de recursos ou a imposição de condições mais rigorosas de trabalho a certos tipos de trabalhadores, piores do que aquilo que é considerado norma ou regra, em um determinado mercado de trabalho, em determinado tempo e espaço. Uma tendência bastante significativa nesse cenário é o ressurgimento de mão de obra em diversas partes do mundo, sob condições de extrema violência, exploração e incapacidade até mesmo de autodefesa, revertendo o padrão histórico de proteção social a esses trabalhadores vulnerabilizados. A exclusão social, que é o processo pelo qual determinados grupos ou indivíduos, sistematicamente, são impedidos de acesso a posições que lhes permitiriam uma existência autônoma dentro de padrões delineados por instituições e valores inseridos em um dado contexto, é mesmo um processo e não uma condição. Dessa forma, seus limites mantêm-se sempre móveis. Os excluídos e os incluídos podem revezar-se nesse processo, ao longo do tempo, dependendo de seu grau de escolaridade, características demográficas, preconceitos sociais, práticas empresariais e políticas governamentais. Além disso, ela faz com que indivíduos e grupos estejam expostos a dificuldades ou mesmo impossibilidades estruturais, ainda que por trajetórias diversas, de prover o próprio sustento, todos seguindo na direção única rumo à indigência. Sob determinadas condições, países, regiões, cidades e bairros inteiros são excluídos, relegando a essa exclusão a maioria ou até mesmo a totalidade das populações. A nova lógica dominante do espaço de fluxos torna áreas consideradas sem valor na perspectiva do capitalismo informacional. Uma vez que não se convertem em objeto de interesse econômico significativo, são ignoradas pelos fluxos de riqueza e de informação e, sem exagero algum, ficam privadas da infraestrutura tecnológica básica, o que inviabiliza a possibilidade de interagir, inovar, produzir, consumir e, até mesmo, vivenciar o mundo nos dias atuais. Além disso, há ainda a integração perversa que se refere às formas de "trabalho" praticadas na "economia do crime." Essa modalidade de "economia do crime" pode ser entendida como toda atividade geradora de lucro que, segundo as leis vigentes, é tratada como delituosa, estando sujeitas às sanções legais cabíveis em um determinado contexto institucional.

Chama a atenção que o capitalismo informacional é caracterizado pela sua interdependência crescente em relação à economia formal e às instituições políticas, movendo-se em atividades de produção e de consumo de acelerada circulação, assim como transitam em velocidade seus componentes como capital, trabalho, matéria-prima, gerenciamento, informação, tecnologia, tudo em uma corrida frenética por conquistar novos mercados.

1.3.2 – A ECONOMIA POLÍTICA DA GLOBALIZAÇÃO

A chamada economia global, nos últimos anos do século XX, alcançou um extraordinário avanço. Resultou da reestruturação das empresas e dos mercados financeiros. Expandiu-se por todos os rincões do globo, de maneira impactante, utilizando novas tecnologias da informação e da comunicação. Tornou-se possível e foi induzida, em grande parte, também por políticas governamentais deliberadas. Essa nova modalidade de economia sem fronteiras não foi criada nos mercados, mas pela interação entre mercados, instituições financeiras e governos. Entretanto, um fato é irrefutável: todos agiram em nome dos mercados ou, pelo menos, de uma ideia uníssona do que são os mercados.

Entre as estratégias empresariais para incremento da produtividade e da lucratividade, basicamente, figuravam a procura de novos mercados e a internacionalização da produção. A presença muito maior de empresas transnacionais gerou uma nova tendência de produção em inúmeros locais, o que contribuiu para a expansão do comércio internacional.

Os mercados de capitais aumentaram sua circulação global, grosso modo, criados para permitirem que as empresas transnacionais tomassem e recebessem empréstimos nas economias mundiais. Os fluxos financeiros expandiram-se de maneira substancial. A reestruturação dos mercados financeiros de todo o mundo levou a uma explosão de fluxos financeiros internacionais, ao impulso de investimentos globais de instituições financeiras e a uma completa internacionalização das atividades bancárias.

A globalização econômica completa só poderia ocorrer com base nas novas tecnologias da informação e da comunicação. Os sistemas avançados de computação possibilitaram que novos e potentes modelos matemáticos administrassem produtos financeiros complexos e efetuassem transações em alta velocidade. Sistemas refinados de telecomunicações ligaram, em tempo real, os centros financeiros de todo o mundo. A administração em tempo real, na ponta da linha, permitiu que as empresas operassem no país inteiro e no mundo todo. A produção de artefatos microeletrônicos possibilitou a padronização de componentes do produto final em grandes volumes, uma produção flexível, organizada em linha de montagem internacional. As redes transnacionais de produção de bens e serviços dependiam de um sistema interativo de comunicações e da transmissão de informações para garantia de círculos de retornos, além de terem a necessidade de gerir, de forma descentralizada, a coordenação da geração e distribuição das riquezas. A informática foi crucial para o funcionamento de uma teia mundial de transporte rápido e de alta capacidade de bens e serviços. A carga multimodal de baús gigantescos, com todo tipo de mercadoria, tornou-se eficiente por intermédio de sistemas de informática, que rastreavam e programavam as mercadorias e as rotas, bem como por sistemas automatizados de embarque e desembarque desses objetos volumosos.

Todavia, nem a tecnologia nem a administração poderiam ter desenvolvido a economia mundial sozinhas. Os agentes governamentais foram decisivos para o desenvolvimento de uma economia global, especialmente os chamados países mais ricos, e as instituições internacionais coadjuvantes, quais sejam, o Fundo Monetário Internacional, o Banco Mundial e a Organização Mundial do Comércio.

É possível dizer que três políticas inter-relacionadas, pelo menos, construíram os pilares da globalização econômica. A primeira foi a desregulamentação das atividades econômicas domésticas, que começou com os mercados financeiros. A segunda foi a liberalização do comércio e dos investimentos internacionais. A terceira foi a privatização das empresas públicas.[7]

Essas políticas iniciaram-se na década de 1970 e espalharam-se por toda parte, tornando-se predominantes na maioria dos países do mundo. Além disso, converteram-se em padrão normal do sistema econômico internacional na década de 1990.[8]

Alguns comentários sobre a gênese desse modelo de economia global ajudaram na compreensão de seus contornos nesse século XXI. Embora tenham sido adotadas na década de 1970, algumas medidas renovadoras da economia global, houve dois períodos distintos dessa globalização econômica estimulada pelo governo. Na década de 1980, defensores ideólogos dos livres mercados chegaram ao poder e trataram

7 CASTELLS, Manuel. *The Rise of the Network Society*. 2. ed. Oxford: Blackwell Publishers, 2000, p. 178.

8 HUTTON, Will. *The State We Are In*. London: Jonathan Cape 1995, p. 27–29.

de alavancar as políticas governamentais de desregulamentação e liberalização das finanças, dos investimentos, das privatizações, gerando o modelo para o resto do mundo. Entretanto, somente na década de 1990 foram criadas as instituições e as regras dessa globalização econômica expandida por todo o planeta. São expressivas as seguintes palavras sobre esse fenômeno: os céticos no debate da globalização davam muita importância ao exercício contínuo e aprimorado, para as novas realidades mundiais, da soberania e da regulamentação pelos governos nacionais. Não obstante, grande parte dessa regulamentação não resulta mais do que aquela preparada e apropriada para a globalização.[9] O mecanismo para levar esse processo à maioria dos países do mundo era simples, ou seja, bastava um pouco de pressão política por intermédio de atos diretos dos governos para os menos resistentes ou imposição pelo Fundo Monetário Nacional, Banco Mundial e Organização Mundial do Comércio para os mais recalcitrantes.

Havia uma meta a ser atingida, que era a unificação de todas as economias ao redor de um conjunto de regras homogêneas do jogo, para que o capital, os bens e serviços pudessem fluir para dentro e para fora, de acordo com as decisões dos mercados.[10] Os ideólogos neoliberais saíram de seus armários no mundo todo e obtiveram a rápida adesão dos recém-convertidos. No início da década de 1990, o neoliberalismo passou a constituir o que se denominou de "o pensamento único." Um pensamento tributário de todos aqueles que, nesse atual contexto, acreditaram que os livres mercados realizariam milagres econômicos e institucionais, em especial quando acoplados às "maravilhas tecnológicas prometidas pelos futurólogos."[11] Depois de escolhida a opção por essa liberalização-globalização da economia, os governantes foram à procura de pessoal apropriado para a administração dessas políticas econômicas. Para que os governos administrem esse modelo econômico no novo cenário global são necessárias pessoas com experiência de sobrevivência diária nesse novo mundo econômico. Contudo, há também outro componente na engrenagem da atração fatal dos governos por essa globalização econômica: os interesses particulares de pessoas em cargos com poder de decisão. Em geral, esse não é o fator mais importante

9 HOOGVELT, Ankie. *Globalisation and the Postcolonial World: the new political economy of development.* London: Macmillan, 1997, p. 35-37.

10 CASTELLS, Manuel. *The Rise of the Network Society*. 2. ed. Oxford; Blackwell Publishers, 2000, p. 181.

11 Op. cit., p. 185.

da explicação das políticas governamentais rumo à globalização econômica. Às vezes, nem chega a ser computado como um fator nesse processo. Entretanto, os interesses pessoais de lideranças políticas e/ou de seu grupo de alto escalão, no processo de globalização, exerceram influência na velocidade e no formato dessa globalização, na medida em que esses interesses pessoais assumem, primordialmente, a forma de riqueza pessoal cada vez maior. Essa riqueza pode ser obtida pelos chamados canais ou esquemas de articulações. As palavras a seguir explicam, de forma expressiva, esses ditos canais ou esquemas. O primeiro consiste nas compensações financeiras e nos compromissos lucrativos, assumidos para quando forem deixados os cargos governamentais, conquistados em consequência das redes de contatos que criaram e/ou em "agradecimento" por decisões que ajudaram em transações comerciais. O segundo canal é a corrupção, de maneira mais flagrante, em suas diversas formas, tais como subornos, aproveitamento de informações internas em transações financeiras, aquisições de bens, participações em negócios de risco em troca de favores políticos, entre outras tantas.[12] Não que esses tipos de interesses subterrâneos sejam típicos apenas desses tempos recentes de globalização econômica. Na verdade, já guardam um longo registro histórico. Entretanto, o que chama a atenção, agora, nesses tempos de circulação mundial de riquezas, é que as políticas pró-globalização visualizaram um mundo novo de muitas oportunidades. E não é raro que sejam tratadas como oportunismos. Não faltam oportunistas de plantão nas redes, e nem sequer eles estão cochilando. Em muitos países, na realidade, esse é o único jogo existente, já que o principal acesso ao país é bem controlado pelas elites políticas e econômico-financeiras, o que lhes permite vias mais fáceis de participação nas redes globais da riqueza.

Na verdade, é difícil imaginar que decisões políticas sejam tomadas em vácuo pessoal e social. Pelo menos não é o que ocorre de modo geral. São tomadas por pessoas que, além de representarem governos e perseguirem interesses políticos, também "têm interesse pessoal num processo de globalização que se tornou uma fonte extraordinária de possíveis riquezas para as elites de todo o mundo."[13]

Desse modo, a economia global foi constituída também por via política. A reestruturação das empresas, bem como as novas tecnologias da

12 Op. cit., p. 187.

13 Op. cit, p. 188.

informação e da comunicação, não obstante fossem a fonte das tendências globalizadoras, não teriam avançado, por si só, rumo a uma economia global, tecida em redes, sem as políticas de desregulamentação, privatização e liberalização do comércio e dos investimentos. Não há dúvidas de que essas políticas foram decididas e implantadas pelos governos, ao redor do mundo, e por instituições econômicas internacionais.

É fundamental ter uma perspectiva da economia política para se entender, um pouco melhor, o triunfo dos mercados sobre os governos. Os próprios governos contribuíram, e muito decisivamente, para essa vitória do ente absoluto desses tempos, ou seja, do tão falado mercado. Uma vitória acachapante, um verdadeiro nocaute. Ao agirem de maneira resoluta a favor da globalização, os governantes também procuravam seus interesses políticos, e não raras vezes seus interesses pessoais, dentro de várias tonalidades de decoro. O certo que essa globalização econômica nem sempre quis o anonimato; ao contrário, ela reivindicou "rostos humanos" do poder político.

O fato de que a economia global foi induzida, pelo jogo político, logo no início de seu processo não significa que possa ser desmontada, com tanta facilidade, pela mesma via política, mesmo se isso fosse de interesse político, o que parece estar muito longe de sê-lo, sobretudo em seus chamados dogmas principais. Agora, a criatura em si, a economia global, já é uma poderosa rede de segmentos econômicos interconectados, todos têm um papel decisivo na economia de cada país e de muitas pessoas. Depois de formada essa rede de interconexões, qualquer nó desconectado não é suficiente para desmontá-la, nem mesmo para desestabilizá-la. Estão prontos e apostos novos elos para a mais imediata religação de eventuais desconexões. Não faltam recursos (capital, informações, tecnologias, bens, serviços, mão de obra), continuam a fluir por toda a rede. Assim, dentro do sistema produtivismo-consumismo, não havendo o colapso profundo desses poderosos mercados conectados em redes ou fuga de pessoas que estejam dispostas a trilhar valores muito diferentes, o que parece pouco provável na conjuntura atual, esse processo de globalização econômica está não só configurado e deflagrado, mas em franca e forte expansão para os dias vindouros.

2

A NOVA ORDEM ECONÔMICA GLOBAL

2.1 – NOTAS PRELIMINARES

No último quartel do século XX, o mundo assistiu ao surgimento de uma nova economia em escala global. Trata-se de uma economia global, informacional e em redes. É global porque as principais atividades produtivas, o consumo e a circulação, como também os seus componentes, ou seja, capital, trabalho, matéria-prima, administração, informação, tecnologia e mercados, estão estruturados, direta ou indiretamente, em uma crescente ordem mundial. É informacional porque a produtividade e a competitividade de unidades ou agentes nessa economia dependem sobremaneira de sua capacidade de gerar, processar e aplicar de modo eficiente a informação baseada em conhecimentos especializados. É em rede porque, nas conformações atuais, a produtividade é gerada e a concorrência é desenvolvida em um tempo–espaço mundial de interação frenética entre miríades de organizações empresariais. Essa nova ordem econômica mundial surgiu em função da revolução da tecnologia da informação. É a conexão histórica entre essa tríade - alcance global, base informacional e organização em rede – e a revolução da tecnologia da informação que contribuiu, de modo intenso, para o surgimento desse novo sistema econômico. A emergência de um novo paradigma tecnológico organizado em torno de novas tecnologias da informação, mais flexíveis e poderosas, tem agido sobre muitos e múltiplos domínios da atividade humana, possibilitando o estabelecimento de conexões infinitas entre agentes e elementos dessas intensas atividades econômicas mundiais. Nesse contexto amplo, expansivo e complexo será abordada a questão da produtividade e da economia informacional. Em seguida, serão analisados os aspectos da competitividade e do capitalismo dessa nova ordem econômica mundial. Ainda nessa mesma esteira serão discutidos os ângulos da produtividade e da lucratividade desse novo modelo econômico. Na sequência serão descritas as principais características dessa economia mundial, também chamada de economia global. Por último, serão apresentados os aspectos que tornam essa economia mundial ou global uma nova economia.

2.2 – A PRODUTIVIDADE E A ECONOMIA INFORMACIONAL

A produção impulsiona o progresso econômico. Foi por intermédio da produção por unidade de insumo, no tempo e no espaço, que a raça humana conseguiu dominar as forças da natureza e, no curso desse processo, moldou-se como civilização e cultura. Não há dúvida de que o debate sobre a produtividade tem sido o ponto fundamental da economia política clássica e continua na vanguarda da corrente dessa teoria econômica, ainda preocupada com a economia real.[14] Na realidade, os itinerários específicos do aumento da produção definem a estrutura e a dinâmica de um determinado sistema econômico. Se houver uma nova economia informacional, é preciso identificar as fontes da produção que distinguem esse novo modelo.

Pesquisas econométricas sobre crescimento da produtividade têm se concentrado, nos últimos tempos, na tentativa de explicação do chamado residual estatístico em sua equação sobre a função da produção. O objetivo é descobrir os fatores responsáveis pela variação na evolução da produtividade, como fornecimento de energia, regulamentação governamental, nível de instrução da mão de obra, entre outros, sem chegar a um pleno esclarecimento desse enigmático residual. Economistas, sociólogos e até historiadores econômicos, entretanto, não hesitaram em interpretar esse residual como equivalente a transformações tecnológicas. Ciência e tecnologia também são entendidas, não raras vezes em sentido mais amplo, como conhecimento e informação. Passou-se a se discutir, então, o papel central das transformações tecnológicas no crescimento da produtividade, relançando-se nesse sentido a questão sobre as fontes de produtividade para as origens dessa transformação.

14 BOYER, R. *La théorie de la régulation*. Paris: La Decouverte, 1987, p. 21–25.

Significa dizer que a economia da tecnologia seria vista como a "estrutura explicativa para a análise das fontes de crescimento."[15] Afirmar que a produtividade gera crescimento econômico e que é uma função da transformação implica dizer que as características da sociedade são fatores cruciais subjacentes ao crescimento econômico, devido ao impacto da inovação tecnológica.[16] Essa abordagem do crescimento econômico, por sua vez, sugere ainda uma questão primordial quanto à estrutura e à dinâmica da chamada economia informacional. Indaga-se o que há de novo nessa economia. Está em questão qual é sua especificidade em relação a outras vertentes econômicas, notadamente em comparação à economia industrial.

Investigadores econômicos demonstram o papel crucial desempenhado pela tecnologia do crescimento da economia, via aumento da produção competitiva, durante toda a história e, sobretudo, na chamada era industrial.[17] O fato é que a hipótese do papel decisivo da tecnologia como fonte da produção competitiva nas economias avançadas também parece conseguir alcançar a maior parte da experiência passada de crescimento econômico.[18] Fala-se de um crescimento de produtividade moderado e constante, com algumas baixas, no chamado período de formação da economia industrial entre o fim do século XIX e a Segunda Guerra Mundial; de uma aceleração do crescimento da produtividade no período maduro do industrialismo e de uma desaceleração das taxas de crescimento de produtividade competitiva no quartel final do século XX, apesar do aumento significativo dos insumos tecnológicos e da aceleração no ritmo da própria transformação tecnológica. Assim, parece plausível expandir a análise sobre o papel central da tecnologia no crescimento econômico, pelo menos para as economias ocidentais na era industrial. Por um lado, não faltam observadores do ritmo do crescimento econômico e suas variações no compasso das transformações tecnológicas. O objetivo principal dessas observações é a verificação de diferenças substanciais entre o sistema industrial e o informacional de crescimento econômico, ao menos com referência ao seu impacto diferencial no crescimento da produção

15 CASTELLS, Manuel. *The Rise of the Network Society*. 2. ed. Oxford: Blackwell Publishers, 2000, p. 121.

16 SCHUMPETER, J. A. *Business Cycles: a theoretical, historical and statistical analysis of the capitalist process.* New York: McGraw-Hill, 1939, p. 35-39.

17 DAVID, P. A. *Thecnical Choice Innovation and Economic Growth: essays on american and british experiment in the nineteenth century.* London: Cambridge University Press, 1975, p. 31-35.

18 Op. cit, p. 122.

competitiva. Ocorre que historiadores econômicos atestam que há uma considerável defasagem temporal entre a inovação tecnológica e a produtividade econômica competitiva, bem como que essa defasagem é característica predominante das revoluções tecnológicas passadas. Entretanto, para que as novas descobertas tecnológicas possam difundir-se por todos os setores da economia e, desse modo, intensificar o crescimento da produtividade competitiva em níveis e taxas observáveis, "a cultura e as instituições da sociedade, bem como as empresas e os fatores que integram o processo, produtivo precisam passar por mudanças substanciais."[19] Há necessidade até mesmo de uma profunda revolução tecnológica centralizada em conhecimentos e informações, incorporada em operações de processamento de símbolos ligados à cultura da sociedade e ao seu grau de apropriação desse novo universo.

Quando se considera o surgimento do novo paradigma tecnológico, em meados dos anos 70, e sua consolidação nos anos 90, a impressão que se tem é que a sociedade como um todo – empresas, organizações, instituições e população – não teve tempo para processar as mudanças tecnológicas e deliberar a respeito de suas aplicações. Desse modo, o novo sistema econômico e tecnológico ainda não era a característica de economias nacionais inteiras nas décadas de 70 e 80. Logo, não se conseguiria refleti-lo, com facilidade, em uma medida tão sintética e agregada, que é a taxa de crescimento da produtividade competitiva de toda economia. Contudo, há uma série de questionamentos que podem ajudar nessa trajetória de compreensão dessa nova economia informacional. Por que e como essas novas tecnologias tiveram de esperar para cumprir suas promessas de aumento da produtividade competitiva? Quais são as condições para esse incremento? Quais as diferenças da taxa de difusão da tecnologia e, por conseguinte, de seu impacto na produtividade de vários setores? O processo de maturação econômica das novas tecnologias pode ser acelerado ou retardado por políticas nacionais diferentes?

O fato é que a defasagem no tempo entre a tecnologia e a produtividade não pode ser confinada em uma caixa preta. Precisa ser aclarada e mais bem especificada, considerando as economias de mercado. E agora é necessário um recorte, para não se perder de foco, especialmente, o horizonte dessas economias. Esse fatiamento será visualizado em um

19 CASTELLS, Manuel. *The Rise of the Network Society*. 2. ed. Oxford: Blackwell Publishers, 2000, p. 127.

conceito atual e bem específico. Trata-se daquilo a que se atribui a denominação de "serviços." Sob essa denominação, tem-se agrupado uma enorme variedade de atividades econômicas, com poucos pontos em comum, exceto serem diferentes de agropecuária, extrativismo, construção e indústria. A categoria "serviços" é uma noção residual negativa que gera muita confusão analítica.

O pós-industrialismo combinou três afirmações e previsões que devem ser diferenciadas sob a ótica analítica. A primeira é que a fonte de produtividade e crescimento está na geração de conhecimentos, estendidos a todas as dimensões da atividade econômica mediante o processamento da informação. A segunda é que a atividade econômica mudaria de produção de bens para prestação de serviços. A terceira é que a nova economia aumentaria a importância das profissões com grande conteúdo de conhecimentos e informações em suas respectivas atividades.

É certo que as economias de mercado, do final do século XX, apresentam distinções das anteriores à Segunda Guerra Mundial. Entretanto, a distinção principal não parece ser entre economia industrial e pós-industrial, mas entre suas formas de produção rural, industrial e de serviços, baseadas em conhecimentos e informações. O mais distintivo, em termos históricos, entre as estruturas econômicas da primeira e da segunda metade do século XX é a revolução nas tecnologias da informação e sua difusão em todas as esferas de atividade social e econômica, incluindo sua contribuição no fornecimento da infraestrutura, para a formação de uma economia global. Além disso, diz-se que na sociedade pós-industrial há mudança para as atividades de serviços e se verifica o fim da indústria. É uma evidência que a maior parte dos empregos nas economias de mercado avançadas está no setor de serviços, responsável pela maior contribuição do produto nacional bruto. Todavia, isso não quer dizer que indústrias estejam desaparecendo ou que a estrutura e a dinâmica da atividade industrial sejam indiferentes à incrementada economia de serviços. Não se pode esquecer, ainda, que a expansão de profissões repletas de conhecimentos e informações como cerne da nova estrutura laboral não é isenta de algumas ressalvas. Essa não é uma característica única dessa novel estrutura. Simultâneo a essa tendência, que é uma realidade, também há o crescimento real das profissões em serviços mais simples e não qualificados.[20] O conceito de serviços,

20 CASTELLS, Manuel. *The Rise of the Network Society*. 2.ed. Oxford: Blackwell Publishers, 2000, p. 267–270.

muitas vezes, é considerado ambíguo, na melhor das hipóteses; na pior, é tido como errôneo. Em estatísticas de emprego, esse conceito tem sido utilizado como residual: abarca tudo o que não envolva agricultura, mineração, construção, indústria e serviço público. Desse modo, a categoria de serviços engloba atividades de todas as espécies, "historicamente originárias de várias estruturas sociais e sistema produtivos."[21] Quando se compreende a economia informacional, cada uma das categorias específicas de serviços torna-se uma distinção tão importante quanto o era a antiga fronteira entre indústria e serviços no tipo anterior de economia industrial. À medida que as economias tornam-se mais complexas, devem ser diversificados os conceitos usados para delinear as atividades econômicas e até ultrapassar a velha distinção entre setores primário, secundário e terciário. O fato é que as estatísticas econômicas têm muitas dificuldades para captar as dinâmicas da nova economia informacional, diante do amplo espectro de suas transformações sob o impacto da "tecnologia da informação e das mudanças organizacionais conexas."[22] Então, é possível dizer-se, com uma boa dose de credibilidade, que a produtividade estivesse expandindo os círculos da riqueza gerada, ainda que não percebida, nas últimas décadas do século XX e com significativos reflexos nesse limiar de XXI. A tecnologia e seu gerenciamento, envolvendo mudanças organizacionais, pareciam estar se difundindo a partir da produção da tecnologia da informação, telecomunicações e serviços financeiros (as localidades originais da revolução tecnológica), alcançando em grande parte a atividade industrial e depois os serviços empresariais para somente aos poucos atingir as atividades de "serviços diversos em que existem menos incentivo para difusão da tecnologia e maior resistência a mudanças organizacionais."[23]

O crescimento extraordinário da produtividade na indústria de computadores e celulares pode ser interpretado como formato do porvir e não como um mero acidente anormal na paisagem plana da rotina econômica. Não há motivo por que esse potencial de produtividade, uma vez desencadeado por seus produtores, não se difunda na economia em geral, embora com cronologia e divulgação não tão iguais, contanto que haja mudança organizacional e institucional, além de adaptação da mão de obra aos novos processos produtivos. Entretanto, ao que tudo indica, de fato, tanto no plano local, quanto no global, esse potencial

21 Op. cit., p. 269.

22 Op. cit., p.131.

23 Op. cit., p. 132.

de produtividade impõe novas regras e novas tecnologias, modificando e até desmontando agentes econômicos incapazes de obedecerem aos ditames da nova economia.[24] É por isso que se diz que o crescimento da produtividade é "inseparável das novas condições de competitividade."[25]

Até as instituições políticas, moldadas por um conjunto maior de interesses, estarão direcionadas, na esfera econômica, para a maximização da competitividade em suas economias. A lucratividade e a competitividade são os verdadeiros determinantes da inovação tecnológica e do aumento da produtividade.

2.3 – A COMPETITIVIDADE E O CAPITALISMO

A longo prazo, a produtividade é a fonte da riqueza das nações. A busca da vantagem econômica por todos os homens maximizaria, automaticamente, a riqueza de todas as nações.[26] A tecnologia, inclusive a organizacional e a de gerenciamento, converte-se no principal fator de indução dessa produtividade. Contudo, de acordo com a perspectiva de agentes econômicos, a produtividade não é um objetivo em si. O investimento em tecnologia não é feito por causa das inovações tecnológicas. Empresas são os verdadeiros agentes do crescimento econômico. Não buscam tecnologia por fascínio pela própria tecnologia ou aumento da produtividade para melhoria da humanidade. Comportam-se em um determinado contexto histórico, em conformidade com as regras de um sistema econômico, e, no final das contas, avaliarão o quanto esses investimentos tecnológicos lhes trarão recompensas lucrativas. Desse modo, as empresas estarão motivadas não pela produtividade em si, mas pela lucratividade e pelo aumento do valor de suas ações. Para tanto, a produtividade e a tecnologia são meios importantes, mas não os únicos, para o incremento da competição e do lucro no mercado de bens e serviços. Além disso, as próprias instituições políticas, moldadas por uma miríade de valores e interesses, também estarão voltadas, na esfera econômica, para o máximo aumento da competitividade de suas economias.[27]

---

24 SHAPIRO, Carl; VARIAN, Hal. *Information Rules: a strategic guide to the network economy.* Cambridge: Harvard Business School Press, 1999, p. 15–19.

25 CASTELLS, Manuel. *The Rise of the Network Society*. 2. ed. Oxford: Blackwell Publishers, 2000, p. 136.

26 HOBSBAWM, Eric J. *Era dos Extremos: o breve século XX.* Trad. de Marcos Santarrita. 2. ed. São Paulo: Companhia das Letras, 1995, p. 336.

27 CASTELLS, Manuel. *The Rise of the Network Society.* 2. ed. Oxford: Blackwell Publishers, 2000, p. 136.

A lucratividade e a competitividade são os verdadeiros determinantes da inovação tecnológica e do crescimento da produtividade.

Os anos 70 foram marcados pelo provável surgimento da revolução da tecnologia da informação e de uma linha divisória do desenvolvimento do capitalismo. As empresas de todo o mundo reagiram ao declínio real da lucratividade, porque o temiam muito, resolvendo adotar novas estratégias.[28] O fato é que as empresas buscavam o aumento da lucratividade a curto prazo. Esses agentes econômicos organizados queriam que os lucros fossem visíveis em suas contabilidades. Para se aumentarem os lucros assim, em um ambiente de capitalismo financeiro e com preços regulados pelo mercado, em geral há quatro opções: redução dos custos de produção; aumento da produtividade; ampliação de mercados ou aceleração do giro do capital.

Com ênfases diferentes, dependendo das empresas ou dos países, todas essas rotas foram utilizadas durante as últimas décadas do século XX. Em todas, as tecnologias da informação foram instrumentos decisivos. Entretanto, há um aspecto anterior essencial para o crescimento econômico e aumento da lucratividade com resultados mais imediatos: a ampliação de mercados e a luta por fatias desses mercados. Na realidade, o desafio para as empresas e para o capitalismo era encontrar esses novos mercados capazes de absorverem um grande incremento da produção de bens e serviços. Foi esse farejar de novos mercados a causa da grande expansão do comércio em relação à produção. Um pouco depois, já nas últimas duas décadas do século XX, a conquista da franca possibilidade de realização de investimentos estrangeiros diretos nas economias nacionais, aliada àquele alargamento de mercados, transformou-se em propulsora do crescimento econômico em todo o mundo.

Para o desbravamento de novos mercados, interligando segmentos de mercado de cada país a uma rede global, o capital precisou de extrema mobilidade. Por sua vez, as empresas necessitariam de uma capacidade de informação ainda muito maior. A estreita relação entre a desregulamentação dos mercados e as novas tecnologias de informação propiciou essas condições favoráveis à ampla mobilidade capitalista. Os primeiros e mais diretos beneficiários dessa reestruturação foram os próprios atores da transformação econômica e tecnológica: empresas de alta tecnologia e empresas financeiras.[29]

---

28 AGLIETTA, Michel. *Régulation et Crises du Capitalisme*. Paris: Vrin, 1976, p. 51–53.

29 SCHILLER, Dan. *Digital Capitalism: networking in the global market system*. Cambridge: Mit Press, 1999, p. 31–35.

Ao estenderem seu alcance global, conectando mercados em todo o mundo, como um bloco coeso, o capital, os capitalistas e as empresas capitalistas aumentaram, substancialmente, sua produtividade e sua lucratividade e, em especial, nos anos 90, recuperando as condições para investimentos cada vez mais rentáveis. Esse movimento de recuperação de investimentos voltou a bombear o "coração" do desenvolvimento da economia capitalista.

Essa (re)capitalização do capitalismo pode explicar, até certo ponto, o avanço irregular da produtividade. Na década de 1980, houve investimentos tecnológicos maciços na infraestrutura da comunicação/informação que possibilitariam os movimentos de desregulamentação dos mercados e de globalização do capital. As empresas e os setores atingidos, diretamente, por essa transformação drástica, tais como microeletrônica, microcomputadores, telecomunicações, instituições financeiras, tiveram um enorme crescimento de produtividade e de lucratividade. Gravitando em torno desse núcleo de novas empresas capitalistas, revitalizadas em suas dinâmicas globais e com suas redes auxiliares, havia camadas sucessivas de inúmeras empresas, as quais acabaram integradas ao novo sistema tecnológico, embora algumas fossem eliminadas desse sistema por falta de capacidade de adaptação. Quanto mais esse dinâmico setor constituído em torno de empresas de alta lucratividade torna-se globalizado para além das fronteiras, há menos sentido em se calcular a produtividade de economias nacionais ou de setores delimitados dentro de fronteiras nacionais. Embora a maior parte do Produto Interno Bruto dos países continue a depender de atividades mais voltadas para a economia interna, na realidade o que acontece com a concorrência nesses mercados globais é o que determina a percentagem de riqueza apropriada pelas empresas e, em última análise, pelo povo de cada país.

Existe capitalismo onde quer que se realize a satisfação de necessidades de grupos humanos, com caráter lucrativo e por meio de empresas, qualquer que seja a necessidade considerada. Especialmente, ainda se diz que uma exploração racional capitalista é uma exploração com contabilidade de capital, isto é, uma empresa lucrativa que controla sua rentabilidade na ordem administrativa por meio da contabilidade moderna, estabelecendo um balanço constante de seus resultados no mercado.[30]

---

30 WEBER, Max. *General Economic History*. Trad. Frank H. Knight. New York: Greenberg, 1927, p. 235-237.

A premissa mais geral para a existência do capitalismo moderno é a contabilidade racional do capital, como norma básica para todas as grandes empresas lucrativas, ocupadas da satisfação das chamadas necessidades cotidianas. As bases ditas racionais dessas empresas, em geral, são a apropriação de todos os bens materiais de produção, como propriedade de livre disposição, a liberdade mercantil, a técnica racional contabilizável no grau máximo e a administração eficiente de seus resultados no mercado.

Todavia, uma vez entendido que condições livres e justas de mercados pertencem mais ao mundo irreal do que ao real, os capitalistas buscam interpretar esse princípio de uma forma que maximizem a vantagem competitiva das empresas que gerenciam e dos resultados financeiros que controlam. Não há dúvidas de que enxergar o que está diante do nariz exige esforço constante. Desde os primeiros anos do século XX, observa-se um nível de riqueza sem igual.[31] Cada vez mais, o objetivo principal dessas empresas é a conquista e a ampliação de fatias do mercado. Não se trata, necessariamente, de eliminação de concorrência, haja vista que o mercado em expansão pode abrir espaço para mais empresas. Aliás, é o que ocorre, de fato, com bastante frequência. Entretanto, aumentar a competitividade costuma gerar uma contracorrente seletiva. As melhores estratégias empresariais costumam ser recompensadas no mercado, ao passo que empresas menos preparadas desaparecem, gradualmente, nesse espaço global cada vez mais competitivo. Um mundo que gera poucos vencedores e muitos vencidos.

2.4 – A ECONOMIA GLOBAL

A competitividade de empresas nos países exige o fortalecimento de posição no mercado em expansão. O processo de expansão do mercado mundial realimenta o crescimento da produtividade, haja vista que as empresas precisam melhorar o desempenho quando se defrontam com maior concorrência mundial ou disputam fatias de mercado internacionais. Assim, a via que conecta a tecnologia da informação, as mudanças organizacionais e o crescimento da produtividade em massa, em grande parte, passa pela concorrência global. Foi dessa maneira que a busca de lucratividade pelas empresas e a mobilização dos países a favor da competitividade induziram arranjos variáveis na nova equação histórica

31 JUDT, Tony. *O mal ronda a Terra: um tratado sobre as insatisfações do presente*. Trad. Celso Nogueira. Rio de Janeiro: Objetiva, 2011, p. 23.

entre a tecnologia e a produtividade. Nesse processo, foi criada e moldada uma nova economia global.

Há um quadro complexo referente ao processo de desenvolvimento histórico da nova economia informacional. Uma das explicações para tal complexidade está na dificuldade de dados estatísticos, altamente agregados, refletirem a extensão e o ritmo da transformação econômica, diretamente, sob o impacto das transformações tecnológicas. A economia informacional é um sistema socioeconômico distinto em relação à economia industrial, mas não devido à diferença nas fontes de crescimento da produtividade. Na realidade, o que lhe é característico é a consequente realização do potencial de produtividade, contido na economia industrial madura, em razão da mudança para um paradigma baseado em tecnologias da informação. Esse novo paradigma tecnológico modificou o escopo e a dinâmica da economia industrial, criando uma economia global e promovendo uma nova onda de concorrência entre os próprios agentes econômicos já existentes, e também entre eles e uma grande quantidade de recém-chegados. Essa nova concorrência praticada pelas empresas, mas condicionada pelo Estado, conduziu a transformações tecnológicas substanciais de processos e produtos que tornaram certas empresas, camadas e áreas mais produtivas. Entretanto, houve ao mesmo tempo uma destruição criativa em grandes segmentos da economia, atingindo empresas, setores, regiões e países de forma desproporcional. Desse modo, o resultado líquido do primeiro estádio da revolução informacional traduziu-se em vantagens e desvantagens para o progresso econômico. Além disso, a generalização tanto da produção, quanto da administração, ambas calcadas em conhecimentos para toda a esfera de processos econômicos, em escala global, requer transformações sociais, culturais e institucionais básicas. Não é por outra razão que se diz que a economia é informacional, e não somente baseada na informação, pois os atributos culturais e institucionais de todo sistema social devem ser incluídos na implementação e difusão do novo paradigma tecnológico. A economia industrial também não se baseou apenas na utilização de novas fontes de energia de produção, mas também no surgimento de uma cultura industrial, caracterizada por uma divisão social e técnica do trabalho.

Não obstante a economia informacional seja distinta da industrial, não há uma radical oposição entre a lógica de uma e de outra. A economia informacional abrange a industrial mediante o aprofundamento tecnológico, incorporando conhecimentos e informações em todos os processos de produção material e distribuição, com base em um enorme avanço da circulação em termos de alcance. Dito de outra forma, a economia industrial não tinha alternativa senão transformar-se em informacional, sob o sério risco de sucumbir. A mudança do industrialismo para o "informacionalismo" não é o "equivalente histórico da transição das economias baseadas na agropecuária para as indústrias e não pode ser equiparada ao surgimento da economia de serviços."[32] Na realidade, nos dias atuais, há agropecuária informacional, indústria informacional e atividades de serviços informacionais. Todos também produzem e distribuem riquezas, com base na informação e em conhecimentos incorporados no processo de trabalho, pelo poder cada vez maior das tecnologias da informação.

A economia informacional é global, é uma nova realidade histórica, distinta da economia mundial. Uma economia mundial é uma economia em que a acumulação de capital avança por todo o mundo e existe no Ocidente, no mínimo, desde o século XVI.[33] Uma economia global é algo diferente, porque é uma economia com capacidade de funcionar como uma unidade em tempo real, em escala planetária.[34] O modo de produção capitalista é caracterizado por sua expansão contínua, sempre buscando superar limites temporais e espaciais. Contudo, foi apenas no final do século XX que a economia mundial conseguiu, realmente, tornar-se global ou planetária, com base em uma nova infraestrutura, propiciada pelas novas tecnologias da informação e da comunicação, não sem a ajuda decisiva das políticas de desregulamentação e de liberalização postas em prática pelos governos nacionais e pelas instituições internacionais.

É bem verdade que nem tudo é global na economia. De fato, a maior parte das empresas, da produção e do emprego é local e regional. E continuará assim, ao que tudo indica, pelos tempos vindouros. Entretanto, isso não é suficiente para negar a existência de uma economia global, porque as economias de todo o mundo dependem de seu núcleo globalizado. A expressão núcleo globalizado compreende os mercados financeiros, o comércio internacional, a produção transnacional e, até certo ponto, fatores como mão de obra especializada, ciência e tecnologia.

---

32 CASTELLS, Manuel. *The Rise of the Network Society.* 2. ed. Oxford: Blackweell Publishers, 2000, p. 141-142.

33 BRAUDEL, Fernand. *Civilisation Matérielle et Capitalisme: XV-XVII siécle.* Paris: Armand Colin, 1967, p. 13-15.

34 Op. cit, p. 142.

É por intermédio desses componentes estratégicos globalizados da economia que o sistema econômico estabelece suas interligações planetárias. Desse modo, a economia global é uma "economia cujos componentes centrais têm a capacidade institucional, organizacional e tecnológica de trabalhar em unidade e em tempo real, ou em tempo escolhido, em escala planetária."[35]

Os mercados de capitais são interdependentes em termos globais, e isso não é assunto de pouca importância na economia capitalista. O capital é gerenciado, ininterruptamente, em mercados financeiros integrados pelo mundo, funcionando em tempo real pela primeira vez na história: transações vultosas são feitas em questão de segundos através de circuitos eletrônicos por todo o planeta. As novas tecnologias permitem que o capital seja transportado de um lado para o outro entre economias, em curtíssimo prazo, e os fluxos financeiros acabam tendo um crescimento impressionante em volume, velocidade, complexidade e conectividade. Essa não é uma característica apenas das economias avançadas, mas também das emergentes, isto é, dos países em desenvolvimento e de economias em transição, nos circuitos dos fluxos do capital global.

A interdependência global dos mercados financeiros é resultante de cinco fatores principais. O primeiro diz respeito à desregulamentação dos mercados financeiros na maioria dos países e a liberalização das transações internacionais. O segundo é a criação de uma infraestrutura tecnológica dotada de telecomunicações avançadas, sistemas interativos de informações e computadores potentes, capazes de processamentos de alta velocidade dos modelos necessários para o trato com a complexidade das transações. O terceiro resulta da natureza dos novos produtos financeiros, tais como derivativos (futuros, opções e outros produtos complexos), combinando valores de ações, títulos, opções e moedas de vários países e articulando sofisticadas operações matemáticas. O quarto compreende movimentos especulativos de fluxos financeiros, movimentando-se para dentro e para fora de determinado mercado em ritmo acelerado, bem como ampliando tendências de mercado, em ambas as direções, e transmitindo esses movimentos aos mercados ao redor do mundo. O quinto refere-se às próprias empresas de avaliação de mercados, classificando as economias dos países, segundo padrões globais de confiabilidade, e ditando regras em comum aos mercados de todo o mundo.[36]

35 CASTELLS, Manuel. *The Rise of the Network Society*. Oxford: Blackwell Society, 2000, p. 143.

36 CASTELLS, Manuel. *The Rise of the Network Society*. 2. ed. Oxford: Blackwell Publishers, 2000. p. 145–146.

Uma vez que os mercados de capitais e moedas são interdependentes, as políticas monetárias e as economias de todas as partes também o são. Não obstante os principais centros empresariais forneçam os recursos humanos e as instalações necessárias para o gerenciamento de uma rede global, cada vez mais complexa, é nas redes de informação que se conectam esse centros em que ocorrem as verdadeiras operações de capital. Os fluxos de capital tornam-se globais e, ao mesmo tempo, cada vez mais autônomos frente ao desempenho real das economias.[37]

No fundo, é o desempenho do capital nos mercados globais interdependentes que decide, em grande parte, o destino das economias em geral. Esse desempenho não está, totalmente, atrelado a normas econômicas. Os mercados financeiros são mercados, mas imperfeitos, e só atendem, parcialmente, às leis de oferta e procura. Os movimentos nos mercados financeiros são o resultado de uma combinação complexa de leis de mercado, estratégias empresariais, regulamentos de motivação política, maquinações de bancos centrais, ideologias de tecnocratas, manobras especulativas e informações privilegiadas de diversas origens.[38] Os fluxos de capital são transmitidos pelo mundo quase na velocidade da luz. Desse modo, geram capital de capital e, exponencialmente, elevam o seu valor nominal. O resultado desse processo é o aumento da concentração e da geração desse valor, no âmbito financeiro, em uma teia global de fluxos de capital administrados por redes de sistemas de informática, bem como por seus serviços auxiliares. A globalização dos mercados financeiros é a espinha dorsal da nova economia global.[39]

O comércio internacional, historicamente, tem sido o elo principal entre as economias nacionais e ainda é um componente fundamental na economia global. Entretanto, sua importância relativa ao processo atual de globalização é menor do que a da integração financeira. Do mesmo modo, é também menor do que a importância da internacionalização de investimentos e das produções internacionais diretas. Mesmo assim, esse comércio internacional cresceu e intensificou-se, com espantosa velocidade, nos últimos anos do século XX. O desenvolvimento do comércio, no último quartel do século XX, caracterizou-se por quatro tendências principais. A primeira foi a sua transformação setorial. A segunda foi a diversificação relativa, com proporção cada vez maior de

37 CHESNAIS, François. *La Mondialisation du Capital.* Paris: Syros, 1964, p. 21–27.

38 SOROS, George. *The crisis of global capitalism: open society endangered.* New York: Public Affairs, 1998, p. 51–57.

39 CASTELLS, Manuel. *The Rise of the Network Society*. 2. ed. Oxford: Blackwell Publishers, 2000, p. 147.

comércio se deslocando para países em desenvolvimento, embora com grandes diferenças entre países desenvolvidos. A terceira foi a interação entre a liberalização do comércio global e a regionalização da economia mundial. A quarta foi a formação de uma rede de relações comerciais entre empresas, atravessando regiões e países. Essas tendências juntas configuram a dimensão comercial da economia global.[40] Nas décadas de 1980 e 1990, o desenvolvimento do comércio internacional foi marcado por mercados de bens e serviços mais globalizados, mas as verdadeiras unidades comerciais não são os países; foram as empresas ou, melhor ainda, as redes de empresas. Não significa que todas as empresas atuem em escala mundial, mas que a meta estratégica das redes de empresas, grandes, médias e pequenas, é estabelecer relações comerciais onde for possível em todo o mundo, tanto por via direta ou por conexões com redes que operam no mercado mundial. E, na realidade, tais negócios são possíveis em razão das novas tecnologias das comunicações e dos transportes. Segmentos empresariais e empresas predominantes, núcleos estratégicos de todas as economias, estão todos conectados, profundamente, com o mercado mundial e seu destino é uma função de seu desempenho nesse mercado. O dinamismo dos mercados internos, mesmo dos mais ativos, acaba também dependendo, em última instância, da capacidade das empresas dos países e das redes de empresas em termos de competitividade no espaço global.[41] A internacionalização da produção e das finanças está entre as mais importantes fontes do crescimento no comércio mundial de serviços.[42] Na década de 1990, mais especificamente, houve uma aceleração da internacionalização de produção, da distribuição e da administração desses bens e serviços que conquistaram mercados em todos os lugares do globo. Esse processo compreendia pelo menos três aspectos inter-relacionados, quais sejam: o aumento dos investimentos estrangeiros, a força decisiva dos grupos empresariais multinacionais, como produtores da economia global, e a formação de redes internacionais de produção.[43]

40 Op. cit., p. 148.

41 DUNNING, John. *Multinational Enterprises and the Global Economy.* Reading/Ma: Addison-Wesley, 1993, p. 31–35.

42 DANIELS, P. W. *Service Industries in the World Economy.* Oxford: Blackwell Publishers, 1993, p. 41–45.

43 CASTELLS, Manuel. *The Rise of the Network Society.* 2.ed. Oxford: Blackwell Publishers, 2000. p. 157–158.

Um outro aspecto marcante dessa economia global é que traz, ao mesmo tempo, um processo de geração de conhecimentos tecnológicos hiperespecializados, nas redes transnacionais de produção, e uma difusão muito mais ampla desses conhecimentos, pelo mundo todo, enquanto a geopolítica das redes transnacionais de produção tornar-se-á cada vez mais complexa. Em outras palavras, esse fenômeno pode ser assim explicado:

> [...] embora ainda haja uma concentração do estoque de ciência e tecnologia em poucos países e regiões, os fluxos de 'know how' tecnológico se difundem cada vez mais pelo mundo, embora num padrão bem seletivo. Eles se concentram em redes de produção descentralizadas, multidirecionais [...]. Esse padrão de geração de transferência de tecnologia contribui decisivamente com a globalização, pois reflete minuciosamente a estrutura e a dinâmica das redes transnacionais de produção, acrescentando novos núcleos a essas redes. O desenvolvimento desigual da ciência e da tecnologia deslocaliza a lógica da produção informacional de sua base nacional e a desloca para redes globais, multilocalizadas.[44]

Embora a maior parte da mão de obra ainda não seja tão globalizada, no mundo todo, percebe-se que há um deslocamento, cada vez maior, de agentes produtivos e aumento da multietnicidade, na maioria das sociedades mais desenvolvidas, incrementando o surgimento de um conjunto de camadas sociais múltiplas, com conexões de individualidades entre fronteiras e culturas.

A nova economia global é, ao mesmo tempo, bem dinâmica, seletiva, excludente e instável dentro de seus limites. Nutrida por novas tecnologias de informações e comunicações, as redes de capital, produção e comércio estão aptas à identificação de fontes de geração de riquezas, em qualquer parte do mundo, e ao fomento de alianças entre todas essas redes. Não obstante essa economia afete o mundo todo, existem muitos segmentos que ainda não trabalham em função dela. Entretanto, todos os processos econômicos e sociais, direta ou indiretamente, estão relacionados à "lógica da estrutura dominante nessa economia."[45] Trata-se

44 Op. cit., p. 170.

45 CASTELLS, Manuel. *The Rise of the Network Society*. 2.ed. Oxford: Blackwell Publishers, 2000. p. 170.

de uma "lógica" que engendra, enreda, engrena uma ordem econômica global de circulação de bens e serviços, em ritmo frenético, sem precedentes, no fluxo transnacional de riquezas.

2.5 – A NOVA ECONOMIA

Foi em fins da década de 1990 que as sementes da revolução da tecnologia da informação, lançadas na década de 1970, pareceram frutificar em uma onda de novos métodos e novos produtos, incentivando a produtividade e estimulando a concorrência econômica. Cada revolução tecnológica tem seu próprio ritmo de difusão em estruturas sociais e econômicas. Claro que está ligada a pelo menos três aspectos básicos, quais sejam: econômicos, culturais e institucionais. Os aspectos econômicos envolvem tamanho de mercado, posição de predominância nas redes globais do capital e das mercadorias ao redor do mundo, oferta e espaço para indústrias tecnológicas inovadoras, oportunidades no mercado, atração de investimentos, bem como recrutamento de talentos do mundo inteiro. Os aspectos culturais englobam empreendedorismo, individualismo, flexibilidade e multietinicidade. Os aspectos institucionais dizem respeito à reestruturação do capital, na forma de desregulamentação e liberalização das atividades econômicas.

A nova economia tomou forma, inicialmente, em dois ramos importantes, quais sejam o de produtos e o de métodos. Além de melhorar esses ramos, também foi muito hábil em aplicar tais invenções a si mesma, incentivando assim o crescimento e a produtividade, por meio da concorrência ampliada, contribuindo para a difusão de um novo modelo empresarial em grande parte da economia global. Esse novo modelo abriu caminho, exatamente, para os ramos também inovadores da tecnologia da informação e das finanças trasnacionais.[46] No cerne das novas indústrias da tecnologia da informação estão – e estarão cada vez mais neste século XXI – as empresas que tenham relação com a Internet.[47]

Há pelo menos quatro camadas empresariais nessa rede mundial de informações e comunicações. A primeira camada compreende empresas que oferecem infraestrutura para a própria Internet, ou seja, empresas de telecomunicações, provedores de serviços, empresas que possibilitam acesso final, e fabricantes de equipamentos de rede para usuários finais.

46 CASTELLS, Manuel. *The Rise of the Network Society*. 2. ed. Oxford: Blackwell Publishers, 2000, p. 190.

47 Op. cit, p. 190.

A segunda refere-se a empresas que criam aplicativos de infraestrutura para a Internet, isto é, seus produtos são programas e serviços para transações, via Internet, contando também com empresas de consultoria e prestação de serviços que criam, montam e mantêm sítios na Internet. A terceira contém um novo tipo de empresas que não gera receita direta de transações comerciais, mas de publicidade, contribuições de afiliações e comissões, oferecendo serviços gratuitos na Internet. A quarta pode representar o futuro da Internet, enquanto congrega empresas que realizam transações econômicas no assim chamado ambiente de comércio eletrônico.[48]

O mundo financeiro foi transformado, na década de 1990, pelas mudanças institucionais e pelas inovações tecnológicas. As raízes da transformação das finanças encontram-se na desregulamentação desse ramo e na liberalização das transações financeiras nacionais e internacionais. Durante as décadas de 1980 e 1990, os governos deram liberdade às empresas privadas para administrarem dinheiro e títulos imobiliários de qualquer maneira que o mercado suportasse, sem maiores limites para essas empresas. Para não ficar dúvida "no ar", esses limites são aqueles estabelecidos, pelas regras do comércio em geral, para as atividades empresariais.

O setor financeiro aproveitou-se dessa liberdade recém–descoberta para se reinventar de forma tecnológica e organizacional. No mundo inteiro, as grandes fusões entre empresas financeiras começaram a ser engendradas, formando grupos gigantescos, que alcançaram uma forma de atuação rápida e integrada nessa vasta gama de atividades financeiras. Por um lado, a tecnologia da informação alterou, qualitativamente, a maneira de realizar as transações financeiras. Computadores potentes e modelos matemáticos avançados permitiam projetos, rastreamento e prognósticos avançados de produtos financeiros, cada vez mais complexos, funcionando tanto em tempo presente–real, quanto no futuro–virtual. As redes eletrônicas de comunicação e o uso generalizado da Internet revolucionaram o comércio financeiro entre empresas, entre investidores e empresas, entre vendedores e compradores e, por fim, as próprias bolsas de valores.[49]

48 Op. cit., p. 191–192.

49 CANALS, Jordi. *Universal Banking: international comparisons and theoretical perspectives.* Oxford: Oxforf University Press, 1997, p. 45–47.

Uma das principais consequências da transformação das finanças foi a integração global dos mercados financeiros. Outro acontecimento importante foi o processo de exoneração de certas intermediações financeiras, isto é, das relações diretas entre investidores e mercados de títulos, passando por cima de empresas de corretagem, com base nas redes de comunicações eletrônicas. As transações eletrônicas, rapidamente, espalharam -se por todos os lados, passando de ações para títulos, e vice-versa.

A importância da tecnologia das transações está no fato de que reduz os custos das transações, atraindo uma base mais ampla de investidores e diminuindo os encargos do comércio ativo. Além disso, gera oportunidades de investimentos para milhões de interessados que, com base nas informações, analisam os valores e aproveitam as oportunidades em tempo real. Há três consequências bastante visíveis nessa dinâmica comercial. A primeira é o aumento substancial na quantidade dos valores negociados. A segunda é a intensidade das informações mais fundamentais para a movimentação do capital e para o valor dos títulos. A terceira é o aumento exponencial da volatilidade financeira, porque os padrões de investimento tornam-se descentralizados, com os investidores realizando negócios com títulos capitalizados, bem como com as mais atuais tendências dos mercados anunciadas de forma bem imediata.

Além disso, o declínio dos mercados centrais e as regulamentações mais afrouxadas do comércio eletrônico tornam bem mais difíceis os rastreamentos de movimentações de capitais. O sigilo cada vez maior, uma verdadeira blindagem nos investimentos, atrai grandes fontes de capital. Claro que nem todos os tipos de investidores têm os mesmos níveis de acesso. Pequenos investidores não possuem o mesmo acesso a informações que não são públicas, mas que não ficam às ocultas de grandes empresas ou de investidores institucionais de grande porte. Por alcançarem apenas informações imperfeitas, tais investidores têm de reagir, rapidamente, a sinais indiretos de alterações nos valores dos títulos, aumentando as instabilidades do mercado. No mercado eletrônico financeiro há uma série de investidores com uma boa quantidade de estratégias contra a incerteza, das quais se utilizam com bastante rapidez e flexibilidade como forma de compensarem os baixos e imprecisos níveis de informação. A consequência é a maior complexidade e a maior volatilidade no mercado.

De qualquer maneira, é no mercado financeiro que, como último recurso, o mercado atribui valor a qualquer atividade econômica, representada por ações, títulos ou outro tipo de ativo, inclusive os seus muitos derivativos.

Esse contexto traz uma inevitável pergunta, ou seja, saber quais os critérios fundamentais da valorização do mercado. Não há dúvida de que essa é uma das indagações mais complexas da teoria da nova economia, e os debates entre os especialistas são acirrados. Independentemente daquilo que essas discussões permitam concluir, o que não se deixa de dizer é o seguinte: o juízo do desempenho de qualquer sistema econômico (nesse caso, capitalismo financeiro–informático) dependerá muito dos critérios que sejam admitidos como os padrões para o julgamento do que é valorizado. Uma tentativa de resposta, ainda que possa parecer muito incipiente, embora seja a que se consegue apresentar, sem maiores pretensões de que se configure como precisa e irrefutável, é a de que qualquer capitalismo está baseado na procura incessante de lucros e do mercado como meio em que se valorizam ações e outros título, de acordo com a lucratividade das empresas ou das atividades econômicas desenvolvidas. Para esse capitalismo de virada de milênio só essa percepção não é suficiente. No novo mundo financeiro, o que o mercado valoriza somente permanece assim enquanto dura no mercado. Toda essa engrenagem de valorização depende também de boas expectativas e doses de confiabilidade. Ambas são suscetíveis a muitas turbulências ocorridas no próprio mercado. Fraudes de toda sorte rondam esse universo, provocadas por mínimos boatos financeiros e também por acontecimentos de magnitude geopolítica. Todavia, nem essas instabilidades crônicas prenunciadas têm desestimulado o aquecimento das transações financeiras, o desempenho de empresas, a oferta e a procura, os indicadores macroeconômicos, tudo interagindo com fontes de informações, em um padrão cada vez mais imprevisível, em que a valorização pode ser, no final das contas, decidida por combinações de uma multiplicidade de fatores que se recombinam em níveis cada vez maiores de volume, velocidade e volatilidade das transações. O fato é que, nesses tempos de nova economia, os cálculos econômicos do mundo real não levam mais em conta apenas a lucratividade, mas também a ganância pela geração de valores sempre mais rentáveis, tudo em busca do aumento ilimitado e constante para o capital financeiro investido nessa nova economia.[50] Não deixa de ser curiosa a observação de que a mudança mais decisiva, nas últimas três

50 CASTELLS, Manuel. *The Rise of the Network Society*. 2. ed. Oxford: Blackwell Publishers, 2000, p. 200–201.

décadas, não foi apenas o aumento ostensivo da ganância, mas também a extensão dos mercados, e de valores de mercado, configurando uma espécie de era do triunfalismo do mercado.[51]

As redes passaram a ser um componente adicional dessa nova economia, que não é nova por ser uma economia capitalista. De fato, pela primeira vez na história, na realidade, todo o globo é capitalista ou dependente de sua ligação às redes capitalistas globais. Um capitalismo triunfante, sem adversários.[52] Só que agora se trata de um capitalismo distinto dos anteriores, na medida em que é tecnológica, organizacional e institucionalmente estruturado. Tudo está a indicar, nessa virada de milênio, que a nova economia desse modelo capitalista terá por base um incremento, cada vez maior, nos processos de produtividade, resultante da capacidade de utilização das renovadas tecnologias da informação e da comunicação, as quais se tornam nutrientes poderosos para a sustentação de um sistema movimentado por ritmos frenéticos de fluxos de riquezas. Para que as novas fontes de produtividade dinamizem essa economia, é preciso assegurar a difusão de formas de organização e administração em rede, com suas inúmeras teias, suplantando todas as formas rígidas anteriores de organização empresarial. Além disso, a impressionante expansão da base produtiva exige uma ampliação equivalente dos mercados, como também novas fontes de capital e mãos de obra. Enfim, não há como negar que a globalização econômica, "ao expandir os mercados de maneira tão impressionante e explorar novas fontes de capital e mão de obra especializada, é uma característica indispensável da nova economia."[53]

Parece que a nova economia é apta a proporcionar um período de grande crescimento econômico e todas as demais benesses materiais dele decorrentes. Entretanto, não deixa de ter apenas suas falhas inevitáveis, como qualquer outra, mas traz também alguns sérios riscos e efeitos negativos, que afligem a tudo e a todos, notadamente em seus aspectos mais excludentes, com seus inerentes e inevitáveis malefícios, dos menos aos mais sensíveis, em todas as regiões do globo, nem sempre tão focalizados e noticiados.

---

51 SANDEL, Michael J. *O que o dinheiro não compra: os limites morais do mercado*. Trad. de Clóvis Marques. Rio de Janeiro: Civilização Brasileira, 2012, p. 12-13.

52 COMTE-SPONVILLE, André. *O capitalismo é moral?: sobre algumas coisas ridículas e as tiranias do nosso tempo*. Trad. de Eduardo Brandão. São Paulo: Martins Fontes, 2011, p. 32-34

53 CASTELLS, Manuel. *The Rise of the Network Society*. 2. ed. Oxford: Blackwell Publishers, 2000, p. 2002.

3

OS IMPACTOS DA NOVA ORDEM ECONÔMICA

3.1 – NOTAS PRELIMINARES

Algumas perguntas não ficaram silenciadas mesmo com a transição do século XX para o incipiente século XXI. O Estado estaria destituído de poder na sociedade em rede? Não se estaria vivendo sob a vigilância do "Grande Irmão", como previra George Orwell em seu "1984"? Como poderia estar o Estado destituído de poder se também já está dotado de enorme capacidade tecnológica, exercendo intenso controle sobre uma boa dose de informações?

Todas essas questões, simples e fundamentais, misturam evidências contraditórias com teorias incertas. Entretanto, uma melhor compreensão desses desafios talvez se possa alcançar por uma via bem próxima da realidade atual. As inquietações podem ser afuniladas em um desconforto produzido pelo crescente levantamento de informações sobre indivíduos pelas empresas comerciais, em todos os bancos de dados, e organizações de todos os tipos, além da criação de um mercado para essas informações. Em vez de um "Grande Irmão" há uma "cadeia de irmãozinhos" que, pelas mais sedutoras estratégias, procuram estabelecer relações intersubjetivas invasivas sob os mais diversos aspectos. Se já está se diluindo um controle centralizado, o certo é que se incrementam vigilâncias descentralizadas. Não há dúvida de que as revelações da mídia global sempre representam uma ameaça para os subterrâneos do Estado e um mecanismo de defesa dos cidadãos. Entretanto, as novas tecnologias e o novo sistema midiático aumentaram, em escala exponencial, a vulnerabilidade do Estado, não apenas em relação ao poder da mídia, mas também aos negócios e aos diversos grupos sociais com seus mais variados interesses. Não é à toa que até se pode dizer que, em termos históricos relativos, o Estado de hoje é mais vigiado do que vigilante.

Não obstante o Estado nacional ainda mantenha alguma capacidade de exercer controle e vigilância, o fato é que está perdendo, gradativamente, esse poder para formas mais poderosas de redes e organizações transnacionais com suas informações, comunicações e recursos financeiros, conferindo-lhes alto poder de penetração e manipulação não só de muitas camadas sociais, como também das mais baixas às mais altas estruturas dos poderes públicos. Nesse sentido, em um primeiro momento, será abordado esse processo acelerado e acentuado de diluição do poder constituído no atual contexto global e no âmbito das realidades vividas pelas sociedades mundiais afetadas por esse processo em avanço avassalador. A partir dessa perspectiva, na etapa seguinte, será discorrido sobre a globalização da riqueza, com todos os seus impactos na vida cotidiana das pessoas, dos grupos e das sociedades de todo o mundo. No próximo passo será trazida para análise a questão dos impactos, diretos e indiretos, da frenética globalização da comunicação, interconectando os mais longínquos rincões com os mais diversos assuntos que lhes afetam, alterando seus comportamentos e redirecionando seus caminhos. Por último, será focalizado aquele que mais tem despertado inquietações, turbulências e convulsões sociais, desestabilizando instituições e desestruturando arranjos dos poderes constituídos, que ficam desguarnecidos e vulnerabilizados para o enfrentamento desse fenômeno, com todas as suas nuanças de muitas e múltiplas formas de violência.

3.2 – A DILUIÇÃO DO PODER

Uma característica específica do Estado capitalista é que absorve o tempo e o espaço sociais, estabelece as matrizes de tempo e espaço, bem como monopoliza a organização do tempo e do espaço, enquanto categorias que se transformam, por meio da ação estatal, em redes de dominação e poder, o que faz da nação moderna um produto do Estado.[54]

54 POULANTZAS, Nicos. *L'etat, le pouvoir et le socialisme.* Paris: Presses Universitaires de France, 1978, p. 11–13.

Todavia, nos dias atuais, esse é um conceito já envelhecido e até ultrapassado. O controle do Estado sobre o tempo e o espaço está sendo sobrepujado, gradativamente, pelos fluxos globais de capital, produtos, serviços, tecnologia, comunicação e informação. A apreensão do tempo histórico pelo Estado, mediante a apropriação da tradição e a reconstrução da identidade nacional, passou a enfrentar os desafios trazidos pelas identidades múltiplas delineadas por sujeitos autônomos.

Os esforços do Estado para reafirmar seu poder, na arena global, pelo desenvolvimento de instituições supranacionais, acaba comprometendo ainda mais sua já enfraquecida soberania. E as tentativas empreendidas pelo Estado para restaurar sua legitimidade, por meio da descentralização do poder administrativo, delegando-o às esferas regionais e locais, estimulam tendências centrífugas, ao trazer os cidadãos para a órbita do governo, aumentando a indiferença deles em relação ao Estado nacional. Enquanto o capitalismo global não tem adversários, opositores ou inimigos, e algumas ideologias nacionalistas tentam demonstrar algum vigor, em determinadas partes do mundo, o Estado nacional parece estar sendo nocauteado, perdendo seu poder, embora insistindo em sua sôfrega influência. O crescente desafio à soberania dos Estados em todo o mundo parece advir da incapacidade de o Estado nacional moderno transitar por terrenos acidentados e desconhecidos entre o poder das redes globais e o desafio imposto por identidades singulares.[55]

A capacidade instrumental do Estado nacional está comprometida, profundamente, e até de forma decisiva, pela globalização das principais atividades econômicas geradoras da riqueza, pela globalização da mídia e da comunicação eletrônica e pela globalização dos crimes, notadamente o mais pernicioso e nefasto deles, o crime organizado.

3.3 – A GLOBALIZAÇÃO DA RIQUEZA

A interdependência dos mercados financeiros e monetários, em todo o mundo, operando como uma totalidade em tempo real, estabelece o elo entre as diferentes unidades monetárias nacionais. As transações cambiais constantes, envolvendo as moedas dos países ricos, fazem com que a coordenação sistêmica entre essas moedas seja a única medida capaz de manter um certo grau de estabilidade no mercado monetário, bem como nos investimentos e, por conseguinte, nos comércios globais.

55 GIDDENS, Anthony. *A Contemporary Critique of Historical Materialisme: the nation-state and violence.* Berkeley: University of California Press, 1985, p. 21-23.

Todas as demais moedas do mundo tornam-se ligadas, para todos os efeitos práticos, a esse centro de riqueza. A consequência disso é que os Estados nacionais, individualmente, estão perdendo o controle efetivo sobre componentes fundamentais de suas políticas econômicas.[56]

As dificuldades e as resistências, cada vez maiores, ao controle a ser exercido pelos governos sobre a economia são acentuadas pela crescente transnacionalização da produção, não apenas pelo impacto causado pelas empresas multinacionais, mas, sobretudo pelas redes integradas de produção e comércio dessas empresas.[57] A consequência é a capacidade, cada vez menor, de os governos assegurarem, em seus próprios territórios, a base produtiva para a geração de receitas.

A globalização da produção e do investimento também representa uma ameaça ao Estado do bem-estar social, um dos mais importantes componentes do Estado nacional, nos últimos cinquenta anos. E, de certo modo, apresenta-se como o principal sustentáculo da legitimidade desse Estado nos países emergentes. Essa situação deve-se ao fato de que está se tornando cada vez mais contraditória a ideia de que empresas possam atuar em mercados globalizados e integrados, tendo de arcar com grandes diferenças e custos quanto a benefícios sociais, bem como operar com distintos níveis de regulamentação nos diversos países.

Para as economias em que os principais mercados de capital, bens e serviços estejam integrados, cada vez mais, a uma escala global, tem sobrado pouco espaço para diferenças muito gritantes, em termos de benefícios sociais, entre Estados com níveis de produtividade da mão de obra e qualidade da produção que guardem semelhanças entre si. Somente uma espécie de contrato social global, juntamente com acordos internacionais de tarifação, seria capaz de impedir a derrocada dos maiores Estados do bem-estar social. Entretanto, devido ao fato de que na nova economia global, desregulamentada, integrada em rede, a realização de tal contrato social global é muito pouco provável, tais modelos de Estado estão sendo reduzidos ao mais baixo denominador comum, que se mantém em uma espiral descendente contínua.[58] Um componente fundamental da legitimidade e da estabilidade do Estado

56 MOREAU DEFFARGES, Philippe. *La mondialisation: vers la fin des frontieres?* Paris: Dunod, 1993, p. 31-33.

57 BUCKLEY, Peter. *Cooperative Forms of Transnational Corporation Activity.* London: Routledge, 1994, p. 51-53.

58 NAVARRO, Vicente. *The Politics of Health Policy.* Oxford: Blackwell Publishers, 1995, p. 21-23.

nacional está desaparecendo em todo o mundo, na medida em que está sendo destituído do poder para exercer controle sobre assuntos de enorme impacto e relevância social, como política monetária, orçamento, organização de produção e comércio, arrecadação tributária de pessoas jurídicas, e, assim, honrar seus compromissos como as promessas de distribuição de benefícios sociais.[59]

Há muitas informações contraditórias e acirradas, nos últimos tempos, que nutrem um debate carregado de ideologias sobre a verdadeira situação de muitas pessoas desprovidas de recursos em todo o mundo. Afinal, no último quartel do século recém-deixado para trás, franqueou-se o acesso ao desenvolvimento, industrialização e consumo a dezenas de milhões de pessoas ao redor do mundo. É verdade que a maior parte da população do hemisfério norte ocidental ainda desfruta dos mais elevados padrões de vida do mundo e da própria história moderna da humanidade. Nos últimos tempos, porém, tem se falado que, na média geral, houve certa melhoria para todo o mundo. O discurso rotineiro é o de que a média é o que importa. Contudo, a quem se atreva dizer o contrário, ou seja, a média não é o que conta.[60] Realmente, é para pensar se a média conta ou não. Sem entrar em uma discussão mais aprofundada sobre o significado de qualidade de vida, os registros confusos sobre o chamado desenvolvimento mundial, em muitas de suas vertentes socioeconômicas, estão repletos de perplexidades sujeitas a manipulações ideológicas, sobretudo, diante da falta de clareza analítica de suas considerações.

De qualquer modo, é possível dizer que o surgimento do capitalismo informacional, global e em redes, no último quarto do século XX, coincidiu com o colapso de economias nacionais, a desintegração de muitos Estados e a dissolução de arranjos de suas sociedades. Como consequência, não é de surpreender a explosão de muitas e múltiplas formas de violência por diversas regiões do globo.

3.4 – A GLOBALIZAÇÃO DA COMUNICAÇÃO

As perspectivas de regulamentação e controle nacionais são também pouco favoráveis em outra frente de poder de importância fundamental para o Estado: a mídia e as comunicações. Certo controle sobre informações, entretenimentos, opiniões e imagens, historicamente, tem sido

59 CASTELLS, Manuel. *The Power of Identity*. Oxford: Blackwell Publishers, 2010, p. 298.

60 GOULD, Stephen Jay. *The Mismeasure of Man*. New York: W.W. Norton & Company, 1981. p. 351.

um instrumento de sustentação de poder do Estado, aperfeiçoado na era da mídia.[61] Nesse cenário, o Estado nacional enfrenta pelo menos três grandes desafios inter-relacionados: globalização e não exclusividade de propriedade; flexibilidade e capacidade de penetração da tecnologia; e autonomia e diversidade da mídia.

A diversificação dos meios de comunicação, a integração de toda mídia em hipertextos digitais, pavimentando caminhos para a mídia interativa, e a impossibilidade de se exercer controle sobre satélites, que emitem sinais de comunicação além das fronteiras ou sobre a comunicação por meio de computadores, acabaram destruindo as tradicionais bases de defesa da regulamentação. A explosão das telecomunicações e o desenvolvimento dos sistemas de transmissão a cabo viabilizaram o surgimento de um poder de transmissão e difusão de informações sem precedentes. Essa tendência não fugiu dos olhares empresariais, que não deixaram de aproveitar a oportunidade surgida. Foram realizadas fusões de gigantes empresariais e mobilizados capitais, em todo o mundo, para que se pudesse participar do setor de comunicações, um setor capaz de estabelecer elos de poder nas esferas econômicas, culturais e políticas.[62]

Os governos nacionais passaram a sofrer enormes pressões, sob as mais diversas formas: a opinião pública e a imprensa escrita clamam pela liberdade e diversidade na mídia; veículos de comunicação estatais em dificuldades financeiras foram adquiridos pela iniciativa privada; colunistas fizeram a apologia de comunicações irrestritas; promessas de condescendência política foram feitas a muitos que estavam no poder ou tiveram chances de ocupar cargos importantes e estratégicos em um futuro próximo; e, ainda, benefícios pessoais foram concedidos às autoridades com poder de liberação de programas.[63] A política simbólica, assemelhando a liberalização da mídia à modernização tecnológica, tratou de fazer com que a opinião das elites se inclinasse a favor de um novo e poderoso sistema de comunicações. Estações de rádio e televisão foram privatizadas em larga escala. Os jornais concentraram-se em grandes consórcios, muitas vezes com o apoio de grupos financeiros. E, além de tudo isso, a mídia tornou-se global, contando com capital, tecnologia

61 MATTERLAT, Armand. *La communication-monde: histoires des idées e des strategies.* Paris; La Decouverte, 1991, p. 45-47.

62 MACDONALD, Greg. *The Emergence of Multimedia Conglomerates.* Genebra: ILO 1990, p. 35-37.

63 CASTELLS, Manuel. The Power of Identity. Oxford: Blackwell Publishers 2010, p. 299.

e envolvimento de grandes empresas, as quais até conseguem ficar fora do alcance dos Estados nacionais. Não é que os governos tenham sido alijados da mídia. Ainda têm alguma influência a respeito, mas grande parte de seu poder já foi bastante diluída, diante do estrondoso poderio midiático. Trata-se de um declínio da denominada "poliarquia", um tipo ideal de determinadas condições políticas, em termos de escala de maior ou menor aperfeiçoamento de instituições sociais dentro de um Estado nacional.[64] O fato é que a mídia precisa avançar em sua independência, porque é um componente básico de sua credibilidade. Uma credibilidade não apenas necessária para adquirir adesão da opinião pública, mas também diante dos detentores do poder e dos anunciantes, haja vista que a publicidade é a base econômica da mídia. Se um determinado veículo de comunicação, explicitamente, inclina-se a uma opção política ou evita de maneira sistemática certos tipos de informação, limitará seu público a um segmento relativamente pequeno, dificilmente conseguirá obter seus almejados lucros no mercado e não refletirá nenhum tipo de apelo aos interesses dos diversos grupos de tendências políticas variadas. Além disso, considerando que governos também têm pretensões de se tornarem "globais", e a mídia global é a sua via de acesso, não raro acabam optando por sistemas de comunicação interativos que, mesmo se operados com cautela e de forma calculada, acabam comprometendo os controles sobre a comunicação. Em outras palavras, cada vez mais, as informações são transmitidas em tempo real, encurtando o tempo de sua geração e propagação em escala planetária, de modo que o mundo fica encurtado por satélites, fibras óticas, televisões a cabo, agências de notícias, sítios da Internet, enfim, toda uma rede comunicativa de enorme influência planetária. Essa mídia toda poderosa está postada no centro do capitalismo, com sua imponente pujança econômica, e torna-se o chamado "quarto poder", mas que está pronta a substituir, a todo momento, qualquer outro poder, ainda que seus veículos, explicitamente, não assumam esse papel.

3.5 – A GLOBALIZAÇÃO DO CRIME ORGANIZADO

A globalização do crime também subverte o Estado nacional, transformando e alterando procedimentos governamentais de modo profundo. Em muitas situações, na realidade, o Estado nacional, efetivamente,

64 DAHL, Robert. *Polyarchy: participation and opposition*. New Haven: Yale University, 1972, p. 13-15.

fica de mãos atadas e pés amarrados. Essa é uma inevitável tendência já reconhecida e de consequências incontroláveis.

A novidade não é o maior grau de penetração do crime e seu impacto na política. A novidade é a conexão global do crime, condicionando relações internacionais, econômicas, políticas e sociais, na escala e no dinamismo da economia do crime. Da mesma forma, a novidade é o profundo envolvimento e a desestabilização dos Estados nacionais em uma série de instituições tornadas reféns desse crime organizado transnacional. Todos os tipos de tráfico são cometidos por esse sistema subterrâneo, cujo poder estende-se por todo o mundo: armas, tecnologias, materiais radioativos, obras de arte, seres humanos, órgãos humanos, matadores mercenários, contrabandos dos mais diversos produtos para qualquer parte do globo. Todos parecem ter um ponto de convergência, uma espécie de grande matriz, ou seja, uma base de sustentação que liga esses ilícitos: a lavagem de dinheiro. A razão para essa afirmação não é outra senão esta: sem a ampla possibilidade de um submundo financeiro que viabilize a alastrada lavagem de dinheiro, a economia do crime organizado não seria global e nem mesmo tão lucrativa. Não é à toa que se tem dito o seguinte: por intermédio da lavagem de dinheiro, a economia do crime fica conectada, diretamente, aos mercados financeiros globais, dos quais pode ser considerada "um componente de porte significativo e fonte inesgotável de especulação."[65]

Estimativas bastante abalizadas, ainda que sujeitas a cálculos imprecisos das cifras reais, falam em bilhões de recursos anuais provenientes de fontes ilegais "lavadas" no sistema financeiro global. Esses fluxos de capital precisam ser processados com mobilidade e flexibilidade maiores do que aquelas demonstradas, geralmente, no processamento de recursos originados por qualquer outro ramo de atividade. Uma de suas principais estratégias de dissimulação é, precisamente, o giro constante dessas cifras astronômicas, impedindo o rastreamento eficiente pelos órgãos de regulamentação responsáveis pela fiscalização dessa circulação transnacional.

Não é tão simples identificar, de forma cabal e definitiva, todo o impacto causado por essas tendências aos Estados nacionais. Entretanto, na atual conjuntura, já é possível indicar alguns aspectos principais desse aspecto no Estado nacional, cada vez mais fragilizado e impotente.

---

65 CASTELLS, Manuel. *The Power of Identity.* Oxford: Blackwell Publishers 2010, p. 304.

Pelo menos três aspectos poderiam ser delineados. Esses aspectos têm suas próprias características, mas guardam estreitas relações entre si.

O primeiro aspecto diz respeito à dimensão estrutural. Em muitos casos, toda a estrutura do Estado, sem excluir até mesmo as mais altas esferas do poder, está entremeada de vínculos criminosos, por todo tipo de corrupção, a começar pelo financiamento espúrio de campanhas políticas, causando os mais deletérios estragos na condução das questões públicas.

O segundo aspecto refere-se ao campo da cooperação internacional. Para vários países, as relações internacionais entre os Estados nacionais tornaram-se condicionada, em diversos níveis, pelo sucesso ou insucesso da cooperação no enfrentamento contra a economia do crime organizado, a cada dia mais diversificada, ampliada e fortalecida.

O terceiro aspecto está relacionado ao estímulo ou desestabilização da economia em países inteiros. A importância crescente dos fluxos de capital de origem criminosa torna-se um meio fundamental para incremento ou desestabilização da economia de países inteiros, e não como um mero entrave de fácil superação, mas como um verdadeiro obstáculo a ponto de impedir o desenvolvimento de uma política econômica adequada em muitos países e em diversas regiões, sem que seja levado em conta esse fator bastante imprevisível.

Era muito comum imaginar que governos nacionais, profundamente afetados pela "ciranda" da economia do crime, limitavam-se a tentar identificar, invariavelmente, os principais suspeitos de envolvimento com essa ilicitude. Isso já não é mais bem assim. Não é mesmo o que acontece. A importância do fenômeno, seu alcance global, as dimensões de suas riquezas e seus sólidos vínculos com o mercado financeiro internacional tornaram as relações entre o crime organizado e a corrupção política uma característica que pode ser identificada até mesmo em muitos dos principais países do mundo. As organizações criminosas, cada vez mais, internacionalizaram seus contatos. Há suspeitas de infiltrações de membros de organizações criminosas em várias esferas dos governos, especialmente nos seus mais altos escalões. Muitas crises escondem a existência subterrânea de luta contínua pelo poder entre as dinâmicas do crime organizado global e as estruturas dos Estados nacionais. Até mesmo os principais governos do mundo, que se julgam relativamente imunes à penetração do crime organizado, acabam sofrendo os reflexos nocivos das manobras políticas dessa criminalidade. São bastante emblemáticos e expressivos os seguintes dizeres: Nesse emaranhado formado por crime, dinheiro e poder não há lugar seguro para ninguém. Ou, ainda, nesse sentido, não há instituições nacionais seguras para ninguém.[66]

Com sua enorme capacidade de disseminar a insegurança por todos os lados, o crime organizado não poupa ninguém que atravessa o seu caminho. Não é sem razão que assim se diz sobre esse fenômeno marcante da sociedade contemporânea:

> O crime organizado possui uma textura diversa: tem caráter transnacional na medida em que não respeita as fronteiras de cada país e apresenta características semelhantes em várias nações; detém um imenso poder com base numa estratégia global e numa estrutura organizativa que lhe permite aproveitar as fraquezas estruturais do sistema penal; provoca danosidade social de alto vulto; tem grande força de expansão, compreendendo uma gama de condutas infracionais sem vítimas ou com vítimas difusas; dispõe de meios instrumentais de moderna tecnologia; apresenta um intrincado esquema de conexões com outros grupos delinquenciais e uma rede subterrânea de conexões com os quadros oficiais da vida social, econômica e política da comunidade; origina atos de extrema violência; exibe um poder de corrupção de difícil visibilidade; urde mil disfarces e simulações e, em resumo, é capaz de inerciar ou fragilizar os Poderes do próprio Estado.[67]

Esse crime organizado transnacional tem um perfil já bem definido de sua estrutura escalonada, ou seja, manifesta-se como uma "verdadeira pirâmide do crime." Essa estrutura pode ser mas bem visualizada de baixo para cima. No quinto escalão encontra-se a sua base comunitária, de onde recruta mão de obra local para as práticas ilícitas. Nessa mesma localidade, são realizadas muitas ações sociais para aumentar seu poder de controle e influência naquele espaço territorial. No quarto escalão aparecem aqueles que conseguiram estabelecer conexões para fora daquele ambiente mais localizado, estendendo suas ramificações por outros espaços. No terceiro escalão encontram-se aqueles membros que estabelecem contatos com as organizações internacionais e, ainda, com as transnacionais envolvidas na criminalidade organizada. No segundo

66 CASTELLS, Manuel. *The Power of Identity*. Oxford: Blackwell Publishers, 2010, p. 306.

67 GOMES, Luiz Flávio; CERVINI, Raúl. *Crime Organizado*. 2. ed. São Paulo:RT, 1997, p. 75.

escalão estão governos e serviços de inteligência, não conhecidos pelo grande público. Por fim, no primeiro escalão, conhecido como "face oculta do crime", encontram-se aqueles cidadãos acima de qualquer suspeita, quais sejam, aqueles que ocupam escritórios luxuosos em centros monetários do mundo, operando no mercado de capitais e controlando vultosas operações financeiras, os quais se consideram homens de negócios bem-sucedidos. Na realidade, são eles que transformam negócios ilícitos em "atividades legais" e não "sujam suas mãos" com toda essa engenhosa engrenagem da economia do crime organizado.

4

A CONEXÃO DO MAL: A ECONOMIA DA CRIMINALIDADE GLOBAL

4.1 – NOTAS PRELIMINARES

A prática de crimes remonta aos primórdios da humanidade. Entretanto, o crime global a formação de redes entre poderosas organizações criminosas e seus tentáculos, com atividades compartilhadas em todo o mundo, constituem um novo fenômeno que afeta, direta e intensamente, a economia no âmbito internacional e nacional, além das dimensões políticas das sociedades em geral.

A "Cosa Nostra" siciliana e suas associadas ("La Camorra", "Ndrangheta" e Sacra Corona Unita), a máfia norte–americana, os cartéis colombianos, mexicanos e guatemaltecos, as redes criminosas nigerianas, a "Yakuza" japonesa, as tríades chinesas, as "Mafyas" russas, os traficantes de ópio do Oriente Médio, as "Posses" jamaicanas e uma miríade de grupos criminosos locais e regionais, em todos os países do mundo, uniram-se em uma rede global e diversificada que ultrapassa fronteiras e estabelece vínculos de todos os tipos.

Sem dúvida, o crime organizado transnacional, uma nova dimensão de formas mais tradicionais de criminalidade organizada, surgiu como um dos mais alarmantes desafios dos últimos tempos. O crime organizado transnacional, capaz de ampliar o campo de atuação de suas atividades, comprometer as economias e afetar as esferas políticas de países inteiros, representa uma das maiores ameaças contra as sociedades que buscam assegurar suas próprias estruturas em níveis de estabilidade, viabilidade e continuidade de seus projetos de organização e desenvolvimento dentro de uma nova ordem mundial.

As organizações criminosas internacionais conseguiram celebrar acordo quanto à partilha de áreas geográficas, ao desenvolvimento de novas estratégias de mercado, de renovadas formas de mútua assistência e até a resolução de conflitos, em todo o globo, em defesa obviamente de seus mais escusos interesses.

Enfrenta-se um verdadeiro e pujante contrapoder do crime organizado, capaz de impor sua vontade sobre Estados legítimos, abalar as instituições, a lei e a ordem, desestabilizar o equilíbrio econômico–financeiro e desorientar a plataforma democrática.

Se um fenômeno como esse é tão impactante nesse novo sistema globalizado, sem poupar as sociedades de todos os rincões do mundo, é preciso explorar a relação entre essas atividades criminosas, as sociedades contemporâneas e as economias dos países de modo geral. Nesse sentido, em um primeiro momento, será discutido o fenômeno da globalização organizacional da criminalidade. Em seguida, serão analisados o crime organizado e seus rumores na sociedade contemporânea, repletos de ideias assombradas que consideram esse fenômeno um mito ou uma conspiração, examinando-se não apenas certos exageros nessas vertentes, mas também as advertências que sinalizam para uma percepção mais clara dessa realidade que já não se pode mais ignorar e nem mascarar. Depois disso, será feita uma incursão mais detida pelo crime organizado e os seus mais conhecidos paradigmas que ainda orientam as políticas criminais de prevenção e repressão dessa forma delitiva. Por último, já com essas bases delineadas, então, serão abordados os aspectos essenciais e não essenciais de caracterização dessa onipresente criminalidade organizada no mundo atual.

4.2 – A GLOBALIZAÇÃO ORGANIZACIONAL DA CRIMINALIDADE

Nas duas últimas décadas, as organizações criminosas estabeleceram, gradativamente, suas operações de uma forma transnacional, aproveitando-se da globalização econômica e das novas tecnologias da informação, da comunicação e do transporte.

A estratégia empregada consiste em instalar suas funções de gerenciamento e produção em áreas de baixo risco, nas quais essas funções detêm relativo controle do meio institucional. Além disso, a estratégia também direciona sua atenção às áreas com as demandas mais afluentes, de modo que seus negócios prosperem, cada vez mais, nesses verdadeiros "mercados preferenciais."

A internacionalização das atividades criminosas faz com que o crime organizado, dos mais diversos países, estabeleça alianças estratégicas para cooperar com as transações mais atraentes para cada organização. Na realidade, o fenômeno já bastante percebido é que o crime organizado, com variados graus de sofisticação, está adquirindo a lógica organizacional de uma empresa em rede.[68]

Há muitos esforços para o apontamento dos lucros reais auferidos por esse novo fenômeno criminal, com suas múltiplas faces, nesses tempos de economia global. Contudo, não é nada fácil detectar se os valores estão na ordem dos milhões, dos bilhões ou até dos trilhões. O que se sabe é que seus lucros alcançam cifras fabulosas, astronômicas, e nem mesmo são atingidos por crises econômico-financeiras. A sua espantosa lucratividade prossegue em franca ascensão. Essa linha ascendente da lucratividade é formada pelos vultosos ganhos obtidos com atividades criminosas e com seus investimentos em atividades legalizadas. Essa dinâmica inviabiliza o controle do impacto econômico do crime global sobre as atividades criminosas, haja vista que as atividades legalizadas desempenham papel fundamental em acobertar o funcionamento ativo e dinâmico do sistema em escala global. No entanto, isso só ainda não define todo o cenário. A busca de estabelecimento de "acordos" é uma estratégia recorrente, combinando a manipulação habilidosa de "procedimentos legais" e sistemas financeiros nacionais e internacionais com o uso seletivo da violência e da corrupção generalizada de agentes políticos, funcionários burocratas e tecnocratas, banqueiros, investidores e responsáveis pela fiscalização das formalidades necessárias ao encobrimento de todo o esquema.[69]

Nas fontes da criminalidade global há organizações enraizadas nacional, regional, local e etnicamente. A maioria já ostenta uma longa história nesse universo, relacionada à cultura dos países e regiões específicas, com suas ideologias, códigos de honra e mecanismos de filiação e comprometimento. Tais organizações estão fincadas, de maneira

68 CASTELLS, Manuel. *End of Millennium*. New York: The Johns Hopkins University Press, 2002, p. 205.

69 Op. cit, p. 206.

sólida, nas culturas nacionais e étnicas, que não desaparecem nas novas inter-relações globais; ao contrário, a constituição de redes, em escala global, possibilita que as organizações criminosas tradicionais sejam fortalecidas e prosperem, na medida em que escapam aos controles de um determinado Estado em momentos difíceis.

As organizações criminosas fundadas em bases nacionais e étnicas diversificam-se entre aquelas com maior notoriedade e outras sem tanta visibilidade, mas todas com atuação bastante intensa nas sociedades. A realidade é que são detectadas, em todos os países e em todas as regiões, quadrilhas e redes de quadrilhas, as quais estão convencidas, agora, da enorme oportunidade de se conectarem a redes mais amplas de atividades ilícitas, nesse submundo da criminalidade organizada, que marca sua presença em muitas pequenas localidades e em grandes regiões, com a espantosa capacidade até mesmo de adquirir a maior parte de bens em países de menor porte.

A partir dessas bases locais, regionais, nacionais e étnicas, fundadas na identidade e lastreadas em relacionamentos interpessoais de confiança e desconfiança, as organizações criminosas atuam em uma vasta gama de atividades. O tráfico de drogas ainda é o principal negócio, a ponto até de mexer com uma questão repleta dos interesses mais escusos, qual seja, a legalização das drogas. Essa questão talvez seja o maior incômodo que a criminalidade organizada enfrenta com estratégias sutis. É preciso ficar bem claro que o enfoque, nesse caso, é estritamente econômico, não sendo colocado em discussão qualquer outro aspecto, porque é apenas em razão dele que se interessa a criminalidade organizada. Nesse sentido, para essa questão, com seu viés exclusivamente econômico, a realidade é só uma: a droga é regida pela oferta e pela procura. Há um crescente consumo de drogas por todo o mundo, a despeito dos mecanismos preventivos e repressivos existentes. O crime organizado global tem sido exitoso em encontrar formas de atender a essa demanda, transformando-a sempre em negócios altamente lucrativos e na perniciosa causa principal da maioria da criminalidade que dela deriva ou que gravita em seu entorno. Essa é uma situação desconcertante, desconfortável e até desesperadora, mas uma nua e crua realidade, caracterizada pela movimentação diuturna de cifras incalculáveis da economia do crime organizado e de toda a rede de criminalidade que, direta ou indiretamente, se encontra a interconectada a esse crime.

Entretanto, além do tráfico de drogas, essa mesma economia da criminalidade organizada tem se alargado e alastrado seu campo de atuação, tornando-se um ramo de "atividade global cada vez mais diversificado e interligado."[70]

Já não é impossível esboçar uma relação, ainda que não exaustiva, das principais atividades das quais o crime organizado participa, além do próprio tráfico de drogas. Há o tráfico de armas, o tráfico de material nuclear, o tráfico de biodiversidade, o tráfico de pessoa, o tráfico de órgãos, as adulterações e falsificações de produtos e marcas ("as piratarias"), os contrabandos, os descaminhos e os fluxos financeiros desregulados, tudo com uma engrenagem bem engendrada para transformar dinheiro sujo em dinheiro limpo. Não há como não reconhecer um forte impacto do assombroso volume de riqueza do crime global sobre a economia com reflexos na política e na cultura.

Acredita-se que os montantes correspondentes aos capitais desse crime global seja mesmo, sem exageros, um gigantesco volume, ainda que sejam desconhecidos os números. Sem dúvida, esse é um aspecto digno de ser considerado. Contudo, não é ainda o único destacável. É preciso notar a sua enorme capacidade de mobilidade metamorfoseante. Não é sem razão que assim se diz:

> Para evitar o rastreamento, o capital proveniente da economia do crime muda constantemente de uma instituição financeira para outra, converte-se de moeda para moeda, transforma-se de ação para ação, reveste-se de investimentos na indústria do entretenimento. Dada sua volatilidade e disposição em assumir altos riscos, o capital criminoso acompanha e amplifica os lances especulativos dos mercados financeiros.[71]

A atividade criminosa também influencia, direta ou indiretamente, uma série de economias nacionais. Em certos casos, o volume de capital supera toda a economia do país. Em outros, representa um montante suficientemente grande para condicionar os processos macroeconômicos, exercendo papel decisivo em regiões e setores específicos. Além disso, em outros países, seu grau de penetração em empresas e instituições transforma o quadro econômico, tornando-o imprevisível e favorecendo estratégias de investimento concentradas no retorno a curto

70 CASTELLS, Manuel. *End of Millennium*. New York: The Johns Hopkins University Press, 2002, p. 211.

71 CASTELLS, Manuel. *End of Millennium*. New York: The Johns Hopkins University Press, 2002, p. 239.

prazo. E não é só isso. Mesmo em economias grandes e com certa solidez, crises financeiras também podem ser desencadeadas por manobras criminosas. Os efeitos deturpadores da sempre subterrânea economia do crime organizado, em particular, sobre as políticas monetárias e, em geral, sobre as políticas econômicas, dificultam ainda mais o controle dos processos econômicos, originalmente baseados em países com uma economia bastante globalizada. Esses efeitos acabam sendo componentes econômicos que não são alcançados, de forma alguma, pelos mais rigorosos esforços de controle oficial.[72]

O assunto ainda não se esgota nesse ponto. O impacto do crime organizado sobre as instituições e políticas governamentais é inegável. A soberania estatal, já desgastada pelos processos de globalização e identidade, vem experimentando ameaças diretas de redes criminosas altamente flexíveis que escapam dos mecanismos de controle e assumem um grau de risco que nenhum outro tipo de organização é capaz de assimilar.

Durante certo período de tempo, a estratégia fundamental do crime organizado era infiltrar-se nas instituições estatais nacionais, regionais e locais, seja no âmbito político ou burocrático. Essa linha de ação não deixou de ser um elemento importante nos procedimentos operacionais do crime organizado, porque esse crime só é capaz de sobreviver mesmo por meio da corrupção de agentes públicos e, em grau mais intenso, das próprias instituições.

Nos últimos tempos, contudo, a globalização econômica provocou uma verdadeira revolução na estratégia institucional do crime organizado. Abrigos seguros para sua instalação, enraizamento e expansão vêm sendo encontrados em todos os lugares, pequenos, médios ou de grande porte, com o respaldo da enorme mobilidade e da extrema flexibilidade das redes, possibilitando-lhe esquivar-se com muita facilidade e ficar na sua zona de conforto, bem longe do efetivo alcance das regulamentações nacionais e dos procedimentos preventivos e repressivos mais rigorosos, desencadeados pelas instituições, nas suas frustradas tentativas de coibir suas inúmeras atividades ilícitas, nos mais diversos países.

Sempre que a pressão do Estado e das forças internacionais torna-se mais intensa em determinado país, em uma certa região ou mesmo em alguma localidade mais "segura" para esse fenômeno criminoso, a flexibilidade da rede lhe possibilita transformar sua geometria organizacional. Essa mudança opera-se na base de fornecimento de apoio logístico

72 Op. cit, p. 240.

para facilidade de acesso a informações privilegiadas e comunicações reservadas, bem como nas rotas mais apropriadas para a maior circulação de suas vultosas riquezas. Em outras palavras, para falar daquilo que realmente interessa à criminalidade organizada, ou seja, o dinheiro em si, sabe-se que é circulado com segurança nos fluxos das transações financeiras computadorizadas, gerenciadas a partir de centros bancários situados em paraísos fiscais, que dirigem o movimento dos capitais no tempo e no espaço.[73]

No fundo, apostando suas fichas na flexibilidade local e na complexidade internacional, a economia do crime organizado escapa das tentativas desesperadas de controle, por parte de rígidas instituições estatais circunscritas às suas fronteiras, que sabem que estão perdendo não só as batalhas, mas também a guerra, embora não queiram ou não possam admitir tal evidência. Com isso, não há outra consequência senão esta, qual seja, a sua capacidade de impor a lei e a ordem, ainda que se saiba das inúmeras dificuldades para concretizá-las no nível mínimo de efetividade. Se for efetivação no nível máximo, então, é claro que os obstáculos tornam-se ainda mais tortuosos.

Em uma reação desesperada e apenas simbólica ao poder, cada vez maior, do crime organizado como forma de autodefesa, os Estados nacionais tentam recorrer às mais diversas medidas, que vão desde as mais paliativas até aquelas que chegam a arranhar possíveis liberdades democráticas fundamentais. Com o Estado nacional sitiado e fragilizado, as sociedades vulnerabilizadas e as economias nacionais já inseguras de suas inter-relações com redes transnacionais de capitais e seus agentes manipuladores, a influência crescente do crime organizado global pode provocar um perigoso retrocesso significativo dos direitos, valores e instituições democráticas. A seriedade dessas observações não pode passar despercebida: o Estado não está sendo apenas ludibriado pelo crime organizado a partir de pontos externos às suas fronteiras. Está também ruindo por dentro. Além de os criminosos subornarem e/ou intimidarem autoridades públicas, há um aspecto ainda mais insidioso e devastador: a corrupção da política democrática. As necessidades financeiras, cada vez mais recorrentes, dos candidatos a cargos públicos e dos partidos políticos criam uma oportunidade de ouro para que o crime organizado ofereça apoio a campanhas políticas nos momentos críticos.

73 CASTELS, Manuel. *End of Millennium*. New York: The Johns Hopkins University Press, 2002, p. 241.

Qualquer menção de aceite do "generoso" auxílio oferecido perseguirá o político para sempre. Além disso, o processo eleitoral dominado pela política do escândalo, destruição da figura política e forjamento de imagens também oferece ao crime organizado um campo privilegiado de influência política. Ao atrair políticos para o submundo das mais diversas ilicitudes, das múltiplas corrupções, com o poder de lançar acusações de ocasião, o crime organizado instituiu uma vasta rede de informações e de extorsões, traficando influência a troco da conivência de todos os enredados em suas teias.[74]

A influência do crime organizado também atinge a esfera cultural. Essa dimensão é afetada das maneiras mais sutis. Por um lado, a identidade cultural pode contribuir, de maneira mais ou menos intensa, para retroalimentar grande parte dessas redes criminosas, fornecendo os códigos e as formas de comprometimento que criam a confiança e garantem a comunicação no âmbito de cada rede. É preciso lembrar que essa cumplicidade, espontânea ou forçada, não é capaz de evitar o uso de violência contra os próprios pares. Todavia, há ainda um nível mais amplo de compartilhamento e compreensão dentro da organização criminosa, que se sustenta na própria história, na cultura e na tradição e gera toda sua ideologia de legitimação. Esse fato já tem sido bastante documentado em inúmeras pesquisas sobre as atuações das diversas redes criminosas pelo mundo. Na realidade, quanto mais o crime organizado torna-se global, tanto mais seus componentes, tidos como importantes, valorizam sua identidade cultural. O objetivo dessa valorização é bem estratégico, qual seja, não desaparecerem no turbilhão do espaço de fluxos, a fim de que possam ser mantidas suas bases étnicas, culturais e, na medida do possível, também as territoriais. Essa é sua grande força, a ponto de ser pertinente mesmo dizer que é provável que "as redes criminosas estejam à frente das empresas multinacionais em termos de capacidade de aliar identidade cultural a negócios globais."[75]

Além disso, há outro aspecto relevante nessa dimensão cultural da criminalidade organizada. O maior impacto cultural das redes criminosas globais sobre as sociedades em geral, além da expressão de sua própria identidade cultural, é a nova cultura mesmo que sejam capazes de estimular e impulsionar. Em diversos contextos, criminosos ousados,

74 CASTELLS, Manuel. *End of Millennium*. New York: The Johns Hopkins University Press, 2002, p. 242.

75 Op. cit., 2002, p. 243.

performáticos e bem-sucedidos transformaram-se em modelos para novas gerações que não vislumbram perspectivas fáceis de saírem das condições sociais desfavoráveis em que vivem, não veem qualquer chance de usufruírem dos benefícios materiais do mundo contemporâneo e não escondem seus desejos de protagonizarem aventuras bombásticas que lhes garantam alguns minutos de "celebridade." Não deixa de ser interessante notar essa realidade cultural retratada também pela via de uma linguagem um pouco mais literária. Esses criminosos das novas gerações são apanhados entre o entusiasmo pela vida e a realização de seus limites. Desse modo, comprimem a própria vida, reduzindo-a a alguns instantes intensos, vividos de forma plena e, então, simplesmente saem de cena, desaparecem com a mesma rapidez que apareceram nesse "palco de fortes emoções." Durante esses breves momentos de existência, o sentimento de poder, riqueza e fama compensa o cenário de uma vida mais longa, regida pelo cotidiano e pelos dias mais rotineiros que estão à espera de qualquer pessoa comum.

A difusão da cultura do crime organizado é reproduzida pela penetrabilidade do mundo do crime, na vida diária da sociedade, pelos muitos veículos da mídia de massa. Em todo o mundo, provavelmente, as pessoas estão mais familiarizadas com a versão dessa mídia sobre a vida desses criminosos e de suas façanhas, tornando-os verdadeiros astros com toda uma aura de fascínio por seus pensamentos e suas ações. Já não se desconhece a tese de que o meio é a mensagem. Enquanto suporte material de comunicação, o meio tende a ser apresentado como transparente e incapaz de determinar os conteúdos comunicativos que veicula; mas, ao contrário, a mensagem transmitida por um veículo de comunicação põe em jogo, em cada caso, diferentes estruturas perceptivas, desencadeia distintos mecanismos de compreensão, ganha diversos contornos e tonalidades, enfim, adquire muitos significados. Em outras palavras, o meio, o canal, a tecnologia de comunicação não constituem apenas uma forma comunicativa, mas determinam o próprio conteúdo da comunicação, influenciando as transformações da cultura humana.[76]

Tudo isso pode muito bem indicar que a cultura do crime organizado contribui para formar uma nova sociedade, constituída de identidade comunal, mas conectada com a rede global, e de concorrência sem lei, porém com suas próprias "leis", modelando um mundo

76 MCLUHAN, Herbert Marshall. *The Gutenberg Galaxy: the making of typographic man.* Toronto: University of Tororнto Press, 1962, p. 15-17.

assustador, aterrorizante e atormentado por sua gigantesca força cultural dominadora.

4.3 – CRIME ORGANIZADO E SEUS RUMORES

Em termos de conteúdo, a ideia de crime organizado estaria destinada a dar suporte a um aparelhamento funcionalista do sistema jurídico penal e processual penal, com a imposição de um discurso de eficiência repressiva no seu grau máximo. Esse mesmo crime organizado seria apresentado, ainda, como uma espécie de um novo inimigo da sociedade. Toda essa roupagem vestida na criminalidade organizada, que deixa a sociedade vulnerável a uma desordem caótica, impulsiona, estimula e exige uma resposta rápida e robusta de um novo movimento de lei e ordem.[77]

Não faltam críticas a essa concepção exagerada e distorcida da criminalidade organizada. Trata-se de um discurso fantasioso. Essa visão não teria tanta consistência teórica e prática. Na teoria, uma quimera bem engendrada, sem qualquer conteúdo. Na prática, uma mera rotulação desnecessária. Na realidade, um verdadeiro mito. Nessa linha do discurso do mito, não existiria essa criminalidade organizada. Ela não passaria de um conceito muito mal formado ou mesmo de uma categoria muito bem forjada, a partir de uma narrativa tradicional de países hegemônicos de alto calibre econômico, transplantado para o resto do mundo.[78]

Esse discurso do mito não é o único a respeito da criminalidade organizada. Há ainda o discurso da conspiração. O crime organizado seria uma verdadeira "hidra", um monstro com inúmeras cabeças (um dragão com cabeças de serpentes), vale dizer, um poder muito bem estruturado e com amplo espectro de atuação em várias atividades criminosas de enorme lucratividade. Os estratosféricos lucros obtidos com tais atividades são objeto de lavagem de dinheiro, em sofisticadas operações financeiras transnacionais, com assessoria de profissionais altamente especializados e com sucessivos (re)investimentos em muitas outras atividades de expressiva rentabilidade. Parte dos espúrios recursos auferidos seria destinada para todo tipo de cooptação de forças necessárias para a manutenção das redes criminosas. Indo atrás de se entenderem seus propósitos menos explícitos, não faltam vozes alertando que estaria o projeto de alcançar o poder político e comprometer o próprio Estado

77 TIPKE, Klaus. *Innere Sicherheit, Gewalt und Kriminälitat*. München: Kösel, 1998, p. 39.

78 ZAFFARONI, Eugenio Raul. *Crime organizado: uma categorização frustrada*. Rio de Janeiro: GZ, 2010, p. 46.

Democrático de Direito. Nessa linha, as organizações criminosas devem ser combatidas com o máximo de rigor, por se tratar de uma verdadeira guerra ou cruzada, de tal modo que não há outro caminho para vencê-la senão por intermédio do chamado da política criminal do inimigo. Esse criminoso não pode ser "tratado como cidadão, mas sim combatido como inimigo."[79]

Ambas as visões contêm certos exageros, mas também trazem algumas advertências para o enfrentamento desse fenômeno real da criminalidade organizada. Não há como negar que a globalização econômica, com todos os seus adereços, tais como zonas de livre e franca circulação de bens e mercadorias, supressão ou diminuição de controles fronteiriços e alfandegários, desregulamentação de mercados, avanços tecnológicos, facilitação de telecomunicações e transportes, redes financeiras transnacionais, desigualdades de bem-estar entre países ricos e pobres, gerou um ambiente mais propício para uma nova realidade e, como parte dela, para as práticas delituosas organizadas transnacionais, que encontraram na nova realidade social o caldo ideal para sua expansão pelo globo.[80] Não é sem razão que assim se têm encontrado manifestações bem realistas sobre a tendência expansionista dessa chamada criminalidade organizada:

> De um lado, não se pode deixar de reconhecer que o modelo globalizador produziu novas formas de criminalidade que se caracterizam, fundamentalmente, por ser uma criminalidade transnacional, sem fronteiras limitadoras, por ser uma criminalidade organizada no sentido de que possui uma estrutura hierarquizada, quer em forma de empresas [...], quer em forma de organização criminosa e por ser uma criminalidade que permite a separação tempo-espaço entre a ação das pessoas que atuam no plano criminoso e a danosidade social provocada.[81]

Não há dúvida de que o desenvolvimento tecnológico ao alcance do bem pode também servir para o mal. É o paradoxo do uso dual das

79 JAKOBS,Günther; Cancio Meliá, Manuel. *Derecho Penal del Enemigo.* Buenos Aires: Hammurabi, 2007, p. 56.

80 ANARTE BORRALO, Enrique. *Conjeturas sobre la criminalidad organizada.* Huelva: Universidad de Huelva, 1999, 17-19.

81 SILVA FRANCO, Alberto. *Globalização e Criminalidade dos Poderosos.* São Paulo: RT, 2000, p. 206.

tecnologias, que não deixa de ser uma espécie de "faca de dois gumes."[82] Ao apropriar-se dessas inovações tecnológicas, a criminalidade organizada, como um fenômeno de enorme danosidade social, nos tempos hodiernos, tem maior capacidade de modernização de suas estratégias para disseminação de todo seu potencial maléfico. Não se trata de uma catástrofe do mundo contemporâneo. Não espantaria tanto até mesmo dizer que já é um requintado fenômeno criminal comum. Contudo, não se pode dizer que, além de comum, essa criminalidade organizada seja considerada até mesmo um fenômeno normal.

De qualquer modo, a questão fundamental sobre criminalidade organizada não pode deixar de ser objeto de reflexão de uma política criminal séria e responsável, tanto na esfera internacional, quanto na agenda interna dos países, de tal modo que ainda resta muito a se esboçar sobre esse fenômeno, em termos teóricos e práticos, em toda sua extensão e intensidade, não podendo ser ignorado, camuflado, dissimulado por retóricas políticas demagógicas e descompromissadas em relação a todos os mais perversos impactos negativos dessa nova realidade criminosa que tanto assusta, assombra e atormenta uma mínima paz social. E a advertência a seguir merece uma detida atenção: quando se fala em tomar o crime organizado pelo que é, um fenômeno social imbricado na estrutura social, que se aproveita de suas próprias fragilidades, sem quaisquer escrúpulos, podem ser vislumbrados sérios problemas a curto, médio e longo prazos, o que exigirá mais capacidade de interligação dos poderes constituídos para que consigam lidar com as redes criminosas.[83]

Já não se pode negar a existência de uma nova realidade criminal, impulsionada e reforçada pelas facilidades tecnológicas modernas e também pela expansão das estratégias empresariais do campo do lícito para o ilícito, de modo exclusivo ou paralelo. A discussão não está apenas sobre a existência ou não dessa criminalidade organizada ou ainda sobre a necessidade de lhe dar adequado tratamento, mas sobre a forma como essa resposta será efetivada pela sociedade democrática com seus poderes constituídos.[84]

---

82 CARRAPIÇO, Helena. *O crime organizado e as novas tecnologias: uma faca de dois gumes.* São Paulo: Instituto de Defesa Nacional, 2005, p.15–17.

83 KLERKS, Peter. *Transnational Organised Crime: perspectives on global security.* London: Routledge, 2003, p. 97–99.

84 HASSEMER, Winfried "apud" ZIEGLER, Jean. *Os senhores do crime: as novas máfias contra a democracia.* Trad. de Clóvis Marques. Rio de Janeiro: Record, 2003, p. 69.

A política criminal até agora elaborada e que foi projetada para o enfrentamento da criminalidade amadora, e não para a profissional, está centrada em crimes unipessoais, de um agente contra o outro, enquanto o modelo atual é o da criminalidade mobilizada pela pluralidade de agentes, albergados por trás de uma estrutura organizacional ou de um aparato organizado de poder. Nenhuma realidade modifica-se se nem mesmo se tenta realizar algo para transformá-la. Propostas de soluções fáceis para questões complexas, como a criminalidade organizada, não são capazes de esconder suas fragilidades, seus engodos e suas dissimulações, especialmente quando são questionadas em termos de efetividade. Um desafio real complexo que é o da criminalidade organizada exige prognose, com a proposição de medidas que tenham algum impacto presente-futuro na modificação de uma determinada realidade social. Não são admissíveis prognoses míopes sobre essa realidade. Pelo menos deve buscar-se um nível ótimo de informações e de conhecimento para tomada de deliberações mais apropriadas para as questões fundamentais a serem enfrentadas. A criminalidade organizada já serviu para uma decolagem muito à esquerda e para um pouso muito à direita. Já passou da hora de ser menos ideológico e tratar da questão com um pouco mais de boa dose de racionalidade em termos de política criminal. Ideologia é um discurso que não compreende a realidade, mas motiva os homens a substituírem uma realidade que compreenderam mal por outra da qual não compreenderão absolutamente nada. Em outras palavras, ideologia é um discurso que, partindo de uma falsa visão do presente, atrai os homens para a construção de um futuro que, depois de pronto, "é feio demais para que suportem reconhecer nele a obra de suas mãos."[85] Quando se quer mentira total, o que se pede é ideologia. É incrível que ainda há certas "ideias" que persuadem não pela racionalidade, mas pela insensatez elevada à sua maior potência, que é a própria estupidez. A complexa questão da criminalidade organizada, lamentavelmente, parece embalada por essa cegueira ideológica sobre a sua realidade. No império do fingimento fica difícil distinguir o real do ilusório, o provável do improvável, o verossímil do inverossímil, porque nem a mais brilhante luz solar é capaz de derreter as maquilagens em torno dessa criminalidade. É por isso que uma das passagens mais impressionantes do Evangelho poderia ser relembrada em tempos tão

85 CARVALHO, Olavo de. *O mínimio que você precisa saber para não ser um idiota*. 3. ed. Rio de Janeiro: Record, 2013, p. 408

difíceis de se falar a verdade, aquela em que Jesus Cristo simplesmente diz: "Tenho falado francamente ao mundo."[86] A franqueza pública precisa, urgentemente, recobrar seu espaço na sociedade de "consciência plastificada", na qual qualquer fala cretina lançada ao ar, sem o menor fundamento, arroga-se a excelência intelectual de um "argumento sólido, sério e suficiente" sobre uma questão de interesse coletivo. Assim, é uma emergência não caminhar para uma política criminal contra o mal da criminalidade organizada com um grupo de imbecis coletivos, isto é, por um grupo qualquer de pessoas, sejam quais forem, até mesmo de inteligência normal ou mesmo superior, que se reúnem com a finalidade de se imbecilizarem umas às outras e, depois, todas as demais que serão intoxicadas por suas ideologias imbecilizantes. É a "classe dos falantes onipresentes", que se arvora a conduzir os destinos de uma "política criminal" impregnada de desvios, distorções e desatinos irracionais, que poderia dar uma pausa em sua verborragia e refletir um pouco mais sobre a desumanização das relações pessoais, a degradação da vida social e intensificação da criminalidade desenfreada, notadamente na sua vertente mais maléfica, nefasta e perniciosa: a criminalidade organizada. Esse fenômeno tão real e presente, na sociedade contemporânea, exige profunda reflexão crítica, coerente, consistente e criteriosa de uma racionalidade não embotada pela idiotice, isto é, daqueles sujeitos que não enxergam nada além deles mesmos, que julgam tudo pela sua própria pequenez, porque estão cristalizados no "mesmo" de sempre, tal como expressa o termo "idios" em grego.[87]

Nenhuma política criminal adotada de afogadilho, episódica e anêmica de pesquisa séria será suficiente para dar uma resposta efetiva ao fenômeno existente do crime organizado. Não se pode defini–la bem sem melhor entender os aspectos e dimensões fundamentais desse fenômeno criminoso, nada amador e ingênuo, que tanto assola, assusta e assombra as sociedades contemporâneas.

O crime organizado, a "película escura fixada no vidro" da sociedade moderna, cujas estruturas são o poder econômico e o poder institucional, tem dimensões locais, regionais e globais, bem como conta com a atuação de agentes dotados de grande capacidade de cooptação de

86 BÍBLIA. Português. *Bíblia de Jerusalém.* Trad. de Samuel Martins Barbosa et. al. São Paulo: Paulinas, 2006, p. 1889.

87 CARVALHO, Olavo de. *O mínimo que você precisa saber para não ser um idiota.* 3. ed. Rio de Janeiro: Record, 2013, p. 17.

aliados, nas mais diversas camadas da sociedade, exercendo todo tipo de influência perniciosa, perigosa e predatória que as alianças espúrias entre as forças econômicas e institucionais são capazes de engendrar e executar, na busca de obtenção de todos os proveitos e vantagens possíveis e imagináveis para as suas redes de atividades ilícitas.

4.4 – CRIME ORGANIZADO E SEUS PARADIGMAS

Não é tão fácil estabelecer um conceito apropriado para crime organizado ou para organizações criminosas, sobretudo porque devem ser evitados, o quanto possível, as fortes cargas ideológicas incidentes sobre esse fenômeno.

Crimes dos mais diversos tipos, há tempos, são perpetrados por vários agentes em conjunto, até porque não é de hoje que o ser humano já aprendeu que é mais fácil alcançar resultados desejados quando existe coordenada união de esforços. Tanto assim que há referência no sentido de que a expressão crime organizado, especificamente, não seria nada mais do que um novo rótulo para um fenômeno antigo.[88]

Não há nada de inócuo em procurar fenômenos precursores daquilo que, atualmente, se costuma chamar de organizações criminosas. Por precursores devem-se entender grupos que, apesar de não ostentarem as características das organizações contemporâneas, já apresentavam alguns traços que continuam, até os dias atuais, a ser considerados para o seu reconhecimento.

Cavaleiros assaltantes, sob as insígnias de uma cavalaria institucionalizada, já se dedicavam a explorar camponeses, impondo-lhes exigências gravosas, como o direito de passo e portagem. Uns e outros grupos procuravam granjear para si o favor de outros criminosos, repartindo entre eles parte do botim para obstaculizarem o funcionamento de ações repressivas.

Piratas e contrabandistas também podem ser apontados como precursores das atuais organizações criminosas, os quais contavam com receptadores das mercadorias ilícitas e entrepostos seguros para realização das transações comerciais mais espúrias.

O mesmo pode ser dito para os chamados bandos rurais e urbanos. Nessa linha, falam de banditismo social, em atenção ao fato de que seus

88 HOBBS, Dick. *Criminal Collaboration: youth gangs, subcultures, professional criminals and organised crime.* 2. ed. Oxford: Clarendon Press, 1997, p. 124.

integrantes são oriundos de camadas populares em oposição às estruturas instituídas de poder, consideradas opressoras e incapazes de se afinarem com os reclamos dos menos favorecidos ou excluídos em relação ao acesso a bens e serviços da sociedade.

Planejamento, organização e execução coordenada, como se observa desde os tempos mais remotos, sempre foram elementos indispensáveis para qualquer ação compartilhada de esforços, e o crime organizado não é exceção alguma a essa inclinação humana.[89]

Fala-se ainda de uma criminalidade ulterior, já um pouco mais profissionalizada, com mais requintes de eficiência para alcançar ganhos fáceis e bem lucrativos, de modo coordenado e constante, atuando em conexões mais ou menos expandidas no espaço nacional e internacional.

Ao tempo desses fenômenos precursores, ainda não se tinha um conceito bem delineado de criminalidade organizada, embora já fosse possível vislumbrarem-se algumas características identificadas nas organizações criminosas. Longe de ser uma lista fechada, a partir dessas observações de outrora, já é possível apontar aquelas que poderiam ser consideradas, então, as principais características do crime organizado, quais sejam, prática de atividades ilícitas, atuação clandestina, hierarquia organizacional, previsão de lucros, divisão do trabalho, uso da violência, simbiose com o poder público, mercadorias ilícitas, planejamento empresarial, uso de intimidação, venda de serviços ilícitos, relações clientelistas, presença da lei do silêncio, monopólio da violência e controle territorial.[90]

Ainda é possível articular um enfoque jurídico, criminológico e político-criminal, para estender um pouco mais o esforço de se chegar a uma caracterização mais precisa sobre a criminalidade organizada, mesmo que também não possa atestar uma definição definitiva. Essa articulação interdisciplinar compreende os seguintes elementos: hierarquia estruturada, planejamento empresarial, uso de meios tecnológicos avançados, recrutamento de pessoas, divisão funcional de atividades, conexão estrutural ou funcional com o poder público ou com agentes do poder, oferta de prestações sociais, divisão territorial das atividades ilícitas, alto poder de intimidação, alta capacitação para a prática

---

89 ALEO, Salvatore. *Sistema penale e criminalità organizzata: le figure delituose associative*. 3. ed. Milano: Giuffré, 2009, p. 61.

90 MINGARDI, Guaracy. *O Estado e o Crime Organizado*. São Paulo: Universidade de São Paulo, 1996, p. 51

de fraude, conexão local, regional, nacional ou internacional com outra organização criminosa.[91]

Apesar da importância de todas essas fontes conceituais, o fato é que foi o fenômeno específico da máfia que trouxe as bases constitutivas da criminalidade organizada moderna.

No século XIX, começava-se a se falar de "crimes de mafiosos", com suas características específicas, servindo de paradigmas para aquilo que se chamaria de moderna criminalidade organizada em todo o mundo. A palavra "máfia" apareceu pela primeira vez em um documento administrativo no ano de 1865, em um relatório de um chefe de polícia da Palermo, que mencionava o "poder crescente da organização criminosa." Foi ainda nesse século XIX que essa criminalidade organizada transformou-se em um verdadeiro sistema de poder baseado nos vínculos políticos e sociais estabelecidos pela organização, envolvendo banditismo, corrupção e frágil fronteira entre legalidade e ilegalidade. Não há engano de que a mistura entre a fragilidade do Estado, incapacidade de garantir a ordem pública e as múltiplas formas de legitimação do crime organizado levaria ao surgimento da chamada "honorável sociedade."[92]

Do mesmo modo, não há equívoco algum de que a aliança entre o crime organizado e os poderes políticos foi mais um passo decisivo no processo de legitimação dessa "indústria da violência" em larga escala, praticada por "elites violentas" com perspectivas de grande ascensão social.[93]

No entanto, a expressão exata "crime organizado", provavelmente, foi cunhada no ambiente norte-americano, tal como apareceu no Relatório Anual da Sociedade Nova-Iorquina de Prevenção ao Crime, referindo-se a jogos e atividades ilícitas relacionadas ao universo do mundo do entretenimento das apostas, sob a silenciosa proteção de autoridades públicas.[94]

Nos primórdios desses tempos, a expressão "crime organizado" manteve-se inalterada, como atividade criminosa sistemática, sem alusão a grupos determinados, cujos traços marcantes ainda eram a conexão com agentes públicos corruptos, exploração de mercados ilícitos de

---

91 GOMES, Luiz Flávio; CERVINI, Raúl. *Crime Organizado: enfoques criminológico, jurídico e político-criminal.* 2. ed. São Paulo:RT, 1997, p. 99–100.

92 FULVETTI, Gianluca. *The Mafia and the Problem of the Mafia: organised crime in Italy.* 1820–1970. Pisa: University of Pisa Press, 1975, p. 51–53.

93 WESSEL, Jan. *Organisierte Kriminalität und soziale Kontrolle.* Wiesbaden: Deutscher Universitätsverlag, 2001, p. 35.

94 WOODWISS, Michael. *Organized Crime and American Power: a history.* Toronto: University of Toronto Press Incorporated, 2001, p. 14–16.

substâncias psicotrópicas e produtos etílicos e o investimento em cirandas financeiras.

Imigrações para solo norte-americano modificaram o quadro da criminalidade organizada até então existente. Entre o final do século XIX e início do XX, vivendo em ambiente novo e hostil, as comunidades de imigrantes buscaram em suas raízes uma forma muito própria de proteção: o sistema de clãs faria com que ressurgissem nesse novo tempo-espaço de ocupação imigratória comportamentos sociais herdados e fundados sobre laços de proximidade, mesmo que informais, mas muito comprometidos e fortalecidos para a realização de objetivos comuns, no caso, a expansão das redes criminosas por atividades ilícitas rentáveis e poderosas, econômica e politicamente, capazes de assegurar projeção social. A criminalidade sistemática torna-se mais inteligente, poderosa e organizada. Muitos completaram estudos, articularam relações com ricos e ambiciosos empresários influentes e, especialmente, com os mais altos representantes políticos e com autoridades públicas, montando um esquema de criminalidade organizada que se infiltrava, se enraizava e se expandia pelos mais diversos segmentos da sociedade. A essa altura já se sabia muito bem que apenas poder financeiro não era suficiente para manter a criminalidade organizada, que também precisava de preciosos apoios políticos.[95]

O chamado "gangsterismo", expressão derivada da palavra "gangster", isto é, aquele membro de um grupo caracterizado por práticas criminais violentas, tornou-se o retrato mais visível das práticas criminosas organizadas. Esse fenômeno do "gangsterismo", uma espécie de banditismo violento, acabou sendo um dos modelos de uma criminalidade organizada que já mantinha aproximações obscuras com os agentes públicos.

Há uma advertência de que a expressão crime organizado, atualmente, deve ser empregada como gênero para todo fenômeno desse tipo de criminalidade. Contudo, essa expressão comporta distinção, haja vista englobar a divisão da existência de associações delinquenciais comuns e especiais, as quais se diferenciam por possuírem matrizes diversas em organizações de modelo mafioso.[96]

---

95 WOODIWISS, Michael. *Organized Crime and American Power: a history.* Toronto: University of Toronto Press Incorporated, 2001, p. 25-27.

96 MAIEROVITCH, Walter Fanganiello. *Novas tendências da criminalidade mafiosa.* São Paulo: Unesp, 2010, p. 12.

O fato é que a aproximação de um fenômeno como o crime organizado, geralmente, será mesmo informada por uma pré-compreensão do investigador, embasada por experiências, a partir das quais são formuladas certas hipóteses. Nesse sentido, assume importância ímpar a tomada de consciência acerca dos paradigmas ou modelos utilizados nessa aproximação investigativa do complexo fenômeno da criminalidade organizada. Assim, é de notória importância tentar melhor compreender esse fenômeno pelo ângulo dos paradigmas e dos assemelhados da criminalidade organizada.

Paradigma origina-se do grego "paradeigma" e significa modelo, padrão a ser seguido. Trata-se de um pressuposto matricial, um referencial inicial, como base para outros fenômenos. Assim, o rigor lógico exige que se inicie com os paradigmas ordenados, para se tentar melhor investigar o complexo e mutante fenômeno da criminalidade organizada na sociedade contemporânea.

O paradigma mafioso traz a ideia de uma organização criminosa com efetivo domínio territorial, fortemente hierarquizada, dotada até mesmo de uma comissão dirigente, como um verdadeiro "sindicato de bandidos", exercendo monopólio sobre determinados mercados ilegais, com ingresso realizado de modo ritualístico e pretensões de lealdade "sanguíneo-familiar", encarnada na figura do "poderoso chefão", além de ser integrado por indivíduos dos mais diversos ambientes sociais. Nesse modelo, criminosos organizados são os mafiosos. Trata-se de um modelo que se projetou, inclusive, na literatura e nas telas do cinema, além de ter forte impacto no imaginário popular, até ser transportado para o mundo da investigação científica do fenômeno mafioso e para o próprio debate travado pela política criminal sobre as máfias em todo o mundo. Entretanto, esse modelo já foi colocado em xeque, questionando-se o caráter monopolístico e a unidade administrativa dessas organizações criminosas. Assim, as organizações mafiosas seriam apenas participantes de mercados ilegais, em franca concorrência com outras organizações criminosas. Envolvidas em uma concorrência desleal dos mercados ilegais, dominados pela violência e pelas estratégias mais espúrias, essas organizações seriam sempre instáveis em seus "negócios e investimentos."[97] Não se pode deixar de dizer, agora, que nem todo crime organizado está calcado sobre esse referencial mafioso. Todavia,

97 MEDINA ARIZA, J.J. *Una Introducción al Estúdio Criminológico del Crimen Organizado.* Huelva: Universidad de Huelva, 1999, p. 11.

é preciso dizer que não desapareceu, de modo algum, do submundo da criminalidade organizada atual; ao contrário, continua presente e bastante influente em muitas regiões do globo.

O paradigma da rede é também chamado de modelo do entrelaçamento de agentes criminosos. Uma rede informal e de transposição de fronteiras das relações entre os chamados criminosos em tempo integral, todos trabalhando em pequenos grupos. Nesse modelo, a estrutura é menos vertical e hierárquica e mais horizontal ou celular.[98] Indivíduos são designados para atuar em grupos específicos e, eventualmente, cedidos para outros grupos, de tal modo que possam realizar determinadas tarefas, diante de suas habilidades mais específicas. Na estrutura de rede, de hierarquia menos rígida, a figura do chefe poderá ser menos expressiva do que aqueles que detêm contatos importantes. A figura do facilitador de contatos com outras redes tem muita importância nessa engrenagem criminosa. Esses criminosos profissionais reúnem-se em vários grupos, que colaboram ou competem entre si, a cada oportunidade surgida para eles, dentro da lógica das circunstâncias dos interesses mais ou menos favoráveis. Em tais grupos, o principal objetivo é a lucratividade das práticas criminosas, e a união está em torno desse propósito, não havendo entre os criminosos uma ritualística de lealdade. As redes utilizam-se dos meios tecnológicos facilitadores de comunicações, deslocamentos, anonimato e baixo nível de controle nos polos urbanos. Os comportamentos individuais dos criminosos expressam os interesses dos grupos aos quais estão integrados. Do mesmo modo, não se pode dizer que esse seja o único referencial para o crime organizado nos tempos atuais.

O paradigma empresarial adquire sua conformação na figura imponente da empresa, como motor da vida econômica de todo o mundo, dentro do modelo do capitalismo global, com seus reflexos inevitáveis na criminalidade. A busca de lucro por parte da criminalidade organizada faz com que o proveito econômico seja farejado onde há maior riqueza e atividade econômica desregulamentada ou não fiscalizada. A ânsia desenfreada por mais lucros e uma falta de consciência da ilicitude marcam o comportamento de certos indivíduos poderosos na criminalidade organizada, os quais se definem como empresários, como homens de negócios. O desenrolar de seus negócios alcança grandes

98 GARCIA DE PAZ, Isabel Sanchez. *Concepto y Perfil Criminológico de la Delincuencia Transnacional Organizada.* Madrid: Colex, 2005, p. 650.

esquemas da economia de mercado. Os limites são tênues e, por vezes, já não conhecem mais as fronteiras dos negócios lícitos e ilícitos. Aos poucos passam a conhecer melhor esses limites, mas também assimilam suas engrenagens engenhosas, enganosas e espúrias, e não fazem mais qualquer cerimônia para aderirem aos seus sedutores encantos de poder e lucratividade. Nesse paradigma, podem ser vislumbradas, basicamente, três espécies empresariais: a empresa criminosa propriamente dita, isto é, constituída exclusivamente para a ilicitude; a empresa regularmente constituída, mas que viabiliza a prática sistemática, em seu meio, de ilícitos econômicos, financeiros, tributários, fiscais, previdenciários, ambientais, entre outros, e a empresa constituída como "fachada" para encobrir lucratividades ou atividades ilícitas em si, valendo-se dos chamados "testas de ferro" e dos "laranjas", ou seja, aquelas pessoas físicas que serão usadas para acobertamento das mais diversas falcatruas dessas pessoas jurídicas espúrias, compostas por verdadeiros "empresários do crime." A penetração da criminalidade organizada na atividade empresarial nem sempre é de fácil visualização, muitas vezes dependendo mesmo da projeção social desse homem de negócios no seu espectro de influência. De início, aquele que atua no submundo da criminalidade, como a própria palavra indica, ocupa uma não tão elevada posição em termos de estado social, ainda que possa estar no topo da riqueza. Entretanto, pode ocorrer que a vultosa acumulação dessa riqueza abra caminhos ao criminoso alçar um mais elevado estado social, dentro daquela "lógica" de que "dinheiro é poder." Já não é de hoje que se conhecem algumas lições nesse mundo cinzento e nebuloso da riqueza e do poder, tais como o grande patrão do crime pode ser um cidadão respeitável, de peito condecorado, amigo do rei, que abastece de "bezerros" as contas e de "sereias" as alcovas de poderosos, porque são capazes de chantagem e corrupção até do mais "Catão", isto é, até do mais dotado de firme austeridade. Nesse caso, pode-se perceber que os mestres do crime organizado, travestidos de empresários, adquirem seu capital de forma ilegal e aumentam-no do mesmo modo; para lhe fazerem render frutos, multiplicar e prosperar, empregam estratégias também criminosas, mas não é apenas assim que agem esses "mestres." Eles ainda podem atuar de maneira até mais sofisticada. Pode ser que seu capital, inicialmente, tenha se constituído pelas vias legais; no entanto, uma "oportunidade de ouro" ou um eventual "obstáculo" pode levar esses "mestres" dos negócios a recorrerem aos meios criminosos mais sutis, a fim de que mantenham assegurados todos os seus lucros, agora incluindo aqueles que serão acrescidos ao capital depois mesmo da utilização das mais ardilosas manobras para "preservação dos negócios", os quais já se converteram, na realidade, em verdadeira "perversão dos negócios."[99]

O paradigma endógeno é aquele que germina e dissemina-se no interior de determinadas instituições, em especial públicas, que se valem de suas prerrogativas e posições privilegiadas para a obtenção de vantagens contínuas, na medida de suas influências tentaculares por todos os segmentos sociais possíveis de serem alcançados, aproveitando todas as oportunidades que lhes surgem no trato com os negócios públicos, afetos às suas atribuições, e suas escusas interações com os mais diversos interesses privados corporativos, que também colherão seus mais espúrios benefícios dessas relações. Já é de notório conhecimento a expressão "white collar crimes", isto é, "crimes do colarinho branco", definidos como aqueles que se caracterizam pelos mais diversos abusos, fraudes e acobertamentos das práticas ilícitas, independentemente do uso de violência.[100]

Além desses paradigmas, também é preciso vislumbrar fenômenos assemelhados à criminalidade organizada, os quais podem ser divididos, basicamente, em quatro espécies: criminalidade de grupo, criminalidade profissional, criminalidade de massa e crime cometido de modo organizado.

A criminalidade de grupo envolve pluralidade de agentes, mais ou menos coesos entre si, dispostos à prática eventual de ilícitos penais com fins determinados.

A criminalidade profissional também engloba certa pluralidade de agentes, entre os quais há determinadas habilidades especiais que favorecem o alcance dos resultados ilícitos almejados.

A criminalidade de massa refere-se a inúmeros ilícitos penais corriqueiros e disseminados nas sociedades, praticados por pluralidades indeterminadas de agentes no cotidiano de suas relações com seus espaços de interação.

A criminalidade cometida de modo organizado é aquela caracterizada por certo grau de ordenação no seu planejamento e na sua execução, mas ainda sem uma estabilidade ou permanência de sua atuação.

---

99 ZIEGLER, J. *Os Senhores do Crime: as novas máfias contra a democracia*. Trad. de Clóvis Marques. Rio de Janeiro: Record, 2003, p. 56–57.

100 SUTHERLAND, Edwin Hardin. *White collar crimes*. New York: Dryden Press, 1949, p. 31–33.

Todos esses fenômenos assemelhados também precisam ser bem delineados por uma política criminal que não se deixa enganar por atividades criminosas capazes de desestabilizar a ordem social, tornando-a bastante vulnerável a práticas que, se ainda não alcançaram a sofisticação de um crime organizado paradigmático, pelo menos já apresentam expressiva capacidade de articulação, organização e execução coordenada, muito longe daquela prática criminosa desarticulada, improvisada, circunstancial, sem quaisquer requintes de mínima concatenação de suas ações.[101]

Não apenas os paradigmas, mas também esses fenômenos assemelhados são importantes categorias, na medida em que possibilitam melhor identificar traços distintivos e específicos que caracterizarão a criminalidade organizada em sua estrutura operacional, conferindo-lhe uma identidade muito própria.

4.5 – CRIME ORGANIZADO E SEUS CONTORNOS

Não é nada fácil estabelecer, com precisão cirúrgica, o perfil da criminalidade organizada. Ao longo dos tempos, sempre foi capaz de se metamorfosear em um dinamismo impressionante. As suas vertentes paradigmáticas e seus modelos assemelhados revelam essa miríade de "faces" que a criminalidade organizada já assumiu no mundo. Entretanto, essa dificuldade não pode servir de desculpa para não se tentar esboçar os contornos mais atuais dessa criminalidade, ainda que eles não sejam completos, até porque essa criminalidade ainda continua mantendo sua capacidade de ter mais de "mil faces com rostos escondidos." Nesse sentido, podem ser delineados alguns elementos que se somam na configuração desse renovado fenômeno criminoso. Os contornos da criminalidade organizada englobam os chamados aspectos essenciais e os não essenciais.

Antes de avançar sobre esses aspectos, não é demais lembrar que essencial é algo crucial, de extrema importância, fundamental, primordial, principal, substancial. Não se deve confundir, pois, com o adiáforo, adicional, complementar, suplementar, supletivo, o que se denominará de não essencial.

No tocante aos aspectos essenciais do crime organizado, então, podem ser assinalados os seguintes componentes: pluralidade de agentes,

101 HASSEMER, Winfried. *Perspectivas de uma moderna política criminal: três temas de direito penal.* Porto Alegre: AMP, 1993, p. 21–25.

estabilidade, divisão do trabalho, finalidade de lucro e estrutura ou planejamento empresarial.

Quanto aos aspectos não essenciais dessa espécie de criminalidade podem ser listados os seguintes elementos: hierarquia, disciplina, conexão, violência, entrelaçamento, flexibilidade, mercado ilícito, cartel, controle territorial, tecnologia, transnacionalidade, embaraçamento e compartimentalização

Cada um desses aspectos merece uma formulação conceitual. Viável começar pelos essenciais, aos quais poderão ser conjugados os não essenciais.

A pluralidade de agentes implica a presença de uma multiplicidade de membros, em uma enfeixada união de esforços articulados, de modo que não comporta a unipessoalidade, o que não se deve confundir com a existência de uma liderança.

A estabilidade refere-se à permanência na atividade criminosa, não sendo suficiente uma eventualidade, e nem se confundindo com um ilícito isolado praticado de forma organizada.

A divisão de trabalho diz respeito a uma objetiva distribuição de tarefas, com funções definidas ou atribuições próprias para os membros distintos da organização e com especializações, toda essa estrutura adquirindo um acentuado modelo empresarial. As atividades são destinadas como uma espécie de "missão especial" aos diversos membros do grupo. Quanto maior o número de integrantes, a tendência é ser maior o grau de especialização dos componentes do grupo. Em organizações de menor porte, a tendência é haver um acúmulo de tarefas.

A finalidade de lucro é uma espécie de pacto, sem quaisquer reservas, com a busca incessante de obtenção de vantagens de toda espécie, de tal modo que incorpora a ideia de que todas as condutas convergem para um crime–negócio, caracterizado sempre pela previsão de mais lucro.

A estrutura é uma espécie de planejamento empresarial, compreendendo uma bem articulada atuação, capaz de ser muito eficiente na maximização dos lucros, o que envolve uma atividade planejada e executada, com toda logística de utilização de meios sofisticados, para otimização dos resultados, de modo que sejam diminuídos os imprevistos e os riscos de fracassos e prejuízos para a organização.

Os aspectos ditos não essenciais não são desprezíveis e, por vezes, ajudam a melhor identificar a criminalidade organizada quando analisados em conjunto com aqueles aspectos essenciais.

A hierarquia é um escalonamento de funções inconfundíveis na estrutura criminosa e, de certo modo, até pode ser simplificada em três níveis principais: o primeiro nível é integrado pelos "cabeças", conhecidos por dirigentes, ou seja, aqueles do alto escalão que engendram as atividades ilícitas e tomam as decisões, elaborando os devidos planejamentos e as insidiosas estratégias de execução; o segundo nível é composto pelos chamados "guarda-costas", isto é, aqueles do médio escalão encarregados não apenas da supervisão mais direta das atividades ilícitas, mas também da proteção das riquezas espúrias amealhadas e, o terceiro nível é composto pelos denominados "soldados", ou seja, aqueles do baixo escalão incumbidos da perpetração das práticas ilícitas indispensáveis à manutenção das rentáveis atividades do grupo. Não obstante ser mais fácil alinhar essa estrutura de aspecto mais vertical, é preciso assinalar que a hierarquia deve ser sempre entendida dentro do contexto da dinâmica criminosa, aliada à inafastável ideia de rede. Por mas bem estruturada que seja, dificilmente uma organização criminosa dominará todo o processo da atividade criminosa, de modo que sempre estará buscando certo alinhamento com outros grupos, maiores ou menores, dentro do dinamismo de uma rede de interconexões horizontais.

A disciplina diz respeito a uma forma de comportamento "exemplar" exigido dos membros, de modo que sejam resolvidas por "códigos de conduta" atitudes individuais desajustadas, dissidentes e desagregadoras, capazes de dividir, desestabilizar e até diluir o poder da organização. Esses comportamentos indisciplinados podem ser submetidos a julgamentos sumários, por um novo modelo de "jurisdição paralela", chamada de "tribunal do crime", exercida como uma espécie de "instância legitimada de justiçamento", que não admite desvios dos preceitos estabelecidos naqueles "manuais de boa conduta criminosa."

A conexão implica a conivência ou mesmo o envolvimento mais ou menos direto de agentes do poder público, que podem ser cooptados mediante agrados, reciprocidades ou mesmo sugestões, caso não atendam à oferta "generosa" de participação na conhecida "lei dos metais", ou seja, aquela que não faz rodeios para estabelecer, com poucas palavras, sem ambiguidades, que se tem a possibilidade de uma escolha bastante sugestiva, vale dizer, a opção pela "prata" ou pelo "chumbo." Os eufemismos são empregados apenas para chamar a atenção para a seriedade desse aspecto da conexão estatal das organizações criminosas. Agora, é preciso traduzi-los em termos bem reais. Agrados são todas as formas mais explícitas ou implícitas de corrupção, caracterizada por subornos de todas as espécies tão necessários à longevidade subterrânea das atividades ilícitas da criminalidade organizada. As reciprocidades configuram os conhecidos clientelismos, ou seja, relações que remetem às figuras do patrono e do cliente, caracterizadas pela manutenção do mais do que conhecido esquema de "troca de favores", em que os negócios contam com uma espécie de apadrinhamento, isto é, um verdadeiro conluio entre setores estatais (em geral, do mais alto escalão descendo ao mais baixo), a organização criminosa e certos segmentos beneficiados da população. As sugestões significam nada mais nada menos do que formas de violência, internas ou externas, exercidas contra todos aqueles que criam obstáculos ou dificuldades para o desenvolvimento das atividades criminosas, conhecidas como "acerto de contas", marcadas não só pelo pacto de fidelidade à organização, mas também como expressão de um poder que não pode ser desafiado, enfrentado e nem sequer questionado.

O entrelaçamento compreende a ideia de cooperação entre vários grupos, conforme a necessidade, formando-se vínculos horizontais, e não verticais, entre indivíduos e grupos. Nesse entrelaçamento, operam-se relações de rede com outras organizações. Essas relações ocorrem tanto em função da especialização e da habilidade singular de indivíduos ou grupos em tarefas determinadas, quanto no aproveitamento de contatos e rotas para a ampliação das atividades ilícitas. "Bons canais" de ligações são fundamentais para tais atividades, as quais devem ser construídas para o "bom andamento" dos "negócios" gerados na economia da criminalidade organizada. Esse entrelaçamento é facilitado pelas modernas tecnologias da informação e da comunicação, não se podendo esquecer que o processo de globalização é dotado de um dinamismo em ritmo acelerado, de modo que exige muita eficiência e flexibilidade. Importa tirar o maior partido possível das oportunidades abertas por esse processo que sugere uma teia de alianças, sobretudo expandidas para o plano internacional.

A flexibilidade significa a enorme capacidade de a atividade criminosa organizada adaptar-se às relações sociais modernas, em especial ao processo de globalização, sobretudo no âmbito econômico–empresarial.

O mercado ilícito envolve, em todos os seus amplos segmentos, uma série de produtos ou serviços proibidos, com maior dedicação para aqueles que compõem os "pacotes" de alta demanda social. Além disso, a exploração ilícita de mercados lícitos, em condições mais vantajosas, em uma dissimulada concorrência desleal, também integra esse universo da ilicitude organizada.

O cartel pode ser instalado em determinados segmentos das atividades ilícitas, na medida em que um grupo mais forte acaba exercendo certo domínio ou preponderância na exploração de um produto ou serviço, o que lhe confere um agigantado poder socioeconômico. O poder estatal desorganizado não consegue reunir forças suficientes para enfrentar esse agigantamento desse verdadeiro poder paralelo, com sua enorme capacidade de arregimentar forças contra todos aqueles que também tentam disputar espaços e oportunidades naqueles segmentos já dominados pelo grupo monopolista.

O controle territorial constitui os chamados verdadeiros "donos do pedaço", demarcando localidades em que exercem uma espécie de "autoridade leonina", onde as relações socioeconômicas da população ficam sob vigilância constante desses grupos dominadores. Além disso, as comunidades locais também se submetem a tais grupos em função de suas carências materiais, suprimidas por uma espécie de "política assistencialista" do "banditismo generoso", que exige em troca apenas o compromisso fiel com o pacto do se manter sempre calado, já que "boca fechada não entra mosca", regido pela mais rigorosa regra do "não vi e não ouvi nada", traduzida pela "lei do silêncio", cujo único dispositivo impõe um só comportamento, qual seja, dizer sempre "não sei de nada."

A tecnologia dos mais sofisticados equipamentos e recursos é utilizada, em larga escala, pelas organizações criminosas, porque potencializam seus intercâmbios de informações e de comunicações, compreendendo todos aqueles disponíveis para aquisição nos mercados desses emblemáticos produtos da era tecnológica.

A transnacionalidade implica ausência de fronteiras ou embaraços para a circulação global mais fluida de pessoas e bens entre as mais diversas instâncias internacionais dos países menos desenvolvidos, passando por aqueles em vias de desenvolvimento, até alcançar os mais desenvolvidos. Todos se constituem em fornecedores e consumidores desse intenso comércio internacional sem embargos, uma verdadeira traficância globalizada.

O embaraçamento consiste em todas as estratégias, das mais ostensivas às mais veladas, de que se utilizam as organizações criminosas para impedir medidas preventivas e repressivas capazes de desmantelamento das suas micro e macroestruturas de atuação em todas as localidades em que mantêm suas ramificações. Criam obstáculos de toda espécie, capazes de embaraçar as práticas das instituições incumbidas de perseguir suas atividades e debelar suas operações ilícitas.

A compartimentalização implica criação de cadeias de comando, de modo que os executores das condutas criminosas não recebam ordens tão diretas dos líderes das organizações criminosas, que busca assegurar certo distanciamento dessas chamadas "pontas da lança", a fim de que as "células da criminalidade" sirvam como uma espécie de "capa de blindagem" para que aqueles dos escalões mais altos fiquem mais protegidos e não sejam atingidos pelas atuações investigativas dos poderes públicos.

O eixo unificador desses aspectos, essenciais e não essenciais, é a própria corrupção, em seu sentido mais amplo. Em sua étimologia, no latim "corruptus" significa "quebrado em pedaços." Está assim alquebrado o bem comum no ambiente em que a criminalidade organizada estabelece uma dinâmica de favorecimentos a uns e prejuízos, de toda espécie, a outros tantos. Essa corrupção corrói e apodrece, ao reunir os aspectos essenciais e os não essenciais, toda ordem do bem comum, tal como se observa em qualquer ambiente em que a criminalidade consegue infiltrar-se e enraizar-se.[102]

Não se deve imaginar que essa enumeração de aspectos essenciais, coadjuvados pelos não essenciais, seja exaustiva e suficiente para delinear, com absoluta precisão, todos os contornos da criminalidade organizada. Não são mesmo, e nem se pode dizer que seja possível alinhavar uma teoria definitiva sobre um fenômeno tão complexo como esse do crime organizado, com um enorme potencial metamorfoseante, sempre pronto a se ajustar e a se adaptar às oportunidades que lhe são abertas por um mundo de valores invertidos e pervertidos, que não vê nenhum problema em ser imundo, isto é, literalmente sujo, chafurdado em uma imundície epidêmica, corruptora e corrosiva de consciências e corações.

Os antídotos contra esse monstro tenebroso não serão encontrados com facilidade. Desde tempos imemoriais, sabe-se que a "hybris", vale dizer, o desmedido, o sem limites, que se manifesta no poder, no ter e no aparecer, não é um adversário fácil de ser enfrentado e muito menos de ser derrotado.[103] É uma espécie de "Leviatã" reinventado, cujas sábias palavras ainda ecoam para os tempos atuais, marcados por uma sociedade assombrada com sua onipresença:

---

102 CHAMBERLIN, Henry Barret. *Some observations concerning organized crime.* Chicago: Chicago University Press, 1931, p. 668.

103 VAZ, Henrique Cláudio de. *Escritos de Filosofia II. Ética e Cultura.* São Paulo: Loyola, 1988, p.75-77.

Poderás pescar o Leviatã com o anzol e atar-lhe a língua com uma corda? Serás capaz de passar-lhe um junco pelas narinas ou perfurar-lhe as mandíbulas com um gancho? Virá a ti com muitas súplicas ou dirigir-te-á palavras ternas? Fará uma aliança contigo para que faças dele teu criado perpétuo? Brincarás com ele como um pássaro ou amarrá-lo-á para tuas filhas? Negociá-lo-ão os pescadores ou dividi-lo-ão entre si os negociantes? Poderás crivar-lhe a pele com dardos ou a cabeça com arpão de pesca? Põe-lhe em cima a mão: pensa na luta, não o farás de novo. A tua esperança seria ilusória, pois somente o vê-lo atemoriza. Ninguém é tão feroz para excitá-lo; quem, então, iria me enfrentar? Quem me adiantou algo para que eu o reembolse. Tudo o que há debaixo dos céus. Não quero calar seus membros, o detalhe de suas façanhas, a beleza de seus membros. Quem abriu sua couraça e penetrou por sua armadura? Quem abriu as portas de suas fauces, rodeadas de dentes terríveis? Seu dorso são fileiras de escudos, soldados com selo de pedra, tão unidos uns aos outros que nem um sopro por ali passa. Ligados estreitamente entre si e tão bem conexos que não se podem separar. Seus espirros relampejam faíscas, e seus olhos são como arrebóis da aurora. De suas fauces irrompem tochas acesas e saltam centelhas de fogo. De suas narinas jorra fumaça, como de caldeira acesa e fervente. Seu hálito queima como brasas, e suas fauces lançam chamas. Em seu pescoço reside a força, diante dele corre o pavor. Quando se ergue, as ondas temem e as vagas do mar se afastam. Os músculos de sua carne são compactos, são sólidos e não se movem. Seu coração é duro como rocha, sólido como uma pedra molar. A espada que o atinge não resiste, nem lança, nem o dardo, nem o arpão. O ferro para ele é como palha; o bronze; como madeira carcomida. A flecha não o afugenta, as pedras da funda são felpas para ele. A maça é para ele como lasca, ri-se do sibilo dos dardos. Seu ventre coberto de cacos pontudos é uma grade de ferro que se arrasta sobre o lodo. Faz ferver o abismo como uma caldeira, e transforma o mar em queimador de perfumes. Deixa atrás de si uma esteira brilhante, como se oceano tivesse uma cabeleira branca. Na terra ninguém se iguala a ele, pois foi feito para não ter medo. Afronta os mais altivos, é rei das feras soberbas."[104]

104 BÍBLIA. Português. *Bíblia de Jerusalém.* Trad. de Samuel Martins Barbosa et al. São Paulo: Paulinas, 2006, p. 855-856.

A falsa cegueira já não pode mais ser fingida, quando uma realidade abominável e titânica como a da criminalidade organizada opera e espalha suas ambiciosas e perniciosas atividades com "mãos que derramam sangue inocente, coração que maquina planos malvados, pés que correm para a maldade." Em outras palavras, seus tentáculos alcançam dimensões globais, regionais e locais. Para entender bem a gigantomaquia desse empreendimento contagioso e nefasto, que enreda e empareda por todos os lugares, uma metáfora ajuda mostrar-lhe essa capacidade monumental: para uma organização criminosa, o (i)mundo abaixo do céu não é limite, pois nem o céu o é.

O enfrentamento corajoso dessa monstruosidade requer a volta de imperativos éticos, políticos e sociais, além de uma bem ordenada racionalidade jurídica em termos de esforços conjugados entre criminologia e política criminal, cuja voz e vez ergam-se em defesa dos valores que a criminalidade organizada conseguiu, com "celebrada" facilidade, não apenas inverter, mas também perverter.

5

OS DESAFIOS DO ENFRENTAMENTO DA CRIMINALIDADE ORGANIZADA

5.1 – NOTAS PRELIMINARES

A sociedade contemporânea defronta-se com inúmeros desafios. Tem a sensação de impotência diante deles. O desafio do enfrentamento da criminalidade organizada sobressai-se e se potencializa-se, dada a sua enorme e emblemática capacidade não só de expor seu pavor, de forma impactante, no plano supraempírico do sugestivo–simbólico, quanto de impor sua pujança, de maneira dominadora, no plano empírico da própria realidade da vida cotidiana.

Atordoada, apavorada e abatida, a sociedade contemporânea parece ridicularizada, rendida e refém desse fenômeno manifesto de barbárie. O seu enfrentamento não é fácil e nem comporta fraqueza. Precisa ser encorajada a enfrentá–lo com verdadeiras, vigorosas e virtuosas forças fundamentais bem articuladas. Nesse sentido, inicialmente, será apresentada uma dimensão ética, que ainda pode ser resgatada, para ajudar no enfrentamento desse fenômeno que não tem limites e nem nutre qualquer respeito por qualquer um que se oponha a seus perniciosos e gananciosos desígnios. Em seguida, será discutida a dimensão política, notadamente a contaminação e o aniquilamento que o crime organizado globalizado leva para o Estado nacional, provocando o que se chama de "morte da política", uma situação que precisa ser revertida pelo Estado

Democrático de Direito. Após isso, será abordada a dimensão cultural, especificamente aquele que propõe um exame mais detido sobre como a identidade cultural alimenta, em grande parte, as redes da criminalidade organizada. Por fim, então, será focalizada a dimensão jurídica na perspectiva combinada de uma criminologia e de uma política criminal racional, capaz de inspirar a produção de um direito penal firme, sério e responsável, capaz de dar respostas à altura, tanto em sentido preventivo, quanto em sentido repressivo, para esse flagelo contemporâneo do crime organizado.

5.2 – A DIMENSÃO ÉTICA

A dimensão ética chama a atenção para uma era do vazio em que está mergulhada a sociedade contemporânea. Traz uma "sociedade da cegueira" para valores básicos da convivência humana que estão esgarçados, estraçalhados e esvaziados. É nessa sociedade vazia e cega que se espalham e se enraízam as chamadas "violências modernas", multiplicando-se em redes de poderes perniciosos que envolvem e dissolvem as relações humanas mais harmoniosas.[105]

Parece que bem e mal são de novo o problema, haja vista que o homem (re)descobre a sua dupla natureza, dupla para si mesmo: vontade do ilícito, vontade do lícito, uma como a outra presentes nele tanto quanto fora dele. O homem tem a consciência do mal, porque também possui aquela do bem, o que é o mesmo, porquanto não existe o insensato senão do ponto de vista do sentido. Em outras palavras, o homem age por aquilo que ele tem de mau, porque a realidade na qual ele quer se realizar é má, ao mesmo tempo em que se esforça na busca do bem, de modo que o bem é e está, indissoluvelmente, ligado ao mal, a um mal que não pode ser desenraizado, mas apenas transformado.[106]

Um mal que não pode ser desenraizado é, por definição, um mal radical, envolve uma deliberação que inverte a lei moral, porque o gênero humano é influenciado pela maldade, embora permaneça viva nele uma disposição originária para o bem, que ainda conserva toda sua pureza.[107]

105 LIPOVETSKY, Gilles. *A era do vazio: ensaios sobre o individualismo contemporâneo.* Trad. de Therezinha Monteiro Deutsch. Barueri: Manole, 2005, p. 161–165.

106 WEIL, Eric. *Philosophie Morale.* Paris: Vrin, 1961, p. 20–47.

107 KANT, Immanuel. *A religião no simples limite da razão.* Trad. de Artur Morão. Lisboa: Edições 70, 1992, p. 27–29.

Não se pode perder de vista que o problema do mal está, de alguma forma, ligado ao problema da independência do espírito, a qual constitui o momento em que se dá o encontro do homem consigo mesmo e com o seu "vir-a-ser" si mesmo. É no espaço da plena autonomia e independência do homem que pode operar-se o maior risco de seu descaminho para o mal.[108]

Talvez fosse melhor nem pensar nesse descaminho humano. Entretanto, também se pode dizer que uma vida sem pensamento seria sem sentido. Se não há pensamentos perigosos, o próprio pensar é perigoso.[109] De qualquer modo, com todos os seus imagináveis ou não paradoxos, é o pensar que permite ao homem não ficar trancafiado em realidades superficiais. Mais do que isso, não permite a esse mesmo homem fugir da responsabilidade por suas próprias ações. O pensamento pressupõe um afastamento para um enxergar mais distante e, ao mesmo tempo, uma aproximação para um ver mais próximo o significado profundo das coisas. Só é possível oferecer alguma resistência ao mal quando não se é arrastado pela superficialidade das coisas. Significa dizer que quanto mais superficial se é, provavelmente mais suscetível ao mal se estará na vida.

O "sopro de pensamento" remete para uma volta ao ensinamento ético de Sócrates, transmitido nos primeiros diálogos platônicos (conhecidos por "diálogos socráticos"), com destaque para três aspectos fundamentais: conhecimento de si mesmo, douta ignorância e aprendizado da virtude. Dessas categorias deixadas pelo ensinamento socrático, pode-se destacar aquilo que parte do pressuposto de uma intrínseca relação entre virtude e razão, do qual se ergue, imediatamente, o problema da relação entre liberdade e necessidade. Essa relação leva a conceber a liberdade como essencial à virtude e a necessidade como predicado da razão, o que remete para a conciliação entre a necessidade do bem, emergido da razão, e a liberdade de agir entro de uma ordem. A liberdade apresenta-se como fonte de toda inteligibilidade e, por conseguinte, como atributo intrínseco de todo ser racional. É por essa razão que a ética helênica (grega), de matriz socrático-platônica, já distinguia três formas de liberdade, as quais se tornariam uma espécie de "topos"

---

108 HEGEL, George Wilhelm Friedrich. *Enciclopédia das ciências filosóficas em compêndio. A Filosofia do Espírito.* Trad. de Paulo Meneses e José Machado. São Paulo: Loyola, 1995, p. 23-25.

109 ARENDT, Hannah. *A vida do espírito: o pensar, o querer, o julgar.* Trad. de Antonio Abranches; César Augusto R. de Almeida; Helena Martins. 2. ed. Rio de Janeiro: Relume-Darumã, 1993, p. 176.

clássico para a posteridade: liberdade de arbítrio, liberdade de autonomia e liberdade de escolha. A liberdade de arbítrio refere-se ao poder de agir ou não, segundo o simples alvedrio de cada um. A liberdade de autonomia faz com que o destino perca seu tirânico poder sobre o efêmero indivíduo. E a liberdade de escolha é precedida ou acompanhada de uma deliberação da razão. É com essa liberdade que se inicia o verdadeiro caminho da liberdade. Um itinerário que tem como fim o horizonte do bem, construído a partir das bases sólidas das virtudes.[110]

A ética das virtudes encontrou uma notável elaboração na filosofia prática aristotélica (de Aristóteles), tendo-se como base uma profunda racionalidade analógica. A razão prática aristotélica, desenvolvida em uma rigorosa sistematização em suas obras sobre ética, pode ser delineada, de forma sinótica, nos seguintes aspectos fundamentais: a noção de bem e a sua definição como bem humano – a "eudaimonia" –, a partir de sua ação própria, qual seja, a ação virtuosa. A virtude é dividida, assim, conforme as atividades da alma racional, em duas vertentes básicas: a vertente das virtudes dianoéticas (intelectuais) e vertente das virtudes éticas (morais).

Essa ética das virtudes de matriz aristotélica, mais tarde, encontrou eco na escolástica tomasiana (de São Tomás de Aquino). Razão e liberdade são componentes do agir humano e conferem ao agente uma característica essencial, qual seja, a de tender para um fim, conduzindo a si mesmo. Desse modo, ao agente racional e livre cabe dirigir sua própria ação, ou seja, ordená–la para o bem como fim do seu agir, conferindo-lhe constituição moral, por natureza e destinação. Além disso, a noção de bem envolve, lógica e ontologicamente, a noção de perfeição, o que implica conceber a vida como uma ordem de fins, segundo uma escala de perfeições a serem alcançadas. Essa trajetória remete àquela ética das virtudes. A definição da natureza da virtude como hábito, na concepção aristotélica, revisitada pelo pensamento tomasiano, pertence à categoria da qualidade que influencia o ser em si mesmo, conferindo-lhe o seu perfil existencial próprio e o seu dinamismo histórico. Pela sua ação virtuosa, o sujeito ético (moral) avança, progressivamente, no caminho de sua autorrealização ou da atualização de sua perfeição, isto é, como sujeito racional e livre capaz de aperfeiçoar-se no transcurso da vida.

110 VAZ, Henrique Cláudio de Lima. *Escritos de Filosofia IV. Introdução à Ética Filosófica 1*. São Paulo: Loyola, 1999, p. 107.

Nos tempos atuais há uma reproposição de uma antropologia "da criaturalidade e da esperança", articulada com essa matriz referencial da ética das virtudes, como possibilidade para o vínculo entre o agir humano e o bem para a sua realização na vida em coletividade.[111]

Essa é uma articulação que pode ajudar a resistir ao mal radical, aquele que tem raízes profundas, ou, então, ao mal banalizado, manifestado nas múltiplas formas de violência, na medida em que não considera o bem apenas uma referência contemplativa, mas uma possibilidade de realização no horizonte da vida humana, pois assim é a virtude: o esforço para se portar bem, que define o bem nesse próprio esforço.[112] Ela pode ser uma alternativa pedagógica robusta para se preencher um tempo de novos vícios, enquanto tendências aparentemente irresistíveis, em um cenário de suposta carência de valores afirmativos.[113]

É preciso estimular as pessoas a se perguntarem de que histórias elas fazem parte. Quando alguém se vê diante de vários caminhos a seguir e deve escolher um deles, é importante não se esquecer de tentar descobrir qual dará mais sentido à sua vida. Uma história de ações virtuosas pode ser bem mais significativa, porque impõe até maiores desafios, como o de ajudar a consciência moral (ética) a desmontar o "quebra-cabeça" das confusões. A luta contra o mal inicia-se pela luta contra a confusão. Se não for assim, acabará contribuindo para aumentar ainda mais a própria confusão entre o bem e o mal. Uma forma de vida virtuosa, ainda que até pareça mais trabalhosa, pode ajudar na narrativa dessa história de vida vivida para se desfazer essa confusão, mesmo que não seja nada fácil. Não é por outra razão que se pode dizer, então, que aos vícios degeneradores, deturpadores e devastadores da criminalidade organizada, hoje disseminadores de tanta confusão nessa luta entre o bem e o mal, é que devem ser contrapostos os bons propósitos de todo esse legado histórico da ética das virtudes. Só é preciso ainda lembrar que consciência moral não é um objeto, mas um esforço permanente de integração, a busca de unidade para além e por cima do caos imediato. É um empenho para resolver contradições.

111 PIEPER, Joseph. *Die Wirklichkeit und das Gute*. München: Kösel, 1949, p. 31–33.

112 COMTE-SPONVILLE, André. *Pequeno tratado das grandes virtudes*. Trad. de São Paulo: Martins Fontes, 1999, p. 5–6.

113 GALIMBERTI, Umberto. *Os vícios capitais e os novos vícios*. Trad. de Sérgio José Schirato. São Paulo: Paulus, 2004, p. 125–132.

5.3 – A DIMENSÃO POLÍTICA

A dimensão política envolve compreender que a globalização do crime organizado subverte o Estado nacional, transformando procedimentos governamentais de forma profunda, deixando-o de "mãos atadas", e até mesmo na condição de refém desse fenômeno, em diversas situações da vida contemporânea. Essa é uma tendência muito perigosa, facilmente reconhecida, mas de consequências ignoradas. O Estado nacional está em crise política. A grande novidade dessa crise não é nem o maior grau de penetração do crime organizado e seu impacto na política. A novidade mesmo é a conexão global do crime organizado, condicionando relações econômico-políticas internacionais à escala e ao dinamismo da economia do crime organizado. O impacto desse fenômeno é o profundo envolvimento e a desestabilização do Estado nacional, tornando-o submetido à influência dominadora dessa "nova economia." O impacto dessa tendência avassaladora, nos dias atuais, pode ser observado em três aspectos principais. Primeiro, em muitos casos, toda a estrutura do Estado, não raro incluindo as altas esferas do poder, está entremeada de vínculos criminosos, pela corrupção da política, causando enormes estragos na condução de questões de interesse público e coletivo. Segundo, para vários países, as relações internacionais entre os Estados-Nação passaram a ser condicionadas, em vários níveis, pela maior ou menor disponibilidade em se empenharem ou não, com sucesso ou sem ele, no esforço contínuo de cooperação na luta contra essa pujante economia do crime organizado. Terceiro, a importância crescente dos fluxos de capital de origem criminosa torna-se um meio fundamental de estímulo ou desestabilização da economia de países inteiros, a ponto de impedir o desenvolvimento de uma política adequada em cada um deles sem que se leve em conta esse fator avassalador.

O certo é que a importância desse fenômeno, o seu alcance global, as dimensões de sua riqueza e de sua influência agigantada, bem como seus sólidos vínculos com o mercado financeiro internacional, tornaram as relações entre a criminalidade organizada a corrupção política uma característica identificável em muitos países do mundo, a tal ponto de ser dito o seguinte: "Nesse emaranhado formado por crime, dinheiro e poder, não há lugar seguro para ninguém", ou, ainda, nesse sentido, "não há instituições nacionais seguras para ninguém."[114]

---

114 CASTELLS, Manuel. *The Power of Identity*. Oxford: Blackwell Publishers, 201, p. 306.

Fala-se agora da "morte da política." Uma política incapaz de se sobrepor a uma perversidade sistêmica, caracterizada por forças tirânicas do mundo atual: o dinheiro em estado puro, a competitividade em estado puro e a potência em estado puro.

Com a globalização econômica, impõe-se uma nova noção de riqueza, de prosperidade, conceitos fundados no dinheiro em estado puro e aos quais todos os sistemas políticos são chamados a essa adaptação. O novo dinheiro torna onipresente. Fundado em uma pura ideologia, esse dinheiro sem medida torna-se a medida geral, reforçando a inclinação para se considerar a acumulação como uma meta em si mesma. Nessas condições, firma-se um círculo vicioso dentro do qual a busca desenfreada do dinheiro tanto é uma causa como uma consequência de todas as ações humanas, como aquelas praticadas no espaço público da política.[115]

A necessidade de capitalização conduz à necessidade de estabelecer competitividade em todos os planos. Diz-se que as nações precisam competir entre si e as empresas competem por um quinhão sempre maior do mercado. No mundo globalizado, regiões e localidades são chamadas para a competição o tempo todo. A competitividade torna -se também uma "regra de convivência" entre os indivíduos. A necessidade de competir acaba, aliás, "legitimada" por uma ideologia que se difunde e se aceita sem quaisquer reservas. Desse modo, são criados "novos parâmetros" para a convivência, mesmo que desvinculados de novos valores. Concorrer e competir não deveriam ser confundidos. A concorrência pode até ser saudável sempre que os agentes empreendam as melhores atitudes para alcançarem resultados de excelência, exigindo-se o respeito a regras de convivência com o outro. Por sua vez, a competitividade está fundada na invenção de novas "armas de luta", dentro da "lógica de conquista" de posição superior, ainda que seja preciso eliminar o outro do caminho, o que pode ser feito sem qualquer reserva. A competitividade é uma espécie de guerra em que tudo vale, cuja prática leva ao desmoronamento de valores e traz o convite ao exercício da violência em suas muitas e múltiplas faces.[116]

---

115 SANTOS, Milton. *Por uma outra globalização: do pensamento único à consciência universal.* 16. ed. Rio de Janeiro: Record, 2008, p. 56.

116 SANTOS, Milton. *Por uma outra globalização: do pensamento único à consciência universal.* 16 ed. Rio de Janeiro: Record, 2006, p. 57.

Para obter o dinheiro e exercer a competitividade, tudo em estado puro, o poder (a potência) deve também ser exercido nesse nível. O poder passa a ser fim em si mesmo. Tudo vale para se conquistar o poder. Entretanto, não basta a mera conquista. É prioridade manter o poder conquistado a qualquer preço. Assim, o poder perde toda sua legitimidade, sofrendo as mais nocivas contaminações, mas não pode ser perdido.

É preciso recuperar a pureza da política, entendida como o governo para o bem comum, com uma visão ampla e de conjunto. Essa pureza se realiza quando existe a consideração de todos e de tudo. Quando não há essa visão mais abrangente, não se chega a ser político. A política tem de cuidar do conjunto de realidade e do conjunto de relações.[117] Essa recuperação passa pela superação da política cínica. A política corrupta sempre tenta manter as aparências. Essa deturpada ação política cultivará bons modos para escamotear seus maus costumes. A corrupção não é um ato, mas um estado, no qual se acostuma a viver. Essa é a degeneração profunda do político, que já não pode ser confundida com a tão necessária dimensão política da vida, enquanto uma alta instância de organização de conjunto, voltada para o bem-estar coletivo das muitas e múltiplas realidades da vida. O problema da política atual não é uma questão de convicções morais de mais, mas de menos. A política tem sido tão lembrada por seu esvaziamento em conteúdo moral, porque já não é capaz de enfrentar as "grandes questões que importam a todos."[118]

O vazio moral da política contemporânea tem algumas explicações. Uma delas é o empenho esquizofrênico de extirpar do debate público a questão dos ideais. Na tentativa de evitar ou fugir mesmo de confrontos sectários, cidadãos acabam deixando suas convicções morais para trás quando ingressam na arena política. Contudo, não faz sentido algum falar de corrupção de determinada atividade, especificamente a ação política, se já não se acredita mais que certas maneiras de ser um cidadão são mais qualificadas do que outras. Diz-se que a era atual é marcada por um único roteiro: quase tudo está à venda, e o que ainda não está é porque não foi feita uma oferta tentadora. No entanto, é mais do que hora de perguntar se é mesmo assim que se pretende viver ou, então, se não existem certas coisas que dinheiro algum poderia comprar. Essa

117 Op. cit, p. 6.

118 SANDEL, Michael J. *O que o dinheiro não compra: os limites morais do mercado*. Trad. de Clóvis Marques. Rio de Janeiro: Civilização Brasileira, 2012, p. 19.

não é apenas mais uma pergunta para se dizer que, no fundo, é a própria liberdade de escolha que está em questão. Esse questionamento volta ao âmago do problema, qual seja, decidir sobre limites morais do mercado. O fato é que reflexões morais levam os seres humanos ao esforço inevitável de harmonizar juízos elaborados com princípios afirmados. Para uma sociedade que se organiza em um Estado Democrático de Direito, antes de mais nada, parece que fica compromissada com a dimensão política da vida em coletividade. Se deposita na política a confiança de conduzir, com certa excelência, os destinos dessa sociedade, então, não se pode ser incoerente e desacreditar que essa mesma sociedade já não tem mais qualquer compromisso com virtudes cívicas e com o bem comum. Virtudes cívicas e bem comum devolvem certa dignidade à política. Restituem a política a algum comprometimento moral. Nesse sentido, os dizeres seguintes não estão desatualizados: "Uma política de engajamento moral não é apenas um ideal mais inspirador do que uma política que se esquiva do debate. É também uma base mais promissora para uma sociedade justa."[119] Com esse horizonte retomado, a dimensão política volta a se comprometer, em sentido positivo, com a vida boa para a coletividade, e não se torna comprometida, em sentido negativo, com os mais insidiosos, indecorosos, indecentes e inescrupulosos interesses do submundo da criminalidade organizada.

5.4 – A DIMENSÃO CULTURAL

A dimensão cultural também é atingida, de maneiras mais sutis, pela influência maléfica do crime organizado, cujos tentáculos alcançam do global ao local, e vice-versa. Por um lado, a identidade cultural alimenta a maior parte dessas redes criminosas, fornecendo os códigos e as formas de comprometimento que criam a confiança e garantem a comunicação no âmbito de cada rede. Essa cumplicidade não evita a possibilidade de violência, a qualquer momento, contra os próprios pares. Há níveis muito amplos de compartilhamento e compreensão dentro da organização criminosa, que se apoia na história, na tradição e na cultura, bem como gera sua ideologia de legitimação. Na verdade, quanto mais o crime organizado torna-se global–local, tanto mais seus componentes, notadamente aqueles que se intitulam mais importantes, valorizam sua identidade cultural com o objetivo de não desaparecerem

119 SANDEL, Michael J. *Justiça: o que é fazer a coisa certa*. Trad. de Heloísa Matias e Maria Alice Máximo. Rio de Janeiro: Civilização Brasileira, 2011, p. 330.

no turbilhão de espaços e fluxos. Ao assim se posicionarem, não querem apenas fixar bases territoriais, mas também preservar suas bases étnicas e culturais. Nesse patamar também reside muito de sua força. É possível que as redes criminosas estejam à frente de quaisquer outras entidades em termos de capacidade de aliar identidade cultural a negócios locais, regionais e globais.

Não obstante, o maior impacto cultural das redes criminosas sobre as sociedades em geral, além da expressão de sua própria identidade cultural, é a "nova cultura que induzem."[120]

O culto à criminalidade organizada, na sociedade contemporânea, não pode ter outro efeito senão incrementar a própria cultura que esse fenômeno deflagra, divulga e dissemina como um flagelo para os dias atuais. Parece incrível uma afirmação como essa, mas existe sim a cultura do crime organizado, que pode ser vista como uma potencialização de outra cultura já bastante difundida na sociedade atual. Trata-se da cultura do crime que compensa, porque retira do anonimato e assegura um "admirável estado ("status") econômico e social." Muito difícil acreditar que essa cultura não acabaria contribuindo para uma atmosfera toda favorável para a cultura do banditismo idealizado. Supervalorizar a imagem de um criminoso perverso e caricaturar a de um cidadão cumpridor de seus deveres já não é mais nenhuma aberração, nos dias atuais, para uma sociedade de consciência plastificada e alienada, ao contrário, nessa crescente cultura de exaltação do banditismo se tem o reflexo passivo e acrítico de uma sociedade injusta. Se levada mais a fundo, essa "inversão cultural do banditismo" poderá comprometer todo o senso moral dos cidadãos, instaurando a falsa crença de que o dever de ser bom, justo e certo "incumbe primeira e essencialmente à sociedade e só secundariamente aos indivíduos."[121]. Ao longo da história, já se tem demonstrado que o padrão moral das sociedades — e principalmente dos Estados — foi sempre muito inferior ao dos indivíduos concretos. Qualquer tipo de sociedade até pode admitir que se permitam atos que para um indivíduo seriam criminosos. Assim, a essência do esforço moral consiste em tentar ser justo em uma sociedade injusta.[122] Nessa toada,

---

120 CASTELLS, Manuel. *End of millennium.* Oxford: The Johns Hopkins University Press, 2002, p. 243.

121 CARVALHO, Olavo de. *O Imbecil Coletivo.* Rio de Janeiro: Record, 1996, p.126.

122 NIEBUHR, Reinhold. *Moral Man and Immoral Society: a study in ethics and politics.* New York: Scribner's, 1960, p. 21–23.

é impossível que não seja fomentado esse novo "elogio da loucura", vale dizer, uma exaltação cultural do banditismo idealizado. Em diversos contextos, criminosos ousados e bem-sucedidos são transformados em modelos para toda uma geração. Não faltam aqueles que se espelham nesses criminosos como "exemplos de vida." Desejam seguir seus passos. Inspiram-se em seus pensamentos e ações.

No entanto, esse é um desejo marcado por uma miopia absoluta. Esses bandidos idealizados ora se apresentam como sempre prontos para muitas conquistas na vida e para muitas aventuras inimagináveis, ora se mostram como uma espécie de "justiceiros de uma sociedade injusta." É o fascínio que exercem sobre o outro por meio de manifestações performáticas, que vão do uso de linguajar todo empolado até o uso da força, de que se julgam "legítimos senhores", em um contínuo "exibicionismo espetacular" de estímulo para admiração e imitação do estilo de vida que levam no cotidiano. Além disso, propagam o seguinte: o que vale da vida é o momento, a boa vida de todo instante, tudo acompanhado da satisfação de se sentir o todo-poderoso, uma espécie de "rei do pedaço", cujas vontades são sempre atendidas, já que seus comandos são sempre obedecidos. Esse estilo de vida gera o entusiasmo de um viver pleno, em um tempo-espaço onde importa aparecer e, mais cedo ou tarde, desaparecer com o nome cravado nas manchetes nos mais diversos meios de comunicação de massa e, ainda, terem suas façanhas reproduzidas nas telas da televisão e do cinema.

A força da cultura parece inabalável. As tramas da cultura, traçadas pelo seu recurso simbólico de construção de sentido, encontram-se em permanente reciclagem. Na cultura nada é eliminado, mas acumulado. Já não há cultura, mas culturas. Os conteúdos da codificação humana podem ser adaptados, mas jamais extirpados.[123] A sociedade contemporânea inventou máquinas reprodutoras de imagens, e o desdobramento da reprodutibilidade é a multiplicação exacerbada de imagens, inflacionando o valor de exposição. O advento das imagens repetidas e idênticas que se disseminam no espaço público inaugura o trânsito das imagens em superexposição à plena luz. A cibercultura é o nome dado ao ambiente contemporâneo das redes midiáticas e que é correlata à fase atual do capitalismo tardio. Contudo, a cibercultura não se refere apenas ao que é realizado em ambientes digitais, é uma configuração sociotécnica, culturalmente ampla que abarca grande parte da vida social. Esse

123 BAITELLO JUNIOR, Norval. *O animal que parou os relógios*. São Paulo: Annablume, 1997, p. 20.

painel ocorre nos arcos da chamada pós-modernidade. A sociedade pós-moderna é concebida como uma rede de comunicações.[124]

Até mesmo aqueles que recusam o termo pós-moderno não deixam de convir que há algo de novo na modernidade, a tal ponto de sentirem a necessidade de lhe atribuir algum adjetivo. Modernidade líquida é uma das expressões mais difundidas, pois instaura a cultura da transitoriedade.[125] Desse modo, ser moderno é encontrar-se em um ambiente que promete "aventura, poder [...], transformação das coisas em redor, mas ao mesmo tempo ameaça destruir tudo o que temos, tudo o que sabemos, tudo o que somos."[126] O pensamento pós-moderno instaura uma nova modalidade de cultura, que é a expressão de um conjunto de transformações socioeconômicas, produzindo algumas mudanças na sociedade moderna. Não basta consumir, mas é preciso também ser consumido, isto é, tornar-se sujeito-mercadoria vendável.[127]

O bandido idealizado tornou-se esse sujeito-mercadoria vendável, na "espetacular" cultura do crime, tão propagada nesses tempos de cibercultura, na qual ganha maior notoriedade, especialmente a criminalidade organizada.

O fascínio exercido pela cultura da criminalidade organizada pode indicar a gravidade de uma perigosa ruptura com outra dimensão cultural. Trata-se da cultura de valores sociais mais elevados e qualificados, capazes de resistência firme às armadilhas sedutoras de uma vida embalada por poder, ter e aparecer. No tempo-espaço onde reina essa trilogia não faltará oportunidade para proliferar outra cultura na sociedade contemporânea. Trata-se da cultura da reverência, do medo e da violência, da qual se retroalimenta o crime organizado na sociedade contemporânea.

A cultura da reverência é aquela que projeta a imagem honrada do integrante da criminalidade organizada e de suas qualidades, que devem ser enaltecidas por todos aqueles que ainda não o conhecem de perto, porquanto os que dele se aproximam descobrem que é alguém que

124 LYOTARD, Jean-François. *A condição pós-moderna.* Trad. de Ricardo Correia Barbosa. Rio de Janeiro: José Olympio, 1986, p. 16.

125 BAUMAN, Zygmunt. *Vida líquida.* Trad de Carlos Alberto Medeiros. Rio de Janeiro: J. Zahar, 2007, p. 15-17

126 BERMAN, Marshall. *Tudo o que é sólido desmancha no ar: a aventura da modernidade.* Trad. de Carlos Felipe Moisés e Ana Maria L. Ioriatti. São Paulo: Companhia das Letras, 1991, p. 37.

127 BAUMAN. Zygmunt. *Vida para o consumo: a transformação das pessoas em mercadoria.* Trad. de Carlos Alberto Medeiros. Rio de Janeiro: J. Zahar, 2008. p. 20-22.

merece reconhecimento, diante de seus pensamentos elevados, ações louváveis e sentimentos nobres. Essa cultura abre caminho para uma espécie de idolatria.

A cultura do medo explora a ideia de que não existe nenhum ser humano acima do medo e que possa gabar-se de não ser jamais atingido por esse modo. Todos têm medo, mas alguns sabem explorar as ambiguidades dele. Aquele que não tem não é considerado normal, mas alguns sabem disfarçá-lo. A necessidade de segurança é fundamental, mas a oportunidade para disseminar a insegurança é sem igual. Se a segurança é símbolo da vida, a insegurança é da morte. O animal não antecipa sua morte, mas o ser humano, ao contrário, sabe que morrerá desde muito cedo. Ele é o único no mundo que conhece medo em um grau tão temível e duradouro. A criminalidade organizada sabe potencializar esse medo, conferindo-lhe uma dose de dominação no outro, até que se torne patológico e criador de bloqueios. O medo torna-se o inimigo mais perigoso do que todos os outros. O tempo fica parado, o espaço encolhe. Logo esse medo intensifica-se e deixa de ser episódico para não abandonar mais o amedrontado. A sua realidade não é mais outra senão a do medo insuportável. O pânico está instalado e não há mais reversibilidade desse estado de completa dominação da vida do outro. O pânico "mata" antes da própria morte.

A cultura da violência introduz uma noção de desordem contagiosa, de uma patologia que aprisiona o indivíduo e, por extensão, a coletividade toda em um estado de pavor. Os perigos que passa a representar atingem níveis do imaginário existencial humano de tamanho impacto, porque expressam símbolos teriomorfos (de animalidade agressiva), nictomorfos (das trevas terrificantes) e catamorfos (da queda assustadora). Apavorado com a violência manifestada de muitas e múltiplas formas, e como sua anormal banalização, a sociedade é atingida em seus dois regimes de imagens, quais sejam, o diurno e o noturno. No regime diurno, segue em abalado estado de alerta e cuidado; no noturno, prossegue em desesperado estado de proteção e vigilância contínuas para não ser atingido por alguma forma de violência. Em um ciclo diuturno ininterrupto, a sociedade passa da tensão para a hipertensão, diante dos impactos da violência física, psicológica, moral, patrimonial e sexual que se abatem sobre ela. A criminalidade organizada não desconhece o quanto essa violência pode ajudá-la a alcançar seus desígnios mais subterrâneos e repugnantes.

É claro que a cultura da reverência, do medo e da violência tem uma dimensão de imaginário. Contudo, também não deixa de colonizar a dimensão do real. Quando essa cultura instala-se em ambas as dimensões, tende a ser ainda mais nefasta e nociva para toda uma sociedade. Ondas dessa cultura invadem o espaço público e privado e inundam o tecido social da mesquinhez da maldade banalizada. Nesse transcurso de século XXI, se tem algo que as sociedades já podem narrar, é uma assustadora história da maldade. Uma história que se renova, impelida por idolatria, megalomanias ou cobiças. A criatividade daqueles que cometem atrocidades não tem limites e não há maior desafio do que tentar entender, o quanto possível, todas as implicações dessa maldade banal desenfreada.[128]

É preciso contrapor a essa visão cultural aquela que apresenta às pessoas a possibilidade de avançar, na sociedade contemporânea, na cultura da referência, da coragem e da paz.

A cultura da referência é aquela que (re)afirma os bons exemplos que merecem atenção e consideração, porque transmitem valores que arrastam e dão profundo sentido à vida. Esse valores transmitem aprendizados, em que se aprende a conhecer, a agir, a ser, a viver e a conviver.

A cultura da coragem não como ausência de medo, mas como capacidade de superá-lo, quando existe, por uma vontade mais forte e mais generosa. Já não é apenas fisiologia, mas força da alma, diante do perigo. Já não é uma paixão, mas uma virtude. Não se trata de coragem dos valentões, mas dos heróis que não querem glória, apenas agir de maneira firme e inabalável para enfrentar os perigos e suportar os labores.

A cultura da paz não é algo apenas teórico, distante da realidade, etéreo ou com pouco senso prático, caracterizada por ações concretas, na vida cotidiana, que manifestam respeito pela vida e pela resistência a todas as formas de exclusão social ou dominação social.

É nítido que a cultura da referência, da coragem e da paz introduz a generosidade nas relações sociais. Essa generosidade ajuda a se afastar da baixeza, da mesquinharia, da vileza e da sordidez.[129] E não é demais lembrar que seu mais belo nome é seu segredo mais sublime, já conhecido de muitos: somada à gentileza, a gentileza chama-se bondade.

---

128 THOMPSON, Oliver. *A assustadora história da maldade.* Trad. de Mauro Silva. São Paulo: Ediouro, 2002, p. 493-495.

129 COMTE-SPONVILLE, André. *Pequeno tratado das grandes virtudes.* Trad. de Eduardo Brandão. São Paulo: Martins Fontes, 1999, p. 80.

5.5 – A DIMENSÃO JURÍDICA

Nos tempos atuais, a criminalidade organizada está entre as maiores preocupações da maioria dos países, notadamente pelo enorme poder lesivo de suas operações e pela sua capacidade de se embrenhar, enraizar e esgarçar as estruturas do poder público, nos seus mais diversos escalões, para a satisfação de seus mais perniciosos interesses econômicos, financeiros e políticos.

A criminologia, a política criminal, o direito penal e processual penal contemporâneos estão provocados a inspirar e a fundamentar a reformulação e criação de novos e adequados instrumentos de prevenção e repressão a esse fenômeno desafiador e desestabilizador da ordem social dos mais diversos países.

O debate público em torno desse flagelo não pode ser embalado pela pressão sensacionalista de determinados segmentos midiáticos e de pressões circunstanciais manifestadas em certos momentos de maior comoção das sociedades afetadas.

O direito penal e o direito processual que serão produzidos e aplicados não podem cair na armadilha de se tornarem meros direitos promocionais. O real poder do sistema jurídico penal e processual penal não é tão somente o de reprimir, porque o poder "não é mera repressão; pelo contrário, seu exercício mais importante é positivo, configurador, sendo a repressão punitiva apenas um limite ao exercício do poder."[130] Não é demais relembrar que a lei penal não é instrumento apropriado para reforma social, mas um meio de restabelecimento e de ordenação das liberdades coexistentes.[131]

Dificuldades não podem ser justificativas para a opção mais cômoda de se enveredar por caminhos mais fáceis. A dificuldade para se encontrarem mecanismos de resposta aos assaques e ataques da criminalidade organizada, nas sociedades contemporâneas, como a sociedade brasileira, diz respeito ao fato de haver diversas formas de manifestação desses fenômenos criminosos, com todas as suas multifacetárias formas, que muitas vezes refletem as próprias idiossincrasias das coletividades em que esses fenômenos se formam, se desenvolvem e operam com todas as suas energias.

---

130 ZAFFARONI, Eugenio Raúl. *Em busca das penas perdidas: a perda de legitimidade do sistema penal.* Trad. de Vânia Romano Pedrosa. Rio de Janeiro: Revan, 1991, p. 22.

131 ROXIN, Claus. *Política criminal e sistema jurídico-penal.* São Paulo: Renovar, 2000, p. 13.

De qualquer modo, antes de tudo, não se pode fechar os olhos e tapar os ouvidos para as vozes ecoadas da comunidade acadêmica mundial sobre o tema.

Acompanhando o desenvolvimento das estruturas sociais, a criminalidade em geral, como produto dessas mesmas sociedades, não ficou longe dessa "lógica", modificando suas estruturas e formas de atuação para adequação às novas realidades contemporâneas. Nesse quadro, as organizações criminosas surgem como uma nova preocupação social que abala os modelos de prevenção e repressão à chamada criminalidade tradicional. Antes de mais nada, é preciso dar um passo atrás e começar pela própria dificuldade terminológico-conceitual. Já não é nada fácil encontrar uma terminologia harmônica, capaz de identificar e caracterizar bem, do ponto de vista conceitual, o fenômeno da criminalidade organizada. De fato, não há uma nomenclatura unívoca e universal sobre o tema. A essa altura dos estudos sobre esse fenômeno, pelo menos já é possível fazer um inventário das expressões empregadas pela doutrina, nacional e internacional, usadas como sinônimo da chamada "organização criminosa", tais como: associação criminosa, associação criminosa mafiosa, associação mafiosa, associação de modelo mafioso, associação criminosa de modelo mafioso, associação de tipo mafioso, associação organizada, associação ilícita, associação ilícita organizada, associação delinquencial especial, associação delinquencial complexa, organização criminal, organização de criminosos, organização do crime organizado, organização criminosa de tipo mafioso, organização criminosa de modelo mafioso, organização mafiosa, organização delinquencial, organização delitiva, organização delituosa, grupo organizado, grupo do crime organizado, grupo organizado criminoso, grupo criminoso organizado, grupo criminoso de origem mafiosa, grupo delituoso organizado, sodalício criminal, bando criminoso, empresa criminosa, multinacional criminosa, multinacional do crime organizado, sindicato criminoso, sindicato do crime e, entidade do crime organizado.[132]

Não são raras as vezes que essas denominações são empregadas, até mesmo na linguagem coloquial cotidiana, mas sem qualquer rigor. Esse mau uso agrava-se quando expressões como "organizações criminosas" e "crime organizado" são utilizadas como sinônimas de ações delituosas praticadas por gangues, bandos ou quadrilhas que não guardam simetria alguma com a criminalidade organizada em sentido estrito.

132 FERRO, Ana Luiza Almeida. *Crime Organizado e Organizações Criminosas Mundiais*. Curitiba: Juruá, 2009, p. 331.

Em um esforço de sair desse amplo e emaranhado repertório terminológico-conceitual, diz-se que "criminalidade organizada" é uma expressão preferível em relação às demais, haja vista que crime, em língua latina, refere-se à esfera dos comportamentos individuais, reportando-se ao conjunto heterogêneo de crimes que, ao mesmo tempo, estão inseridos nos processos de confrontação social entre mecanismos de controle e agentes delinquentes.[133]

Entretanto, não faltam críticas à expressão "criminalidade organizada", porque se diz que se refere, em termos sociológicos, a um conjunto de crimes. Seria uma nomenclatura genérica que engloba tanto o "crime organizado por natureza" quanto o "crime organizado por extensão."

Nota-se que a dificuldade terminológico-conceitual não é apenas uma mera tagarelice acadêmica, é importante e precisa ser enfrentada com o máximo rigor possível. Há defesa em favor da expressão "organização criminosa", porque exprime melhor a distinção entre as meras associações de pessoas para a prática de crimes e a constituição de uma organização em que há uma noção bem definida de cooperação e hierarquia entre os seus componentes.[134] Contudo, não falta posicionamento a favor das expressões "organização criminosa" e "crime organizado", uma vez que ambas contêm elementos essenciais à melhor compreensão do fenômeno, ou seja, o caráter de sofisticação estrutural, de certa complexidade em sua constituição. Nesse sentido, assim é dito:

> A organização é então uma espécie do gênero associação ou grupo. Isto nos leva ao segundo ponto: 'organização' é um termo mais preciso, dispensando a necessidade de adjetivação respeitante à natureza organizativa, consoante se verifica em relação a expressões como 'associação organizada' e 'grupo organizado'. E não ostenta o cunho extremamente vago e indeterminado de termos como 'entidade'. Nem favorece a confusão com outros grupos criminosos como acontece, a título de exemplificação, com o o uso da expressão 'bando criminoso' para o tipo de associação sob comento. Em terceiro lugar, é um termo relativamente 'neutro', não supervalorizando uma única dimensão desta forma associativa [...].[135]

133 SALLA, Fernando. *Considerações sociológicas sobre o crime organizado no Brasil.* Revista Brasileira de Ciências Criminais. São Paulo: 2008, v. 16, nº 71, p. 364–390.

134 PITOMBO, Antônio Sérgio Altieri de Moraes. *Organização Criminosa: nova perspectiva do tipo legal.* São Paulo: RT, 2009, p.165–166.

135 FERRO, Ana Luiza Almeida. *Crime Organizado e Organizações Criminosas Mundiais.* Curitiba: Juruá, 2009, p. 331.

A complexidade do fenômeno não se restringe, porém, ao aspecto terminológico-conceitual. As organizações criminosas podem ser vistas sob vários aspectos, como socioeconômicos, sociopolíticos, socioculturais, político-internacionais, político-nacionais, político-criminais, político-criminológicos.[136]

Já se percebe que muitas são as perspectivas que podem ser consideradas na definição mais específica de crime organizado. Essa diversidade de definições possíveis advém dos muitos pontos de vista de se encarar um mesmo fenômeno. Desse modo, conforme a referência adotada — seja ela política, econômica, social ou cultural — a definição de crime organizado terá seu sentido sujeito a variações. Não raramente, as definições correrão algum risco de serem imprecisas, lacônicas ou contraditórias. Nesse sentido, nota-se que a criminalidade organizada, por um ângulo, pode ser encarada como um "fenômeno novo e excepcional."[137]; por outro, pode ser visualizada como um "antigo discurso do poder contra inimigos internos com diferentes denominações, como indicam situações históricas conhecidas."[138] Há uma advertência muito importante sobre essa questão de se encontrar uma definição pontual da criminalidade organizada, porque essa definição pode acabar mal e tornar-se mal acabada em uma seletividade extremamente ideológica.[139]

Para ser bem direto e não deixar ambiguidades no discurso: há um enorme risco de uma perigosa manipulação ideológica da criminalidade organizada na sociedade contemporânea. Não resta dúvida de que se trata de um problema criminal, mas também político, econômico, social e cultural que se transforma e se reforma, de acordo com o contexto histórico de uma sociedade.

A diversidade de fenômenos delituosos abrangidos pela expressão "crime organizado", envolvente de fatos que se pretende reduzir a um, tem sido um grande obstáculo para se categorizar essa delinquência no âmbito científico.[140] Mesmo diante dessa situação nada confortável, a

136 DIAS, Jorge Figueiredo. *A criminalidade organizada: do fenômeno ao conceito jurídico penal.* Revista Brasileira de Ciências Criminais. São Paulo: 2008, v. 16, nº 71, p. 11–30.

137 HASSEMER, Winfried. *Límites del Estado de Derecho para el combate contra la Criminalidad Organizada.* Revista de Estudos Criminais. São Paulo: 2003, v. 5, nº 19, p. 11–16.

138 SANTOS, Juarez Cirino dos. *Crime Organizado.* Revista Brasileira de Ciências Criminais. São Paulo: 2003, v. 11, nº 42, p. 214–224.

139 SALES, Sheila Jorge Selim de. *Escritos de direito penal.* 2. ed. Belo Horizonte: Del Rey, 2005, p. 135.

140 PETER–ALEXIS, Albrechte. *Kriminologie: eine Grundlegung zum Strafrecht.* München: Verlag C. H. Beck, 1999, p. 376.

criminologia e a política criminal não podem ser descartadas ou relegadas ao plano da irrelevância nessa tarefa, nada fácil, de se darem os melhores contornos sociocientíficos desse fenômeno multifacetário da criminalidade organizada.

Nas sociedades globalizadas, cada vez mais, surgem incertezas e preocupações que criam o ambiente propício para a ignorância de parte da população e para demagogia barata do legislador oportunista no que diz respeito aos efusivos reclamos pela intervenção emergencial do direito penal e do direito processual penal como panaceias de solução aos novos problemas de segurança pública e justiça criminal. Nesse sentido, a criminologia e a política criminal da emergência nem sempre são as melhores conselheiras para um direito penal racional, capaz de dar as respostas criteriosas, coerentes e consistentes, em termos preventivos e repressivos, para a criminalidade organizada. A emergência não possui limites espaciais e temporais, desgarrando-se demais de padrões mínimos do sistema jurídico dotado de racionalidade jurídica, constituindo um subsistema assimétrico e de derrogação dos cânones da razão jurídica bem ordenada. A criminologia da emergência "põe lenha na fogueira" desse subsistema, colocando-o na escala mais elevada de gravidade criminosa a justificar a adoção, com todo vigor, de mecanismos excepcionais de combate ardoroso a essa criminalidade. A política criminal da emergência "pega fogo" no calor desse discurso combativo e, com a retórica demagógica da "guerra sem tréguas", diz estar pronta para dar resposta à altura a esse fenômeno do crime organizado. E a legislação penal e processual penal, rapidamente, estará "assada" e pronta para "queimar" todos os seus "inimigos."

Não precisa esperar muito para logo se perceber que todas essas esferas estimularão frenesis sociais bem no início; em seguida, em pouco tempo, gerarão frustrações e, muito breve, colherão vergonhosos fracassos.

Criminalidade não é para ser combatida, porque não encerra nenhuma guerra, mas prevenida e reprimida. Esse cânone da cultura jurídica penal não muda em nada só porque, agora, se fala de criminalidade organizada. É claro que esse fenômeno, por sua enorme complexidade, desafia a cultura jurídica penal a lhe contrapor uma qualificada prevenção e uma bem calibrada repressão. Não se trata de uma questão de emergência, mas de inteligência. Não de uma inteligência qualquer e sim de uma inteligência de excelência, capaz de orientar a criminologia, a política criminal, o direito penal e o direito processual penal, de modo que sejam bem articulados e somem forças para as respostas mais pertinentes possíveis ao fenômeno da criminalidade organizada.

Essa inteligência começa por não perder de vista o arcabouço teórico das diversas definições propostas, ao longo dos tempos, pelos pesquisadores desse fenômeno, merecendo destaque uma que, apesar de elaborada há tempos, não deixou de ter enorme atualidade, sendo adotada por muitas agências internacionais. A definição de crime organizado e sua posição dentro do sistema social, sendo uma organização voltada para a maximização dos lucros com negócios de bens e serviços ilícitos.[141] Trata-se de uma definição que busca suporte nas ciências sociais e traz uma visão multifacetada do fenômeno, sua interação no plano econômico, político e social, identificando assim a intenção criminosa como elemento delineador da estrutura do crime organizado.[142] O crime organizado é a atividade praticada por um grupo de pessoas engajadas em determinados empreendimentos ilícitos, em que posições específicas são definidas na organização, de forma prévia, para cada participante, contando com os executores, corruptores e corrompidos.[143]

A construção dos traços mais claros de crime organizado deve ser realizada de forma a identificar todos os possíveis arranjos para organizar a ainda não tão organizada definição de crime organizado. Contudo, é preciso ter clareza de que já se sabe que o crime organizado é, sobretudo, um crime de empreendimento.[144]

Essa linha de raciocínio possibilitou, em seguida, definir o crime organizado como uma organização sistemática, uma espécie de empreendimento criminal contínuo que busca distribuir bens e serviços ilícitos e se infiltrar nos negócios lícitos.[145] Nesse sentido, o aspecto marcante do crime organizado é a sua estrutura rígida, com a disciplina de seus integrantes, aliada a uma hierarquia em graus, com a blindagem dos líderes, mas com a possibilidade de ascensão dos seus integrantes.[146] O crime organizado é estruturado na divisão de poder em níveis de comando,

---

141 CRESSEY, Donald R. *Theft of the Nation: the structure and operations of organized crime in America.* Santa Barbara: University of California, 1969. p. 72.

142 Op. cit., p. 311–316.

143 Op. cit., p. 319.

144 DUYNE, Petrus C. Van. *Organized Crime in Europe.* New York: Commack,1996, p. 52–54.

145 ALBANESE, Jay S. *Organized Crime in our Times.* 5. ed. New York: Lexis–Nexis 2007, p. 6–8.

146 CRESSEY, Donald R. *Theft of the Nation: the structure and operatios of porganized crime in America.* New York: 1969, p. 313.

com a característica da agregação dos seus integrantes, adquirindo um perfil de empreendimento racional e continuado que objetiva o ganho ilícito fácil.[147] Há uma forte interação social baseada na distribuição do poder em níveis de comando hierarquizado, mas as atividades desenvolvidas pelo empreendimento criminoso podem transitar, rapidamente, da ilegalidade para a "legalidade", de acordo com o grau de relações e articulações dos seus participantes.

A divisão das atividades conforme o grau de especialização dos integrantes do crime organizado é determinante das relações e dos vínculos realizados para a eficiência do empreendimento. Os seus entrelaçamentos ultrapassam as interações entre seus participantes e seus vínculos mais próximos, em decorrência da enorme facilidade de fluxos do capital ilícito para o mercado lícito. Esse "livre trânsito" pressupõe certo grau de conivência e, até mesmo, de cooperação do poder público, estabelecendo-se assim vínculos baseados na corrupção.[148]

As pesquisas realizadas pelas ciências sociais, até agora, reúnem um conjunto de atributos que, agregados e coordenados, já são bastante indicativos de que se está com as portas abertas para a criminalidade organizada. É possível apresentar um "decálogo" desse fenômeno: motivado pela busca de ganho ilícito e poder; organograma piramidal; qualidades individuais específicas de seus membros; formação de uma subcultura com padrões e regras distintas das adotadas pela sociedade; agigantamento da organização criminosa com a agregação de novos membros; uso de inteligência e de força; divisão rígida de tarefas; hegemonia na distribuição de bens e serviços em territórios preestabelecidos; comando com normas e regras rígidas; e controle das atividades com códigos secretos.

O estudo do crime organizado serve de base para a identificação e compreensão do crime organizado transnacional, haja vista que as alianças celebradas entre os diversos grupos criminosos inserem-se no processo de globalização econômico–financeira, utilizando-se do incremento das tecnologias da informação e da comunicação, com articulação e projeção no âmbito transnacional.

A percepção supranacional do crime transnacional pode ser observada pelas preocupações das organizações internacionais, as quais incorporaram em seus debates o impacto do crime organizado e do crime organizado transnacional na agenda global e seus impactos na segurança mundial.

147 Op. cit., p. 31–32.

148 BLOCK, Alan A.; William, J. *Organizing Crime*. New York: Cardiff, 1981, p. 57.

A Assembleia Geral das Nações Unidas, a partir de 1998, deliberou pela elaboração da Convenção das Nações Unidas contra o Crime Organizado Transnacional, cujo texto foi firmado durante a Conferência de Palermo, na Itália, realizada de 12 a 15 de maio de 2000. Tornou-se conhecida como Convenção de Palermo. Essa Convenção aponta seis características que devem estar presentes na identificação do crime organizado transnacional: grupo organizado para cometimento de crime; hierarquia e vínculos pessoais que permitam ao líder o controle do grupo; violência, intimidação e corrupção, utilizadas como meio para arrecadação de lucros e controle de territórios–mercados; lavagem dos ativos através da integração do ganho ilícito no mercado; potencialidade de expansão em novas atividades além das fronteiras e vínculo de cooperação com outros grupos do crime transnacional organizado.

A proposta foi incorporada na elaboração do texto final da Convenção de Palermo de 2000 contra o crime organizado transnacional, cuja definição assim ficou pautada pelos seguintes elementos: grupo estruturado de três ou mais pessoas; existência há algum tempo; atuação conjunta para cometer um ou vários delitos graves; intenção de obter um benefício econômico ou qualquer outro benefício material.

A Organização dos Estados Americanos considera o crime organizado transnacional como uma nova ameaça aos valores compartilhados pelos Estados Membros para a garantia da paz social nas democracias.

A União Europeia identificou o crime organizado transnacional como uma ameaça à estabilidade econômica e social de todo o bloco, sendo proposta a seguinte conjugação de elementos na definição dessa delinquência: atividade criminosa estruturada durante determinado período de tempo; presença de mais de duas pessoas; cometimento de condutas ilícitas sérias; finalidade de obtenção de vantagem ilícita ou influência na ação ou operação de autoridades públicas.

Essas definições focalizam o crime organizado transnacional. Contudo, agora é preciso assinalar que, muito próximo dele, estão duas outras figuras, a dos grupos criminosos organizados e a do próprio crime organizado. Tem-se buscado estabelecer critérios objetivos para a identificação de cada uma dessas categorias, porém, é pertinente alinhar, antes, quais são esses critérios que têm sido apontados para se identificar a criminalidade organizada em sentido amplo: colaboração de mais de duas pessoas; tarefas específicas para cada uma das pessoas; atuação por um certo período de tempo; exposição do tipo de disciplina ou controle; pessoas suspeitas de já haverem cometido crimes planejados; atuação em nível supranacional; utilização de violência ou outros tipos de intimidação; utilização de estruturas comerciais ou similares; lavagem de dinheiro; influência nas instâncias do poder, por meio de variadas formas de corrupção; influência nos meios de informação e comunicação; influência no sistema econômico formal; fluxo pelo sistema financeiro; influência na economia informal; e atuação destinada à obtenção de dinheiro e/ou poder.

Esses critérios ajudam a dar melhores contornos à criminalidade organizada em sentido amplo, traduzida em grupos criminosos organizados, crime organizado e crime organizado transnacional.

Grupos criminosos organizados são compostos por duas ou mais pessoas, que atuam em colaboração, suspeitas de já haverem cometido outros crimes, que atuam para obter dinheiro e/ou poder.

Crime organizado é a ação de duas ou mais pessoas que atuam em colaboração, suspeitas de já terem praticado outros crimes, que atuam para obter dinheiro e/ou poder.

Crime organizado transnacional é a ação de duas ou mais pessoas que atuam em colaboração, com distribuição de tarefas específicas para cada um de seus membros, por certo período de tempo, sujeitas a alguma espécie de disciplina ou controle, englobando pessoas suspeitas de já haverem cometido outros crimes, com atuação em nível nacional e supranacional, utilizando a violência ou outros tipos de intimidação, integrando estruturas comerciais ou similares, fazendo uso da lavagem de dinheiro para ocultar o ganho ilícito, exercendo influência nas instituições do poder público, por intermédio da corrupção, bem como na economia formal e informal, com fluxos de seus lucros pelo sistema financeiro, atuando para obter dinheiro e/ou poder.

Na realidade, o crescimento do crime organizado agregou em sua estrutura uma das características mais expressivas do mundo global atual, a transnacionalidade, implicando novos e enormes desafios de prevenção e repressão aos Estados nacionais.[149]

O Brasil não escapa do crescimento vertiginoso desse fenômeno da criminalidade organizada em sentido amplo, a qual adquiriu proporções assustadoras, atuando em diversas áreas ilícitas, infiltrando-se nos poderes públicos e aterrorizando a população, deixando-a em estado de pânico. Diante da eficiente organização dessa criminalidade e a

149 PHIL, Williams. *Organizing Transnational Crime: networks, markets and hierarchy*. London: Cass, 2005, p. 57-59.

desorganização estatal, a tendência parece ser uma só: o "assalto" completo da sociedade brasileira pela criminalidade organizada em sentido amplo, envolvendo grupos criminosos organizados, crime organizado e crime organizado transnacional. A sua origem no país remonta ao próprio século XIX, quando surgiu o cangaço no Nordeste brasileiro[150] Obviamente, essa raiz histórica não se confunde com toda a criminalidade organizada, nos dia de hoje, no território nacional e com suas redes internacionais. As facções criminosas em atuação formaram-se e fincaram suas raízes na sociedade brasileira, com todo perfil estrutural (número expressivo de integrantes), finalístico (obtenção de dinheiro e/ou poder) e temporal (permanência de vínculo associativo).

O Estado Democrático de Direito brasileiro, signatário da mencionada Convenção de Palermo, aprovada pelo Congresso Nacional pelo Decreto Legislativo nº 231, de 29 de maio de 2003, ratificada pela Presidência da República pelo Decreto nº 5.015, de 12 de março de 2004, além de manter o vetusto crime de formação de quadrilha ou bando (artigo 288 do Decreto-Lei nº 2.848, de 7 de dezembro de 1940), apresentou duas leis à sociedade brasileira, a Lei nº 9.034, de 3 de maio de 1995, e a Lei nº 10.217, de 11 de abril de 2001, acreditando na sua adequação para dar uma resposta preventiva e repressiva à altura a essa criminalidade em franca atuação no país. Entretanto, a realidade mostrou que esse arcabouço legislativo foi marcado por frustrações e fracassos flagrantes, diante do meganegócio do crime organizado em escala global.[151]

Só se falava da urgente necessidade de uma reforma legislativa. A Lei nº 12.850/13 foi lançada no cenário nacional e deposita-se nesse texto a expectativa de que seja efetiva e eficaz para prevenir e reprimir o flagelo da criminalidade organizada no país. Assim, não resta alternativa senão analisar, minuciosamente, os seus institutos e examinar se poderá alcançar resultados mais efetivos e eficazes no enfrentamento desse fenômeno que tanto desestabiliza os princípios e valores da ordem democrática de direito instalada no país.

150 OLIVEIRA, Antonio Carlos. *O Cangaço*. 2. ed. São Paulo: Ática, 1997, p. 5-7.

151 AMORIM, Carlos. *Assalto ao Poder: o crime organizado*. Rio de Janeiro: 2010, Record, p. 527-529.

6

COMENTÁRIOS SOBRE A LEI 12.850/13 O TRATAMENTO LEGISLATIVO DO CRIME ORGANIZADO NO BRASIL

6.1 – CONCEITO

A Lei 12.850/13 satisfaz uma lacuna incômoda do ordenamento jurídico-penal pátrio que era a falta de uma definição segura quanto à expressão "Organização Criminosa", bem como um tratamento mais detalhado do tema sob os aspectos penal e processual penal. Mesmo a antiga Lei 9.034/95, ora revogada (artigo 26 da Lei 12.850/13), não trazia em seu bojo uma definição suficiente e um tratamento adequado do tema. Para dizer às claras, a Lei 9.034/95 era muito mais um empecilho à repressão às organizações criminosas do que um verdadeiro instrumento do Estado, dados sua falta de o técnica e excesso de lacunas que a tornavam um verdadeiro queijo suíço.

Como bem destaca Fayet, o conceito de crime organizado parece intuitivamente claro, mas necessita de uma definição segura no campo jurídico onde apresenta evidente obscuridade:

> "(...) a criminalidade organizada, fenômeno que, aparentemente, se apresenta de fácil compreensão, pelos exemplos que são (diariamente!) divulgados e debatidos pela imprensa de todo o

mundo, mas que, na prática jurídica e nos bancos legislativos, se apresenta de uma forma complexa e de difícil conceituação."[152]

Atualmente o § 1º do artigo 1º da nova lei estabelece uma definição bastante segura quanto aos seguintes requisitos para a caracterização de uma Organização Criminosa:

a) Número mínimo de 4 (quatro) integrantes associados entre si;[153]
b) O grupo deve ser dotado de uma estrutura caracterizada pela divisão de tarefas, ainda que essa divisão seja informal. Significa dizer que não há necessidade de um "estatuto", "regras escritas" ou mesmo com força consuetudinária intergrupal. Basta que se identifique uma estruturação com divisão de funções. Conforme destaca Nucci, "o aspecto *informal*, nesse campo, prevalece justamente por se tratar de atividade criminosa, logo, clandestina."[154]
c) Um elo subjetivo entre os agentes que se constitui no objetivo de obter direta ou indiretamente vantagem de qualquer natureza, mediante a prática de infrações penais. Observe-se que a vantagem não necessita ser patrimonial ou ao menos diretamente patrimonial. Pode haver uma organização criminosa que se dedique à prática da corrupção ativa de políticos (artigo 333 do CP), por exemplo (e corromper políticos é quase uma tautologia) para obter vantagens ligadas ao exercício do poder, em que nem sempre os objetivos são financeiros, ao menos diretamente. Note-se que a organização a organização num caso desse, além de não visar lucro financeiro, ainda vai despender valores, mas isso não irá afastá-la dos ditames da Lei nº 12.850/13. Essa menção do legislador à "vantagem de qualquer natureza" foi muito oportuna, pois evitou celeumas que normalmente se instalam quando se usa simplesmente a palavra "vantagem", dando azo a discussões intermináveis sobre se essa tal "vantagem" deve ser somente patrimonial ou pode ter outras naturezas. No caso, o legislador foi bastante explícito, obedecendo à regra da legalidade estrita a exigir sempre uma clareza do texto legal sob o aspecto semântico.

152 FAYET, Paulo. *Da criminalidade organizada*. Porto Alegre: Núria Fabris, 2012, p. 25.

153 Observe-se que para a integração desse número mínimo podem contar inimputáveis etários ou mesmo mentais. Neste sentido: TASSE, Adel El. Nova Lei de Crime Organizado. Disponível em www.atualidadesdodireito.com.br , acesso em 29.08.2013.

154 NUCCI, Guilherme de Souza. *Organização Criminosa – Comentários à Lei 12.850, de 02 de agosto de 2013*. São Paulo: RT, 2013, p. 15.

d) As infrações penais visadas pelos componentes da organização devem ter penas máximas superiores a 4 anos ou então serem de "caráter transnacional." Cabem aqui algumas observações relevantes:

– Fez bem o legislador ao optar não por um rol taxativo de crimes como já acontecia na Lei de Lavagem de Dinheiro (Lei 9.613/98), ora reformada pela Lei 12.683/12, que tantos problemas suscitou a ponto de se optar pela reforma adotando um sistema mais abrangente, com eliminação do rol taxativo antes existente. É que o rol taxativo amarra por demais a aplicação da legislação num campo onde a criatividade criminosa e as opções delituosas são por demais abrangentes. Não obstante, é preciso apontar para o fato de que o critério usado para a eleição das infrações abrangidas teve sua virtude e seu vício. A virtude foi que, estabelecendo o patamar de pena máxima acima de 4 anos, tornou-se o diploma esparso harmônico com o sistema global brasileiro, pois imagina-se que o crime organizado deve ter afinidade com infrações penais de maior gravidade. Assim sendo, ficam afastadas desse tratamento mais gravoso, em prol da proporcionalidade, infrações penais para as quais cabe, por exemplo, a aplicação de penas substitutivas ou alternativas (vide artigo 44, CP) ou para as quais não cabe, em regra, a Prisão Preventiva (vide artigo 313, I, CPP) ao mesmo tempo em que se permite a fiança diretamente pelo Delegado de Polícia (artigo 322, CPP). Obedeceu o legislador ao Princípio da Proporcionalidade, porém, ao lado dessa virtude, veio um vício. Deveria o legislador haver levado a efeito um estudo mais detido da legislação brasileira com relação a algumas infrações penais para as quais não há previsão de pena máxima superior a 4 anos, mas que são muito ligadas às atividades de grupos criminosos organizados.

Em estudo pioneiro sobre o tema já se manifesta Sannini, apontando os exemplos do Jogo do Bicho (mera contravenção penal, mas que detém toda característica da criminalidade organizada) e das fraudes em licitações, intimamente ligadas a toda espécie de dano ao erário público e normalmente no formato típico da criminalidade organizada. Pois bem, devido à questão da pena máxima cominada, tais infrações não serão abrangidas pela Lei 12.850/13 quando deveriam ser.[155] Destaque-se

155 SANNINI NETO, Francisco. Nova Lei das Organizações Criminosas e a Polícia Judiciária. Disponível em www.atualidadesdodireito.com.br/eduardocabette/, acesso em 17.08.2013.

ainda, por oportuno, que historicamente se tem considerado o Jogo do Bicho como "a primeira infração penal organizada no Brasil no limiar do século XX."[156]

A conclusão a que se chega é que deveria ter sido estabelecido um critério misto, criando realmente a regra das infrações penais com mais de 4 anos de pena máxima, mas prevendo um rol específico de algumas espécies delitivas que, embora não apenadas dessa maneira, sejam afetas à criminalidade organizada. Eventualmente, também se poderia pensar mais ousadamente, ou seja, no sentido de reformar as penas dessas infrações, tornando, por exemplo, o Jogo do Bicho crime com pena máxima superior a 4 anos e aumentar as penas para fraudes em licitações e outros ilícitos similares que apresentam penas por demais brandas. Um ou outro caminho deveria ter sido adotado.

Há, porém, no próprio texto legal, uma pequena válvula de escape a permitir que a organização criminosa tenha por objetivo a prática inclusive de infrações penais punidas em seu grau máximo abaixo de 4 anos. Essa válvula consiste na abertura feita para a aplicação da lei a quaisquer infrações que tenham caráter "transnacional." Assim sendo, se a infração penal for transnacional, não importa o critério quantitativo de pena.

Para melhor entendimento da questão releva transcrever o conceito de Gomes acerca de ilícito transnacional:

> "Por ilícito transnacional entende-se o ilícito que transcende o território brasileiro, ou seja, que envolve águas ou solo ou espaço aéreo que vão além do território nacional (que compreende, como sabemos, o solo, as águas internas, doze milhas de mar e espaço aéreo respectivo). Se o ilícito penal ultrapassa os limites do território brasileiro, é transnacional, ainda que não envolva diretamente qualquer outro país soberano. Quando envolve outro país soberano (o crime), não é só transnacional, é também internacional" (interpolação nossa).[157]

Percebe-se que o conceito de ilícito transnacional é mais abrangente do que o conceito de infração internacional. Para este segundo é necessário não somente sair dos limites do território nacional, mas adentrar o território de outro país. Portanto, a transnacionalidade abrange a internacionalidade, na medida em que para a primeira basta ultrapassar

156 Cf. SILVA, Eduardo Araújo da. *Crime Organizado.* São Paulo: Atlas, 2003, p. 25.

157 GOMES, Luiz Flávio (coord.). *Nova Lei de Drogas Comentada.* São Paulo: RT, 2006, p. 310.

os limites, por exemplo, do mar territorial, entrando em águas internacionais, enquanto para a segunda seria necessário o ingresso no mar territorial estrangeiro. É dizer: todo ilícito internacional é transnacional, mas nem todo ilícito transnacional precisa ser internacional.

Acontece que essa válvula de escape para o critério quantitativo não resolve em nada o problema da insuficiência protetiva constatada com relação a infrações caracteristicamente organizadas, mas que não apresentam pena máxima superior a 4 anos. Isso porque a maior parte das infrações, senão a totalidade, que adquirirão caráter transnacional ou internacional serão aquelas que já têm pena máxima superior a 4 anos (v. g. tráfico de drogas). Usando os exemplos acima arrolados, é impensável que se vá explorar o Jogo do Bicho em conexões com a França ou aa Alemanha, simplesmente por se tratar de algo ligado à "cultura" nacional. Assim também eventual fraude a licitações dificilmente terá alguma ligação com Estados estrangeiros, ao menos de forma concatenada, e, ainda que perpetrada por brasileiros naquele território, poderá perfeitamente ser lá apurada. Dessa forma, o ideal seria mesmo a previsão de certas infrações sem o limite de pena máxima ou então a reforma mais ampla, aumentando as penas e criminalizando o Jogo do Bicho, conforme antes sugerido.

Observe-se, porém, que ao falar-se na criminalização do Jogo do Bicho com pena acima de 4 anos pode parecer que a Lei 12.850/13 não permite a configuração de Organização Criminosa que tenha por fim a prática de contravenções. Isso não é verdade, pois que a dicção legal faz menção à prática de "infrações penais", expressão abrangente tanto de crime como de contravenção.[158] Malgrado isso, é rara a contravenção cuja pena máxima supere 4 anos, o que torna a hipótese de aplicação da Lei 12.850/13 a grupos dedicados a práticas contravencionais algo extremamente teórico.

Não obstante, há alguns casos em que infrações com penas menores do que 4 anos em seu patamar máximo podem ser objeto da Lei 12.850/13. Um desses casos refere-se à conexão ou continência (artigos 76 a 82, CPP) de infrações penais menores com aquelas que sejam abrangidas pela lei e perpetradas com o restante dos requisitos legais. Isso se pode concluir inclusive do disposto no artigo 22 da legislação específica, quando estabelece o procedimento ordinário do Código de

158 Neste sentido: MOREIRA, Rômulo de Andrade. A nova lei de organização criminosa – Lei nº 12.850/13. Disponível em www.atualidadesdodireito.com.br, acesso em 01.09.2013.

Processo Penal para apuração dos crimes previsto na Lei 12.850/13 e aqueles conexos.

Observe-se que embora o artigo 22 da Lei 12.850/13 mencione apenas a palavra "conexas" entende-se que a "continência" também produzirá a mesma possibilidade de abrangência pela lei especial. Certamente o legislador usou a conexão em seu sentido amplo, abrangendo a continência ou mesmo como seu sinônimo. Tornaghi inclusive, embora defendendo a distinção existente entre conexão e continência, lembra a existência de várias legislações que "consideram a continência como espécie do gênero conexão."[159] Não haveria motivo para que a conexão surtisse efeitos na aplicação da lei e a continência não. Pode-se dizer que o legislador nesse ponto disse menos do que pretendia dizer ("*Lex minus dixit quam voluit*").

Por exemplo, numa investigação criminal de um grupo organizado para a prática de crimes de homicídio a fim de assegurar a execução do Jogo do Bicho (v.g., disputa de territórios), nada impedirá a aplicação dos ditames da Lei 12.850/13 também à apuração da contravenção devido ao liame da conexão.

Outro caso de superação da regra quantitativa será ocasionado exatamente pela escolha desse critério. Refere-se aos casos em que a pena para a infração seria menor ou igual a 4 anos, mas, devido a uma causa de exasperação, vem a superar esse limite. Isso pode ocorrer com qualificadoras, causas especiais ou gerais de aumento de pena, crime continuado e concurso de infrações, seja formal ou material.

Exemplificando: não é possível, mesmo satisfeitos todos os demais requisitos, que se apure um furto simples aplicando as normas da Lei 12.850/13, isso porque o furto simples tem pena máxima de 4 anos (não superior a 4). Mas, se o furto for qualificado, então sua pena máxima passa a 8 anos, o que viabiliza a aplicação da Lei 12.850/13, obviamente se satisfeitos os demais requisitos.

Importa ressaltar, porém, que a simples presença de agravantes genéricas não serve para ensejar a aplicação da lei a um crime cuja pena máxima abstratamente prevista é de 4 anos ou menos.

159 TORNAGHI, Hélio. *Curso de Processo Penal.* Volume 1, 7ª. ed. São Paulo: Saraiva, 1990, p. 115. A doutrina em geral conceitua conexão e continência de forma distinta, seguindo a escolha do legislador processual brasileiro. Neste passo, conexão seria "um vínculo que entrelaça duas ou mais ações, a ponto de exigir que o mesmo juiz delas tome conhecimento e as decida." Por seu turno, continência ocorreria "quando uma demanda, em face de seus elementos (partes, causa de pedir e pedido), esteja contida em outra." Cf. BONFIM, Edilson Mougenot. *Curso de Processo Penal.* 7ª. ed. São Paulo: Saraiva, 2012, p. 288 – 289.

O raciocínio acima defendido baseia-se nos critérios adotados pela doutrina e jurisprudência já solidificados para a definição de infração de menor potencial ofensivo e aplicação da Suspensão Condicional do Processo, nos termos da Lei 9.099/95 (vide Súmulas 723, STF e 243, STJ).[160]

Ainda quanto à definição de "Organização Criminosa", impende aduzir que a legislação não seguiu estritamente a orientação de Direito Internacional prevista no artigo 2º da Convenção das Nações Unidas contra o Crime Organizado Transnacional (Protocolo de Palermo), a qual define o crime organizado como

> "grupo estruturado de três ou mais pessoas, existente há algum tempo e atuando concertadamente com o propósito de cometer uma ou mais infrações graves ou enunciadas na presente Convenção, com a intenção de obter, direta ou indiretamente, um benefício econômico ou outro benefício material."[161]

Nossa atual legislação preferiu exigir o número mínimo de quatro pessoas e não três como faz a Convenção Internacional. Também a atual lei brasileira não menciona o critério temporal, ou seja, que a organização já seja "existente há algum tempo." No entanto, ao explicitar seu caráter estrutural e de divisão de tarefas, parece que necessariamente haverá, ao menos na maior parte dos casos, a presença de certo lapso temporal duradouro no grupo para que possa ser considerado uma organização criminosa. Isso porque certamente um concurso fugidio, esporádico de agentes não terá jamais as características de estruturação e divisão de tarefas exigidas nos moldes da legislação pátria. A convenção usa um critério bastante amplo para a limitação das infrações penais que podem configurar organização criminosa quando faz menção a "infrações graves." Logo a seguir, usa um critério taxativo, enunciando que o diploma traz em si um rol de infrações por esse critério abrangidas. Há aqui um misto entre elasticidade e rigidez. No entanto, a elasticidade conferida é por demais subjetiva, já que a definição do que constituiriam "infrações

---

160 Súmula 723, STF – "Não se admite suspensão condicional do processo por crime continuado, se a soma da pena mínima da infração mais grave com o aumento mínimo de um sexto for superior a um ano." Súmula 243 STJ – "O benefício da suspensão condicional do processo não é aplicável em relação às infrações penais cometidas em concurso material, concurso formal ou continuidade delitiva, quando a pena mínima cominada, seja pelo somatório, seja pela incidência da majorante, ultrapassar o limite de um ano." Obviamente, "mutatis mutandis", tais interpretações são extensíveis ao conceito de infração penal de menor potencial ofensivo.

161 Promulgada no Brasil pelo Decreto nº 5.015 de 12/03/2004.

graves" fica em aberto, podendo deixar escapar muita coisa que deveria ser abarcada (insuficiência protetiva) ou abrangendo situações que violariam a proporcionalidade (excesso). A Lei 12.850/13, como já visto, preferiu usar um critério quantitativo, como que acenando para aquilo que entende por infrações graves (aquelas apenadas em seu máximo acima de 4 anos), sem fazer uso do auxílio de um rol taxativo. Percebe-se que a questão da definição de organização criminosa é espinhosa, pois, siga-se o critério que for, há sempre alguma lacuna ou algum exagero. Já se fez a crítica da legislação brasileira, que acaba pecando pelo mais e pelo menos. Pois a mesma crítica pode ser dirigida ao diploma internacional. Inclusive na legislação pátria, considerar como graves todas as infrações penais com pena máxima acima de 4 anos é uma generalização também indevida. Talvez a grande solução para essa problemática esteja na vida prática, porque para além da quantidade de pena será normalmente visada pelas organizações criminosas alguma atividade de maior relevância jurídico-penal. Muito dificilmente se erigirá todo um aparato para o cometimento de infrações de bagatela.

Em outro ponto a legislação brasileira supera o critério internacional, pois que não limita os objetivos da organização à obtenção de vantagens "econômicas ou materiais", mas usa a expressão "vantagem de qualquer natureza" com os ganhos semânticos e de amplitude já mencionados.

Ademais, a legislação brasileira lembra um ponto fulcral no crime organizado, que é a sua transnacionalidade, certamente não mencionada no diploma internacional devido à sua própria origem (internacional), a qual já pressupõe uma abrangência para além de quaisquer fronteiras sob a única condição do acatamento da dita convenção pelos países soberanos que a ratifiquem.

No âmbito interno também podem ser verificados alguns conflitos. Esses conflitos internos são mais relevantes que o demonstrado com a Convenção de Palermo porque esta é um diploma internacional meramente orientador que é obviamente afastado pela lei interna do país, a qual apenas deve tomá-la como uma espécie de modelo ou norte, sob pena de inconvencionalidade,[162] o que não é o caso da legislação brasileira que, adaptando à realidade nacional, erigiu um conceito que segue em linhas gerais a orientação do diploma aqui ratificado.

162 MAZZUOLI, Valério de Oliveira. *O controle jurisdicional da convencionalidade das leis*. São Paulo: RT, 2009, "passim."

Já no aspecto da legislação interna surgirão os chamados "conflitos aparentes de normas", bem como a possibilidade de eventuais revogações tácitas.

Iniciando pelos casos mais simples, pode-se afirmar que o novo crime de "Associação Criminosa" previsto no artigo 288, CP, que revoga o antigo crime de "Quadrilha ou Bando", bem como os crimes de "Associação para o Tráfico" (artigo 35 da Lei 11.343/06) e "Associação para a Prática de Genocídio" (artigo 2° da Lei 2889/56), constituem claros casos de conflito aparente de normas, solvidos pelo chamado "Princípio da Especialidade." Esses dispositivos vigoram normalmente e têm seu campo especial de aplicação, assim como a Lei do Crime Organizado. Resumidamente pode-se dizer que quando um grupo é formado para a prática de crimes, satisfazendo todos os requisitos do artigo 1°, § 1°, da Lei 12.850/13, afastam-se outras figuras e prevalece essa legislação específica. Mas, quando os requisitos para a conformação do crime organizado não estão presentes, o grupamento de pessoas será tipificado em algum dos demais tipos penais acima mencionados também de acordo com a especialidade, ou seja, se formado para o tráfico, o artigo 35 da Lei de Drogas, se formado para fins genocidas, o artigo 2° da Lei de Genocídio, e finalmente, se formado para a prática de quaisquer outros crimes, sem os requisitos da Lei 12.850/13, tipificado estará o crime previsto no artigo 288, CP, ou ainda, se os crimes visados forem hediondos, o disposto no artigo 8° da Lei 8.072/90 c/c 288, CP.

Certamente a questão mais intrincada refere-se ao conflito interno existente entre a Lei 12.850/13 (artigo 1°, § 1°) e a Lei 12.694/12 (artigo 2°). Ocorre que ambas as leis versam sobre a temática do crime organizado, somente que a segunda mencionada refere-se especificamente à possibilidade de julgamento colegiado em primeira instância no caso de organizações criminosas. Um ponto é pacífico, a Lei 12.850/13 não revoga "in totum" a Lei 12.694/12. Esta já convivia com a revogada Lei 9.034/95 e segue convivendo normalmente com a nova legislação sobre crime organizado, não há revogação expressa, incompatibilidade e muito menos tratamento integral da matéria. É de observar que a Lei 12.850/13, assim como fazia a Lei 9.034/95, não menciona em qualquer momento regras para eventual julgamento colegiado dos casos que envolvam criminalidade organizada, tema este exclusivo da Lei 12.694/12.

Mas o problema entre esses diplomas refere-se especificamente à definição do que seja "Organização Criminosa." Acontece que, antes do advento da Lei 12.850/13, já havia a Lei 12.694/12 apresentado um conceito próprio em seu artigo 2º nos seguintes termos:

> "*Para os efeitos desta lei*, considera-se organização criminosa a associação de 3 (três) ou mais pessoas, estruturalmente ordenada e caracterizada pela divisão de tarefas, ainda que informalmente, com o objetivo de obter, direta ou indiretamente, vantagem de qualquer natureza, mediante a prática de crimes cuja pena máxima seja igual ou superior a 4 (quatro) anos ou que sejam de caráter transnacional" (grifo nosso).

As definições constantes de ambos os diplomas são bastante similares, mas diferem em pequenos detalhes. As divergências são as seguintes:

a) A Lei 12.850/13 exige a participação de pelo menos quatro pessoas, enquanto a Lei 12.694/12 apenas exige a participação de pelo menos três pessoas;
b) A pena máxima para os crimes admissíveis na organização criminosa para a Lei 12.850/13 tem de ser de *mais* de 4 anos. Por seu turno, a Lei 12.694/12 é menos exigente, admitindo que a pena seja *igual ou superior* a 4 anos.
c) Outra diferença, mas de menor monta, é que a Lei 12.850/13 fala em "infrações penais", enquanto que a Lei 12.694/12 fala em "crimes." Em tese isso teria alguma relevância porque a Lei 12.850/13 admitiria uma organização criminosa formada para a prática de contravenções, enquanto que a Lei 12.694/12 restringe-se a crimes. No momento, tal diferença é de pouca ou nenhuma utilidade prática, pois que a exigência da pena no marco dos 4 anos praticamente inviabiliza eventual contravenção que geralmente não apresentam penas nem de 4 e muito menos superiores a esse patamar. Poder-se–ia cogitar de eventual aumento da pena do Jogo do Bicho, mas nesse caso seria muito mais racional a sua conversão em crime com o respectivo aumento e não sua manutenção como contravenção, apenas tornando o preceito secundário mais rigoroso. Também se poderia cogitar da exceção da transnacionalidade, mas isso seria igualmente esdrúxulo em termos contravencionais. Dessa forma, parece que essa diferença não tem mesmo utilidade prática alguma.

Entretanto, as diferenças do número de componentes da organização e da quantidade de pena para os delitos são detalhes importantes.

A questão que se põe é a seguinte: afinal, qual é o conceito de "Organização Criminosa" no Brasil, o da Lei 12.850/13 ou o da Lei 12.694/12?

Vislumbra-se o surgimento de controvérsia na doutrina e na jurisprudência, sendo previsíveis pelo menos duas correntes:

a) A Lei 12.850/13 teria revogado tacitamente o artigo 2º da Lei 12.694/12 porque posterior a essa lei e tratando inteiramente da matéria de que tratava a lei anterior. Dessa forma, para a própria aplicação do julgamento colegiado, o conceito de "Organização Criminosa" deveria passar a ser buscado na Lei 12.850/13 (artigo 1º, § 1º).
b) A Lei 12.850/13 seria aplicada em geral, mas para a questão da possibilidade de julgamento colegiado em primeiro grau, seria utilizado o conceito específico do artigo 2º da Lei 12.694/12, isso na media em que esse dispositivo afirma textualmente que a definição ali constante se faz *para os efeitos desta lei.*[163]

Em termos argumentativos as duas opções podem parecer válidas. Somente não seria jamais sustentável a prevalência geral do artigo 2º, da Lei 12.694/12 sobre o artigo 1º, § 1º, da Lei 12.850/13 devido às normas relativas à sucessão de leis penais no tempo e à conclusão absurda a que se chegaria no sentido de que o legislador teria promulgado um artigo de lei que já nasceria revogado por uma legislação anterior.

Malgrado, como afirmado acima, sejam ambas as correntes sustentáveis argumentativamente, entende-se que a opção "a" é a única realmente viável. Efetivamente a Lei 12.850/13 é posterior à Lei 12.694/12 e trata inteiramente da matéria, de modo a ter plena aplicação o disposto no artigo 2º, § 1º, da Lei de Introdução às Normas do Direito Brasileiro. E essa opção não se faz tão somente devido à formalidade das regras de sucessão de leis, mas também pela motivação de caráter histórico e material que diz respeito ao fato de que, quando a Lei 12.694/12 veio a lume, a definição de "Organização Criminosa" no Brasil era de extrema

163 Neste sentido, em análise bastante perfunctória da legislação, já se manifestam Suzuki e Azevedo: "Note-se, portanto, que a Lei 12.850/13 não revogou o conceito de organização criminosa, pois a Lei 12.694/12 dispõe da seguinte frase 'Para os efeitos desta Lei...', logo para que possa o poder judiciário utilizar os parâmetros de sua lei de proteção conceituará quadrilha (*sic*) conforme o artigo segundo de sua lei. O que irá gerar certa confusão quanto ao real conceito de organização criminosa." SUZUKI, Cláudio Mikio, AZEVEDO, Vinicius Cotta. Organização Criminosa: confusões e inovações trazidas pela Lei 12.850/13. Disponível em www.atualidadesdodireito.com.br , acesso em 29.08.2013. No mesmo diapasão, admitindo dois conceitos de organização criminosa no ordenamento brasileiro: MOREIRA, Rômulo de Andrade. Op. cit.

tibieza senão de total e absoluta indefinição, havendo uma horrível confusão entre quadrilha ou bando, associação criminosa e organização criminosa, nos termos da em boa hora revogada (sem deixar saudades) Lei 9.034/95. Com o advento da Lei 12.850/13, o dispositivo da Lei 12.694/12 perde seu objeto, sua teleologia, enfim sua razão de ser, a tal ponto que mesmo a expressão ali constante de que aquela definição serve para os "efeitos daquela lei" fica inocuizada. Na verdade, não faz sentido que nosso ordenamento contemple simultaneamente duas definições de "Organização Criminosa", uma genérica e outra somente para fins de formação do colegiado. A contradição seria terrível, pois poderia haver casos em que pessoas estariam sendo julgadas em primeiro grau colegiado, sendo que, na verdade, nos termos da lei que define organização criminosa e determina os instrumentos para sua apuração, não estaria incurso nessa modalidade. Então haveria processos em andamento em juízo colegiado de primeiro grau, supostamente tratando de casos de organização criminosa para os fins específicos da Lei 12.694/12, mas para os quais não se poderia aplicar qualquer dispositivo da Lei de Organização Criminosa (Lei 12.850/13), inclusive e principalmente a própria definição do artigo 1º, § 1º, do citado diploma. Essa seria uma situação insustentável, razão pela qual se impõe reconhecer a revogação tácita do artigo 2º, da Lei 12.694/12. Outra solução implica violar princípio basilar da lógica, qual seja o da "não contradição", segundo o qual uma coisa não pode ser e não ser ao mesmo tempo. Essa sabedoria vem dos antigos gregos nos ensinamentos de Aristóteles, que se expressa basicamente de duas formas: uma ontológica, segundo a qual "nada pode ser e não ser simultaneamente" e outra que pode ser chamada de lógica e que assim se expõe: "é impossível que a mesma coisa, ao mesmo tempo, seja inerente e não seja inerente a uma mesma coisa sob o mesmo aspecto" ou "é necessário que toda asserção seja afirmativa ou negativa."[164] Rumando para o nosso caso concreto é ilógico sob o ponto de vista ontológico (do ser em si) dizer que um mesmo caso de grupamento criminoso é e não é considerado "Organização Criminosa"; como também é insustentável em base lógica afirmar que para um mesmo caso de grupamento criminoso são inerentes as normas da legislação referente a Crime Organizado e concomitantemente não são inerentes. Pensa-se

164 Apud, ABBAGNANO, Nicola. *Dicionário de Filosofia*. Trad. Alfredo Bosi e Ivone Castilho Benedetti. São Paulo: Martins Fontes, 2003, p. 203.

que com isso se põe um fim ao questionamento, ao menos de acordo com a convicção deste autor.

E essa convicção já encontra esteio na doutrina incipiente sobre o tema:

> "Embora a Lei 12.850/13 não se refira à eventual revogação *parcial* da Lei 12.694/12, precisamente no que respeita à definição de organização criminosa, pensamos não ser mais possível aceitar a superposição de conceitos em tema de tamanha magnitude. Do contrário, teríamos que conviver com um conceito de organização criminosa especificamente ligada à formação do colegiado de primeiro grau (Lei 12.694/12), e com outro, da Lei 12.850/13, aplicável às demais situações."[165]

No mesmo sentido Nucci:

> "A novel previsão, exigindo quatro pessoas para configurar organização criminosa, provoca a derrogação do art. 2º, da Lei 12.694/12 – que menciona três ou mais pessoas – pois não há sentido algum em se ter, no ordenamento nacional, dois conceitos simultâneos e igualmente aplicáveis do mesmo instituto. Logo, para se invocar o colegiado, independentemente da expressão 'para os efeitos desta lei', deve-se estar diante de autêntica organização criminosa, hoje com quatro pessoas no mínimo. Do mesmo modo, afasta-se do art. 2º, da Lei 12.694/12 a previsão de crimes cuja pena máxima seja *igual* a quatro anos. Somente penas superiores a quatro ou delitos transnacionais envolvem a organização criminosa."[166]

Prevê ainda o § 2º, do artigo 1º, da Lei 12.850/13 a aplicação de suas normas a mais dois casos:

I – Infrações penais previstas em tratado ou convenção internacional sempre que iniciada a execução no Brasil o resultado tenha ou devesse ter ocorrido no estrangeiro ou reciprocamente. A redação é um tanto quanto complicada, mas pode-se concluir o seguinte:

165 PACELLI, Eugenio. Atualização do Curso de Processo Penal – Comentários ao CPP – Lei 12.850/13. Disponível em www.eugeniopacelli.com.br, acesso em 16.08.2013.

166 NUCCI, Guilherme de Souza. Op. cit., p. 22.

– Primeiro que para essas infrações penais são aplicáveis as normas da Lei 12.850/13, ainda que não caracterizada a forma de "Organização Criminosa" prevista no § 1º.

– Segundo, a aplicação se dá em duas situações práticas: quando a execução se inicia no Brasil e o resultado tenha ou devesse ter ocorrido no estrangeiro ou então (reciprocamente), quer dizer, ao contrário, quando a execução se inicia no estrangeiro e o resultado tenha ou devesse ter ocorrido no Brasil. Esse parece ser o único sentido plausível para o termo "reciprocamente" aposto no final do inciso I.

II – No caso de organizações terroristas internacionais, assim reconhecidas segundo as normas do direito internacional, por foro do qual o Brasil faça parte, cujos atos de suporte ao terrorismo, bem como os atos preparatórios ou de execução de atos terroristas, ocorram ou possam ocorrer em território nacional.

O dispositivo pode parecer despiciendo àqueles menos envolvidos com as discussões sobre crime organizado internacional porque logo de início já se fala em "organizações terroristas internacionais." Ora, se já na definição do artigo 1º, § 1º, se estabelece que a lei se aplica a "Organizações Criminosas" e inclusive de mero caráter transnacional, nem sequer precisando ser internacional, restaria induvidosa a aplicabilidade do diploma a órgãos terroristas internacionais. Nada seria mais óbvio.

Mas acontece que existe uma ingente discussão acerca de ser ou não o Terrorismo afeto ao conceito de "Crime Organizado."

Bem expõe a polêmica Silva ao comentar que o terrorismo apresenta "forte conotação ideológica", o que provoca dúvidas sobre sua adequação ao conceito de crime organizado. O autor, entretanto, com acerto, filia-se à corrente dominante, citando inclusive o escólio de Vicente Garrido para quem os objetivos do crime organizado podem ser também políticos, não obstante assinala uma tendência político-criminal em tratar o terrorismo de forma autônoma "em razão da predominância de seu conteúdo ideológico sobre o intuito econômico."[167]

Entende-se que tratar o terrorismo de forma privilegiada não tem qualquer motivação sustentável. O chamado criminoso político somente pode ser justamente considerado como aquele que é perseguido por suas

167 SILVA, Eduardo Araujo da. *Crime Organizado*. São Paulo: Atlas, 2003, p. 21.

ideias, por sua consciência, jamais aquele que descamba para a violência, inclusive contra alvos civis totalmente inocentes. Terroristas não passam de assassinos e ladrões comuns travestidos de "revolucionários." Já passou o tempo de desmitificar essas figuras sob pena de começar a pensar que as FARC são uma organização internacional política, quem sabe até legítima, mesmo traficando drogas para todo o continente sul-americano, sequestrando e matando pessoas. Achar que um tirano genocida como Fidel Castro é um modelo de heroi ou qualquer coisa parecida.[168] Ou, no cúmulo do absurdo, pensar que homens-bomba são apenas pessoas exercendo seu direito de expressão e religião, bem como de culto!

Já há muito tempo a mídia, inclusive e especialmente no Brasil, é contaminada por um esquerdismo que oculta vícios medonhos e tenta sublimar condutas abomináveis e transformar criminosos em heróis. E o problema não está no esquerdismo, não é a questão da orientação política, mas sim o descompromisso com a verdade e a sinceridade provocado por uma parcialidade que ou é cega ou se faz de cega.

Como bem afirma Carvalho,

> "Há sessenta anos os nossos escritores e artistas produzem uma cultura de idealização da malandragem, do vício e do crime. Como isto poderia deixar de contribuir ao menos a longo prazo para criar uma atmosfera favorável à propagação do banditismo?"[169]

E mais adiante diagnostica com precisão: "Contrariando as lições da História, da ciência e do bom-senso, nossos intelectuais continuam presos à lenda que faz do criminoso o cobrador de uma dívida social."[170]

Nesse passo

> "o assassino então já não aponta contra nós apenas o cano de uma arma, mas o dedo da justiça; de uma estranha justiça, que lança sobre a vítima as culpas pelos erros de uma entidade abstrata – 'o sistema', 'a sociedade injusta' –, ao mesmo tempo em

---

168 Para se ter uma ideia do endeusamento absurdo dessa figura ignominiosa vide: FONTOVA, Humberto. *Fidel, o tirano mais amado do mundo*. Trad. Rodrigo Simonsen. São Paulo: Leya, 2012, "passim."

169 CARVALHO, Olavo de. *O Imbecil Coletivo I*. Bandidos & Letrados. São Paulo: É realizações, 2006, p. 161.

170 Op. cit., p. 170.

que isenta o criminoso de quase toda a responsabilidade por seus atos pessoais."[171]

E em meio a toda essa barbaridade surge "um estado de espírito, a fortíssima coesão de um nó de preconceitos contra a ordem pública e a favor da delinquência."[172]

De resto, tendo em vista que a legislação abraçou a única solução racionalmente viável e não impregnada por ideologias; ao terrorismo é nitidamente reservado o tratamento de crime organizado. Mas, ainda assim é preciso deixar consignado, para o esclarecimento de todos, que a legislação brasileira não deixou de se submeter em alguma medida à nefasta influência da confusão esquerdista e midiática entre criminosos comuns, aliás, da pior categoria, e criminosos políticos ou até mártires de causas supostamente louváveis. Isso é constatável exatamente porque ao invés de incluir diretamente as organizações terroristas no corpo do artigo 1º, § 1º, da lei de regência, preferiu, em uma espécie de meio termo "politicamente correto" (e como sempre é o "politicamente correto", moralmente execrável), reservá-la a um espaço em que não são propriamente apontadas como crime organizado, mas apenas equiparadas em tratamento. Isso significa que nossa legislação ainda sofre as influências daqueles que pretendem afagar criminosos sanguinários ou pelo menos tratá-los como uma espécie de meio-termo entre criminoso e ativista político, o que resulta numa quimera grotesca somente concebível em consciências entorpecidas por uma "revolução cultural" ao estilo gramsciano.

Nessa seara do terrorismo há outro problema, este puramente jurídico-penal, que diz respeito à tipificação desse crime no Brasil. Há intensa discussão doutrinária quanto à existência ou não de tipo penal para essa espécie de criminalidade na legislação brasileira, embora a Constituição Federal (artigo 5º, XLIII, CF) o preveja como equiparado a hediondo e a Lei dos Crimes Hediondos (Lei 8.072/90) também o mencione em seu artigo 2º, ao lado do tráfico de drogas e da tortura. Como se sabe, a Constituição Federal não tipifica crimes, isso é missão de lei ordinária. Também a Lei dos Crimes Hediondos não tipifica crime algum, apenas indica aqueles considerados hediondos e os que têm tratamento equiparado (artigos 1º e 2º), estabelecendo regras especiais no campo penal,

171 Op. cit., p. 171.

172 Op. cit., p. 177.

processual penal e de execução penal. Afinal, então onde estaria a previsão do crime de terrorismo no Brasil?

Gonçalves identifica tal infração somente no artigo 20 da Lei 7.170/83 (Lei de Segurança Nacional)[173] assim redigido:

> "Devastar, saquear, extorquir, roubar, sequestrar, manter em cárcere privado, incendiar, depredar, provocar explosão, praticar atentado pessoal ou atos de terrorismo, por inconformismo político ou para obtenção de fundos destinados à manutenção de organizações políticas clandestinas ou subversivas. Pena – reclusão, de três a dez anos."[174]

Monteiro apresenta a definição de terrorismo dada pelo jurista uruguaio Eduardo Jimenez Arechaga:

> "Terrorismo consiste de atos que dentro deles mesmos são formas clássicas de crimes: assassinatos, sequestros, uso indevido de explosivos etc., os quais entretanto diferem do crime clássico, pois são executados com a deliberada intenção de causar pânico, desordem e terror dentro de uma sociedade organizada."[175]

O autor brasileiro sob comento segue a mesma trilha de Gonçalves anteriormente mencionada, apontando o artigo 20 da Lei de Segurança Nacional. No entanto, aduz que tal dispositivo sofre de vício quanto à legalidade estrita, pois que não descreve especificamente e de uma forma semanticamente segura em que consistem "atos de terrorismo.."""[176] Conclui, portanto, Monteiro que "urge, como no caso da tortura, que nossos legisladores, de uma vez por todas, ponham fim a essas indefinições." Não obstante, conforme demonstra o próprio autor, a questão está em aberto, sem manifestação jurisprudencial de monta e com a doutrina dividida, havendo autores como Gonçalves já mencionado, Antonio Scarance Fernandes, Mirabete e Paulo Lúcio Nogueira a defenderem a existência do crime de terrorismo no artigo 20 da LSN, enquanto ou-

---

173 GONÇALVES, Victor Eduardo Rios. *Crimes Hediondos, Tóxicos, Terrorismo e Tortura.* São Paulo: Saraiva, 2001, p. 81.

174 Vale lembrar que esse crime é processado e julgado perante a Justiça Militar Federal. Op. cit., p. 85.

175 MONTEIRO, Antonio Lopes. *Crimes Hediondos.* 8ª. ed. São Paulo: Saraiva, 2008, p. 131.

176 Op. cit., p. 134.

tros a exemplo de Monteiro, tais como Alberto Silva Franco e Damásio Evangelista de Jesus, entendem que o crime é inaplicável.[177]

Em comentários atuais sobre a Lei 12.850/13 e reiterando seu posicionamento já firmado a respeito do tema, Nucci também defende a tese de que o crime de terrorismo está previsto no artigo 20 da LSN, embora critique tal legislação devido à sua má redação.[178]

A verdade é que considerando princípios caros ao Direito Penal, tais como os da Legalidade Estrita e do "Favor Rei", essa situação de indefinição tende à impunidade, de forma que se faz necessária a atuação legislativa para a criação de uma lei específica e obediente das normas e princípios penais constitucionais. Essa necessidade torna-se ainda mais intensa com o advento do inciso II do § 2º, do artigo 1º, da Lei 12.850/13, equiparando as atividades terroristas ao crime organizado.

Na falta de uma definição precisa, eventuais atos de terrorismo perpetrados no Brasil podem ser reprimidos de acordo com a natureza criminal de que se revestirem na legislação comum (homicídio, explosão, incêndio, sequestro, extorsão mediante sequestro, roubo etc.). Mas, como já dito, o ideal é a promulgação de uma legislação a respeito, o que já tarda ao menos desde 1988, quando a Constituição Federal expediu uma indicação de criminalização por intermédio do artigo 5º, XLIII. Sabe-se muito bem que, conforme esclarece Paschoal, o fato de um bem jurídico ser constitucionalmente previsto e mesmo havendo uma previsão constitucional de criminalização, não significa que necessariamente deva o Direito Penal ser chamado a intervir como "prima ratio." A autora critica com precisão a divisão entre indicações (não obrigatórias) de criminalização e determinações (obrigatórias) de criminalização contidas na Constituição brasileira. Comprova que, na realidade, toda menção constitucional à criminalização é uma "indicação", cabendo ao legislador ordinário decidir sobre como proceder em cada caso, não olvidando que o Direito Penal é a "ultima ratio."[179] Acontece que no caso do terrorismo não se pugna pela criminalização com base no simples fato de que há tutela de bens jurídicos constitucionais e uma indicação do constituinte, mas porque se trata de condutas gravíssimas que integram

177 Op. cit., p. 135 – 136.

178 NUCCI, Guilherme de Souza. Op. cit., p. 19.

179 PASCHOAL, Janaina Conceição. *Constituição, Criminalização e Direito Penal Mínimo*. São Paulo: RT, 2003, p. 106 – 107.

certamente um "mínimo irrenunciável" do âmbito penal, de forma que a tutela especial (penal) em questão se faz "concretamente necessária."[180]

Chama a atenção na Lei 12.850/13 o fato de que a equiparação de tratamento do terrorismo refira-se somente a "organizações terroristas *internacionais*", não havendo menção ao terrorismo interno! Em meio a protestos que descambam para baderna e vandalismo por todo o país, onde há chamados "movimentos sociais" que frequentemente afrontam o Estado de Direito, desrespeitando totalmente bens jurídicos como a vida, a integridade física e a propriedade das pessoas (basta o exemplo do MST), é estranho que não haja ao menos alguma preocupação com a eventual insurgência de atos de terrorismo, especialmente de índole política, não necessariamente vindos do exterior.

Já foi visto que a menção ao terrorismo não exerce grande influência no momento, mas pode ser relevante tão logo se faça promulgar uma legislação a respeito. Inobstante a insólita lacuna legal, entende-se que hoje como amanhã o terrorismo organizado será certamente enquadrável na Lei 12.850/13, independentemente de equiparação com base no inciso II do § 2º, do artigo 1º, mas com fulcro no próprio artigo 1º, § 1º Além disso, eventual legislação vindoura poderá, para não deixar pairar dúvida alguma, mencionar expressamente que aos crimes de terrorismo se aplicam as normas da Lei 12.850/13.

Quando se faz referência aos protestos hoje em voga e aos chamados "movimentos sociais", não se pretende aquilo que se tem convencionado chamar no vocabulário espúrio do "politicamente correto" de "indevida criminalização dos movimentos sociais" (sic). O que se pretende é uma distinção bem nítida do que se possa realmente chamar de "movimentos sociais", de livre exercício do direito de expressão, de participação política ativa dos cidadãos e daquilo que é chamado de "movimento social" numa má fé eufemística motivada por razões ideológicas e de jogo de poderes políticos inconfessáveis.

Mas onde serão encontradas as organizações terroristas internacionais assim reconhecidas segundo normas de direito internacional às quais o Brasil tenha aderido?

Reis disponibiliza na internet uma base de dados com a relação dos principais tratados internacionais das Nações Unidas contra o

180 Op. cit., p. 147–148.

terrorismo internacional.[181] Também é possível verificar os tratados e convenções, acordos e protocolos de colaboração em geral no site do Ministério das Relações Exteriores.[182]

6.2 – O CRIME DE ORGANIZAÇÃO CRIMINOSA (ARTIGO 2º, DA LEI 12.850/13)

De acordo com a legislação antecedente (Lei 9.034/95 agora revogada), não havia previsão propriamente dita de um "crime de organização criminosa", tal qual ocorria, por exemplo, com a *Quadrilha* ou *Bando*, ou seja, antes da Lei 12.850/13, o simples fato de pessoas se reunirem com a finalidade de perpetrar crimes de forma organizada nada mais era do que uma forma de cometer ilícitos, não configurando infração penal autônoma. A revogada Lei 9.034/95, além de não definir Organização Criminosa, também não previa um crime para sua formação, apenas indicava uma série de meios investigatórios e normas processuais relativas ao enfrentamento dessa espécie de criminalidade até certo ponto indefinida.

Agora o artigo 2º da Lei 12.850/13 prevê como crime as condutas de "promover, constituir, financiar ou integrar, pessoalmente ou por interposta pessoa, organização criminosa", com "pena de reclusão, de 3 a 8 anos e multa", "sem prejuízo das penas correspondentes às demais infrações penais praticadas."

O crime é de ação múltipla, conteúdo variado ou tipo misto alternativo, pois é composto de quatro verbos:

- Promover - com significado de dar impulso, trabalhar a favor, favorecer o progresso, fazer avançar, fomentar, diligenciar, causar, originar ou propor. Tem ligação com a própria criação e desenvolvimento da organização.

- Constituir - significa dar a base, formar, compor, organizar, estabelecer, conduta que também é relacionada com a criação da organização. Como a lei não tem palavras inúteis, parece que uma boa interpretação seria que o "promover" estaria mais ligado ao impulso inicial da organização, enquanto que o "constituir" já se referiria aos atos de formação e início de atividades.

---

181 REIS, Marcus Vinícius. Tratados das Nações Unidas contra o Terrorismo Internacional. Disponível em marcusviniciusreis.files.wordpress.com , acesso em 18.08.2013.

182 Disponível em http://dai-mre.serpro.gov.br/pesquisa_ato_todos, acesso em 18.08.2013.

– Financiar – tem o sentido de custear as despesas. Pode ser que o financiador nem sequer participe diretamente dos atos criminosos perpetrados pela organização, mas ele atua de fora, abastecendo o organismo com recursos financeiros. Nada impede, porém, que o indivíduo também incida nos demais verbos. Surge aqui um conflito no caso de organizações criminosas dedicadas à prática do tráfico de drogas, quanto à causa especial de aumento de pena prevista no artigo 40, VII, da Lei de Drogas e ainda quanto ao crime previsto no artigo 36 do mesmo diploma. A verdade é que desde que surgiram o crime e o aumento na Lei de Drogas já se apresentou um problema conflitual. Esse problema acabou sendo solvido pela doutrina mediante a seguinte orientação:

> "Como conciliar essa majorante (artigo 40, VII) com o crime do art. 36? A convivência legítima (e constitucional) dos dispositivos é alcançada interpretando-se o delito de sustento (art. 36) como sendo de natureza *habitual*, isto é, exige reiteração de condutas para sua caracterização, e a majorante do art. 40, VII, meramente ocasional."[183]

Resolvido o conflito interno da Lei de Drogas e seguindo esse raciocínio, pode-se concluir que com relação ao verbo "financiar" do crime de organização criminosa também se exige uma atuação *habitual* e não meramente esporádica. Dessa maneira, com relação à conduta do financiamento, haverá algumas situações, cada qual com solução especial:

a) Se o grupo se organiza para a prática de tráfico, mas não chega a perpetrar efetivamente o crime a que visava, não há qualquer conflito entre a Lei 12.850/13 e a Lei 11.343/06, já que esta segunda não será mesmo aplicada, muito menos sua causa especial de aumento ou seu crime específico. O agente responderá então tão somente pelo crime do artigo 2º da Lei do Crime Organizado no verbo "financiar";

b) Se o grupo se organiza para a prática de tráfico e comete tráfico, havendo alguém que o financia, então será preciso verificar se esse financiamento é *habitual* quando o agente responderá pelo tráfico e pelo crime do artigo 2º, da Lei de Crime Organizado no verbo "financiar", afastando-se o artigo 36 da Lei de Drogas, que é

183 GOMES, Luiz Flávio (coord.). Op. cit., p. 187.

especial em relação ao tráfico (Princípio da Especialidade), também não se aplicando o aumento de pena para evitar "bis in idem" e porque o financiamento não é esporádico. Mas, então quando será aplicado doravante o artigo 36 da Lei 11.343/06? Será aplicado quando ocorrerem a prática de tráfico e seu financiamento de forma *habitual* sem que haja organização criminosa caracterizada (Princípio da Especialidade). Já o aumento do artigo 40, VII, da Lei de Drogas somente será aplicável em casos de tráfico sem caracterização de organização criminosa e sem habitualidade no financiamento.

Mas resta ainda um detalhe importante: a Lei do Crime Organizado contém apenas o verbo "financiar", enquanto que a Lei de Drogas, tanto no crime do artigo 36, como na majorante do artigo 40, VII, usa os verbos "financiar" e "custear." A doutrina tem encontrado dificuldades para diferenciar os verbos, inobstante a regra, nem sempre condizente com a realidade, de que a "lei não contém palavras inúteis." Tentar apontar para o financiamento a instantaneidade e para o custeio a habitualidade deitaria por terra toda a diferenciação entre a causa de aumento e o crime do artigo 36 da Lei de Drogas. Parece mais plausível concluir que a lei usou sim palavras inúteis, infringindo a regra basilar da hermenêutica. A única via de diferenciação seria a de admitir que no financiamento o agente espere um retorno de um investimento, enquanto que no custeio simplesmente mantém a atividade sem esperar retorno, o que parece um tanto utópico. Pensar em um indivíduo envolvido no crime organizado e, principalmente, na atividade tráfico por questões de ideais é um tanto quanto surreal. De qualquer forma fato é que, se alguém conseguir a façanha de encontrar mesmo uma diferenciação convincente para os verbos "financiar" e "custear", a ação de "custear" será atípica em relação ao artigo 2º da Lei 12.850/13, já que não prevista. Não obstante, parece que a melhor solução é a conclusão pela sinonímia entre os verbos de modo que o custear está contido no financiar, fazendo com que todas as soluções acima sejam válidas e utilizáveis para a resolução de quaisquer casos.

— Integrar – significa fazer parte, compor, ser um dos participantes, atuar na organização criminosa.

Sendo o crime de conteúdo variado, o infrator pode incidir em mais de um verbo em um mesmo quadro circunstancial, cometendo apenas um crime.

Diz a lei que o ingresso nos verbos sobreditos pode dar-se pessoalmente (quando o indivíduo age diretamente, por si mesmo) ou por interposta pessoa (quando o indivíduo atua por meio de um representante). Obviamente, no caso de haver interposta pessoa, responderão pelo ilícito tanto o representado como o representante, na medida de suas respectivas culpabilidades.

Todas as condutas se referem à chamada Organização Criminosa, cuja definição deve ser reportada ao artigo 1º, § 1º do mesmo diploma legal.

É importante perceber que o crime em estudo é daqueles denominados na doutrina como "crime de empreitada", "crime de empreendimento" ou "crime de atentado" nos quais a tentativa já é tomada como crime consumado.[184] No caso específico, mais que a tentativa, trata-se de incriminar aquilo que normalmente seria ainda em qualquer delito a mera fase de cogitação ("cogitatio"), em que nem sequer se adentrou pelos atos preparatórios e muito menos pelos executórios. Por isso, a mera reunião de pessoas com a finalidade de organizar-se para a prática de crimes nos termos da Lei 12.850/13 já configura infração penal, independentemente do cometimento efetivo ou não de qualquer outra infração almejada pelo grupo. Mas, se alguma infração for realmente cometida, já nos dá a lei a solução expressa, qual seja o concurso material de infrações, pois que prevê no preceito secundário que as penas previstas para o crime em estudo serão aplicadas "sem prejuízo das penas correspondentes às demais infrações penais praticadas." Significa que se alguém constitui uma organização criminosa com o fim de praticar roubos a banco e não chega a praticar nenhum, mas os órgãos persecutórios conseguem comprovar a existência da organização com esse fim, responde pelo crime do artigo 2º, da Lei 12.850/13. Agora, se chega a perpetrar algum roubo efetivamente, responderá tanto pelo crime da Lei 12.850/13, quanto pelos roubos que cometer, somando-se as penas pelo sistema do cúmulo material.

Não se deve confundir o crime em estudo com os chamados crimes acessórios ou parasitários, os quais dependem da existência de uma infração penal antecedente para se configurarem (v.g. receptação – artigo 180, CP). O crime do artigo 2º, da Lei do Crime Organizado não depende de nenhuma outra infração antecedente, é um "crime principal",

184 BARROS, Flávio Augusto Monteiro de. *Direito Penal – Parte Geral*. Volume 1. 8ª. ed., São Paulo: Saraiva, 2010, p. 182.

infração penal autônoma. Nem mesmo depende, como já visto, para sua consumação perfeita do efetivo cometimento de infrações almejadas. Ademais, se estas forem cometidas, ao reverso do caso dos crimes parasitários, não o antecederão, mas o sucederão, ou seja, se há um crime antecedente, será o de organização criminosa e não os demais crimes almejados por ela.

Esboçando uma classificação do crime de organização criminosa pode-se afirmar que é formal, já que não exige resultado naturalístico para a consumação. Seu elemento subjetivo é o dolo genérico e de perigo (perigo abstrato). Trata-se de crime permanente, sendo possível a prisão em flagrante enquanto durar a organização. O delito é comissivo, pois os verbos indicam todos ação. Também é crime comum, já que pode ser cometido por qualquer pessoa, não se exigindo especial qualidade do sujeito ativo. Tendo em conta a definição legal de "Organização Criminosa", o crime é plurissubjetivo ou de concurso necessário porque exige a participação de, no mínimo, quatro pessoas. Quanto ao sujeito passivo, trata-se de crime vago, já que a vítima é a sociedade em geral que é atingida pela violação ao bem jurídico da paz pública. Não há vítima determinada. Como apenas um bem jurídico é tutelado pela norma (a paz pública), trata-se de crime simples. A tentativa é inviável, seja pelo fato de tratar-se de crime unissubsistente, cuja consumação se dá num único ato, impossível de fracionamento, seja porque se trata de crime de empreitada, em que a consumação já ocorre com aquilo que normalmente seria uma mera cogitação. Embora a organização criminosa seja minuciosamente descrita no artigo 1º, § 1º, da Lei 12.850/13 e as ações do tipo se destinem à sua execução, entende-se que a infração é de forma livre e não vinculada, isso porque a realização dos verbos pode dar-se de qualquer maneira, não havendo previsão específica na lei. Se é feita a indagação perante os verbo "promover, constituir, financiar ou integrar como"?, não há resposta no tipo penal. O que existe é uma definição, fora do tipo daquilo que seja organização criminosa, o que não tem o condão de torná-lo infração penal de forma vinculada. Há outros exemplos na legislação com alguma similaridade. Um caso é o da violação de domicílio. Pode-se praticar o crime de qualquer forma, não havendo vinculação no tipo. No entanto, há uma norma explicativa que diz o que é casa, ou seja, qual o local que deve ser invadido para que o crime se perfaça. Isso, no entanto, não converte a infração em de forma vinculada. Como já visto, trata-se de um crime principal, já que não depende de crime antecedente para sua existência. Também é crime de fato transeunte (ou "delicta facti transeuntis"), pois que não exige exame de corpo de delito para sua comprovação, uma vez que não deixa vestígios materiais. Numa classificação menos usual na doutrina, pode-se dizer que se trata ainda de espécie de "crime obstáculo", consistente em delitos erigidos pelo legislador, visando antecipar a tutela penal no intuito de evitar a prática de outros delitos. É exatamente o caso, pois que se reprime a formação da organização criminosa com o objetivo de evitar que esta venha a executar seus fins espúrios que consistem em outras infrações penais.

O § 1º, do artigo 2º, prevê uma equiparação para as pessoas que impeçam ou de qualquer forma embaracem a investigação penal que envolva organização criminosa. Há nesse caso tutela do bem jurídico "administração da justiça."

Entende-se que a previsão seria desnecessária porque naturalmente essa conduta levaria ao reconhecimento do concurso de agentes nos termos do artigo 29, CP, na modalidade doutrinária da "participação." Além disso, a previsão não é somente inútil, mas também pode ocasionar alguma confusão com relação a outros delitos, tais como o falso testemunho e a falsa perícia (artigo 342, CP), alguns crimes funcionais previstos no Código Penal e fora dele (v.g., artigos 319, 331-A, 331-B, 319-A, 321, 325, todos do CP; artigo 3º, da Lei 8.137/90; retornando ao Código Penal, o artigo 349 - A, dentre outras infrações).

Essa possível confusão, porém, pode ser facilmente desembaraçada. É preciso perceber que o ilícito de extensão previsto no § 1º, do artigo 2º, da Lei 12.850/13 é "subsidiário", somente sendo aplicado quando não houver norma específica sobre a situação. Dessa forma, pela especialidade, sempre deverão prevalecer os demais ilícitos. Isso fica nítido se verificado o fato de que a própria Lei 12.850/13 dá-se ao trabalho de aumentar a pena do crime de falso testemunho e falsa perícia (artigo 342, CP, c/c artigo 25 da Lei 12.850/13). Isso não seria plausível se a criação da infração de extensão do § 1º em questão fosse substituir outras infrações penais nos casos de crime organizado. Vislumbram-se apenas duas situações em que o novo crime deve prevalecer, quais sejam, nos casos de favorecimento pessoal e real (artigos 348 e 349, CP), pois que parece que a infração em estudo é uma especialização desses crimes com relação afeta especificamente à criminalidade organizada. Sua natureza subsidiária em nada impede tal conclusão, já que os ilícitos de favorecimento são apenados parcamente e então não se trata de infrações mais graves que deveriam prevalecer em relação ao crime subsidiário.

A aplicação do dispositivo será pouca. É interessante transcrever o exemplo formulado por Sannini, em que se pode realmente encontrar alguma utilidade prática para a norma extensiva:

> "Como exemplo, podemos citar os casos em que advogados, embora não ligados ao crime organizado, realizem tarefas que extrapolem a função pela qual foram constituídos, servindo de "mensageiros" ou como "informantes" da atuação policial."[185]

Outro aspecto de relevo é o fato de que o tipo penal somente fala em obstrução à *investigação*. Não obstante é correto afirmar que se o indivíduo obstrui o bom andamento da fase processual há que usar de interpretação extensiva, pois parece que a lei disse menos do que queria, aplicando o vocábulo *investigação* num sentido amplo para abranger toda a persecução criminal.[186]

Como o tráfico de drogas está intimamente ligado ao crime organizado, impende enfrentar um conflito aparente de normas ou mesmo a hipótese de revogação tácita do artigo 37 da Lei 11.343/06. Esse dispositivo prevê exatamente a punição daqueles que de alguma forma colaboram com o tráfico. A similaridade com o dispositivo da Lei de Organização Criminosa é gritante. E, mais, o tipo penal do artigo 37 da Lei de Drogas menciona "grupo, *organização* ou associação." Certamente o entendimento doutrinário-jurisprudencial não será pacífico. São previsíveis ao menos duas correntes:

a) O artigo 2º, § 1º, da Lei 12.850/13 teria revogado tacitamente o artigo 37 da Lei 11.343/06, devido a ser lei posterior que trata inteiramente da matéria, especialmente porque o artigo 37 da Lei de Drogas não trata da colaboração com qualquer pessoa, mas com "grupos, organizações ou associações" para o tráfico. Dessa forma, referir-se-ia exatamente ao caso agora regulado pela Lei 12.850/13.
b) Não teria havido revogação tácita, mas apenas ocorrido um conflito aparente de normas a ser solucionado pelo Princípio da Especialidade. Apesar de o artigo 37 da Lei de Drogas realmente

185 SANNINI NETO, Francisco. Op. cit.

186 Neste sentido manifesta-se Nucci, afirmando: "Segundo cremos, impedir ou embaraçar *processo judicial* também se encaixa nesse tipo penal, valendo-se de interpretação extensiva. Afinal, se o *menos* é punido (perturbar mera investigação criminal), o *mais* (processo instaurado pelo mesmo motivo) também deve ser." NUCCI, Guilherme de Souza. Op. cit., p. 24 -25.

> se referir a "grupos, organizações ou associações" e descrever a colaboração externa do agente, é preciso ter em mente que esses grupos, organizações e associações nem sempre satisfarão os requisitos previstos no artigo 1º, § 1º, da Lei 12.850/13 que define o que seja efetivamente uma "Organização Criminosa." Portanto, o dispositivo da Lei 12.850/13 restringir-se–ia, no caso das drogas, apenas às circunstâncias de verdadeiras "Organizações Criminosas" que satisfaçam a descrição contida no artigo 1º, § 1º, da Lei respectiva. Por seu turno, o artigo 37 da Lei de Drogas seguiria sendo aplicado aos casos de colaborações com grupos que não satisfazem os requisitos da organização tipicamente criminosa, bem como obedecendo ao Princípio da Especialidade, ou seja, somente valendo para as situações relativas ao tráfico de drogas.

Entende-se que, tal como ocorre com o artigo 35 da Lei 11.343/06 já abordado neste trabalho, deve prevalecer o entendimento de que não houve revogação tácita do artigo 37 do mesmo diploma, mas simples conflito aparente de normas a ser solucionado pelo Princípio da Especialidade, conforme argumentado no item "b" acima descrito.

É previsto um aumento de pena no § 2º do artigo 2º, da Lei 12.850/13 quando "na atuação da organização criminosa houver emprego de arma de fogo." Esse é um aumento que normalmente estará presente, tirante os casos de organizações criminosas voltadas tão somente para os chamados "White collar crimes" ou "Crimes de Colarinho Branco" e mesmo assim com algumas exceções. É difícil imaginar algo que se possa denominar de organização criminosa sem que haja o emprego de armas de fogo envolvido.

Pode haver algum choque com os crimes previstos no Estatuto do Desarmamento (Lei 10.826/03), mas isso é apenas aparente. Na verdade, havendo emprego de armas de fogo na organização criminosa, todo aquele componente que incidir também nos crimes do Estatuto do Desarmamento deverá ser responsabilizado em concurso material de acordo com o já estudado preceito secundário do artigo 2º Inclusive se o crime–fim da associação for, por exemplo, como é comum ocorrer, o comércio clandestino de armas, munições e acessórios interno ou externo (artigos 17 e 18 da Lei 10.826/03). Tal como, por exemplo, no tráfico, o indivíduo deverá responder pelos crimes do Estatuto e mais pelo crime de organização criminosa em concurso material, atentando para o fato de que o crime do artigo 18 da Lei 10.826/03 tem ainda caráter nitidamente transnacional e até internacional. Anote-se que não se trata de "bis in idem", pois o aumento refere-se ao maior perigo de dano ocasionado pela organização ao bem jurídico "paz pública", enquanto que a responsabilização pelos crimes do Estatuto do Desarmamento diz respeito à conduta específica perpetrada pelo indivíduo componente do grupo, bem como se refere aos bens jurídicos "incolumidade pública" e "segurança coletiva."[187]

Também é interessante lembrar a causa especial de aumento de pena para o tráfico de drogas, prevista no artigo 40, IV, da Lei 11.343/06, sempre que a infração se processar com "violência, grave ameaça, *emprego de arma de fogo* ou qualquer processo de intimidação difusa ou coletiva." Aqui se poderia defender a tese de que teria havia derrogação do dispositivo da Lei de Drogas quanto ao "emprego de arma de fogo." No entanto, parece cristalino que novamente se trata de conflito aparente de normas, em que o aumento de pena do artigo 40, IV, da Lei de Drogas referir-se-á aos casos de tráfico sem configuração de organização criminosa, e o aumento de pena previsto na Lei 12.850/13 será reservado para aqueles casos de tráfico em que também esteja configurada a organização criminosa. É preciso, contudo, lembrar que neste caso, havendo concurso material entre o crime de organização criminosa, majorado pelo emprego de arma e o tráfico, não poderá incidir neste último o aumento de pena da Lei de Drogas pelo mesmo motivo, pois isso configuraria "bis in idem."

Outra situação conflituosa pode surgir se a organização criminosa tiver por finalidade a prática de crimes de extorsão mediante sequestro. Isso porque neste último ilícito é prevista qualificadora para quando é cometido "por bando ou quadrilha." Uma primeira questão a ser posta é que o legislador se esqueceu de, no bojo da Lei 12.850/13, promover uma alteração do artigo 159, § 1º, "in fine", CP, trocando a expressão "bando ou quadrilha" por "Associação Criminosa", novo "nomen juris" da antiga "Quadrilha ou Bando" prevista no artigo 288, CP (vide artigo 24 da Lei 12.850/13). Ao fazer isso o legislador atualizaria o artigo 159, § 1º, CP e evitaria uma série de dúvidas. Vejamos:

Podem surgir pelo menos duas interpretações devido a esse olvido legislativo:

a) A Lei 12.850/13, ao alterar o artigo 288, CPP, e extinguir o crime de quadrilha ou bando teria derrogado o artigo 159, § 1º, CP, de

187 MARCÃO, Renato. *Estatuto do Desarmamento*. São Paulo: Saraiva, 2008, p. 3.

modo a impedir doravante a aplicação da causa de aumento porque o crime seja praticado por "bando ou quadrilha", figura agora inexistente no ordenamento jurídico brasileiro.

b) Não teria havido derrogação, mas "continuidade normativo típica", uma vez que houve apenas a alteração do "nomen juris" do artigo 288, CP, o qual continua em vigor e ainda exigindo menos para sua configuração, pois que não é mais necessário o concurso de quatro ou mais pessoas, mas apenas de três ou mais. Nesse passo, a causa de aumento de pena do artigo 159, § 1º, CP passaria a ser menos exigente, bastando a associação criminosa de três ou mais pessoas e não mais de quatro pelo menos, o que configuraria, neste aspecto específico, uma "novatio legis in pejus", somente aplicável às extorsões mediante sequestro posteriores à entrada em vigor da Lei 12.850/13. Antes disso, somente valeria o aumento no caso de "Bando ou Quadrilha" com quatro ou mais integrantes.

Parece que realmente deva ser acatada a segunda hipótese, já que o crime de "Associação Criminosa" não promove qualquer "Abolitio Criminis" ou mesmo "Novatio Legis In Mellius." Ao reverso, mantém como crime o que já o era e ainda amplia o alcance do tipo ao exigir menos coautores. Assim sendo, nada mais coerente do que interpretar que a referência a "bando ou quadrilha" na qualificadora do artigo 159, § 1º, CP, segue se referindo àquilo que sempre se referiu, ou seja, ao artigo 288, CP, o qual segue em vigor com menos exigências. O ideal seria a alteração da redação do § 1º, do artigo 159, CP, mas como isso não ocorreu, a interpretação mais correta é a de que segue aplicável para os casos vindouros após a entrada em vigor da Lei 12.850/13, havendo uma sobrevida da antiga redação do artigo 288, CPP, para os casos anteriores, tendo em vista o já descrito fenômeno da "novatio legis in pejus."

Contudo os questionamentos sobre o crime de extorsão mediante sequestro perpetrado por associação criminosa não param por aí. Outro conflito pode surgir entre a qualificadora em estudo e o crime de organização criminosa do artigo 2º, da Lei 12.850/13. Entende-se que a questão mais uma vez deve ser solucionada pela especialidade, ou seja, se há um crime de extorsão mediante sequestro perpetrado por uma associação criminosa que não detém as características de organização criminosa previstas no artigo 1º, § 1º, da Lei 12.850/13, então se deve aplicar a qualificadora, afastando-se o eventual concurso com o crime de organização criminosa. Agora, se a prática de extorsão mediante sequestro dá-se por um grupo caracterizado como "Organização Criminosa" e não mera "Associação Criminosa" do artigo 288, CP, então se afasta a qualificadora, para evitar "bis in idem" e aplica-se o concurso material entre o crime do artigo 159, CP, eventualmente qualificado por outros motivos e o crime de organização criminosa (artigo 2º da Lei 12.850/13). Isso nos estritos termos do próprio preceito secundário do artigo 2º, da Lei do Crime Organizado.

No § 3º do dispositivo sob comento é previsto uma agravante especial para aquele que "exerce o comando, individual ou coletivo, da organização criminosa, ainda que não pratique pessoalmente atos de execução."

A agravante é justa na medida em que se refere à proporcionalidade quanto à culpabilidade dos agentes que atuam em concurso necessário. Aliás, o Código Penal também já prevê para os demais ilícitos essa espécie de exasperação punitiva quando o indivíduo exerce, no concurso de agentes, uma função destacada, de modo que a Lei 12.850/13 apresenta-se sistematicamente adequada (vide artigo 62, incisos I a III, CP).

É preciso dizer que o dispositivo consiste numa verdadeira consagração da chamada "Teoria do Domínio do Fato." Como leciona Damásio:

> "Welzel, em 1939, ao mesmo tempo que criou o finalismo, introduziu no concurso de pessoas a 'teoria do domínio do fato', partindo da tese restritiva e empregando um critério objetivo – subjetivo: autor é quem tem o controle final do fato, domina finalisticamente o decurso do crime e decide sobre sua prática, interrupção e circunstâncias ('se', 'quando', 'onde', 'como' etc.)."[188]

Indo à fonte, encontra-se a explicação de Welzel:

> "O conceito finalista de autor resulta das determinações fundamentais do conceito de ação finalista e do de injusto pessoal, já que, como se sabe, a teoria de autor não tem outro fim que o de destacar o centro pessoal de ação do fato antijurídico. Por isso, pertence à autoria em geral o domínio finalista do fato (como elemento geral do injusto pessoal dos tipos dolosos); a ele se agregam, em muitos casos, como elementos específicos

188 JESUS, Damásio Evangelista de. *Direito Penal*. Volume 1. 33ª. ed. São Paulo: Saraiva, 2012, p. 449.

de autoria, as características objetivas e subjetivas pessoais do injusto."[189]

Confirma-se, dessa forma, que para Welzel, no seio de sua doutrina do "Domínio do Fato", autor é aquele que "tem o domínio finalista do fato." Ele é o "dono do fato", é "quem o executa em forma finalista, sobre a base de sua decisão e vontade." Por isso, segundo o autor, "o domínio finalista do fato é a característica geral da autoria."[190]

Verifica-se que o § 3º sob comento abrange várias formas de coautoria baseadas no "Domínio do Fato." Descreve a coautoria simples, onde os envolvidos são executores diretos da conduta típica, bem como a coautoria complexa, onde surgem um executor e um coautor intelectual ou funcional. Também descreve a coautoria direta em que o coautor é um dos indivíduos que executa o conteúdo típico; a intelectual na qual, na divisão de tarefas, ele é o "autor da ideia delituosa" ou organiza o "plano criminoso" e ainda a coautoria funcional, quando lhe cabe, na atuação delituosa, "executar parte do comportamento típico."[191] Isso porque a agravante é aplicável sempre que o sujeito exerça o "comando" da organização, "ainda que não pratique pessoalmente atos de execução." A redação é clara ao abranger então tanto aquele que chega a praticar atos de execução no comando da organização (pois a lei fala "ainda que", ou seja, abrindo espaço para que também responda pela agravante, inclusive com mais razão, quando também executa), como aquele que perpetra apenas parte da ação no comando ou a comanda intelectualmente. A exasperação penal em qualquer dos casos é justificada, pois que o indivíduo de maior destaque numa organização criminosa deve mesmo responder mais severamente pelo crime na medida exata de sua culpabilidade, obedecendo a um princípio basilar de individualização da pena, que já se desenha na sua fase legal com a previsão do § 3º em estudo.

Vale ainda destacar que a lei prevê o aumento, sendo o comando "individual ou coletivo", o que significa que o agente responderá pela majorante, quer seja um líder isolado, quer componha qualquer espécie de órgão coletivo responsável pela tomada de decisões na organização criminosa. No segundo caso poderá haver vários agentes respondendo com a causa especial de aumento.

---

189 WELZEL, Hans. *Direito Penal.* Trad. Afonso Celso Rezende. Campinas: Romana, 2003, p. 158.

190 Op. cit., p. 158-159.

191 Cf. JESUS, Damásio Evangelista de. Op. cit., p. 453.

No seguimento do § 4º são previstas causas especiais de aumento de pena variantes entre um sexto e dois terços quando:

I – há participação de criança ou adolescente – Valem aqui os conceitos do ECA (Lei 8.069/90 – artigo 2º), entendendo-se criança como a pessoa até 12 anos de idade incompletos e adolescente a pessoa entre 12 anos completos e 18 anos incompletos. Esse aumento é bem posto, pois que é muito comum a utilização de crianças e adolescentes por organizações criminosas como verdadeiros "bois de piranha" ou "escudos" para as atividades dos imputáveis envolvidos. Neste ponto novamente pode surgir alguma polêmica quanto ao confronto com o artigo 244 – B do ECA, que prevê o crime de "Corrupção de Menores" por meio da prática de infrações penais com menores ou sua indução à prática dessas condutas. Nesse caso, entende-se que a configuração de mero conflito aparente de normas é mais que nítida, devendo ser aplicado o aumento de pena sempre que se tratar de "Organização Criminosa" e o artigo 244 – B do ECA para os demais casos em que maiores perpetrem crimes com menores ou os induzam à prática de crimes. Estará novamente em jogo o Princípio da Especialidade. O mesmo se pode dizer da causa especial de aumento de pena prevista no artigo 40, VI, da Lei 11.343/06, ou seja, aplicar-se-á o dispositivo da lei de drogas quando não se tratar de organização criminosa e o artigo 2º, § 4º, I, da Lei 12.850/13 em concurso material com o crime de tráfico quando se tratar de organização criminosa. Novamente, como já se viu no caso do emprego de arma de fogo, o crime de tráfico não poderá ser majorado nessas circunstâncias pelo artigo 40, VI, da Lei de Drogas, sob pena de "bis in idem", já que o envolvimento de crianças ou adolescentes já serviu para aumentar a pena do crime de organização criminosa.

II – há concurso de funcionário público, valendo-se a organização criminosa dessa condição para a prática de infração penal – De acordo com a redação da majorante, resta claro que a pena somente será aumentada se, além de haver concurso de indivíduo que é funcionário público, esse fato tiver utilidade na dinâmica das práticas criminosas, ou seja, não bastará haver o envolvimento de um ou mais funcionários públicos na organização, mas deverá ficar comprovado que o grupo utilizou esses cargos para facilitar a prática criminosa a que se dedicava. Essa prova incumbe à acusação, de modo que não estará satisfeita pela simples comprovação da presença de funcionário ligado à organização criminosa, exigindo maior esforço por parte do Ministério Público e da Polícia Judiciária em buscar provas da efetiva utilização da função pública como instrumento da organização. Evidentemente o conceito de funcionário público para fins de aplicação da causa especial de aumento de pena deverá ser buscado na norma geral do artigo 327, CP, já que a Lei 12.850/13 não traz em seu conteúdo alguma definição especial.[192]

Novamente verifica-se possível conflito com a Lei de Drogas que prevê como causa especial de aumento de pena para o tráfico o fato de "o agente praticar o crime prevalecendo-se de função pública" (artigo 40, II). Parece que se repetem as soluções:

a) Se uma organização criminosa é erigida para fins de tráfico e não chega a perpetrar o tráfico, mas havendo o envolvimento de funcionário público do qual se valeria para a execução dos crimes, aplicam-se tão somente a Lei 12.850/13 e o aumento do artigo 2º, § 4º, inciso II, sem incidência da Lei 11.343/06 e, consequentemente, do seu artigo 40, II, deste último diploma. Agora, se há uma organização criminosa no interior da qual opera funcionário público para facilitar o tráfico e há o cometimento de crime de tráfico, então será aplicado o aumento de pena da Lei 12.850/13 para o crime de organização criminosa em concurso com o tráfico sem essa causa de aumento para que não haja "bis in idem." A aplicação da causa de aumento da Lei de Drogas dar-se–á tão somente quando o tráfico for perpetrado com participação de funcionário público, mas fora dos casos de organização criminosa. As mesmas soluções podem ser apontadas para as majorantes previstas na Lei de Genocídio (Lei 2.889/56 - artigo 4º) e na Lei de Tortura (Lei 9455/97 - artigo 1º, § 4º, I).

Frise-se por derradeiro que a causa de aumento pela participação efetiva de funcionário público na organização justifica-se plenamente, já que é uma das características mais malsãs do crime organizado sua

192 Lembrando sempre que o conceito de funcionário público para fins penais não se confunde e é bem mais abrangente do que o utilizado para fins administrativos.

penetração sorrateira nos órgãos públicos. É bom ainda lembrar que o funcionário público envolvido, além de responder pelo crime de organização criminosa e eventuais crimes perpetrados em concurso nesta, não deixará de ser responsabilizado, sempre em concurso material, por eventuais crimes funcionais que venha a perpetrar. Além disso, também responderá na seara administrativa onde certamente dará azo à sua demissão a bem do serviço público, bem como no campo civil em termos de improbidade administrativa (vide Lei 8.429/92).

III – Se o produto ou proveito da infração penal destinar-se, no todo ou em parte, ao exterior. Talvez possa ser um pouco difícil compreender bem a razão de ser dessa causa de aumento de pena, pois passa a impressão de que nosso país pretende ficar com o "dinheiro e recursos sujos" da criminalidade organizada, transitando em sua economia formal. Sabe-se que realmente boa parte do capital que gira na economia formal mundial é proveniente de atividades ilícitas ligadas ao crime organizado transnacional. Mendroni chama a atenção para a comum "mescla de atividades ilícitas com atividades lícitas" no campo do crime organizado, qualificando-a como uma "fórmula essencial para o sucesso das atividades criminosas", tendo em vista "a necessidade da organização de lavar dinheiro sujo."[193] Também Woodiwiss descreve minuciosamente como o capital ilegal mistura -se na economia formal e até constitui em alguns países a principal fonte de recursos financeiros.[194] Então, necessário se faz esclarecer que a causa de aumento de pena não se baseia no intento da manutenção desses capitais espúrios circulando na economia nacional, ou seja, não tem por fim conter uma evasão desse capital por motivos econômicos. A grande justificativa para essa causa de aumento de pena referese à maior dificuldade do Estado para proceder à expropriação de bens obtidos direta ou indiretamente pela atividade ilícita quando parte dos recursos a em sua totalidade são destinadas ao exterior. A aplicação de instrumentos cautelares e medidas assecuratórias como a busca e apreensão, sequestro de bens, arresto, hipoteca legal (artigos 240 a 250 e 125 a 144-A, CPP)

193 MENDRONI, Marcelo Batlouni. *Crime Organizado*. 2ª. ed. São Paulo: Atlas, 2007, p. 18.

194 WOODIWISS, Michael. *Capitalismo Gangster*. Trad. C. E. de Andrade. Rio de Janeiro: Ediouro, 2007, p. 239 - 245.

torna-se, senão impraticável, bastante morosa e embaraçada devido a questões de Direito Internacional, tratados, convenções, Cartas Rogatórias etc. Esses são obstáculos que atrapalham não somente a coleta probatória para a configuração da organização criminosa, mas também a necessária expropriação dos bens ilicitamente obtidos ou conseguidos com proventos oriundos das atividades ilícitas.

IV – Se a organização criminosa mantém conexão com outras organizações criminosas independentes – A motivação da majorante em questão é mais que cristalina, pois que essas conexões indicam a maior amplitude e poderio da organização criminosa e, portanto, maior perigo de dano à paz pública, bem jurídico tutelado pela norma.

V – Se as circunstâncias do fato evidenciarem a transnacionalidade da organização – A motivação da exasperação é similar àquela acima mencionada, pois que também está a indicar claramente a dimensão exorbitante da organização enfocada. Esses dois últimos incisos promovem, já na fase legal, uma devida adequação à proporcionalidade e à individualização da pena, tratando desigualmente grandes organizações com ligações transnacionais e entre si. Não se poderia admitir mesmo um tratamento igual entre organizações criminosas tentaculares, que se ligam entre si e se espraiam mundo afora e organizações criminosas de menor porte, isoladas e restritas ao território nacional, quando não simplesmente local.

É interessante o posicionamento de Nucci, afirmando que essa causa de aumento de pena seria impraticável por constituir "bis in idem", já que "*o caráter transnacional* é elementar do tipo penal incriminador, composto do artigo 2º, "*caput*" c.c. o art. 1º, § 1º, da Lei 12.850/2013."[195]

E prossegue o autor sob comento:

> "Caracteriza-se a organização criminosa justamente por ter caráter transnacional, de modo que não se pode elevar a pena caso 'as circunstâncias do fato evidenciarem a transnacionalidade da organização'. Noutros termos, toda associação de quatro ou mais pessoas, estruturada, com divisão de tarefas, objetivando vantagem ilícita, mediante a prática de delitos *ou*

195 NUCCI, Guilherme de Souza. Op. cit., p. 29–30.

> *com feição transnacional,* constitui organização criminosa. Fazer incidir o aumento do inc. V equivale ao indevido *bis in idem*, que é a dupla punição pelo mesmo fato."[196]

Com o devido respeito, a argumentação do autor sobredito deve ser acatada com cautela, pois apresenta um equívoco no raciocínio, consistente na confusão entre "essência" e "acidente." Ocorre que nem toda organização criminosa terá de ser necessariamente transnacional, essa característica é meramente acidental no conceito erigido pelo legislador no artigo 1º, § 1º, da lei de regência. Pode haver tranquilamente organizações criminosas *não transnacionais.* Observe-se que o § 1º, arrola uma série de características (mínimo de quatro pessoas; organização estruturada; divisão de tarefas ainda que informal; fim de obter vantagem indevida de qualquer natureza com a prática de infrações penais com penas máximas acima de 4 anos). Somente até aí já está caracterizada uma organização criminosa, a qual pode ser ou não transnacional. Depois de todas essas características, vem então o legislador e, de forma facultativa, diz: *"Ou que sejam de caráter transnacional."* Aqui o legislador se refere às infrações penais, que, sendo de *caráter transnacional,* não precisarão ter penas máximas acima de 4 anos, poderão ser inclusive contravenções. Ora, a transnacionalidade claramente não é elemento obrigatório do conceito de Organização Criminosa mas meramente acidental. Não constitui a "essência" do conceito.

Dessa maneira é incorreto afirmar que o aumento de pena sob comento constitui "bis in idem." Pode ser que o constitua em certas situações. Explica-se: se uma atividade criminosa, somente foi qualificada como "crime organizado" porque a infração penal ou as infrações penais perpetradas tinham característica transnacional, já que suas penas máximas eram de 4 ou menos anos de prisão, então realmente não se poderá aplicar o aumento, que constituiria, somente nesse caso, dupla apenação espúria. No entanto, essa situação será raríssima. Na maior parte dos casos, a Organização Criminosa será assim reconhecida independentemente de sua transnacionalidade porque presentes seus elementos essenciais. Dessa forma é mais que justo que uma organização criminosa transnacional seja mais rigorosamente apenada do que uma de caráter local, estadual, regional ou nacional. O equívoco de Nucci está em entender que somente haverá organização criminosa se a atividade for

196 Op. cit., p. 30.

transnacional, como se a transnacionalidade fosse um elementos essencial do conceito de organização criminosa, quando não o é, mas apenas um elemento acidental e, inclusive, de parca incidência prática.

O § 5º prevê uma medida cautelar de afastamento do funcionário público suspeito de integrar organização criminosa de suas funções públicas, sem prejuízo salarial. Essa medida deve, como toda cautelar, ser tomada com muito cuidado, tendo em vista o Princípio Constitucional da Presunção de Inocência e a necessidade e adequação da medida em conformação com a proporcionalidade, tal qual estabelece o artigo 282, I e II, CPP. Estabelece a legislação os requisitos para a adoção dessa medida cautelar, caracterizadores do necessário "fumus boni juris" e do "periculum in mora":

a) Exige a lei a existência de indícios suficientes de autoria por parte do funcionário público quanto ao seu envolvimento em organização criminosa;
b) A medida também somente será adotada quando for necessária à investigação ou à instrução processual.

Conclui-se que há necessidade de algum arcabouço probatório ou ao menos indiciário forte a indicar a participação efetiva do funcionário na organização. Assim também é preciso que sua atuação funcional tenha potencial para atrapalhar a investigação criminal (fase pré–processual) ou mesmo a instrução penal (processo), seja ocultando provas, destruindo–as, intimidando vítimas ou testemunhas ou mesmo autoridades etc.

Medida similar é prevista já no Código de Processo Penal para qualquer caso, ainda que não envolvendo crime organizado, no artigo 319, VI, CPP.

Tanto no Código de Processo Penal como na Lei do Crime organizado olvidou o legislador estabelecer um prazo máximo para a duração dessa cautelar.

No Código de Processo Penal são duas suspensões de atividade:

a) De função pública;
b) De atividade de natureza econômica ou financeira.

Isso não se repete na Lei 12.850/13, a qual foca apenas o afastamento do funcionário público, o que é uma lacuna. Não obstante, essa lacuna pode ser tranquilamente preenchida pelo artigo 319, VI, CPP, que obviamente pode ser aplicado também aos casos de organização criminosa, onde se esteja tratando de crimes econômicos, contra o sistema financeiro ou a ordem tributária, por exemplo.

Ambas as suspensões referem-se à necessidade cautelar de evitar a prática de novas infrações penais e à garantia da persecução criminal. Como já dito, o afastamento deve ocorrer daquelas funções que o agente pode utilizar seja para perseverar na atividade criminosa, seja para atrapalhar a apuração do caso. Deve haver, portanto, certo liame entre a função pública, econômica ou financeira exercida pelo agente e a modalidade criminosa de que se receia reiteração, prática ou ocultação. Embora seja necessário esse liame entre a função e o crime praticado, não há necessidade a que a infração tenha sido perpetrada no exercício ou em razão das funções, bastando que o agente possa beneficiar-se do cargo ou função para novas infrações ou ocultações. Note-se que para o aumento de pena previsto no artigo 2º, § 4º, II, da Lei 12.850/13 mister se faz a ligação entre a função pública e a consecução de interesses da organização criminosa. Quanto ao afastamento, a lei não exige esse liame, mas apenas a necessidade, adequação e proporcionalidade processual cautelar. Frise-se que no caso do funcionário público a suspensão cautelar das funções não impedirá a apuração administrativa por meio do devido Processo Administrativo, visando às penalidades adequadas ao caso nesse âmbito que é autônomo em relação à seara penal.

A suspensão das funções far-se–á em termos práticos de forma variada de acordo com o caso: em se tratando de funcionário público, deverá o Juiz comunicar a entidade pública à qual ele está vinculado para que se opere a suspensão. Se a suspensão for referente a atividades que são reguladas com especial autorização de órgãos específicos, como, por exemplo, a OAB, o CREA, CRM etc., deverão também esses órgãos ser notificados do impedimento imposto ao profissional. Finalmente, se não houver órgão regulador, a interdição será mandamental, notificando-se pessoalmente o sujeito passivo da medida que, em caso de desobediência, poderá ser submetido a outras cautelares ou mesmo à Prisão preventiva (artigo 282, § 4º, CPP), afora eventual responsabilização por infração ao artigo 359, CP (Desobediência a decisão judicial sobre perda ou suspensão de direito). Da mesma forma poderão ser responsabilizados criminalmente os dirigentes de órgãos públicos acima mencionados que não deem cumprimento à ordem judicial de suspensão.

São exemplos de situações em que a atividade criminosa é ligada às funções exercidas pelo infrator:

– Um policial que se utiliza da função para fins de intimidação de terceiros ou qualquer funcionário público que pode com a manutenção na função ocultar provas, intimidar terceiros ou mesmo prosseguir na sanha criminosa como no caso de crimes contra a administração pública (v.g. peculato, concussão etc.).

– Um indivíduo que atua no mercado financeiro e pode seguir perpetrando danos econômicos com a prática de crimes como lavagem de dinheiro, crimes contra a ordem tributária, contra as relações de consumo, crimes contra o sistema financeiro, evasão de divisas etc. ou ainda destruindo, ocultando provas ou intimidando terceiros para obtenção de sua impunidade.

Os exemplos expostos deixam claro que se entende que embora o Código de Processo Penal somente mencione o cabimento da medida para evitar a prática de novas infrações penais e a Lei 12.850/13 somente no interesse da investigação ou instrução processual, poderá ser utilizado de forma ampla, seja no Código de Processo Penal, seja na lei esparsa sob comento, tanto para evitar novas infrações como para assegurar o interesse processual, quando houver fundado receio de que o funcionário ou pessoa que atua na área econômica possa se utilizar do cargo ou função para destruir provas, intimidar pessoas, ocultar fatos, evadir-se etc.

É relevante a lição de Mendonça sobre o tema, analisando o dispositivo do CPP, com aplicação perfeita à Lei 12.850/13:

> "(...) a suspensão de função pública realmente poderá ser determinada para evitar novas práticas delitivas, como indica o legislador, quando, por exemplo, se trate de servidor corrupto que, se mantido no cargo, poderá continuar praticando crimes. De qualquer sorte, (...), será possível também a referida suspensão quando necessária para a investigação ou instrução criminal. Assim, o afastamento do cargo poderá ser determinado para que o acusado não se utilize dele para destruir provas, pressionar testemunhas, intimidar vítimas, ou seja, para obstruir a investigação de qualquer forma ou prejudicar a instrução. Dessa forma, nada obstante o art. 319, inc. VI, mencione apenas a utilização da suspensão de função pública ou atividade econômica para evitar a prática de novas infrações, sem dúvida o agente poderá ser suspenso para garantia da investigação ou instrução criminal. Isso está autorizado pela norma principiológica do art. 282, inc. I, que já traz, dentre os princípios reitores e

> os dispositivos fundamentais das medidas cautelares, as finalidades de todas as medidas cautelares pessoais. Ademais, o art. 282, inc. II, também autoriza que seja utilizada a medida mais adequada à situação concreta. Deve o magistrado, portanto, aplicar as medidas indicadas no rol do art. 319 de acordo com a situação concreta e à luz do princípio da adequação."[197]

Observe-se que no Código Penal (artigo 92, I) já é prevista há tempos como efeito específico da condenação a perda do cargo ou função pública e do mandato eletivo. Há também previsões semelhantes já como efeito de condenação, por exemplo, na Lei de Tortura (Lei 9.455/97 - artigo 1º, § 5º), na Lei de Abuso de Autoridade (Lei 4.898/65 - artigo 6º, alíneas "c", "d", "e" e "f") e Lei de Lavagem de Dinheiro (Lei 9.613/98 - artigo 7º, II). Agora esse afastamento de cargo ou função pública pode dar-se como efeito de condenação criminal ou como medida cautelar com fulcro no artigo 319, CPP, em qualquer caso, ou no artigo 2º, §5º, da Lei 12.850/13 nos casos de crime organizado.

Indaga Bonfim, ao comentar o Código de Processo Penal, se o funcionário público afastado deverá continuar a receber sua remuneração. Defende o citado autor a tese de que sim, pois que nada há na legislação a prever o corte do pagamento.[198] Ademais, concordando-se com essa assertiva, há que acrescentar que não seria de bom-tom cortar o pagamento do funcionário, inclusive considerando a fase precoce em que a medida é adotada, podendo ao depois ser absolvido e gerar responsabilidade civil ao Estado. Por seu turno, Silvio Maciel aponta como solução para o caso o disposto no artigo 147 da Lei 8.112/90 (Estatuto dos Servidores Públicos Civis da União, das Autarquias e das Fundações Públicas Federais), o qual dispõe sobre o "afastamento preventivo" e determina que este se dê "sem prejuízo da remuneração." Esse dispositivo, que pode ser aplicado por analogia ao caso, está a indicar mais fortemente ainda que "os vencimentos do investigado ou acusado não devem ser suspensos."[199]

---

197 MENDONÇA, Andrey Borges de. *Prisão e outras medidas cautelares pessoais.* Rio de Janeiro: Forense, 2011, p. 441 - 442.

198 BONFIM, Edílson Mougenot. *Reforma do Código de Processo Penal.* São Paulo: Saraiva, 2011, p. 50. No mesmo sentido manifesta-se Marcão, afirmando que a suspensão cautelar "não poderá ensejar prejuízo no recebimento de vencimentos." MARCÃO, Renato. *Prisões Cautelares, Liberdade Provisória e Medidas Cautelares Restritivas.* São Paulo: Saraiva, 2011, p. 352.

199 GOMES, Luiz Flávio, MARQUES, Ivan Luís (coord.). *Prisão e Medidas Cautelares.* 2ª. ed. São Paulo: RT, 2011, p. 185.

É preciso consignar, porém, que a questão não é pacífica nem na doutrina nem na Jurisprudência. Mendonça indica decisão do STJ no sentido de que o funcionário suspenso deve ter seus pagamentos diminuídos. Reconhece, entretanto, que o STF tem posicionamento inverso, afirmando que essa restrição financeira infringiria o Princípio da Presunção de Inocência. Mas o autor em comento critica a posição do STF, apontando o artigo 229, I, da Lei 8.112/90 a estabelecer a redução de um terço da remuneração do servidor ativo quando afastado por motivo de prisão preventiva ou em flagrante. Para Mendonça tal dispositivo deveria ser aplicado ao caso de suspensão, pois senão haveria violação da isonomia com relação aos funcionários que continuam trabalhando e percebem o mesmo pagamento do afastado. Ademais, segundo o autor, não se deveria ficar preso somente ao Princípio da Presunção de Inocência, pois que no caso incidiriam outros fatores, tais como a isonomia já mencionada, a probidade administrativa, a eficiência dos serviços públicos e a própria "correlação ou sinalagma" (reciprocidade) inerente aos contratos bilaterais públicos ou privados (o funcionário trabalha e recebe; se não trabalha, não recebe). Outro aspecto ao qual faz referência Mendonça é o de que a adotar o pagamento integral ao funcionário afastado pela administração pública, o mesmo tratamento deveria ser conferido ao trabalhador da iniciativa privada, onerando então os patrões que teriam que pagar seus funcionários presos ou afastados por ordem judicial. Isso também feriria de morte, segundo o autor, a isonomia, porque não haveria razão alguma de discriminação justa. Conclui então que deve haver uma diminuição da remuneração, mas não seu corte total, isso em atenção ao Princípio da Dignidade Humana, evitando reduzir o sujeito passivo da medida à condição de indigência.[200]

Embora a exposição de Mendonça seja bem concatenada, discorda-se, pois que se entende que o disposto no artigo 147 da Lei 8.112/90 é mais adequável à situação de suspensão da função sendo o dispositivo do artigo 229, I, do mesmo diploma utilizado pelo autor, específico para os casos de prisões provisórias e não para o mero afastamento. Efetivamente o artigo 147 supramencionado refere-se exatamente ao "afastamento cautelar." Ademais, a suspensão do pagamento não tem qualquer função cautelar processual penal, de modo que se constituiria em espécie de pena, o que é inadmissível. Afinal, o que interessa ao processo ou inquérito se o réu ou indiciado está recebendo pagamento ou não?

200 MENDONÇA, Andrey Borges de. Op. cit., p. 445–448.

Qual a função cautelar da suspensão de sua remuneração? Na verdade essa função inexiste e constituir-se–ia em mera aplicação de penalidade antecipada, ilegal e inconstitucional. Certamente se poderia apontar a inconstitucionalidade da redução de vencimentos dos presos provisórios conforme indicado no artigo 229, I, e não da vedação do prejuízo de vencimentos estabelecida no artigo 147. Talvez o argumento mais contundente seja a diferenciação entre o empregado da iniciativa privada e o funcionário público, mas sabe-se que os regimes são realmente diferentes em muitos aspectos, de modo que se assim for haverá uma avalanche de inconstitucionalidades a ser reconhecida com referência ao trato dado aos funcionários públicos e aqueles da iniciativa privada.

Sobre este ponto, Madeira Dezem concorda que o funcionário público não deve ter seu pagamento suspenso até que advenha condenação transitada em julgado. No entanto, questiona a situação da pessoa impedida de exercer atividade de natureza econômica ou financeira, principalmente daquele trabalhador autônomo. Por isso, defende a tese de que a proporcionalidade da medida deve ser aferida por um limite temporal não muito dilatado. Segundo o autor, a medida pode "nascer proporcional", mas perder esse "caráter de proporcionalidade no decorrer do tempo", devendo então ser substituída por outra providência.[201] Por isso se reclama a lacuna legal, tanto no Código de Processo Penal como na Lei do Crime Organizado, quanto ao tempo de duração máximo do afastamento.

É preciso deixar consignado que toda essa discussão sobre a suspensão ou não do pagamento do funcionário somente tem valia para o dispositivo do Código de Processo Penal (artigo 319, VI, CPP). Quanto ao artigo 2º, § 5º, da Lei 12.850/13, o legislador foi mais previdente, estabelecendo expressamente que o afastamento se dará "sem prejuízo da remuneração." Essa foi uma escolha correta e prudente do legislador, a qual certamente reforça a tese de que também nos casos de aplicação do Código de Processo Penal a suspensão se dê sem prejuízo dos vencimentos. Isso até mesmo tendo em mira o Princípio da Proporcionalidade. Senão vejamos: como se poderia conceber que um funcionário público afastado do cargo por envolvimento criminoso, mas sem ligação com a macrocriminalidade, perdesse seus vencimentos, enquanto outro ligado ao crime organizado não o perdesse, já que a lei especial

201 DEZEM, Guilherme Madeira. Medidas cautelares pessoais: primeiras reflexões. *Boletim IBCCrim*. n 223, jun., 2011, p. 15.

não permite isso expressamente. Haveria aí uma verdadeira inversão da proporcionalidade.

Na legislação esparsa anterior à reforma do Código de Processo Penal (Lei 12.403/11), já se previa interdição semelhante no Código de Trânsito Brasileiro (Lei 9.503/97 – artigo 294). Obviamente que não se refere ao exercício de função pública, econômica ou financeira, mas sim à possibilidade de suspensão da habilitação para dirigir veículos automotores como medida cautelar, desde que presentes indícios de autoria de crime de trânsito e fundamento na preservação da ordem pública. Ressalte-se que o artigo 294, CTB, prevê a determinação de ofício pelo Juiz, bem como a requerimento do Ministério Público e por representação da Autoridade Policial. Hoje, deve tal dispositivo, segundo se entende neste trabalho, ser relido tendo em vista o disposto no artigo 282, § 2º, CPP, pois que somente poderá o magistrado atuar "ex officio" na fase processual e jamais na investigação criminal, quando dependerá de requerimento ministerial ou representação da Autoridade Policial. Também prevê o Código de Trânsito Brasileiro, no artigo 294, Parágrafo Único, o recurso da decisão que decretar ou indeferir tal cautelar, qual seja, o Recurso em Sentido Estrito sem efeito suspensivo. Logicamente quem poderá interpor tal recurso será somente a Defesa (Advogado ou Defensor Público) ou o Ministério Público, jamais a Autoridade Policial por não ser dotada de "jus postulandi in juditio." No caso da Autoridade Policial, apenas poderá haver recurso quando o Ministério Público corroborar a representação do Delegado e resolver recorrer de eventual indeferimento judicial.

Novamente na Lei Maria da Penha (artigo 22, I, e § 2º) encontra-se exemplo de outra interdição assemelhada. Trata-se da suspensão da posse ou restrição do porte de armas, que pode inclusive ser aplicada a funcionários públicos dotados de porte funcional, tais como policiais civis e militares, juízes, promotores etc. Essa não deixa de ser uma interdição, ainda que parcial do exercício de função pública quando venha a atingir uma pessoa dotada de porte de arma funcional, a qual já era prevista no ordenamento jurídico anteriormente à reforma processual penal de 2011 e ao advento da Lei 12.850/13. Referindo-se a particulares que tenham arma de fogo registrada ou mesmo porte de arma expedido pela Polícia Federal, trata-se de uma interdição de direito de natureza cautelar, também com alguma semelhança com o dispositivo do artigo 319, VI, CPP, embora não envolvendo função pública, econômica ou financeira.

Também a Lei de Drogas (Lei 11.343/06) prevê em seu artigo 56, § 1º, o afastamento cautelar do réu de suas atividades por ocasião do recebimento da denúncia por infrações aos artigos 33, "caput" e § 1º, e 34 a 37, acaso seja funcionário público. Nesse caso havendo concomitância entre tráfico e crime organizado, o afastamento poderá embasar-se em ambos os dispositivos, mas o da Lei 12.850/13 é mais amplo, pois que não exige o recebimento da denúncia, podendo ser aplicado em qualquer fase da persecução, assim como o dispositivo do artigo 319, VI, CPP. Parece que esses três dispositivos podem muito bem conviver harmonicamente e até complementar-se e reforçar-se quando se tratar de crime organizado. Fora disso, deverão ser aplicados os dispositivos correlatos a cada caso, nada também impedindo a aplicação do artigo 319, VI, CPP a casos de tráfico.

Semelhante tratamento existe na Lei de Responsabilidade de Prefeitos (Decreto–Lei 201/67), devendo o Juiz manifestar-se, na ocasião do recebimento da denúncia, sobre a prisão preventiva do acusado e seu afastamento do exercício do cargo durante a instrução criminal (artigo 2º, II). Valem aqui os mesmos comentários acima tecidos.

Finalmente deve-se mencionar o artigo 29 da Lei Orgânica da Magistratura Nacional (Lei Complementar 35/79), que também prevê que em casos de gravidade da infração penal, ao receber a denúncia contra magistrado, o Tribunal ou órgão especial poderá, em decisão motivada tomada por voto de dois terços de seus membros, determinar o afastamento do cargo do magistrado denunciado. Certamente o Tribunal ou órgão especial também se poderá valer, no caso de envolvimento em crime organizado, do disposto no artigo 2º, § 5º, da Lei 12.850/13, bem como dos demais dispositivos supramencionados, tirante aquele referente aos Prefeitos, a não ser que o magistrado exerça tal cargo político no momento do processo.

Essas suspensões de atividade no que tange às várias espécies de funcionários públicos podem ser aplicadas a todos indistintamente. Podem surgir dúvidas quanto ao Presidente da República, para o qual é vedada inclusive a Prisão Provisória por força de norma constitucional (artigo 86, § 3º, CF). Assim também para o diplomata que tem imunidade absoluta.

Mendonça apresenta a seguinte solução:

> "Parece–nos inviável a suspensão de atividades daqueles que possuem imunidade absoluta à prisão preventiva. Assim, se o

Presidente da República não pode ser preso em nenhuma hipótese, também não pode ser suspenso de suas atividades. O mesmo se diga para o diplomata. Porém, para todos aqueles que podem ser presos, é possível a suspensão de atividades. Mesmo que exista imunidade relativa à prisão, não há impedimento para as medidas alternativas. Inclui, portanto, os senadores, deputados federais, vereadores, promotores, juízes etc.[202] Nem se alegue que o regime especial de agentes políticos impediria a suspensão de atividades. Embora os deputados e senadores possuam um estatuto constitucional para protegê-los no exercício de suas atividades, isso não é impedimento para que o Poder Judiciário suspenda-o de suas atividades. Realmente ninguém duvida que é possível a decretação da prisão preventiva para tais parlamentares. Se o parlamentar pode ser preso cautelarmente e se a providência de suspensão da função pública é uma medida justamente alternativa à prisão – que é menos gravosa e pode evitar que venha a ser preso – pode a medida cautelar em análise também ser aplicada aos parlamentares, sempre que for suficiente para a proteção do bem jurídico. Em outras palavras, se é possível a medida mais gravosa (prisão preventiva), não há restrição para a aplicação de medidas menos graves (suspensão da função pública). O que não se pode é decretar a perda do cargo do Deputado ou Senador, pois isto depende de um procedimento constitucionalmente previsto (arts. 55 e 56, CF). Mas a suspensão cautelar das atividades é plenamente possível, desde que determinada, como é óbvio, pelo juiz natural."[203]

Como se vê, o autor aponta duas exceções para as quais a suspensão da função não seria aplicável: o Presidente da República e os Diplomatas.

Concorda-se, *apenas em parte*, com as assertivas de Mendonça. No caso dos Diplomatas realmente a imunidade é absoluta por força de

202 Acrescente-s aqui o lembrete de que os Governadores de Estados têm imunidade absoluta prevista em algumas Constituições Estaduais quanto à prisão provisória, mas tal prerrogativa foi considerada inconstitucional pelo STF por não existir correspondência com a Constituição Federal, que somente prevê isso para o Presidente da República. Portanto, os Governadores não só podem ser presos provisoriamente, como podem submeter-se às cautelares alternativas, inclusive de afastamento das funções, respeitando-se, obviamente, a competência do STJ para tanto nos crimes comuns e de órgão especial nos crimes de responsabilidade. Ver sobre o tema, inclusive comentando a Adin nº 1.021-2, rel. Min. Celso de Mello, que declarou a inconstitucionalidade dessa prerrogativa prevista na Constituição do Estado de São Paulo: MORAES, Alexandre de. *Direito Constitucional.* 10ª. ed. São Paulo: Atlas, 2001, p. 439.

203 MENDONÇA, Andrey Borges de. Op. cit., p. 442.

tratados internacionais (artigo 1º, I, CPP). Portanto, não podem ser presos e nem submetidos a quaisquer restrições cautelares.

Mas, quanto ao Presidente da República, embora realmente haja vedação da prisão provisória nos crimes comuns, por força do artigo 86, § 3º, CF, parece ter passado despercebido que a própria Carta Magna determina o afastamento do Presidente da República de suas atividades nas infrações penais comuns quando recebida a peça acusatória pelo Supremo Tribunal Federal e nos crimes de responsabilidade após a instauração do processo pelo Senado Federal. É bem verdade que esse afastamento do Presidente tem lapso temporal delimitado de 180 dias para o término do julgamento, sob pena de seu retorno ao cargo, prosseguindo o processo. Porém isso não apaga o fato de que o Presidente pode sim ser afastado cautelarmente das funções, não por força do artigo 319, VI, CPP ou mesmo do atual artigo 2º, § 5º, da Lei 12.850/13, tratando-se de crime organizado, mas por aplicação de norma constitucional, qual seja, artigo 86, § 1º, I e II, e § 2º, CF. Observe-se ainda que há outra limitação quanto à responsabilização e afastamento do Presidente da República, já que o artigo 86, § 4º, CF, confere-lhe uma imunidade relativa. Não pode ser responsabilizado, na vigência de seu mandato, por atos estranhos ao exercício de suas funções. Portanto, somente poderá ser perseguido criminalmente por crimes de responsabilidade ou por crimes comuns ligados ao exercício funcional. Nessas condições poderá ser processado e inclusive afastado das funções, conforme acima consignado. Mas, por condutas não ligadas ao exercício do cargo, durante o vigor do mandato, não poderá sequer ser perseguido criminalmente.[204]

Mais uma questão refere-se à possibilidade ou não de que o Juiz venha a impor medida menos gravosa que consistiria não no afastamento total do implicado de suas funções, mas apenas de determinado setor administrativo onde exercia atividades. Por exemplo, restringir as atividades de um Policial a funções administrativas internas, sem necessariamente afastá-lo definitivamente da atividade laboral. Tendo em vista o disposto no artigo 319, VI, CPP, e no artigo 2º, § 5º, da Lei 12.850/13 quando se tratar de organização criminosa, que permitem a restrição mais gravosa e aplicando a regra de que "quem pode o mais, pode o menos", não se vê impedimento a essa decisão judicial, obedecendo à necessidade e adequação proporcional a cada caso concreto (artigo 282, I e II, CPP).[205]

204 Sobre o tema da responsabilidade do Presidente da República ver: MORAES, Alexandre de. Op. cit., p. 422-439.

205 Neste sentido: MENDONÇA, Andrey Borges de. Op. cit., p. 443.

Numa conceituação ampla de infração penal econômica abrange-se certamente a criminalidade ambiental, em que é possível a responsabilidade penal das Pessoas Jurídicas nos termos do artigo 225, § 3º, CF c/c artigo 3º, da Lei 9605/98, de modo que nada impede que seja determinada a suspensão cautelar das atividades de empresa que tenda a seguir perpetrando danos ambientais com suas atividades, mormente quando se vislumbrar o "fumus boni juris" de aplicabilidade das penas de suspensão parcial ou total de atividades, interdição temporária de estabelecimento, obra ou atividade ou mesmo de liquidação forçada nos termos do artigo 22, I e II, e 24 da Lei 9.605/98.[206] Isso obviamente, pensando nos termos do artigo 319, VI, CPP, pois que a Lei do Crime Organizado somente trata dos funcionários públicos e não das pessoas jurídicas.

Por derradeiro é relevante lembrar que a Lei 12.850/13 não incidiu na inconstitucionalidade em que se embrenhou a Lei 12.683/12, que alterou a Lei de Lavagem de Dinheiro (Lei 9.613/98), a qual determina o afastamento imediato do funcionário público devido ao mero indiciamento em Inquérito Policial (artigo 17 – D, da Lei 9.613/98), violando de forma absurda o Princípio da Presunção de Inocência e inclusive da necessidade, adequação e proporcionalidade das cautelares.

Vale a pena expor o que já se comentou sobre o tema:[207]

A Associação Nacional dos Procuradores da República (ANPR) ingressou no Supremo Tribunal Federal com uma Ação Direta de Inconstitucionalidade (ADI nº 4911), pleiteando a declaração da inconstitucionalidade do artigo 17 – D, da Lei 9.613/98 (Lei de Lavagem de Dinheiro), imposto pela nova redação dada a esse diploma pela Lei 12.683/12.

Esse dispositivo ora questionado determina que o mero ato de indiciamento em Inquérito Policial deve resultar no afastamento imediato do servidor público de suas funções, somente retornando mediante ordem judicial fundamentada. Para melhor ilustração transcreve-se o texto da lei:

> "Art. 17 – D. Em caso de indiciamento de servidor público, este será afastado sem prejuízo de remuneração e demais direitos

206 Concordando com essa extensão às Pessoas Jurídicas nos Crimes Ambientais: Op. cit., p. 443. Para um aprofundamento sobre o tema da Responsabilidade Penal da Pessoa Jurídica: CABETTE, Eduardo Luiz Santos. *Responsabilidade Penal da Pessoa Jurídica – Breve Estudo Crítico*. Curitiba: Juruá, 2006, "passim."

207 CABETTE, Eduardo Luiz Santos. Inconstitucionalidade do artigo 17–D da Lei 9.613/98 (Lavagem de Dinheiro). Disponível em www.jus.com.br , acesso em 21.08.2013.

previstos em lei, até que o juiz competente autorize, em decisão fundamentada, o seu retorno."

Em suma a ANPR defende a inconstitucionalidade do dispositivo supra de acordo com a seguinte motivação:

a) O dispositivo usurpa funções privativas do Ministério Público e do Judiciário, na medida em que o afastamento dá-se de forma automática, independentemente de requerimento do "Parquet" ou de decisão Judicial prévia.
b) O artigo sob comento também viola garantias fundamentais do cidadão estabelecidas na Constituição Federal, tais como o Princípio da Presunção de Inocência, configurando uma antecipação punitiva espúria; Princípio do Devido Processo Legal; Princípio da Ampla Defesa; Princípio do Contraditório; Garantia da Inafastabilidade da Jurisdição e Princípio da Segurança Jurídica.

Com base nesses judiciosos argumentos a ANPR requer que o STF conceda liminar para a suspensão dos efeitos do artigo 17 – D da Lei de Lavagem de Dinheiro até final julgamento da ADI nº 4.911, ao fim da qual se almeja a declaração de inconstitucionalidade do dispositivo.

A questão ainda será submetida ao crivo do Pretório Excelso, mas já se pode afirmar que uma decisão justa e que prime pela função daquela corte de garantir os ditames constitucionais somente pode ser de deferimento do justo pleito da ANPR.

Realmente, tendo em vista o teor da redação dada ao Artigo 17 – D da Lei 9.613/98 constata-se uma entonação imperativa em que se diz que o servidor "será" afastado quando do mero indiciamento. Isso faz crer que a norma legal determina o afastamento automático, independentemente de requerimento, representação e mesmo ordem judicial de qualquer espécie. Este se dá por simples disposição legal de coerção direta, não deixando qualquer campo de decisão para algum agente da repressão criminal quanto à necessidade e adequação da medida ao caso concreto.

Ante tal constatação a única conclusão plausível é a de que o artigo 17 – D da Lei de Lavagem de Dinheiro consegue a façanha de infringir e aviltar de roldão uma série de princípios e garantias constitucionais e processuais penais.

Nitidamente o afastamento do servidor público de suas funções tem natureza cautelar, visando assegurar a cessação das práticas criminosas e impedir o acesso a meios de camuflagem ou destruição de provas com o uso da função pública (inteligência do artigo 282, I, CPP). Não há dúvida de que o afastamento sobredito encaixa-se perfeitamente no conceito de cautelar processual penal que se pode formular da seguinte maneira:

> "Cautelares penais são providências instrumentais que visam garantir o bom andamento processual, assegurar os resultados finais desejados em um processo penal justo, garantir o ressarcimento de danos provocados pelo ilícito e ainda, em certos casos especiais, acautelar o meio social com relação à prática de infrações penais de forma incontida."[208]

Há mesmo usurpação da função ministerial, vez que o dito afastamento prescinde de requerimento do Promotor de Justiça, Titular da Ação Penal (artigo 129, I, CF). Mais ainda, há total violação do Princípio da Jurisdicionalidade das cautelares processuais penais de modo a, obviamente, usurpar também a função judicial.

Segundo o princípio por último aventado:

> "As medidas cautelares estão sujeitas à chamada 'reserva de jurisdição', ou seja, somente podem ser decretadas por decisão fundamentada de Autoridade Judicial."[209]

É claro que há cautelares que podem ser adotadas antes de passarem pelo crivo jurisdicional, tais como a Prisão em Flagrante, a busca e apreensão em situação flagrancial, a busca pessoal e em veículos. Essas medidas podem ser tomadas diretamente, por exemplo, pela Autoridade Policial, mas assim mesmo devem ser submetidas posteriormente ao controle jurisdicional de legalidade, ao que se pode denominar de "Jurisdicionalidade postergada, posticipada ou diferida."[210]

Entretanto, são exceções à regra, as quais somente se justificam devido à exacerbação pontual de uma das características de toda cautelar, qual seja, a da "urgência ou preventividade", situação na qual o "periculum in mora" agiganta-se, fundamentando a atuação imediata da Autoridade não judicial e a apreciação da legalidade pela jurisdição "a posteriori."

208 CABETTE, Eduardo Luiz Santos. *Lei 12.403 Comentada – Medidas cautelares, prisões provisórias e liberdade provisória*. Rio de Janeiro: Freitas Bastos, 2013, p. 9.

209 Op.cit., p. 24.

210 Op. cit., p. 24.

Ora, não se vislumbra no caso do afastamento do funcionário público de suas funções no momento do indiciamento essa urgência ou preventividade anormal a fundamentar uma exceção à regra da jurisdicionalidade das cautelares.

Embora não tenha sido lembrada pela ANPR, há ainda mais uma usurpação de função incrustada no dispositivo em discussão. Essa usurpação refere-se à Autoridade de Polícia Judiciária (Delegado de Polícia de Carreira). Note-se que quando a lei simplesmente determina o afastamento do funcionário com o ato do indiciamento está aviltando a função do Delegado de Polícia de representar ou não por uma medida cautelar. Isso porque o indiciamento, por si só, não significa manifestação alguma da Autoridade Policial quanto ao seu entendimento jurídico acerca da necessidade e adequação de alguma medida cautelar, inclusive aquela prevista no artigo 17 – D da Lei 9.613/98.

Frise-se que o indiciamento é "ato privativo da Autoridade Policial"[211] e se constitui no apontamento por esta, no curso do Inquérito Policial, "de determinado suspeito como provável autor de uma infração penal."[212]

Chouke chama a atenção para o fato de que o indiciamento no Inquérito Policial é desprovido de uma melhor regulamentação legal e de uma finalidade processual prática, sendo comum que os meios midiáticos prestem maior relevância a esse procedimento do que realmente detém.[213]

Não haveria então um lado positivo na previsão do artigo 17–D em destaque? Afinal, essa previsão concederia ao ato do indiciamento uma função relevante, ao menos no que diz respeito aos crimes de lavagem de dinheiro. Com o indiciamento decorreria uma consequência processual: o afastamento cautelar do servidor público de suas funções até posterior apreciação judicial. Seria realmente o primeiro caso em que a legislação pátria concederia ao indiciamento algo mais do que a simples indicação do Estado–Polícia de um suspeito da prática ilícita.

Não. Nem mesmo esse aspecto pode ser levado em consideração. Isso porque um suposto empoderamento da Autoridade Policial com o ato de indiciamento e o encontro de uma utilidade processual prática para esse ato não se podem erigir sobre os destroços dos princípios e

---

211 CARVALHO, Djalma Eutímio de. *Curso de Processo Penal*. Rio de Janeiro: Forense, 2007, p. 44. Vide ainda o artigo 2º, § 6º, da Lei 12.830/13.

212 CABETTE, Eduardo Luiz Santos. Op. cit., p. 292.

213 CHOUKE, Fauzi Hassan. *Garantias Constitucionais na Investigação Criminal*. São Paulo: RT, 1995, p. 142–145.

garantias constitucionais e processuais penais. Tratar-se–ia de uma arquitetura jurídica macabra e enganosa.

Quando a doutrina menciona a necessidade de encontrar um fim para o indiciamento, superando sua característica de mera formalidade administrativa sem consequências processuais penais práticas, não se pode entender que se pretenda com isso usar o indiciamento como instrumento de violação de garantias individuais. Na verdade, há exemplos de países onde o correspondente ao nosso ato de indiciamento passa a marcar o ingresso do contraditório e ampla defesa no procedimento, ainda na fase de investigação e/ou determinar um prazo razoável para o encerramento das investigações.[214]

Ademais, nem mesmo ocorre um verdadeiro empoderamento da Autoridade Policial pelo disposto no artigo 17 - D sob comento. Ocorre com a Autoridade Policial a mesma usurpação de função verificável em relação do Ministério Público e ao Juiz. Aliás, o Delegado de Polícia ficará numa situação ainda mais constrangedora. Isso porque, como visto, pode a Autoridade Policial ter a convicção para o indiciamento, mas não necessariamente pretender pleitear alguma medida cautelar. O Delegado de Polícia então que estiver nessa situação de formação de convicção jurídica se encontrará em um beco sem saída. Ou indicia e provoca, por força da lei que lhe impõe, o afastamento imediato e automático do funcionário. Ou se abstém de indiciar, sendo que em qualquer caso é obrigado a violar ao menos parcialmente sua consciência. Afinal, em sua convicção estava apenas a necessidade do indiciamento e não do afastamento cautelar pelo qual jamais representaria. Percebe-se claramente o aviltamento do exercício da função jurídica do Delegado de Polícia, em afronta ao disposto no artigo 144, I e IV, e §§ 1º, I a IV, e 4º, CF, e mais especificamente ainda ao que determinam hoje, mediante a Emenda Constitucional nº 35, de 03 de abril de 2012, o artigo 140, § 3º, da Constituição do Estado de São Paulo e o artigo 2º, da Lei 12.830/13, reconhecendo a independência funcional e jurídica do Delegado de Polícia.

Mas muito mais importante do que a usurpação de funções sofrida por órgãos estatais (Juiz, Promotor de Justiça, Delegado de Polícia Civil ou Federal) é o golpe desferido contra as garantias individuais. Tenha-se em mente que as funções destinadas a cada um dos órgãos estatais

214 LOPES JÚNIOR, Aury. *Sistemas de Investigação Preliminar no Processo Penal.* 2ª. ed. Rio de Janeiro: Lumen Júris, 2003, p. 309 –323. Vide também: CHOUKE, Fauzi Hassan. Op. cit., p. 146 - 149.

não tem um fim em si mesmo, nem muito menos podem ser encaradas como privilégios ou poderes discricionários e incontidos reservados aos ocupantes dos cargos envolvidos. As funções do Judiciário, do Ministério Público e da Polícia Judiciária são apenas instrumentos para a consecução de um Processo Penal legal, constitucional e justo, respeitando as garantias individuais.

Como bem lembra Lembo, "as garantias constitucionais constituem um sistema de proteção conferido às pessoas para a tutela dos direitos fundamentais." E esse sistema de proteção manifesta-se basicamente de duas formas:

a) Por meio da proteção direta em que a Constituição impõe às autoridades a auto-aplicabilidade dos direitos fundamentais;
b) Por meio da garantia jurisdicional que é expressa pelos "instrumentos processuais disponíveis para a garantia dos direitos fundamentais subjetivos" que venham a ser feridos por atuação de autoridades ou quaisquer entes, inclusive o Poder Legislativo.[215]

Um dispositivo legal ordinário que determina a imposição automática de uma suposta cautelar de afastamento de funções confronta a proteção direta conferida pela auto-aplicabilidade dos direitos fundamentais e também inviabiliza a atuação jurisdicional preventiva para a garantia desses mesmos direitos, o que o torna absolutamente inválido na ordem jurídica.

É por isso que a decretação automática de uma cautelar processual penal em decorrência de determinação legal, sem verificação de necessidade, adequação e proporcionalidade em sentido estrito ao caso concreto, é inadmissível (inteligência do artigo 282, I e II, CPP). É imprescindível respeitar à *excepcionalidade* de qualquer medida constritiva provisória adotada durante a persecução penal. Já há muito tempo foi banida do nosso ordenamento processual penal a chamada "Prisão Preventiva Obrigatória", o que se deu, por incrível que pareça, mesmo em meio ao regime ditatorial (1967).[216]

É de crer que ninguém ou muito poucos teriam a ousadia de se levantar para defender o retorno da "Prisão Preventiva Obrigatória", decorrente automática de disposição legal, sem requerimento, representação,

215 LEMBO, Cláudio. *A pessoa e seus direitos*. Baureri: Manole, 2007, p. 162.

216 CRUZ, Rogério Schietti Machado. *Prisão Cautelar*. 2ª. ed. Rio de Janeiro: Lumen Júris, 2011, p. 77.

mas apenas determinação judicial sem fundamentação maior que não seja o dispositivo legal.[217] Talvez o afastamento automático enseje menos abalo sob o ponto de vista psicológico porque não se enxerga o sujeito encarcerado como ocorre com a prisão provisória obrigatória. No entanto, há também nele a constrição de um bem jurídico importante, que é o direito do servidor público de exercer suas funções. E mais, neste caso específico, a legislação é ainda mais draconiana e autoritária do que aquela que previa a Prisão Preventiva Obrigatória. Isso porque ao menos a preventiva obrigatória dependia de ordem judicial, respeitando, ainda que parcialmente, o Princípio da Jurisdicionalidade das Cautelares Processuais Penais. Diz-se parcialmente porque o Juiz acabava atuando como um autômato aplicador da lei que facilmente poderia ser substituído por um robô. Mas ao menos era exigível a existência de um Mandado de Prisão firmado por Juiz. No caso do afastamento nem sequer isso é respeitado, pois se dá independentemente de ordem judicial, é automático e decorre do mero indiciamento pela Autoridade Policial.

Observe-se que nesse caso se constata claramente um retrocesso social incompatível com o grau de desenvolvimento do chamado "neoconstitucionalismo e neoprocessualismo" hoje em voga. Se sob a repressão ditatorial por que passou o Brasil chegou-se a inadmitir a decretação de cautelares automáticas, como poderia agora ser acatado um retrocesso histórico-social dessa magnitude para admitir tal aviltamento do sistema de garantias constitucionais em pleno regime democrático?

É exatamente disso que trata Cambi quando aborda a temática da proibição de excesso na restrição de um direito fundamental, aduzindo que este também pode e deve ser protegido "com fundamento na *cláusula de proibição de retrocesso social*."[218] Admitir o afastamento automático do servidor por força do artigo 17 – D da Lei de Lavagem de Dinheiro seria o mesmo que retroceder em termos de garantias ainda mais intensamente do que na época ditatorial. Isso certamente é um absurdo lógico, legal, social, constitucional e humano.

É preciso lembrar que na fase do Inquérito Policial, quando se processa o indiciamento, não há ainda a aplicação plena do devido processo legal com seus corolários da ampla defesa e do contraditório. Embora

217 Essa preventiva era prevista para crimes cuja pena máxima fosse igual ou superior a 10 anos. Decorria da lei automaticamente, independentemente de manifestação Policial ou Ministerial e mesmo o Juiz a decretava como um autômato cumpridor da lei, sem qualquer análise de necessidade e adequação ao caso concreto, requisitos da preventiva etc.

218 CAMBI, Eduardo. *Neoconstitucionalismo e Neoprocessualismo*. São Paulo: RT, 2009, p. 226-227.

haja manifestações parciais de defesa (v.g. artigo 14, CPP; direito à assistência de advogado na prisão em flagrante e no interrogatório, direito ao silêncio e não autoincriminação etc.), não se pode dizer que o devido processo legal instaura-se de forma completa. Nesse ponto, sem sustentação num devido processo legal, sem que haja ampla defesa ou contraditório e sem que se obedeçam as características e princípios basilares das cautelares processuais penais, a determinação de afastamento automático do servidor, decorrente da lei pura e simplesmente, configura espúria antecipação punitiva. Não há, na verdade, cautelaridade, mas mera antecipação de pena, isso porque a cautelaridade depende de avaliação de requisitos concretos seja por quem requeira ou represente pela cautelar, seja, finalmente, pelo Juiz em sua decisão de deferimento ou indeferimento. Aliás, é de frisar que na atual conjuntura legal o contraditório é também previsto para as cautelares processuais penais na forma do artigo 282, § 3º, CPP. Este somente pode ser afastado em casos excepcionais de urgência ou de perigo de ineficácia da medida, o que certamente não é encontrável nas situações de afastamento do funcionário e, mesmo que o seja, a decisão deve obedecer à jurisdicionalidade e não derivar de automática disposição legislativa, violando inclusive a separação dos poderes (inteligência do artigo 282, §§ 2º e 3º, CPP). Essa imposição automática viola inclusive a "Presunção de Inocência." É sabido que nem mesmo as prisões cautelares necessariamente afrontam esse precioso princípio constitucional, mas para isso sua imposição, como a de qualquer cautelar, deve obedecer a certas regras, garantias e princípios mínimos e indisponíveis. Não são as medidas cautelares no correr da persecução criminal que violam a Presunção de Inocência, mas sim a utilização indevida de cautelares sem cautelaridade como antecipação punitiva.

Ademais, a submissão do servidor público a afastamento por mero ato administrativo de indiciamento em Inquérito Policial, sem exercício de defesa condigna, pode ensejar a utilização desse expediente para fins políticos e de perseguição, abalando a Segurança Jurídica como contraprestação obrigatória a todo cidadão, funcionário público ou particular. Atente-se para o fato de que, errônea e infelizmente, a Autoridade Policial não é detentora das garantias constitucionais que são dispostas ao Ministério Público e ao Judiciário.

Anote-se, uma vez mais, que a "suspensão do exercício de função pública quando houver justo receio de sua utilização para a prática de infrações penais" já é prevista no artigo 319, VI, CPP, obedecendo às regras da necessidade, adequação, proporcionalidade em sentido estrito, jurisdicionalidade e contraditório, conforme dispõe o artigo 282, I e II, e §§ 2º e 3º, CPP. Esse dispositivo que em sua tessitura no Código de Processo Penal obedece fielmente aos ditames constitucionais pode perfeitamente ser utilizado em detrimento do famigerado artigo 17 – D da Lei 9.613/98, inoculado com virulência inconstitucional. Hoje também se pode apontar, nos casos de crime organizado, o artigo 2º, § 5º, da Lei 12.850/13. Se há opção pelo Artigo 319, VI, CPP em sua complexa articulação com as regras estabelecidas pela Lei 12.403/11, que alterou o sistema cautelar processual penal brasileiro, bem como, em casos de organização criminosa, pelo artigo 2º, § 5º, da Lei 12.850/13, não há falar-se em ofensa à inafastabilidade da jurisdição (artigo 5º, XXXV, CF)[219], eis que preservada "in totum" a jurisdicionalidade da cautelar.

O dispositivo ora criticado também padece de outros males, dentre os quais o de ofender o Princípio da Razoabilidade dos Prazos, atualmente constitucionalizado na forma de direito fundamental nos termos do artigo 5º, LXXVIII, CF. E consegue violar tal princípio sob dois prismas, tanto o do excesso de agilidade, quanto o do excesso de lentidão.

Em um primeiro plano a lei é precipitada, como diz o adágio popular "põe o carro na frente dos bois." Ninguém representou ou requereu a medida, nenhum Juiz a concedeu, e a lei já a determina por si mesma, usurpando funções, atropelando princípios e garantias, violando a separação de poderes. Outro ditado popular afirma que "a pressa é inimiga da perfeição" e também serve para a análise desse dispositivo tão infeliz. Na doutrina estrangeira, desde antanho lembra Foschini que "fazer rápido é possível somente até o ponto no qual não se comprometa o fazer bem."[220] Faz-se mister distinguir com muito cuidado celeridade de precipitação, conforme ensina Pradel para quem "a celeridade não significa precipitação, que é um grande mal."[221] Enfim, um dos maiores desafios do Processo Penal é promover um saudável equilíbrio entre eficácia, celeridade, garantias e justiça. Esses objetivos no Processo Penal não devem ser vistos como antagônicos ou incompossíveis, mas no seio

219 "A lei não excluirá da apreciação do Poder Judiciário lesão ou ameaça a direito."

220 FOSCHINI, Gaetano. Sistema del diritto processuale penale. Volume 1. Milão: Giuffrè, 1965, p. 501.

221 PRADEL, Jean. La célerité de la procédure pénale en droit compare. *Revue Internationale de Droit Penal*. Toulouse: Érès. Volume 66, jul./set., 1995, p. 323.

de uma visão não conflitiva, harmônica e complementar.[222] O artigo 17 – D da Lei de Lavagem de Dinheiro assemelha-se àquela ordem dada, segundo a anedota corrente, pelo comandante militar que "manda atirar primeiro e perguntar depois." A pessoa é afastada de seu cargo por força da lei, por coerção direta, sem análise concreta, sem individualização do caso, sem que nenhum agente público forme sua convicção sobre a necessidade, adequação e proporcionalidade da medida e, só depois, é submetida ao crivo do judiciário. E, mais, diz a famigerada norma que o indivíduo ficará afastado até que o juiz competente, em decisão fundamentada, autorize o seu retorno. É mesmo uma inversão total de valores e de princípios e regras do processo penal. Em vez de o Juiz ser um guardião das garantias, passa a ser um guardião da coerção direta imposta pela lei. Para a imposição do afastamento prescinde-se de decisão fundamentada do Juiz, mas para o retorno essa é necessária!

Em segundo lugar, pode-se antever também um problema inverso, não de celeridade, mas de morosidade. É que o artigo 17 – D enfocado em nenhum momento estabelece um prazo máximo para o afastamento do funcionário após o indiciamento. Ora, se por acaso o funcionário for indiciado pela Autoridade Policial logo no início do procedimento investigatório, poderá ele ficar indeterminadamente afastado até o término do Inquérito, que às vezes dura anos? E se depois, o Promotor simplesmente pleiteia o arquivamento do feito e o Juiz determina? E se há realmente um processo em continuidade, estará o funcionário afastado durante todo esse tempo, inclusive em prejuízo da solução de continuidade da prestação dos serviços públicos e do interesse da própria Administração Pública? Pelo menos a lei deveria ter estabelecido um prazo máximo para conclusão das investigações e oferta da denúncia pelo Ministério Público, a fim de não ensejar o alongamento indevido desse afastamento. É de ressaltar, porém, que mesmo com essa previsão o dispositivo não se salvaria das variadas inconstitucionalidades que consegue trazer em seu bojo, mas pelo menos seria menos irrazoável sob o aspecto dos prazos.

Foi mencionada a questão do pedido de arquivamento pelo Ministério Público e sua concessão pelo Juiz, independentemente do indiciamento pela Autoridade Policial. Essa questão é aventada na ADI nº 4.911 pela ANPR com razão. Efetivamente o Ministério Público e muito menos o Juiz não são atrelados à convicção da Autoridade Policial, podendo

---

222 CABETTE, Eduardo Luiz Santos. Op. cit., p. 1.

perfeitamente haver pedido e arquivamento do Inquérito Policial, ainda que formulado o indiciamento do funcionário público. Esse é um dos motivos pelos quais a usurpação das funções ministeriais e judiciais fica mais escancarada, bem como torna o dispositivo criticado sujeito à classificação como uma teratologia jurídica. Diferente seria o uso do artigo 319, VI, CPP ou do artigo 2º, § 5º, da Lei 12.850/13. Se o Delegado de Polícia representasse, certamente o Juiz abriria vista ao Ministério Público para sua manifestação e tomaria depois sua decisão, não havendo tais desencontros. Se o Ministério Público pleiteasse a medida por sua conta, também seria de imaginar que entende haver indícios suficientes de autoria e prova do crime, quando então ofertaria denúncia, novamente não sendo possível a ocorrência de monstruosidades como aquela acima descrita. Finalmente o Juiz somente decretaria a medida de ofício na fase processual por força do disposto no artigo 282, § 2º, CPP, quando o indivíduo estaria sendo submetido a um processo criminal. Aliás, aproveite-se para consignar que também o afastamento previsto na Lei 12.850/13 somente pode ser decretado pelo Juiz de ofício na fase processual, jamais na investigação, exatamente por aplicação do artigo 282, § 2º, CPP, que é norma geral das medidas cautelares processuais penais brasileiras, aplicável, portanto, a todo o ordenamento jurídico, inclusive com sustentação no chamado Sistema Acusatório.

Vale ainda ressaltar que sob o prisma ordinário o artigo 17 – D da Lei 9.613/98 também se apresenta inaplicável na prática. Isso porque não traz a lei um procedimento para o afastamento do funcionário público. Apenas estabelece que com o indiciamento haja o automático afastamento. Mas como isso se processará no que diz respeito às comunicações entre Polícia e Administração Pública em geral? A lei não diz se o Delegado deve oficiar à Administração, comunicando seu ato de indiciamento. Conclui-se que sim, mas a lei mesmo é silente. Também não informa se o Delegado deveria comunicar esse indiciamento ao Juiz e a este caberia expedir ordem de afastamento, ordem esta autômata, conforme manda a infeliz legislação. Mas seria assim ou o ato se daria entre o Delegado e a Administração? E o Ministério Público teria alguma participação em tudo isso, ao menos como fiscal da lei, isso sem falar de sua titularidade sobre a ação penal pública? Quer parecer que o dispositivo enfocado carece de uma regulamentação em termos formais para que possa ser aplicado, isso deixando de lado o fato de que é totalmente inconstitucional.

Por esses motivos é que o artigo 17-D da Lei 9.613/98 merece ser declarado inconstitucional, podendo perfeitamente ser substituído pela utilização do disposto no artigo 319, VI, CPP, e artigo 2º, § 5º, da Lei do Crime Organizado, com obediência aos ditames constitucionais que regem a matéria. Portanto, o artigo 17-D da Lei de Lavagem de Dinheiro não somente é inconstitucional como é também inútil em face da amplitude do tratamento dado às cautelares processuais penais no bojo do próprio Código de Processo Penal, com o advento das reformas procedidas pela Lei 12.403/11 e ainda com a promulgação da Lei 12.850/13 para os casos do crime organizado.

A seguir, o § 6º estabelece como efeito da condenação para o funcionário público por crime de organização criminosa a perda do cargo, função, emprego ou mandato eletivo e a interdição para o seu exercício pelo prazo de 8 (oito) anos, subsequentes ao cumprimento da pena. São dois efeitos concomitantes e inseparáveis:

a) Perda do cargo;
b) Interdição para o exercício por oito anos, sendo destacável que esse prazo de interdição somente passa a contar a partir do final do cumprimento da pena. Isso quer dizer que, se alguém é condenado a 10 anos de prisão, somente passará a contar os 8 anos de interdição após esses 10 anos terem sido cumpridos. A lei não fala sobre a eventual extinção de punibilidade dessa pena também como marco para a contagem, mas isso deve ocorrer porque, senão em casos que tais, ficaria o condenado em suspenso indefinidamente, aguardando o início da contagem do prazo de oito anos que nunca ocorreria e, então, teríamos o que se assemelharia a uma espécie de pena perpétua, constitucionalmente vedada (artigo 5º, XLVII, "b", CF).

O dispositivo é incongruente, pois ao falar da perda menciona cargo, função, emprego ou mandato eletivo. Já ao tratar da interdição menciona, apenas função ou cargo público. Indaga-se para onde foram o "emprego e o mandato eletivo"? Isso poderá gerar controvérsia na doutrina e na jurisprudência. Alguns poderão advogar a tese de que a interdição somente se refere a cargo e função pública e não a emprego e mandato eletivo para os quais a lei somente prevê a perda sem interdição. Entende-se que essa interpretação não seja viável, de forma que, quando o legislador refere-se à interdição usando apenas as palavras função e cargo público, o faz de forma ampla, abrangendo o emprego público e o mandato eletivo, ou seja, qualquer atividade de natureza pública. Violaria o Princípio da Igualdade o fato de que um empregado público ou um exercente de cargo político não sofressem interdição, enquanto aqueles que exercem funções e cargos públicos sofressem.

Uma discussão que surgirá quanto a esses efeitos da condenação pelo crime de organização criminosa é se são automáticos ou precisam ser declarados na sentença condenatória. De acordo com a redação legal, que é imperativa ("acarretará") e não opcional ("poderá acarretar"), entende-se que a melhor hermenêutica é a que indica pela natureza automática de tais efeitos, derivados da própria lei. Não obstante, é aconselhável que os Juízes consignem esses efeitos em suas sentenças, considerando o fato de que certamente haverá celeuma a respeito. Se não há necessidade dessa consignação, ótimo, pois é melhor pecar pelo mais do que pelo menos. Agora, um bom conselho ao legislador brasileiro seria o de que em vindouras legislações, sempre que fizer a previsão de efeitos da condenação, diga logo expressamente que são automáticos. No caso escreveria "acarretará automaticamente" e não deixaria margem para dúvida alguma. Isso porque é frustrante ver como essa celeuma sobre efeito automático ou opcional sempre surge quando da previsão de efeitos da condenação no Direito Penal, exatamente devido a redações lacunosas que se repetem umas atrás das outras, revelando uma total alienação do legislador em relação aos problemas hermenêuticos mais clássicos e comuns que surgem na aplicação das leis.

Também entende Nucci, que o efeito é automático, decorrendo do próprio texto legal, e assim se manifesta:

> "Esse efeito da condenação é genérico e automático, imposto por força de lei; logo, independe da imposição expressa do magistrado na decisão condenatória. Equivale aos efeitos genéricos do art. 91 do Código Penal, que também independem de fixação na sentença."[223]

Já foi mencionado alhures nesse texto que esse efeito de perda do cargo e interdição de exercício por tempo determinado é também previsto em outros diplomas legais. No Código Penal há previsão apenas da perda do cargo como efeito da condenação, o qual não é automático

223 NUCCI, Guilherme de Souza. Op. cit., p. 33.

por disposição expressa (vide artigo 92, I, e Parágrafo Único, CP). Há também a previsão de pena de "Interdição Temporária de Direitos" de "proibição do exercício de cargo, função ou atividade pública, bem como de mandato eletivo." Também há previsões semelhantes na Lei de Tortura (Lei 9.455/97 - artigo 1º, § 5º), na Lei de Abuso de Autoridade (Lei 4.898/65 - artigo 6º, alíneas "c", "d", "e" e "f") e Lei de Lavagem de Dinheiro (Lei 9.613/98 - artigo 7º, II). Quando esses crimes forem praticados autonomamente ou quando se tratar de um crime do Código Penal ou de outras legislações, haverá apenas a aplicação das regras gerais do Código Penal e, de acordo com a especificidade do caso, de cada uma das leis acima arroladas. Mas, quando crimes forem perpetrados em formato de organização criminosa, deverá prevalecer o disposto no artigo 2º, § 6º, da Lei 12.850/13 por aplicação do Princípio da Especialidade. Então, por exemplo, se um funcionário público cometer, em atividade de organização criminosa, também lavagem de dinheiro, sua perda de cargo e interdição regular-se-á pela Lei 12.850/13 e não pela Lei de Lavagem de Dinheiro (Lei 9.613/98). No entanto, se cometer apenas lavagem de dinheiro, sem ligação com organização criminosa, então terá sua interdição regulada pela Lei 9.613/98.

Finalmente o § 7º estabelece regra especial para o andamento de Inquérito Policial, envolvendo crime organizado em que um policial esteja sendo investigado. Nesses casos determina a lei o andamento do feito pela Corregedoria de Polícia, bem como a comunicação do Ministério Público para fins de designação de um membro para acompanhamento do caso até sua conclusão.

Ao referir-se o dispositivo a policial de uma forma genérica, entende-se que abrange qualquer membro de corporação arrolada no artigo 144, CF (Policiais Civis, Policiais Federais, Delegados de Polícia Civil, Delegados de Polícia Federal, Policiais Militares, Policiais Rodoviários Federais etc.). No caso dos militares, não haverá óbice algum ao acompanhamento do Ministério Público. Se o feito tiver andamento na Justiça Comum, seguirá os trâmites naturais (ex., crime contra a vida perpetrado contra civil). Se tiver andamento mediante Inquérito Policial Militar, então deverá ser comunicado o Ministério Público Castrense com as mesmas consequências e procedimentos. Não obstante, como anota Nucci, normalmente nos casos de Policiais Militares o fato será apurado pela Corregedoria da Polícia Civil, já que o Crime de Organização Criminosa não está tipificado no Código Penal Militar, havendo, consequentemente, acompanhamento do Ministério Público comum.[224] Observe-se que a lei não determina que o Ministério Público investigue diretamente e autonomamente, mas sim a respectiva Corregedoria de Polícia. O Ministério Público apenas acompanhará o andamento do feito. Parece que o dispositivo dá concretude à função constitucional do Ministério Público de "controle externo" da polícia (artigo 129, VII, CF).

Este também é o entendimento de Nucci:

> "Houve expressa opção política pela atribuição investigatória da Corregedoria da Polícia no tocante ao colhimento de dados probatórios contra policial de qualquer escalão quando envolvido em organização criminosa. Com isso, afasta-se a atividade da Corregedoria de Polícia Judiciária, a cargo do juiz, bem como a atividade investigatória direta do Ministério Público. Aliás, o próprio dispositivo determina a comunicação da investigação instaurada ao *Parquet*, para que designe membro para acompanhar o feito até o final. Enfim, quem investiga o agente policial nos crimes previstos na Lei 12.850/2013 é a própria Polícia, sob fiscalização do Ministério Público."[225]

A lei é silente, mas entende-se que o prazo para essa comunicação não existe; deve ser feita imediatamente após a instauração do inquérito respectivo.

Uma alteração que pode estar passando despercebida é a seguinte. Era corriqueiro que durante o andamento de um Inquérito Policial por uma unidade de Polícia Judiciária comum houvesse notícia de envolvimento de policiais no crime organizado e esse feito seguisse pela própria unidade de origem. Agora, diante do disposto no artigo 2º, § 7º, da Lei 12.850/13, parece ter havido uma derrogação do artigo 4º, CPP, que trata da atribuição de Polícia Judiciária. No caso de crime organizado, envolvendo policial o procedimento passa a ser o seguinte:

a) Se ao despachar a ocorrência o Delegado de Polícia já vislumbrar o possível envolvimento de policial em crime organizado, deverá determinar a remessa à Corregedoria para instauração do feito respectivo e comunicação do Ministério Público. Poderá inclusive essa Autoridade inicialmente oficiante comunicar o Ministério

224 Op. cit., p. 33.

225 Op. cit., p. 33.

Público, com cópia da ocorrência, sobre seu procedimento, embora isso não seja obrigatório para ela e sim para o Delegado de Polícia Corregedor que instaurará o feito;

b) Se em um Inquérito já em andamento surgir, em meio às investigações, suspeita de envolvimento de policiais com o crime organizado, deverá o Delegado de Polícia oficiante remeter imediatamente o feito ao Judiciário com representação para que, ouvido o Ministério Público, seja redistribuído à Corregedoria respectiva e siga seu andamento. Poderia ser levantada a hipótese de o Delegado inicialmente oficiante no feito remeter o Inquérito diretamente ao órgão corregedor. No entanto, este parece não ser o melhor caminho, já que o feito tem registro judicial que precisa ser revisto, razão pela qual a passagem pelo crivo do Judiciário e Ministério Público parece imprescindível.

6.3 – INVESTIGAÇÃO E MEIOS DE OBTENÇÃO DE PROVA

A Lei 12.850/13, em seu artigo 3º e incisos, arrola diversos meios de obtenção da prova que podem ser utilizados nos casos de investigações e processos envolvendo organizações criminosas. Logicamente todos os meios de prova em direito admitidos são viáveis, mas a legislação especial enumera alguns deles que são aplicáveis a qualquer modalidade e outros que são específicos para os casos de crime organizado, levando em consideração uma proporcionalidade entre a reação estatal e a dimensão dessa espécie criminal.

Os meios enumerados pela lei são os seguintes:

I – Colaboração Premiada;

II – Captação ambiental de sinais eletromagnéticos, ópticos ou acústicos;

III – Ação controlada

IV – Acesso a registros de ligações telefônicas e telemáticas, a dados cadastrais constantes de bancos de dados públicos ou privados e a informações eleitorais ou comerciais;

V – Interceptação de comunicações telefônicas e telemáticas, nos termos da legislação específica;

VI – Afastamento dos sigilos financeiro, bancário e fiscal, nos termos da legislação específica;

VII - Infiltração, por policiais, em atividade de investigação, na forma do art. 11;

VIII - Cooperação entre instituições e órgãos federais, distritais, estaduais e municipais na busca de provas e informações de interesse da investigação ou da instrução criminal.

Cada um desses meios de prova será esmiuçado a seguir em itens específicos.

6.3.1 – COLABORAÇÃO PREMIADA

Antes de adentrar a análise estritamente jurídica da questão da colaboração premiada, mister se faz uma rápida abordagem do instituto no que se refere aos seus aspectos ético-morais, os quais ganham imenso destaque no debate sobre sua adoção nos mais diversos ordenamentos jurídicos, inclusive no brasileiro.

6.3.1.1 – A NORMATIZAÇÃO DA CONDUTA HUMANA

A conduta humana é estudada em várias áreas, mas a normatização dessa conduta é objeto específico de três áreas de conhecimento, a saber:

a) Direito;
b) Ética;
c) Teologia Moral.

A última mencionada acima, no entanto, não se presta a maiores discussões acerca de seus enunciados e conclusões, pois que encontra barreiras intransponíveis à argumentação quando se chega ao âmbito dogmático do divino.

Por outro lado, Ética e Direito apresentam grande similitude, seja em seu objeto de estudo, seja em seus objetivos.

6.3.1.2 – ÉTICA E DIREITO

O que diferencia uma discussão jurídica da conduta de uma discussão filosófica (ética) desta não é o seu conteúdo ou essência, mas sim a forma pela qual os assuntos são abordados. A discussão filosófica é mais abstrata e a jurídica mais concreta.

Numa abordagem ética analisa-se o ente sem que este esteja associado a qualquer caso concreto. Por exemplo, estuda-se "o aborto." Ora, "o aborto" não existe como coisa em si, separado de uma circunstância fática. A discussão ocorre, portanto, somente no campo das ideias e abstrações.

Já no Direito são estudados casos concretos, são analisados fatos. Usando o mesmo exemplo do aborto, não se pensará este de uma forma ideal, mas somente vinculado a um acontecimento real, no mundo concreto e palpável.

O comportamento humano tem certamente algum conteúdo genético ou instintivo, tal qual ocorre com os demais animais. Mas o seu ajustamento à ordem social é preponderantemente de natureza moral.[226]

Tanto os preceitos morais como legais têm por escopo "assegurar a sobrevivência e a prosperidade do grupo."[227] Não obstante, entre as discussões filosóficas e as jurídicas sobre a conduta humana, constatam-se um fracasso da primeira e um razoável sucesso da segunda.[228] Diz-se sucesso da discussão jurídica não porque esta possa ser tida como mais eficaz no controle e normatização do agir humano, pois que há normas morais que superam qualquer força coativa legal. Na realidade, constata-se um fracasso da parte da Ética no sentido de conseguir estabelecer uma base sólida, um conjunto de preceitos válidos do que venha a ser definitivamente estabelecido e aceito. Enquanto que no campo jurídico existem normas postas a respeito dos mais diversos assuntos.

Este relativo sucesso do Direito em estabelecer bases sólidas a seus preceitos, sinalizado por Montoya, no entanto, apresenta-se meramente aparente, sofrendo na verdade, desde a gênese das normas até sua aplicação efetiva, dos mesmos limites, influências e alterações a que está submetida a Ética.

O fato de que no Direito se pode vislumbrar um corpo ou um organismo de normas não quer dizer que estas ofereçam qualquer segurança quanto à verdade de seu conteúdo ou à justiça de sua aplicação.

Desde antanho Aristóteles já alertava sobre a distinção entre a equidade e a justiça, aproximando esta da legalidade e apresentando a anterior como um corretivo necessário:

> "O que faz surgir o problema é que o equitativo é justo, porém não o legalmente justo, e sim uma correção da justiça legal.

226 SAÉNZ, José Montoya. *Introducción a algunos problemas de la historia de la etica*. Universidade de Valencia, Espanha: *manuscrito*, 1998, p.3.

227 Op. cit., p. 5.

228 Op. cit.., "passim."

> A razão disto é que toda lei é universal, mas a respeito de certas coisas não é possível fazer uma afirmação universal que seja correta."[229]

Frise-se: essa afirmação universal sobre certas coisas não é viável igualmente na Ética como no Direito.

O Direito não se reduz à norma, embora seja esta um útil instrumental para sua fixação e materialização. Esta materialização, principalmente na tradição do Direito escrito, é que lhe empresta uma falsa aparência de estabilidade que claramente inexiste na Ética.

Contudo, a norma é apenas uma face do Direito e até sua gênese é influenciada por fatores outros, muitos dos quais têm um conteúdo ético. A Ética, os valores, as relações sociais informam o conteúdo do Direito em seu nascimento e posteriormente seguem influenciando-o em sua interpretação e aplicação.[230]

Portanto, se a filosofia tem problemas em universalizar conceitos éticos, o Direito padece dos mesmos males, eventualmente apresentando ilusórias soluções informadas pela mesma perplexidade do mundo ético. É que o Direito, como atuante na vida prática, na solução de problemas concretos e presentes, tem a necessidade de respostas imediatas, ainda que eventualmente falhas, razão pela qual aparenta (e só aparenta) maior segurança.[231]

Se o Direito, enquanto norma (que é o aspecto que lhe dá o ilusório caráter de segurança) é informado por conceitos basicamente éticos que o antecedem e o perseguem continuamente, não se pode considerar válido um raciocínio que atribua maior perfeição ao elemento dependente e menor ao principal. Ora, se o principal é falho, aquilo que dele depende ou deriva não pode ser perfeito ou, melhor, antes deve compartilhar de sua mesma imperfeição.

6.3.1.3 – ÉTICA E MORAL

As moralidades ou preceitos morais têm existido desde o surgimento das sociedades humanas, enquanto que a Ética surgiu bem mais tarde

229 ARISTÓTELES. *Ética a Nicômano*. São Paulo: Abril Cultural, 1973, p. 336.

230 Miguel REALE, *Teoria Tridimensional do Direito*. 5ª ed. São Paulo: Saraiva, 1994, *"passim."*

231 Não é sem razão que o art. 4° da Lei de Introdução às normas do Direito Brasileiro estabelece que em caso de lacuna legal o juiz não se exime de decidir, mas deve fazê-lo com base na "analogia, costumes e princípios gerais de direito."

no período grego. Segundo Montoya, por moral deve ser entendido o termo genérico que designa o conjunto das moralidades históricas, os preceitos morais. Por Ética, deve-se entender de outra banda, a reflexão filosófica sobre as moralidades, pretendendo depurá–las, racionalizá–las, transformá–las em um código válido para qualquer homem; em suma, universalizá–las.[232]

Nesse contexto, a Ética tem se desenvolvido sob diferentes perspectivas:

a) Eudemonismo:

Buscando o sumo bem como aquele que não depende de outro, mas o constitui em si mesmo, encontra-se como resposta a felicidade. Na dicção de Aristóteles: "absolutamente perfeito é aquele fim querido sempre por si mesmo e nunca por outro. Tal parece ser mais do que qualquer coisa a felicidade: a esta, de fato, queremo–la sempre por si mesma e nunca por outra coisa."[233]

O homem deve buscar a felicidade e esta só é possível pela prática da virtude.

b) Contratualismo:

Concentra a moral nos atos tendentes ao estabelecimento da igualdade entre os homens, consubstanciada na equidade. Para isso, pressupõe-se a associação humana em um acordo ou contrato entre iguais, colimando estabelecer uma convivência harmônica e equilibrada.[234]

c) Utilitarismo:

Valoriza por seu turno a "solidariedade", devendo então os atos humanos ser pautados pelos seus resultados em termos de felicidade produzida, não como uma mera realização pessoal, mas a felicidade que se pode produzir aos outros. Os resultados dessa felicidade são calculados mediante um total de consequências positivas e negativas.

d) Pluralismo:

Considerando um ecletismo das teorias anteriormente citadas, conclui-se que as moralidades cumprem funções diversas como: proporcionar ao indivíduo um modelo de comportamento; assegurar por meio da reciprocidade um equilíbrio dos membros do grupo e, ainda, garantir

232 SAÉNZ, José Montoya, Op. cit., p. 6.

233 ARISTÓTELES, *A Ética*. Rio de Janeiro: Ediouro, 1985, p. 39.

234 ROUSSEAU, Jean Jacques. *O Contrato Social*. São Paulo: Nova Cultural, 1987, "passim."

o cuidado de todos, inclusive os mais débeis, para assegurar a coesão social.[235]

Efetivamente a resposta pluralista apresenta-se bastante coerente, pois a uma questão multifária e complexa não se pode dar uma solução unitária e simples.

E, na realidade, as incursões éticas não são por natureza isoladas. Ao contrário, podem ser tomadas de maneira complementar e interpenetrante. Apenas para ilustrar pode-se anotar que o eudemonismo que se volta à busca da felicidade baseia-se na prática da virtude, e a felicidade virtuosa não pode ser egoísta a ponto de olvidar a solidariedade com os mais débeis (utilitarismo) e nem conformar-se com a desigualdade injusta (contratualismo). De outro lado, tanto o contratualismo, como o utilitarismo, visam, em última instância, à harmonia social que só pode pretender produzir a felicidade dos indivíduos.

Um exemplo bastante palpável dessa complementaridade entre as perspectivas éticas é a atual situação conflitiva entre as elites e as massas brasileiras. Certamente a busca da felicidade apartada, desconsiderando a necessária igualdade e, especialmente, a solidariedade, só pode conduzir a um contínuo conflito que resulta na violência incontrolada característica de nossa sociedade à e em reações que não visam a real solução desses conflitos, mas têm por trás uma tendência belicosa e genocida.

A tendência das massas é a revolta, ao passo que a das elites é a de fecharem-se, isolarem-se num mundo próprio.

Ao reverso de preocupar-se em solidarizarem-se com as massas, as elites abandonaram-nas cada vez mais, inclusive reduzindo a assistência do Estado que praticamente monopolizam.

A indiferença pelo destino dos menos afortunados é o característico das elites brasileiras, que ao criarem seus próprios meios de assistência (v.g. segurança privada, educação particular, saúde privada etc.), não mais se interessam pelos serviços básicos a serem ofertados pelo Estado à população. Este é o enfoque de Maria Rita Khel ao asseverar que

> "não existe respeito pela coisa pública no Brasil. A elite se apropria do espaço público como se fosse seu quintal. Como se aqui não existisse demarcação entre o público e o privado, mas sim entre o 'vantajoso' e o 'custoso'. Do vantajoso a elite se apropria (...). O custoso, o pouco vantajoso, fica por conta do Estado,

235 SAÉNZ, José Montoya SAÉNZ, op. cit, p. 30.

suposto mantenedor dos interesses públicos. Mas como as elites vão se apropriando também do Estado como coisa sua, vemos nesse momento dito neoliberal, que o próprio Estado vai se desobrigando de garantir à população alguns direitos básicos – saúde, educação, transportes, moradia – cujo custo não corresponde à geração imediata de benefícios. O Estado brasileiro vem negligenciando responsabilidades em áreas em que o investimento deve forçosamente ser maior do que o retorno...."[236]

Chega-se, na falta de um pluralismo, à absurda negação do "outro" como igual em termos de humanidade. E de situações absurdas só se pode chegar ao caos. Com efeito, "não se vêem mais pessoas. Vêem-se carentes, favelados, ladrões, menores, delinquentes, criminosos, bandidos, viciados."[237]

A indiferença um "eudemonismo egoísta", não são admissíveis como posturas eticamente corretas, não sendo sem razão que Dante ao penetrar no inferno depara-se logo de início com os indiferentes.[238]

6.3.1.4 – A UTOPIA DE UMA ÉTICA UNIVERSAL E O DIREITO

A Ética perfeita certamente existe, mas por lógica não pode ser alcançada pela humanidade, pois que esta é imperfeita. O máximo que se consegue é, aos poucos, ir-se descobrindo essa Ética. Aqui, o papel do pluralismo também é de destaque, porque permite uma abordagem ilimitada e multifacetária.

Com essa constatação, Montoya[239] critica a Ética em relação ao Direito, considerando que este já se organizou e tem um conjunto cognoscível, enquanto a primeira nunca pode chegar a termo.

Linhas passadas já foi demonstrada a ilusão em que consiste essa conclusão e, agora, considera-se de importância a análise de uma polêmica jurídica atual no Brasil, a qual deixa patente que Ética e Direito são "faces da mesma moeda", portadoras das mesmas potencialidades e limites.

O tema aventado é o da chamada "colaboração premiada", ora prevista em nosso ordenamento por força de disposições legais em diplomas

236 KHEL, Maria Rita. Do narcisismo das elites ao narcisismo das massas. *Revista Brasileira de Ciências Criminais*. nº 16, out./dez., 1996, p. 322-323.

237 MELLO, Silvia Leser de. A cidade, a violência e a mídia. *Revista Brasileira de Ciências Criminais*. nº 21, jan./mar., 1998, p. 194.

238 ALIGHIERI, Dante ALIGHIERI, *A Divina Comédia*. Rio de Janeiro: Ediouro, 1999, p. 12.

239 Op. cit., "passim."

variados (Lei 8.072/90, Lei 9.269/96, Lei 7.492/86, Lei 8.137/90, Lei 9.613/98, Lei 11.343/06, Lei 9.807/99 e agora também na Lei 12.850/13).[240]

Trata-se da possibilidade de o coautor de crimes ser agraciado com a redução de sua pena ou mesmo perdão judicial, desde que preste efetiva colaboração à Justiça no deslinde do crime e apuração da autoria dos demais infratores, bem como outros resultados interessantes do ponto de vista processual, penal, social, humano etc.

Este novo instituto é legalmente estabelecido nos diplomas antes mencionados, importado do Direito Norte-Americano ("Plea Bargain") e Italiano (Pentitismo).[241] Nem por isso podemos dizer que haja consenso sobre o assunto ou mesmo que se tenha um conjunto cognoscível e definitivo juridicamente falando sobre o tema.

O fato de se poder conhecer ante mera leitura o teor da lei não atribui ao Direito qualquer vantagem sobre a Ética.

Preceitos morais ou éticos também existem que podem ser tidos como definitivamente estabelecidos no sentido de seu conhecimento por todos, embora não reduzidos a normas escritas.

Somente uma visão fortemente formalista do Direito levaria à conclusão de que este é mais cognoscível só porque é posto por normas que têm a *pretensão* de serem estáveis e consensuais. Alice Bianchini destaca exatamente que "os formalistas (...) relevam a segurança jurídica, enquanto que, para os realistas, a tônica se insere na equidade."[242]

Especialmente no tema ora enfocado ("colaboração premiada") pode-se constatar essa quase "promiscuidade" entre a Ética e o Direito.

Será possível aos juristas comentar este instituto sem recorrer a argumentos éticos? Será possível ao operador do Direito interpretar e aplicar tal lei sem questionamentos basilarmente éticos? E mais claro ainda: Terá o legislador ao abrigar na sua obra o instituto, feito isso sem deparar-se com um conflito ético?

A discussão doutrinária e jurisprudencial do assunto certamente gravitará em torno do conflito entre uma visão pragmática e outra visão ética do Direito. Para uns o que importa são os resultados alcançáveis

240 Costumava-se utilizar a expressão "Delação Premiada" que foi agora substituída pela expressão "Colaboração Premiada."

241 GOMES, Décio Luiz Alonso. Proteção aos réus colaboradores (Ou da barganha com a criminalidade). *Boletim IBCCrim*. nº 82, set., 1999, p.12.

242 BIANCHINI, Alice. Aspectos subjetivos da sentença penal. *Revista Brasileira de Ciências Criminais*, nº 22, abr./jun., 1998, p. 38.

com a colaboração premiada. Para outros, seria algo abominável como uma contradição interna no sistema que incentivaria condutas reprováveis como a delação e a traição, malquistas até mesmo entre os mais celerados dos homens.

Fala-se de Direito e concomitantemente de moral (delação, traição etc.), não sendo aceitável sua separação nítida, mas sim constatável uma constante zona de interseção.

A lei posta não oferece a segurança e muito menos o conhecimento do Direito. Sua aplicação, por exemplo, é pouco previsível, pois agregar-se-ão em sua interpretação elementos extrajurídicos que exercerão indubitável influência.[243] E não se oponha a isso a máxima "in claris cessat interpretatio", pois que seus defensores

> "confundem a essência da interpretação com a 'dificuldade' ou amplitude desta: nas disposições claras o trabalho é menor, mas existe sempre. É ele que dá vida ao texto morto, ilumina a fórmula rígida."[244]

Mas não é só a interpretação ou aplicação da lei posta que é duvidosa. Sua correção e sua justiça, não são garantidas pela positivação e, portanto, a existência de normas postas não garante a existência de um Direito definitivo e muito menos universal. O exemplo do instituto sobre a colaboração premiada é apenas um dentre muitos, mas, igualmente, poder-se-ia falar da tortura que já foi legalmente reconhecida e que hoje é igualmente proibida nas legislações, a exemplo da nossa Lei 9.455/97, e mundialmente mediante diversos tratados internacionais sobre Direitos Humanos.

O caso da colaboração premiada é um dos que melhor retrata a relação entre a Ética e o Direito desde a formulação da norma até sua atuação concreta, revelando claramente sua absoluta proximidade, seja em capacidades, seja em limitações.

6.3.1.5 – CONCLUSÕES

A verdadeira e robusta diferenciação entre Ética e Direito está então nos seus respectivos direcionamentos. A primeira operando no campo abstrato e o segundo no campo concreto, solucionando conflitos e

243 Op. cit., "passim."

244 MAXIMILIANO, Carlos. *Hermenêutica e Aplicação do Direito*. Rio de Janeiro: Forense, 1999, p. 37–38.

situações de fato. Na obtenção de normatização da conduta humana, porém, ambos encontram as mesmas dificuldades para uma formulação definitiva e universal.

Enfocando especificamente a questão do instituto da colaboração premiada, assim se manifesta com razão Pacelli:

> "Por fim, mas não por último, e ainda mais uma vez nesse Curso, alinhamos outra objeção aos argumentos que recusam validade à colaboração premiada com fundamento em distorções éticas do colaborador. Distorções que, se levadas a sério, terminariam também por dizimar o conceito de arrependimento ou de consciência moral. A delação, a traição ou qualquer expressão que pretenda traduzir o ato de revelação da estrutura da organização criminosa, de seus autores e o modo de seu funcionamento, ou, ainda, as informações acerca da localização da vítima e do produto ou proveito de ações criminosas, nada disso vai de encontro a qualquer conceito de ética. A menos, é claro, que se passe à ideia de que a ética há de ser determinada pelo grau de lealdade entre partícipes de determinado empreendimento. Mas, aí, afastado de qualquer vinculação à moralidade, referido conceito não servirá para mais nada."[245]

Não há como negar a coerência e a logicidade intocável do discurso de Pacelli acima transcrito. Efetivamente, a colaboração premiada, conforme demonstrado linhas volvidas, envolve uma apreciação ética, mas daí a chegar à conclusão de que o instituto venha a violar normas morais porque um criminoso propõe-se a dar informações à Polícia ou ao Ministério Público vai uma grande e insuperável distância. Negar legitimidade ética ou moral à colaboração premiada é o mesmo que atribuir validade ético-moral à "lei do silêncio" reinante entre criminosos e, especialmente, na macrocriminalidade. Isso implica uma total inversão de valores. Poder-se-ia argumentar que o condenável não seriam a confissão e a revelação dada pelo infrator, mas o fato de que o Estado faça uma espécie de negociação ou barganha com ele. Entretanto, a colaboração dada pelo infrator sempre foi encarada no mundo jurídico como ensejadora de certos benefícios que, em maior ou menor grau, significam um espaço de reconhecimento ou de barganha entre a sociedade e aquele que delinquiu. Seria então a atenuante da confissão (artigo 65, III, "d", CP) uma imoralidade? O instituto do arrependimento posterior

245 PACELLI, Eugenio. Op. cit.

(artigo 16, CP) seria antiético? Assim também a desistência voluntária ou o arrependimento eficaz (artigo 15, CP)? Isso dentre outros vários dispositivos e institutos da parte geral e da parte especial do Código Penal, bem como encontráveis na legislação esparsa.

A colaboração premiada tem sim seus perigos, que serão abordados no decorrer deste texto, mas seu pragmatismo não obnubila a postura ética da sociedade ou do Estado que a adotam.

Pode-se ainda desde logo afirmar com segurança que não é inconstitucional ou inconvencional (Pacto de São José da Costa Rica) no que tange à suposta violação do direito ao silêncio ou à não autoincriminação. Isso porque esses direitos são claramente disponíveis, sob pena de, ao contrário, se considerar que toda prova produzida voluntariamente pelo acusado ou investigado seria inválida, desde uma confissão até a entrega de uma arma, documentos ou objetos relativos à infração ou até mesmo a sua apresentação espontânea que então impediria não somente o flagrante, mas até mesmo sua punição. Como bem aduz Sannini, o instituto em estudo "constitui uma hipótese de disposição de um direito fundamental."[246] O importante é que o indiciado ou réu abra mão desses direitos na colaboração premiada de forma voluntária, sem coações de quaisquer espécies.

6.3.1.6 – AS REGRAS DA COLABORAÇÃO PREMIADA NA LEI 12.850/13

Em primeiro lugar é preciso relembrar que a colaboração premiada, anteriormente conhecida como "delação premiada", já é prevista em vários diplomas legais nacionais, tais como Lei 8.072/90, Lei 9.269/96, Lei 7.492/86, Lei 8.137/90, Lei 9.613/98, Lei 11.343/06, Lei 9.807/99 e agora também na Lei 12.850/13. Nesse passo, entende-se que o advento da normatização da Lei 12.850/90, além de não revogar os dispositivos anteriores, pode servi-los de complemento em suas respectivas áreas de aplicação, uma vez que o atual diploma legal normatiza de forma bem mais detalhada os procedimentos para a colaboração. Isso, aliás, era uma lacuna por demais prejudicial à devida aplicação do dito instituto por meio dos diplomas legais que antecederam à atual Lei do Crime Organizado.[247]

---

246 SANNINI NETO, Francisco. Op. cit.

247 Pela possibilidade de complementação dos demais casos legalmente previstos de colaboração premiada pelos institutos da Lei 12.850/13, também se manifesta positivamente o autor Eugenio Pacelli. PACELLI, Eugenio. Op. cit.

A alteração terminológica em que se passa a chamar o instituto de "colaboração premiada" em vez "delação premiada" revela a tendência contemporânea a um *nominalismo mágico* no seio do qual parece haver a crença de que a mudança dos nomes das coisas é capaz de alterar suas naturezas. Lapidar a observação de Nucci sobre o tema:

> "Embora a lei utilize a expressão colaboração premiada, cuida-se, na verdade, da delação premiada. O instituto, tal como disposto na lei, não se destina a qualquer espécie de cooperação de investigado ou acusado, mas aquela na qual se descobrem dados desconhecidos quanto à autoria ou materialidade da infração penal. Por isso, trata-se de autêntica delação, no perfeito sentido de acusar ou denunciar alguém – vulgarmente, o dedurismo."[248]

O artigo 4º, da Lei 12.850/13 estabelece quem concede e quem propõe a colaboração, os efeitos benéficos ao réu ou investigado colaborador e os resultados investigatórios ou instrutórios que devem advir da efetiva colaboração para que esta surta seus devidos efeitos.

Quem concede as benesses da colaboração é o Juiz e o faz em dois momentos distintos, que serão separadamente estudados: um primeiro momento em que homologa a proposta e um segundo momento, já na sentença, quando concede ou não os benefícios de acordo com a efetivação ou não dos resultados esperados mediante o acordo de colaboração. Ao Juiz, porém, não é dado, corretamente, o poder de propor de ofício a colaboração. Na verdade nem sequer pode participar das negociações, nos termos do artigo 4º, §6º, da Lei do Crime Organizado. Isso, longe de ser uma limitação imposta ao magistrado é uma verdadeira proteção que lhe garante o exercício adequado e principalmente imparcial de suas funções jurisdicionais.

Aqueles que podem propor a colaboração premiada são o Promotor e o Delegado de Polícia, segundo a lei. Não é o caso de se pensar na possibilidade de o advogado do querelante ou do próprio querelante ofertar a colaboração, seja porque a lei não os menciona em nenhum momento, seja porque dificilmente, senão jamais, haverá uma investigação sobre crimes de ação penal privada perpetrados de forma organizada. Então, embora o legislador fale em "partes" no "caput" do artigo 4º, da lei de regência, obviamente não está abrangendo o querelante e seu advogado,

248 NUCCI, Guilherme de Souza. Op. cit., p. 47.

tanto é que em nenhum momento ulterior o menciona, mas tão somente a Delegado de Polícia e ao Promotor. Também não há menção ao Assistente da Acusação, o qual inclusive irá atuar somente em Juízo e não na fase investigatória, quando, normalmente, a colaboração será mais utilizada. Portanto, também é imune a dúvidas que o Assistente da Acusação não tem poder para propor a colaboração.

Quando o artigo 4º, "caput", menciona a palavra "partes", surge uma estranheza quanto à possibilidade de manejo da colaboração premiada pelo Delegado de Polícia, o qual, claramente, não é "parte" no Processo Penal. Também causa desconforto a palavra "requerimento", já que a Autoridade Policial não "requer" e sim "representa." No entanto, no seguimento da regulamentação do instituto a legislação é bem clara ao conceder ao Delegado de Polícia atuação nessa fase, inclusive de forma autônoma. Deixando de lado as preciosidades terminológicas, entende-se que, sob o ponto de vista pragmático, agiu muito bem o legislador, pois que normalmente é o Delegado de Polícia aquele que se acha mais próximo e ciente das necessidades de informações para a investigação criminal que conduz. O empoderamento do Delegado de Polícia na colaboração premiada desburocratiza o instituto e o torna mais ágil e eficaz, sem qualquer perda para o Estado de Direito Democrático, pois que, seja para a colaboração acertada com o Promotor, seja com o Delegado, a lei estabelece uma série de garantias ao investigado ou réu.

Pacelli discorda desse entendimento, elencando uma série de empecilhos que levariam inclusive à inconstitucionalidade das normas que deferem ao Delegado de Polícia o poder de encetar a colaboração premiada diretamente com o investigado.

Muito embora o digno autor tenha em seus pioneiros comentários à Lei 12.850/13 colaborado para a boa interpretação da legislação em alguns aspectos, é preciso dele discordar nesta questão, apontando as razões dessa discordância pontualmente.

Já inicia mal Pacelli ao afirmar que o artigo 4º, §§ 2º e 6º, da Lei 12.850/13 confere indevidamente ao Delegado de Polícia "*capacidade postulatória*", mediante "*legitimação ativa* para firmar acordos de colaboração, a serem homologados pelo Juiz."[249]

Há aqui uma má leitura ou então uma leitura de má vontade dos dispositivos. Note-se que, se há uma má leitura, trata-se a nosso ver de um

249 PACELLI, Eugênio. Op. cit..

equívoco que pode ocorrer a qualquer um e inclusive caberá ao Judiciário decidir qual a melhor orientação. Agora, se há uma má vontade, então se opera uma atitude nada louvável no processo argumentativo, a qual deve ser objeto de denúncia, qual seja, a manobra de "dizer que não se sabe aquilo que se sabe."

É mais do que cristalino que a lei em momento algum conferiu "capacidade postulatória" ao Delegado de Polícia. A colaboração premiada é feita entre o Delegado, o colaborador e seu advogado, nada havendo aí de requerimento em juízo. Nada havendo, portanto, *de postulação.* Também usa o autor a terminologia "legitimação" do Delegado, induzindo o leitor a um erro (seu próprio erro ou não é questão a pensar). O erro consiste em dar a aparência de que a figura do Delegado de Polícia aparece doravante como uma espécie de "parte processual anômala", o que de modo algum se verifica em qualquer dos dispositivos. O Ministério Público é o titular da ação penal, o defensor exerce suas funções e o Delegado investiga e tem apenas os poderes necessários para este seu exclusivo mister. Não é erigido em momento algum e não poderia ser, em "parte" processual. Portanto, não é "legitimado" a nada, apenas lhe é conferido um poder–dever como todos os demais que detém na presidência do Inquérito Policial ou outros instrumentos de investigação.

Poderia se acenar com o argumento de que essa suposta "postulação" do Delegado estaria ligada ao fato de que ele submeterá ulteriormente o acordo firmado para homologação judicial. No entanto, a lei é claríssima ao dizer que o Delegado o fará mediante *representação,* o que não se confunde com *"requerimento"*, este sim ligado à capacidade postulatória em juízo. É difícil crer que um autor como Pacelli faça confusão entre essas noções básicas, mas espera-se, na melhor das hipóteses, que sim, já que ao erro estamos todos destinados.

Além disso, em todos os dispositivos a lei é absolutamente clara ao estabelecer que todo o procedimento do Delegado somente será objeto de apreciação após "manifestação do Ministério Público", o que demonstra, cristalinamente, inexistir previsão de "capacidade postulatória" ou qualquer "legitimação processual" do Delegado em Juízo, de modo que a interpretação pretendida não se sustenta nos mais comezinhos conhecimentos terminológicos e práticos do Processo Penal e da Investigação Criminal de acordo com as normas brasileiras.

Em seguida o autor sob comento usa de um recurso retórico de ironia e confusão que somente não é detectado por aqueles que nada conhecem dessa arte. Não se sabe se o uso desses recursos é consciente pelo autor ou se decorre da simples contaminação pelo "politicamente correto" quando, ao escrever, é necessário sempre fazer reverência aos *lugares-comuns* dos discursos esquerdistas, ainda quando impliquem generalizações e anacronismos injustos e injustificáveis e até mesmo distorções históricas evidentes.

Em suas palavras afirma Pacelli:

> "Nada temos e nada poderíamos ter *(quem sabe apenas em um passado longínquo e sombrio....)* contra a autoridade e contra a importância do Delegado de Polícia na estrutura da investigação." (grifo nosso)[250]

A ironia com a figura do Delegado de Polícia em sua acepção histórica é evidente e não se refere somente ao passado, mas pretende trazer um passado indefinido no discurso, mas subentendido, para o presente, operando uma "confusão" ignominiosa. O elemento barroco de contradição entre opostos é também evidente. Afirma-se nada ter contra o Delegado e seus poderes, mas em seguida afirma-se o reverso. Ora, o autor tem ou não tem alguma coisa contra a figura do Delegado. Se tem, que o diga claramente e não por meio de insinuações indefinidas. A postura do autor é lamentável e decepcionante, não porque este signatário é Delegado de Polícia (aliás, como dizia um ex-ministro, "está Delegado", não é, é apenas um ser humano), mas porque desmerece toda uma categoria, fosse esta qual fosse, de forma generalizante, injusta, irônica e desleal.

Em primeiro lugar tentar trazer aquilo que se pode inferir que seria (porque não diz claramente o autor) a atuação de alguns Delegados de Polícia durante o período ditatorial para aqueles que hoje exercem os cargos é algo absolutamente irracional. O autor tem o cuidado de tentar apresentar a frase como se fizesse essa distinção que não precisa ultrapassar o senso comum (o bom-senso), mas quando faz a afirmação com os parêntesis produz consciente ou inconscientemente, em seu discurso, essa ligação espúria, falsa e inquinada de um erro que se irradia para todo o discurso e para todo aquele que o lê, de modo a influenciar a formação de ideias equivocadas sobre toda uma categoria. O autor poderia ser contra a Ditadura e seus procedimentos, contra tal ou qual

250 Op. cit.

agente público (Delegado ou não) que atuou de acordo com esses procedimentos, mas não contra a instituição ou o cargo em geral. A dicção de Pacelli passa a falsa impressão de que somente os Delegados de Polícia da época (hoje nenhum sequer na ativa) foram os responsáveis por desmandos. Então como ficariam as Forças Armadas (Exército, Marinha e Aeronáutica) seriam instituições condenadas para todo o sempre? Como ficariam os Juízes e Promotores da época em suas omissões e decisões, porque ambas as instituições são tão importantes quanto a Polícia? Como ficariam os advogados? É, porque se houve vários que empreenderam batalhas, houve muitos coniventes ou omissos? Como ficaria a própria sociedade civil, que em sua grande maioria se conformou diante do quadro ou aderiu a este, e uma parte inconformada, que partiu para a violência, inclusive contra inocentes, com atos de terrorismo, explosões de bombas, assassinatos covardes, sequestros, roubos etc.? Então a sociedade civil brasileira também mereceria o escracho eterno dos bem penteados e cheirosos "politicamente corretos" dos dias de hoje? E, principalmente, como ficam os Delegados de Polícia da época que em nada participaram de eventos condenáveis? A generalização é injusta e, como geralmente o é, falsa e torpe. É ainda obtusa, assim como toda visão unilateral da história, seja brasileira ou universal. Portanto, pretender deslegitimar uma instituição como a Polícia Judiciária e a figura do Delegado de Polícia, mediante um discurso subterrâneo como esse, é altamente condenável e não poderia passar despercebido, sem uma crítica contundente proporcional.

No seguimento o autor sob comento afirma que a atuação do Delegado na colaboração premiada seria "inconstitucional" porque violaria a titularidade da ação penal pelo Ministério Público, sustentando-se nas funções investigatórias da Polícia Judiciária (artigo 144, § 1º, IV, e § 4º, c/c artigos 127 e 129, I, CF).[251]

"Data venia", o autor faz uma conexão que não tem sustentação. Afirma que cabe ao Ministério Público formar a convicção jurídica sobre o fato em apuração devido à sua titularidade da ação penal pública.[252] Isso é verdade, mas a melhor mentira é aquela que esbarra em uma verdade. Ora, é claro que o Ministério Público é o titular da ação penal, é óbvio que cabe a ele formar sua convicção quanto à existência de infração

251 Op. cit..

252 Op. cit.

penal e o intentar de uma ação penal (é o que se denomina de "opinio delicti"). Quem poderia, em sã consciência, negar essa obviedade?

Acontece que do porto seguro da obviedade lançam-se voos para o fantástico. É sempre sobre um substrato do real que se constroem as mais belas e as mais assustadoras fantasias.

Uma primeira distinção que deve ser lembrada é a de que o Ministério Público é o titular da *ação penal* e não do *direito de punir*. A colaboração premiada levada a efeito pelo Delegado de Polícia não versa em um só momento sobre a ação penal, mas somente sobre questões referentes à pena e sua execução. O Direito de Ação segue intacto nas mãos do Ministério Público, conforme determina a ordem constitucional. O mesmo ocorre quando o Delegado instaura o Inquérito ou indicia alguém ou mesmo quando não indicia. Em qualquer caso, o Ministério Público não está atrelado à convicção jurídica da Autoridade Policial, pode pedir o arquivamento de um inquérito com indiciamento; pode denunciar alguém que não foi indiciado; pode requisitar a instauração de um inquérito que não foi instaurado pelo Delegado. Não há nada a impedir seu livre e legítimo exercício de titular da ação penal. Também nada impede o promotor de discordar de eventual acordo do Delegado em termos de colaboração premiada, mesmo porque a lei obriga sempre a manifestação do Ministério Público. E se esse acordo for homologado à sua revelia pelo Juiz, o que se pensa que dificilmente ocorrerá, poderá valer-se dos instrumentos processuais disponíveis para garantir seu direito, inclusive do Mandado de Segurança e da Correição Parcial. Talvez nem disso precise, apenas necessitará agir normalmente, intentando a ação penal e desconsiderando o acordo com o qual não tem nenhum liame. Negada sua pretensão pelo não recebimento da denúncia, terá a seu dispor o recurso em sentido estrito (artigo 581, I, CPP). Recebida a denúncia, mas concedidos os benefícios do acordo com o qual não concorda à sua revelia pelo Juiz, poderá apelar (artigo 593, I, CPP). Onde há prejuízo à titularidade da ação penal para o Ministério Público quando o Delegado de Polícia, não no processo, mas na única fase em que atua, que é a fase investigatória da persecução penal, propõe um acordo de colaboração premiada? Sinceramente, tendo em vista o início argumentativo lamentavelmente preconceituoso do autor, somente se pode chegar à conclusão de que, como *não quer* a prática da colaboração premiada pelo Delegado (trata-se de um ato de *pura vontade*), saí à cata de argumentos, ainda que indevidos, para satisfazer seu *desejo*. É aquilo que Cordero chama de "primado das hipóteses sobre os fatos."[253]

Pacelli ainda critica a lei porque ela *"elevaria" (grifamos)* o Delegado de Polícia à condição de "parte." Isso porque no artigo 4º, § 10º, dispõe que "as partes podem retratar-se da proposta."[254]

O tema do uso da palavra "parte" no corpo do artigo 4º, inclusive no seu "caput" e sua impropriedade, já foi comentado neste trabalho, inclusive tratando com imparcialidade a questão pela lembrança do querelante e do assistente da acusação, sem focar somente numa única figura eleita para ser deliberadamente deslegitimada. Foi então apontada a irregularidade do uso da expressão "partes" e também genericamente "requerimento", exatamente porque é verdade que o Delegado de Polícia nem é "parte" no processo e nem faz "requerimentos", mas "representações." Trata-se tão somente de uma impropriedade terminológica, nada mais que isso, a qual Pacelli pretende erigir em sustentação para uma suposta, e tão desejada pelo autor, "inconstitucionalidade."

Se toda impropriedade técnica em termos terminológicos encontrável na legislação brasileira conduzisse a uma inconstitucionalidade, então uma enorme parcela de nossa legislação deveria ser jogada fora, incluindo a própria Constituição, a qual não é imune a isso.[255]

Mas a análise tendenciosa de Pacelli é logo perceptível pelo vocabulário que utiliza. Ele afirma que a lei "*parece elevar*" *(sic)*, como se destacou acima, o Delegado de Polícia "à condição de parte." Note-se o preconceito desbragado: como poderia o Delegado ser *"elevado à condição de parte"*? Ora, para ser *"elevado"*, então precisaria a figura do Delegado de Polícia ser considerada algo de *subalterno, inferior ou coisa pior numa cabeça preconceituosa* no bojo da persecução penal. Mas isso não passa pela peneira da discriminação injusta e da perversão da realidade. Na verdade, o Delegado de Polícia, o Advogado, o Juiz e o Promotor não são figuras que se sobrepõem em importância ou autoridade na persecução penal. São todos essenciais à consecução da Justiça Criminal, cada um no exercício legítimo de suas funções e sem qualquer espécie de subordinação, inclusive de natureza hierárquico–administrativa,

253 CORDERO, Franco. *Guida alla Procedura Penale*. Torino: UTET, 1986, p. 51.

254 PACELLI, Eugenio. Op. cit.

255 É bom lembrar que há quem advogue a possibilidade de inconstitucionalidade de normas constitucionais. Cf. BACHOF, Otto. *Normas constitucionais inconstitucionais?* Trad. José Manuel M. Cardoso da Costa. Coimbra: Atlântida, 1977, "passim."

mesmo porque pertencentes a quadros diversos (Executivo, Judiciário, OAB). O Delegado de Polícia não carece ser *"elevado"* a coisa alguma no processo e isso é afirmado inclusive com base na legislação pertinente que erige suas funções como "de natureza jurídica, *essenciais* e exclusivas de Estado" (grifo nosso) (artigo2º, "caput", da Lei 12.830/13 e artigo 140 da Constituição do Estado de São Paulo).

É de frisar a obsessão de Pacelli com a palavra "partes", a qual nem sequer tem um significado bem definido no Processo Penal, havendo quem afirme inclusive inexistir essa figura na área criminal, a qual seria típica somente do Processo Civil. É praticamente impossível pensar que o autor desconheça essa celeuma. Por que dar tanta evidência então a uma palavra malposta e altamente polissêmica ou mesmo totalmente inadequada na seara Processual Penal para muitos? Parecem emergir claramente mais uma vez a ereção de uma hipótese e a busca incontida de argumentos para sua sustentação e não o processo reverso, que seria o encontro de argumentos ou provas para a formulação de uma hipótese sólida.

Apenas para não deixar sem a devida abordagem, transcreve-se a lição de Giorgis sobre o tema da suposta "lide" no Processo Penal:

> "Dentro do tema enfocado, em que se busca analisar a pertinência da lide na esfera penal, é de se relevar que o vigente CPP, na visão de seus elaboradores, é infenso a tal conceito. Sobreleva notar que o termo 'lide' não se faz presente em seu texto processual."[256]

Para Manzini é somente no Processo Civil que debatem duas "verdadeiras partes." No processo penal o conceito de parte não se encaixa, apresentando uma "significação imprópria e especial" porque o interesse em jogo é sempre público e indisponível, especialmente nas ações penais públicas.[257] Ademais, esse interesse não é plenamente definido especialmente no lado estatal, pois que o que se pretende é estabelecer a Justiça, seja pela condenação dos culpados, seja pela absolvição dos inocentes (por isso o Promotor pode pedir absolvição, impetrar "Habeas Corpus" etc.). No mesmo diapasão manifestam-se Florian, Figueiredo Dias[258] e Bettiol, argumentando este que "a natureza publicística do processo pe-

256 GIORGIS, José Carlos Teixeira. *A lide como categoria comum do processo*. Porto Alegre: Letras Jurídicas, 1991, p. 61.

257 Apud, Op. cit., p. 68.

258 Op. cit., p. 68 – 70.

nal não consente que se possa utilizar um conceito de parte de fundo privatístico."[259] Também Tucci afirma a inaplicabilidade do conceito de "lide" ou "partes" ao processo penal, porque, neste, o conflito entre o "ius puniendi" e o "ius libertatis" dirige-se à busca de uma verdade que tanto pode ser a da acusação ou a da defesa, ficando o Estado satisfeito com qualquer delas, desde que retrate o justo.[260] Doutro ângulo, com fundamento nas lições de Liebman, Grinover sustenta que o processo penal "é um processo de partes" com uma "lide" ("conflito de interesses qualificado por uma pretensão resistida"), por meio da qual atua a jurisdição.[261] Nota-se que a questão é controversa, embora no Brasil, por influência da chamada "Teoria Geral do Processo",[262] tenda a predominar a aplicabilidade dos conceitos de lide e partes também no Processo Penal.[263] Não obstante, essa não é uma posição fechada, de modo que, como se disse, fazer um "carnaval" em torno da palavra "parte" num texto legal é altamente desproporcional e despropositado.[264] Daí se conclui que essa atuação por parte de alguém só pode revelar ignorância ou tendenciosidade. E, tratando-se do autor em destaque, praticamente se pode afastar a primeira hipótese.

No seguimento, Pacelli passa a formular uma série de indagações também despropositadas e de respostas óbvias, dando a aparência do intento de criar dúvidas inexistentes para sustentar a tese escolhida.

Pergunta, por exemplo: "O que significaria a *manifestação* do Ministério Público nos casos em que o acordo de colaboração venha a ser firmado pelo delegado de polícia?? E se o *parquet* discordar?? Ainda assim poderia o delegado fechar o acordo?"[265]

A obviedade das respostas a essas indagações demonstra a abordagem tendenciosa de quem pretende criar uma "tempestade num copo d'água."

259 Apud, Op. cit., p. 71.

260 TUCCI, Rogério Lauria. *Direitos e garantias individuais no processo penal brasileiro*. São Paulo: Saraiva, 1993, p. 25–35.

261 GRINOVER, Ada Pellegrini. *Liberdades Públicas e Processo Penal*. São Paulo: Saraiva, 1976, p. 28.

262 CINTRA, Antonio Carlos Araujo, GRINOVER, Ada Pellegrini, DINAMARCO, Cândido Rangel. *Teoria Geral do Processo*. 8ª. ed. São Paulo: RT, 1991, "passim."

263 Neste sentido: GIORGIS, José Carlos Teixeira. Op. cit., p. 97.

264 Observe-se que, em seu profundo estudo, Giorgis, na última conclusão, aduz que entende incabível no Processo Penal a adoção do conceito de lide e partes, especialmente considerando o ideal da imparcialidade do Ministério Público. Op. cit., p. 118.

265 PACELLI, Eugenio. Op. cit.

Quanto ao significado da manifestação do Ministério Público, somente pode ser o mesmo significado que há em todos os demais inúmeros casos em que esta ocorre no andamento das investigações, como, por exemplo, em representações por dilação de prazo, por prisão temporária, por buscas e apreensões, por interceptações telefônicas etc. (Se fossem enumerados todos os casos em que a "manifestação do Ministério Público" ocorre no Processo Penal, seja por força de lei, seja por praxe judicial, seriam preenchidas páginas e mais páginas a um grau de exaustão insuportável para o escritor e o leitor mais paciente!). É incompreensível o "susto" de Pacelli! O Ministério Público, como titular da ação penal e na qualidade de fiscal da lei, bem como na atividade de controle externo da atividade policial, se manifesta constantemente na fase de investigação e sua manifestação significa a emissão de sua opinião ou parecer sobre dada questão. Essa opinião ou parecer obviamente não vincula o Juiz, pois é este quem decide no Processo Penal, seja na fase investigatória ou processual. Não obstante, se entender que a decisão judicial não foi correta, sendo, como sempre é, intimado ou cientificado, pode perfeitamente recorrer ou utilizar de ações de impugnação, tais como o Mandado de Segurança ou o "Habeas Corpus." Qual é o grande mistério?

A coisa é tão simples e óbvia que, ao responder à primeira pergunta primária formulada pelo autor, a segunda já foi de roldão esclarecida. E se o Promotor discordar? Ora, ele adota a medida pertinente para que a decisão judicial seja invalidada. É tudo tão claro e evidente que a escrita desse texto começa a causar certo desconforto por passar a sensação de estar repetindo o óbvio à exaustão.

Indaga ainda Pacelli se o Delegado de Polícia poderia fechar o acordo, mesmo ante a discordância do Ministério Público. Novamente a resposta evidente: se o Juiz homologar o acordo, sim. Mas aqui se impõe uma advertência. Aí sim cabe uma pergunta pertinente: deve o Juiz homologar um acordo do Delegado não corroborado pelo parecer Ministerial? *A resposta é não*. Mas, viria o autor e indagaria: E se isso acontecer? Já foi respondido: medidas pertinentes, recursos ou ações de impugnação. Fato é que o acordo de colaboração premiada não *deve* ser homologado pelo Juiz sem a concordância do Ministério Público. Por uma razão simples. Ele, como titular da ação penal, futuramente, não irá considerar o acordo feito, o que o torna, no mínimo, inútil. Inclusive o próprio colaborador, juntamente com seu advogado, certamente desistiria de um acordo sabendo que o Ministério Público o refuta. Isso é a coisa mais evidente do mundo!

Diversamente do que parece pensar Pacelli, nenhuma lei é capaz de afastar a importância de órgãos como o Ministério Público, a Polícia Judiciária (e nela a figura do Delegado) e o Judiciário. Esses órgãos existem porque são realmente essenciais, assim como a Advocacia. A lei apenas reconhece um fato. O autor não precisa "temer" uma diminuição da relevância do "Parquet" na persecução criminal porque é grande por si mesmo, por suas funções e não porque esta ou aquela lei o diga. Toda lei terá de reconhecer isso porque se trata de um fato. O mesmo se pode dizer quanto à pretensão frustrada do autor sob comento de diminuir a figura do Delegado de Polícia e da Polícia Judiciária. Estes são importantes porque o são, no Brasil e no mundo em forma de instituições similares, não porque uma lei o faça de forma artificial, muito menos porque qualquer teórico o pretenda.

Apresenta ainda Pacelli suposta dificuldade de compreensão do dispositivo legal que menciona a aplicação "no que couber" do artigo 28, CPP (artigo 4º, § 2º, da Lei 12.850/13), que trata do chamado "Princípio da Devolução", quando o Juiz discorda do pedido de arquivamento feito pelo Ministério Público e remete o caso à apreciação do Procurador Geral, no exercício de "função anômala" de garantia da obrigatoriedade da ação penal pública.[266] O autor começa a criar em torno desse dispositivo uma série de dúvidas descabidas quando a interpretação é absolutamente tranquila.

Chega a formular os seguintes questionamentos no mínimo inusitados:

> "O que afinal quereria dizer tal remissão? (referindo-se à remissão ao artigo 28, CPP, no artigo 4º, § 2º, da Lei 12.850/13). Acaso seria que, na hipótese de discordância do Ministério Público com o acordo proposto pelo delegado de polícia, os autos deveriam ser submetidos ao controle de revisão pela própria instituição ministerial? Se essa foi a intenção legislativa, seria ainda mais bizarra a solução a estabelecer um conflito de atribuições entre o *parquet* e a autoridade policial" (interpolação nossa).[267]

266 Cf. BONFIM, Edilson Mougenot. Op. cit., p. 178–179.

267 PACELLI, Eugenio. Op. cit.

As perguntas são novamente um "carnaval" em torno de nonada. Logo de início, a hipótese levantada por Pacelli de que poderia essa remissão ao artigo 28, CPP, referir-se à discordância entre Polícia e Ministério Público quanto ao acordo é de ser liminarmente descartada. Isso porque basta ler o dispositivo para perceber com cristalinidade que nada tem a ver com isso. Para melhor visualização o transcrevo:

> "Artigo 4º, § 2º – Considerando a relevância da colaboração prestada, o Ministério Público, a qualquer tempo, e o delegado de polícia, nos autos de inquérito policial, com manifestação do Ministério Público, poderão requerer ou representar ao juiz pela concessão de perdão judicial ao colaborador, ainda que esse benefício não tenha sido previsto na proposta inicial, aplicando-se, no que couber, o art. 28 do Decreto – Lei nº 3.689, de 3 de outubro de 1941 (Código de Processo Penal)."

O dispositivo supra não trata da questão da oferta de proposta pelo Delegado e discordância do Ministério Público. Claro que tem razão o autor ao dizer que se fosse esse o caso, de se remeterem os autos à Procuradoria para solucionar uma discordância entre o Delegado e o Promotor, tratar-se–ia de uma verdadeira teratologia processual. Mas isso é tão óbvio que não mereceria sequer ser aventado. Já se mencionou a solução para esses casos: a) O ideal: o Juiz, em caso de discordância do Ministério Público, deve indeferir a colaboração premiada pleiteada pela Autoridade Policial, a qual não tem recurso, mesmo porque não tem "jus postulandi" e "representa" não "requer." O máximo que o Delegado pode fazer é alinhar-se com o Ministério Público e tentar refazer alguma negociação. b) Se o Juiz não atuar com esse bom senso, então caberá ao Ministério Público usar do Mandado de Segurança ou da Correição Parcial ou ainda simplesmente desprezar o acordo e seguir em suas funções com os instrumentos do Recurso em Sentido Estrito em caso de rejeição de sua denúncia e da apelação em casos em que o Juiz dê concreção ao acordo firmado em sua sentença. Recorrer ao artigo 28, CPP seria um absurdo mesmo.

Entretanto, não se compreende o que faz com que um jurista do nível do autor em destaque chegue a formular uma dúvida como essa! A única explicação é uma sanha que cega no intento de deslegitimar a atuação do Delegado de Polícia na colaboração premiada a qualquer custo, ainda que seja ao custo de passar-se por néscio (passar-se porque obviamente não o é).

Afinal o dispositivo trata de caso diverso claramente. Fala da questão do requerimento (pelo MP) ou representação (pelo Del. Pol.) por perdão judicial do colaborador que houver atuado com grande relevância para o deslinde de dado caso, inclusive não havendo o acordo prévio de colaboração. Então é evidente que não se trata do momento de oferta da proposta e homologação pelo Juiz! Ora, se esse requerimento ou representação pode se dar mesmo sem o acordo anterior....!!!!

Novamente é preciso dizer o óbvio (e está ficando cada vez mais cansativo para este autor e, certamente para o leitor, mas é inevitável). A lei é clara ao dizer que o Delegado de Polícia poderá fazer essa "representação" somente na fase do Inquérito Policial e com a necessária "manifestação do Ministério Público." É evidente que há dois casos no dispositivo, primeiro este do Delegado: ele representa, o Promotor concorda e o Juiz defere, tudo bem. Ele representa, o Promotor discorda, o Juiz não defere e o Delegado nada pode fazer, tudo bem também. E o artigo 28, CPP? Obviamente é incabível! Finalmente: o Delegado representa, o Promotor discorda e Juiz, mesmo assim, defere. Vamos aplicar o "Princípio da Devolução"? É claro que não!!! Caberá ao Promotor usar dos meios cabíveis para se contrapor à decisão judicial com seu poder postulatório, o qual o Delegado não tem. Então poderá impetrar Mandado de Segurança, Correição Parcial, desprezar a decisão judicial e denunciar o implicado e então, havendo rejeição da denúncia, ingressar com Recurso em Sentido Estrito ou, ao final apelar, inclusive alegando nulidade do processo desde o seu início por causa da atuação judicial indevida.

Ah! Mas, não foi realmente respondida a questão formulada por Pacelli até o momento. Para que serve então a remissão ao artigo 28, CPP? É verdade. É que a resposta é tão evidente que dá preguiça responder. Vamos lá: o artigo 28, CPP é apontado para aplicação naquilo que "couber", ou seja, "mutatis mutandis", para o caso de a proposta de perdão ser feita pelo Ministério Público diretamente. É claro que é para esse único caso! Esse é o segundo caso de que trata o dispositivo. Esse é o único que tem alguma semelhança com a situação que se opera no arquivamento do Inquérito Policial. O "Parquet" requer o arquivamento e o Juiz não concorda, então aplica o Princípio da Devolução previsto no artigo 28, CPP. Agora, o Promotor pugna pelo Perdão Judicial de um réu ou indiciado; se o Juiz concorda, tudo bem. Se discorda, não poderia simplesmente indeferir o pedido do Promotor, já que esse órgão é o titular da ação penal pública e não o Judiciário. Então, discordando e equivalendo esse pedido de perdão judicial por parte do Ministério Público a um pedido de arquivamento, deverá o Juiz remeter os autos à Procuradoria. Concordando o Procurador com o Promotor, devolverá os autos com sua manifestação fundamentada e o Juiz será obrigado a conceder o perdão requerido. Discordando o Procurador do Promotor, deverá então substituí-lo nesse processo, inclusive denunciando o suposto colaborador ou então designar novo integrante do Ministério Público para atuar em seu nome, visando sempre não violar a convicção jurídica do primeiro promotor.[268] Daí tudo segue normalmente. Qual é o mistério???? Só pode haver mistério artificialmente criado para fazer parecer a existência de um caos jurídico inexistente com o único intuito de deslegitimar a atuação do Delegado de Polícia na colaboração premiada. Se a explicação não é essa, então houve realmente uma terrível deficiência interpretativa por parte do autor, o que é muito incomum.

E prossegue Pacelli com outras alegações infundadas. Senão vejamos:

> "Assim temos por absolutamente inconstitucional a instituição de capacidade postulatória e de legitimação ativa do delegado de polícia para encerrar qualquer modalidade de persecução

268 Já há, porém, na doutrina, equivocadamente no entender deste autor o seguinte entendimento: "A menção ao art. 28 do Código de Processo Penal diz respeito, apenas, a não ter o membro do Ministério Público concordado em pedir o perdão judicial. Nesse caso, o magistrado, invocando intervenção do Procurador Geral de Justiça, remete o feito à sua apreciação. Se a chefia da instituição entender cabível, delega a outro promotor a postulação do perdão. Do contrário, insiste em não ser concedido o perdão. O Juiz não pode conceder o perdão de ofício. Logo, se houver representação do delegado, concordando ou não o Ministério Público, o magistrado pode concedê-lo. Submete-se a recurso em sentido estrito (art. 581, VIII ou IX, do CPP). Não havendo, depende-se do pleito do Ministério Público. Se este o fizer, cabe ao juiz deferir ou indeferir. Em relação a esta decisão, igualmente, cabe recurso em sentido estrito ao Tribunal, nos termos do art. 581, VIII e IX, do CPP." NUCCI, Guilherme de Souza. Op. cit., p. 55. Note-se que, embora se discorde desse posicionamento, ele é defensável na doutrina, inclusive tendo por base aquilo que já se tem firmado sobre as propostas de suspensão condicional do processo e transação penal na Lei 9.099/95 (tema inclusive sumulado pelo STJ e STF), de modo que não há o clima de mistério criado por Pacelli. Apenas, se entende que a proposta de Nucci, embora bem exposta, não parece a melhor em termos de respeito da titularidade da ação penal pelo Ministério Público e da imparcialidade judicial, bem como, principalmente, da aplicação do artigo 28, do CPP "no que couber", conforme diz a lei, pois o que se parece mais com a situação do dispositivo do CPP em destaque é o pedido de perdão do Ministério Público em que há discordância judicial e não a negativa desse perdão, que seria, em verdade, o reverso do que se opera no artigo 28 do CPP, que trata do pedido de arquivamento. De qualquer forma, a discussão é aberta e ambos os posicionamentos têm potencial para solução da questão. O que não há é o mistério insondável criado por Pacelli artificiosa ou erroneamente.

> penal, e, menos ainda, para dar ensejo à redução ou substituição de pena e à extinção da punibilidade pelo cumprimento do acordo de colaboração."[269]

Não contente prossegue afirmando que a lei supostamente conferiria ao Delegado a capacidade de: a) Extinguir a persecução penal; b) Viabilizar a redução ou substituição de pena; c) Promover a extinção de punibilidade; d) Impedir o regular exercício da ação penal pública pelo Ministério Público.[270]

Ou a lei não foi lida, ou tudo isso é inexplicável. Nem o Delegado de Polícia nem o Promotor de Justiça têm esses poderes alardeados pelo autor em destaque. Por favor, um apelo à racionalidade! A lei defere ao Delegado, assim como ao Promotor, a capacidade de respectivamente "representar" ou "requerer" pela colaboração e suas consequências. Mas jamais são eles que determinam tanto a homologação como a execução final do acordo. Esse agente é o Juiz e somente ele. Dizer que o Delegado vai extinguir a punibilidade de alguém, vai diminuir penas, substituir penas, impossibilitar o Promotor de exercer a ação penal é de uma fantasia tão incrível à qual este signatário pensa que não chegaria nem mesmo sob o efeito de drogas alucinógenas muito potentes! No mais, já se denunciaram a impropriedade e a manipulação da linguagem em que consiste o uso de palavras técnicas com aplicação restrita, tais como "capacidade postulatória", "legitimação ativa" e "parte", referindo-se ao Delegado de Polícia.

Superada essa questão, é preciso prosseguir na exposição, abordando quais são os benefícios que o colaborador pode obter com o instituto. Diz a lei no seu artigo 4º, "caput", que o Juiz poderá:

a) Conceder o perdão judicial;
b) Reduzir em até dois terços a pena privativa de liberdade;
c) Substituir a pena privativa de liberdade por restritiva de direitos.

O Perdão Judicial, como é sabido, configura causa extintiva de punibilidade nos termos do artigo 107, IX, CP, onde se exige, para sua aplicação a previsão legal. Essa previsão para os casos de colaboração em apuração de crime organizado é efetivamente prevista legalmente no dispositivo em estudo.

---

269 PACELLI, Eugenio. Op. cit.

270 Op. cit.

A lei passa a prever também uma causa especial de redução de pena e uma nova possibilidade de pena substitutiva, independentemente do disposto no artigo 44, CP.

O magistrado, na homologação e o Delegado de Polícia ou o Promotor de Justiça, na proposta de colaboração premiada, deverão sopesar com muito cuidado e razoabilidade qual dentre os três benefícios deve ser ofertado, tendo como parâmetro a importância da colaboração prestada pelo envolvido em cada caso concreto. Vale dizer, a escolha do benefício a ser concedido deve guiar-se por uma proporcionalidade direta com a relevância da colaboração prestada. Trocando em miúdos, quanto maior a colaboração, melhor o benefício, quanto menor a colaboração, menor o benefício. Isso fica bem esclarecido no § 1º, do artigo 4º, que manda que a concessão do benefício; leve em conta a personalidade do colaborador (v.g., sua sinceridade, sua boa–fé naquele momento específico), a natureza, as circunstâncias, a gravidade e a repercussão social do fato criminoso, bem como a eficácia da colaboração.

Uma falha na norma deve ser apontada quanto aos benefícios e sua dosimetria: é que quando o legislador regulou a redução de pena escreveu que o Juiz poderia reduzir *em até 2/3*, ou seja, não estabeleceu um mínimo de redução, de modo que se pode inferir que a redução poderia ser tão pífia quanto um dia, por exemplo. Inobstante a falha legislativa na escolha dessa espécie de redação lacunosa, confia-se que a praxe forense, a doutrina e a jurisprudência indicarão que o mínimo da redução deva ficar no patamar de 1/6, tal qual é corriqueiro, por exemplo, para as atenuantes genéricas do Código Penal.

O artigo 4º, *caput* desde logo dá o tom com relação à concretização dos benefícios para o investigado ou réu colaborador, qual seja *a efetividade e a voluntariedade dessa colaboração.*

Em primeiro lugar diz a lei que a colaboração deve ser "efetiva", ou seja, deve render resultados no processo ou inquérito. Trata-se de uma postura altamente pragmática, inclusive arrolando a legislação quais são esses resultados esperados, o que será mais adiante estudado. De outro modo, bastaria que um investigado atuasse de forma dissimulada, fingindo estar colaborando, para obter sorrateiramente um benefício.

Uma das principais preocupações que têm sido aventadas quanto ao instituto da colaboração premiada é exatamente aquela lembrada por

Pacelli,[271] relativa ao "oportunismo" e, consequentemente, à possibilidade concreta de "mendacidade intrínseca" da ação do colaborador. Isso pode prejudicar o "direito de defesa" dos corréus e à própria regular persecução penal. Essa possibilidade de atuação oportunista e mendaz pode vir a

> "embaraçar a eficácia da investigação, conduzindo os órgãos da persecução para frentes menos importantes no conjunto dos fatos eventualmente acessíveis, ou, pior ainda, pode também deslocar o foco investigativo para aqueles que detêm responsabilidade penal muito inferior àquela do colaborador ou mesmo para pessoas inocentes."

No correr do texto, Pacelli afirma que "nem todo colaborador está interessado nos resultados concretos exigidos pela Lei 12.850/13, sendo sempre mais "provável que seu interesse seja de fundo exclusivamente pessoal", não sendo nunca de descartar que venha a implicar pessoas inocentes ou envolvidas em menor grau apresentando estas últimas como grandes responsáveis pela organização, quando não o são, visando sempre e apenas a um benefício pessoal no processo. Por isso, especialmente o depoimento do colaborador deve ser acatado com muita cautela e invariavelmente somente creditado se condizente com outras provas consistentes.

Também explicita a legislação que a colaboração deve ser "voluntária." Isso quer dizer que somente vale a colaboração que se dê por ato voluntário do agente e não, obviamente, aquela obtida mediante outros meios de investigação. Por exemplo, não se trata de colaboração premiada a confissão do crime em estado de absoluta flagrância, obtida por atuação policial, para a qual já é prevista a atenuante genérica do artigo 65, II, "d", CP. Da mesma maneira não a configuram todas as informações que alguém, sem o saber, propicie à Polícia quando fala ao telefone monitorado mediante ordem judicial de interceptação nos termos da Lei 9.296/96.

O legislador foi sábio ao usar a palavra "voluntariamente" e não "espontaneamente." Ele livrou os aplicadores e estudiosos do Direito da extenuante controvérsia sobre necessitar ser a colaboração algo que parta da iniciativa própria do colaborador (espontânea) ou poder ser proposta por um terceiro como o Delegado ou o Promotor (voluntária). Sendo usada a voluntariedade, tanto faz se a colaboração dá-se por iniciativa própria do investigado ou se ocorre por proposta do Ministério

271 PACELLI, Eugenio. Op. cit.

Público ou do Delegado de Polícia. Na verdade, a maioria da doutrina e da jurisprudência já vem acatando que, por exemplo, na atenuante da confissão, que usa a palavra "espontaneamente", isso não quer dizer que a atuação tenha de partir somente do íntimo do indivíduo, podendo sim ser incentivada ou mesmo proposta por terceiros. O que valeria, segundo entendimento predominante, mesmo na espontaneidade, seria a sinceridade do agente em colaborar, ainda que fosse convencido por terceiros. Obviamente que esse "convencimento" não pode ser obtido mediante grave ameaça ou violência, o que tornaria tanto a colaboração como eventual confissão provas ilícitas (Lei 9.455/97 e artigo 5º, III, CF c/c artigo 157, CPP).

Tratando do tema com relação à atenuante da confissão espontânea, Nucci apresenta ensinamento de todo aplicável, "mutatis mutandis", ao atual objeto de estudo:

> "A espontaneidade somente tem sentido no contexto da sinceridade de propósito e não superficialmente no âmbito da iniciativa de agir. Afinal, quem age voluntariamente, atua através de seu próprio empreendimento, livre de qualquer coação. Não considerar a sinceridade de propósito no contexto da espontaneidade é mascarar o intento de equipará-la, para todos os efeitos, à voluntariedade, o que refoge à doutrina e jurisprudência majoritárias."[272]

Como já dito, o legislador adotou uma correta postura pragmática e de resultado no trato da colaboração premiada. Qualquer outra opção ou abrandamento desse pragmatismo e orientação por resultados conduziria o instituto a decair para um instrumento de obtenção fácil de impunidade ou abrandamento penal mediante artifícios. Mesmo cercado de todos os cuidados, ainda isso pode ocorrer em certas circunstâncias, mas o tratamento legal dado foi bastante cauteloso.

Assim é que a homologação do acordo pelo Juiz não é uma decisão que definitivamente venha a produzir os benefícios acenados. A concretização desses benefícios ao réu ou investigado somente se dará no momento da sentença condenatória quando então o magistrado irá avaliar se algum ou alguns dos resultados acordados foram efetivamente atingidos e, mais, se o foram tendo relação de causalidade com a colaboração

272 NUCCI, Guilherme de Souza. *Código Penal Comentado*. 9ª. ed. São Paulo: RT, 2008, p. 433.

do sujeito. Portanto, tanto quando os resultados acordados não forem obtidos, como quando o forem, mas sem qualquer ligação com a suposta colaboração do agente, que, no caso concreto, não passaria de um simulacro, o Juiz não lhe concederá os benefícios. É claro que o julgador deve ter muito cuidado nessa avaliação, bem como é evidente que sua decisão estará sujeita ao duplo grau de jurisdição, seja quando conceder os benefícios, seja quando não os conceder. Poderão recorrer de qualquer das duas decisões, tanto o defensor, este no exercício natural de seu ofício, como o Promotor, este na qualidade de fiscal da lei.

Mas quais são esses resultados preconizados pela legislação?

São aqueles arrolados nos incisos I a V do artigo 4º, da Lei 12.850/13, quais sejam:

I - A identificação dos demais coautores e partícipes da organização criminosa e das infrações penais por eles praticadas - Esse é um objetivo importantíssimo para a investigação, o processo e a correta aplicação da lei penal, pois assegura inclusive a indivisibilidade da ação penal, evitando que eventualmente, não por questões de direito, mas de fato, venham a ficar de fora de um processo pessoas que colaboraram para a prática criminosa.[273] É claro que isso diz respeito aos demais infratores e não necessariamente ao colaborador, o qual poderá obter benefícios que chegam ao Perdão Judicial. No entanto, deve-se ter em conta que, ao menos na maioria das vezes (porque há previsão legal de caso em que o Promotor pode não incluí-lo sequer na denúncia - artigo 4º, § 4º), o próprio colaborador será processado e somente na sentença condenatória final é que obterá eventuais benefícios oriundos do acordo homologado de colaboração. Por isso é verdadeira a afirmação supra no sentido de que esse objetivo tem o condão de dar maior efetividade ao Princípio da Indivisibilidade. Ademais, dá também maior concreção a Princípios Constitucionais como os da Isonomia e da Justiça, já que é lamentável que em um grupo criminoso apenas alguns sejam punidos, enquanto outros se deleitam nos braços

273 O Princípio da Indivisibilidade da Ação Penal determina que nenhum dos autores de uma infração possa ser deixado de fora do respectivo processo por liberalidade do órgão acusatório, seja na ação penal pública, seja na ação penal privada. Cf. TOURINHO FILHO, Fernando da Costa. *Processo Penal*. Volume 1. 21ª ed. São Paulo: Saraiva, 1999, p. 329. Note-se que hoje, com o abrandamento do Princípio da Obrigatoriedade por institutos como a Transação Penal, a Suspensão Condicional do Processo e a Colaboração Premiada, pode haver exceções.

abertos da impunidade. Ainda quanto a esse objetivo da colaboração é preciso ter uma cautela, seja na fase de elaboração do acordo, de sua homologação judicial e, principalmente, quando da concessão dos benefícios. Corre-se um risco muito grande de que em certas situações em que a organização esteja prestes a ser desmantelada, venha a surgir como suposto "colaborador" um indivíduo que, na realidade, é o mais importante em toda a atuação daquela mesma organização e, por isso mesmo, sabe de todos os seus meandros. Ele assim atua para obter sua impunidade, sem se importar em entregar de bandeja às autoridades os demais participantes de menor porte e a própria estrutura da organização que já não lhe serve mais. Pode ter em mente deixar o crime e viver dos dividendos de anos e anos de liderança ou então, o que é mais comum, ressurgir das cinzas, qual Fênix,[274] em outra organização nova, com outra estrutura, explorando o mesmo ramo criminal ou ainda mudando de atividade delituosa. Detectada essa manobra já na fase de acordo, este deverá ser repudiado pelo Delegado de Polícia e pelo Ministério Público. Se a detecção se der quando da decisão de homologação judicial, caberá ao Juiz indeferir. E se na fase de sentença, após todo o processo e investigação, deverá o Juiz negar as benesses imerecidas. O ideal num caso desses é que a descoberta ocorra nesta última fase, pois então a sociedade terá se beneficiado das informações prestadas pelo criminoso, embora ardilosamente, mas não lhe concederá os benefícios pretendidos. Terá ele então caído na própria armadilha de sua má-fé.

II - A revelação da estrutura hierárquica e da divisão de tarefas da organização criminosa - Também se trata de informações importantes que servem tanto para a mensuração da culpabilidade de cada um dos integrantes do grupo, como para a individualização de suas supostas condutas na elaboração da inicial acusatória. Serve ainda para confirmar a caracterização de verdadeira "Organização Criminosa" nos estritos termos de sua definição no artigo 1º, § 1º, da Lei de regência, pois que a estruturação e divisão de tarefas são elementos da definição de uma "Organização Criminosa." Note-se que a doutrina e a

274 A fênix ou fénix (em grego φοῖνιξ) é um pássaro da mitologia grega que, quando morria, entrava em autocombustão e, passado algum tempo, renascia das próprias cinzas.

jurisprudência mais abalizadas têm repudiado as denúncias chamadas "genéricas", em que não se descreve corretamente a conduta de cada acusado, razão pela qual, especialmente na macrocriminalidade estruturada com divisão de tarefas e atomização de responsabilidades entre diversos indivíduos, torna-se muito importante o conhecimento de todo o funcionamento e da atribuição de cada um de seus componentes. A denúncia "genérica" prejudica a ampla defesa, o contraditório e, enfim, todo o devido processo legal, de forma que esse conhecimento propiciado pelo colaborador facilitará em muito o bom andamento processual desde o seu nascedouro.

III – A prevenção de infrações penais decorrentes das atividades da organização criminosa – Mais uma vez foi sábio o legislador neste diploma, pois não se esqueceu, como é comum na seara penal, do dito popular segundo o qual "é melhor prevenir do que remediar." E no campo criminal é ainda melhor prevenir, porque a pena não é propriamente "remédio" para nada, mas não passa de uma espécie de "mal necessário" para o qual ainda não se imaginou melhor solução. Na área criminal é usual o enfoque no aspecto repressivo e certo abandono da prevenção, que é, na realidade, muito mais importante criminologicamente falando. Por exemplo, o que é melhor, prender o incendiário após o incêndio com danos materiais e humanos ou evitar a prática criminosa? Descobrir o terrorista que provoca uma explosão, matando pessoas, lesionando e causando danos materiais ou evitar a explosão? Prender os sequestradores e libertar a vítima de um cativeiro onde esteve por meses ou evitar a prática do crime de extorsão mediante sequestro por uma ação preventiva? Pensa-se que dentro do bom-senso não há a menor dúvida quanto às respostas a essas e outras questões similares.

IV – A recuperação total ou parcial do produto ou do proveito das infrações penais praticadas pela organização criminosa – Esse é outro desiderato relevante, pois ataca diretamente a fonte de recursos da organização, bem como em muitos casos significa a restituição de bens, dinheiro ou valores a vítimas lesadas pelas atividades empreendidas pela dita organização. Maior relevo ainda ganha esse resultado quando se estiver tratando de danos financeiros ocasionados ao erário público, pois que a lesão patrimonial não é individual, mas se irradia para todos os membros da sociedade brasileira.

V – A localização de eventual vítima com a sua integridade física preservada – Este objetivo está intimamente ligado a infrações penais que se caracterizam pela violação da liberdade de ir e vir das vítimas, tais como roubos majorados pela restrição da liberdade da vítima (artigo 157, § 2º, V, CP); extorsões qualificadas pela restrição da liberdade da vítima (artigo 158, § 3º, CP);[275] extorsões mediante sequestro (artigo 159 e parágrafos, CP); redução à condição análoga à de escravo (artigo 149, CP); sequestro ou cárcere privado (artigo 148, CP), dentre outros. A relevância desse objetivo nesses crimes prescinde de maiores comentários. Vale apenas ressaltar que a lei, corretamente, não se contenta com a simples localização da vítima, mas pretende sua localização com a "integridade física preservada." Não servirá de nada, para fins de concessão de benefícios, a localização, por exemplo, do cadáver da vítima ou da vítima acometida de graves lesões. O Juiz deverá em cada caso concreto ponderar essa questão da preservação da integridade física, pois pode ocorrer que a vítima seja localizada com pequenas lesões, adoentada devido às condições de cativeiro, mas estando com sua integridade em geral razoavelmente preservada. Nessas situações não deve haver óbice para os benefícios porque senão haveria um sério desincentivo aos potenciais colaboradores sempre que a vítima se apresentar com alguma mínima lesão. Outro aspecto que deve ser ponderado: se no momento da colaboração, estando a vítima ainda viva, mas já com lesões sérias narradas pelo colaborador, entende-se que o critério da preservação da integridade física deve sofrer um elastério para a interpretação de que seja possível o acordo para liberação da vítima, desde que não agravada a situação já posta. Isso porque o contrário seria fechar as portas de negociações e, eventualmente, ocasionar o perecimento da pessoa sequestrada. Exemplificando: imagine-se que uma organização criminosa perpetrou um crime de extorsão mediante sequestro. Durante o cativeiro e negociações de resgate, foi cortada uma orelha da vítima e mandada para a família com o fim de aterrorizar. Bem, a vítima ainda está viva e um dos integrantes do grupo pretende indicar sua localização para sua libertação com vida.

275 Estes dois casos costumam ser chamados na gíria criminal de "Sequestro-Relâmpago."

Ela estará sem uma das orelhas, com lesões graves consistentes na deformidade permanente. No entanto, entende-se que o acordo de colaboração poderia, com bom-senso e ponderando os interesses maiores em jogo, ser realizado, levando em conta a preservação ao menos do "status quo" da integridade física da vítima naquele momento.

Deve-se anotar que os resultados descritos nos incisos I a V podem ser objeto do acordo isolada ou cumulativamente, dependendo de cada caso concreto e dos objetivos da investigação ou processo, sem nunca perder de vista os parâmetros do artigo 4º, § 1º, da Lei 12.850/13.

O artigo 4º, § 2º, conforme já comentado neste texto, prevê uma hipótese de representação (pelo Delegado de Polícia) ou requerimento (pelo Ministério Público) de concessão de Perdão Judicial pelo julgador em casos nos quais a colaboração do indivíduo tenha sido por demais relevante, superando as expectativas apuratórias iniciais. Isso pode ocorrer tanto quando há um acordo de colaboração firmado que não previa inicialmente o perdão, mas uma das outras benesses ou mesmo quando inexistente formalmente o acordo de colaboração, mas esta tenha se dado de fato durante a investigação e/ou o processo. Como já visto em outros casos, se a representação parte do Delegado, deve ser corroborada pelo Ministério Público; caso contrário, há de ser indeferida em regra pelo Magistrado. Corroborando a representação do Delegado ou fazendo seu requerimento por conta própria, acaso indeferido pelo magistrado, poderá o Ministério Público impetrar Habeas Corpus em favor do colaborador, assim como seu defensor. Já o Delegado de Polícia, ao ver seu pedido denegado pela Justiça, nada pode fazer, tendo em vista ausência de "jus postulandi." A lei é clara ao estabelecer os momentos nos quais os autorizados a formular o pedido podem agir: o Delegado de Polícia durante o Inquérito Policial e o Promotor seja durante o Inquérito, seja na fase processual. Quanto à aplicação do artigo 28, CPP, já foi fartamente desenvolvida anteriormente, juntamente com a discussão sobre a viabilidade constitucional da atuação do Delegado de Polícia na colaboração premiada em geral e especificamente no caso do § 2º ora estudado. Por esta razão remete-se o leitor àquelas considerações antecedentes.

Prevendo o legislador a complexidade que pode haver em algumas negociações, estabeleceu no § 3º a possibilidade de suspensão do prazo para oferecimento da denúncia por até seis meses, prorrogáveis por igual período, até que sejam cumpridas as medidas de colaboração. Visando garantir o não esvair do prazo prescricional mediante alguma manobra de má-fé que vise ludibriar os órgãos persecutórios com o único intento de protelar o início do processo, prevê o legislador que a suspensão do prazo para denúncia implica automaticamente a suspensão também do prazo prescricional. Quando a lei fala em suspensão, significa dizer que ao retornar a contagem do prazo para a denúncia e prescrição serão computados os dias já passados, não sendo zerado o prazo como ocorreria se usasse o legislador a palavra "interrupção." A razão de ser desse dispositivo que permite a suspensão do prazo para a denúncia é encontrável no § 4º logo em seguida, pois ali é permitido ao Ministério Público deixar de ofertar denúncia contra o colaborador, mediante a satisfação de alguns requisitos que serão estudados oportunamente. É tendo em vista essa exceção aberta aos Princípios da Obrigatoriedade e Indivisibilidade da Ação Penal que o legislador concede ao Ministério Público um alargamento do prazo para a formulação de sua inicial acusatória. Nesse período o Promotor terá plenas condições de avaliar se a colaboração prestada pelo implicado é digna de levar até mesmo à sua exclusão do processo, praticamente o transmudando de potencial réu em testemunha. Observe-se, por oportuno, que se for o caso da suspensão do prazo para a denúncia não estará eventual vítima de um crime legitimada a intentar a ação penal privada subsidiária da pública, tendo em vista o extrapolar do prazo para a acusação. Isso porque não haverá "inércia" do representante do Ministério Público e nem mesmo infração ao prazo, o qual estará suspenso por força da lei e de autorização judicial.

Pode causar alguma estranheza o fato de que para o perdão judicial, redução de pena ou substituição de pena precisa o Promotor requerer ao Juiz e depende de sua homologação. Mas, quando a lei fala na exclusão de alguém da peça acusatória, concedendo um prazo para a formação de convicção e do quadro geral da situação pelo Promotor, vislumbra-se claramente que isso se dá por sua atuação independente. Não haveria aqui alguma contradição ou incongruência?

Essa suposta incoerência é somente aparente, pois que o titular da ação penal é o Ministério Público, e a lei, prevendo uma exceção à obrigatoriedade e à indivisibilidade, lhe confere discricionariedade para decidir por si mesmo se inclui ou não o colaborador na denúncia. Porém, fica ainda uma dúvida. Essa atuação do Ministério Público não estaria sujeita a qualquer controle pelo Judiciário? Isso não seria contraditório com todo o restante da estrutura da colaboração? A resposta também é negativa, pois que o Juiz vai exercer o controle da atuação do Ministério Público quanto à sua legalidade, bem como quanto à infringência ou não dos Princípios da Obrigatoriedade e da Indivisibilidade da Ação Penal quando da decisão de recebimento ou rejeição da denúncia. Aferindo o Juiz infração à obrigatoriedade ou indivisibilidade, deverá rejeitar a peça acusatória e encaminhar o caso de acordo com o "Princípio da Devolução" ao Procurador Geral, nos termos do artigo 28, CPP, pois que a exclusão de um dos potenciais réus da peça inicial equivale ao pedido de arquivamento. Não concordando o magistrado, o caminho a seguir somente pode ser o acima descrito.

A legislação deveria ter sido mais clara quanto ao prazo de suspensão. A lei fala em "seis meses, prorrogáveis por igual período, até que sejam cumpridas as medidas de colaboração." Fica a dúvida que certamente ensejará pelo menos duas correntes:

a) Esse prazo de suspensão de seis meses pode ser prorrogado apenas uma única vez, inteirando um ano de suspensão.[276] Isso porque deve haver uma razoabilidade em todos os prazos e, sem um limite, poderiam ocorrer prorrogações por tempo demasiado, inclusive levando indiretamente a uma espécie de quase imprescritibilidade, tendo em vista que o prazo prescricional também é suspenso.
b) Esse prazo poderia ser prorrogado, nos termos da própria lei, "até que sejam cumpridas as medidas de colaboração", ou seja, pelo tempo necessário a esse cumprimento, que pode dar-se dentro do período de um ano ou pode extrapolá-lo em algumas situações justificáveis.

O debate certamente será polarizado nessas duas hipóteses. Uma coisa, porém, é certa: a decisão de suspensão do prazo deverá ser fundamentada no início e em cada prorrogação. Entende-se que uma interpretação intermediária entre os dois polos antagônicos acima é a melhor. Essa interpretação é a seguinte: em regra o prazo de suspensão se dará por, no máximo, um ano. Apenas excepcionalmente e mediante devida fundamentação poderá ser renovado acima disso. Essa fundamentação

276 Nesse sentido já se manifesta na doutrina iniciante sobre o tema Pacelli. PACELLI, Eugenio. Op. cit.

terá de ser embasada no andamento das diligências investigatórias a justificarem a prorrogação porque demonstrado que a colaboração está sendo produtiva para o deslinde da criminalidade organizada, e sua paralisação abrupta causaria perdas sensíveis ao interesse social.

Note-se que a lei não é clara, mas certamente essa suspensão do prazo para a denúncia somente pode ser deferida pelo Juiz e não promovida diretamente pelo Promotor. Este deve requerê–la fundamentadamente ao magistrado, que, por seu lado, proferirá decisão igualmente fundamentada, como já se disse, desde a suspensão inicial de 6 meses até cada uma de suas prorrogações ulteriores. Tudo o que foi dito se aplica à suspensão do processo em andamento que também é prevista na dicção do § 3º em estudo.

Observe-se que essa previsão de suspensão do prazo para a oferta da denúncia será um instrumento que poderá aproximar a Polícia Judiciária e o Ministério Público nas investigações de Crime Organizado, atuando ambos os órgãos de forma concatenada e harmônica, pois que necessariamente deverão atuar em conjunto tanto para a decisão sobre a necessidade dessa prorrogação, quanto para a realização das investigações nesse período. Mesmo com a suspensão do processo o quadro não deve se alterar muito, já que normalmente deverá existir uma atuação conjunta entre Ministério Público e Polícia Judiciária na realização de diligências durante esse prazo de suspensão, a não ser nos casos em que o Ministério Público promova investigações por conta própria.

Outro aspecto interessante é que a suspensão da denúncia ou do processo para o colaborador não implica necessariamente a suspensão para os demais envolvidos segundo a lei. Diz o § 3º que a suspensão desses prazos é *relativa* "ao colaborador." Diante dessa determinação legal entende-se que os prazos para denúncia e andamento processual para os demais réus correrão normalmente. No entanto, há que ponderar o seguinte: em primeiro lugar, o fato de que o processo ou a denúncia sejam sustados para determinado envolvido, praticamente significa sua entrega como colaborador perante a organização criminosa, com sérios riscos para sua vida; em segundo lugar, o seguimento do processo, independentemente da concretização das medidas de colaboração, será, no mínimo, capenga, pois que terá andamento ainda sem inúmeras informações e diligências que estariam sendo levadas a termo com a colaboração. Dessa forma, por mais que se conclua da leitura do dispositivo que as suspensões são somente para o colaborador, parece mais racional que isso se dê em geral. Contudo, como o legislador não previu dessa forma, haverá um problema, especialmente se as prorrogações ultrapassarem o período máximo de um ano, qual seja, o perigo de prescrição dos crimes apurados, já que a suspensão do prazo prescricional somente se poderia dar para o colaborador. Sendo norma penal, pois que influi na extinção de punibilidade dos agentes, não pode sofrer alargamento. Já a suspensão do processo ou do prazo para denúncia comportaria alargamento porque são meros prazos processuais impróprios. Outro problema é que, mesmo com a suspensão dos prazos de denúncia ou do processo para todos os envolvidos, haverá, no mínimo, alguma desconfiança na organização quanto à existência de um colaborador, senão por que estariam os prazos do processo ou da denúncia suspensos? Essa seria uma conclusão a que qualquer advogado com um mínimo de tino chegaria rapidamente. Novamente a vida do colaborador pode correr sérios riscos. Em suma, essas suspensões podem até ser instrumentos úteis em certos casos, mas devem ser utilizadas com muita parcimônia e excepcionalidade.[277]

Retornando à possibilidade de o Promotor nem sequer ofertar denúncia, além da necessária avaliação de proporcionalidade entre o benefício e a relevância da colaboração, nos termos do artigo 4º, §1º, exige o § 4º dois requisitos objetivos:

I – que o colaborador não seja o líder da organização criminosa – seria mesmo esdrúxulo não denunciar o líder da organização e processar os autores subalternos. Releva anotar que Pacelli[278] critica esse requisito sob a alegação de que há muitas organizações, aliás, pode-se dizer com ele que a maioria delas, que não são lideradas por um único indivíduo, mas por um grupo de pessoas, uma espécie de cúpula, tal qual ocorre em qualquer grande empreendimento. Acrescente-se que se pode dizer mesmo que essa multiplicidade de líderes será tanto mais comum quanto maior for a dimensão da organização criminosa. Não obstante ser válida a observação do autor, entende-se que isso em nada obstrui o dispositivo legal. Ora, se a organização so-

277 Ademais, a proposta contida neste trabalho sobre o alargamento das suspensões da denúncia e do processo para os demais coautores certamente será objeto de impugnação por parte da doutrina sob a alegação de atipicidade processual penal, ou seja, seria impossível essa manobra processual por absoluta ausência de previsão legal. Ver sobre o conceito de "tipicidade processual" e "reserva legal no processo penal": DELMANTO JÚNIOR, Roberto. Garantismo, legalidade e interpretação da lei penal. *Revista Brasileira de Ciências Criminais*. nº 67, jul./ago., 2007, p. 218.

278 PACELLI, Eugenio. Op. cit.

mente tem um líder, então será ele quem não poderá obter o benefício; se tem vários, todos eles não o poderão, e isso deverá ser apurado com o máximo cuidado antes da concessão. Pode haver casos de erros? Claro que sim. Isso pode ocorrer na criminalidade organizada ou não. Há crimes insolucionados, há erros judiciários, há crimes solucionados parcialmente, isso faz parte da persecução penal, que, por seu turno, compõe a Justiça Terrena. Perfeição somente haverá na Justiça Divina, mas essa nem será, para nossa sorte, Justiça propriamente dita, mas, em verdade, "misericórdia."

II – que o colaborador tenha sido o primeiro a prestar efetiva colaboração nos termos do artigo 4º – visa o legislador com esse requisito evitar que se produza uma série de colaboradores à vista dos benefícios obtidos por um primeiro que nem conseguiu sequer ser processado. Também este requisito é alvo das críticas da doutrina no sentido de que promoveria uma verdadeira "corrida" entre os colaboradores, de modo que não se pode ter certeza se aquele que chega primeiro seria o mais merecedor do benefício. Inclusive este poderia ser, na verdade, o líder do grupo.[279] Bem, essas questões somente podem ser solvidas no caso concreto e há mesmo certos riscos. Entretanto, a opção contrária seria a da aceitação de uma fila de colaboradores a não serem denunciados, correndo-se então o risco maior de que todos se tornem colaboradores e ninguém seja efetivamente processado num verdadeiro paraíso da impunidade (se todos são culpados, então ninguém é culpado). Nesse passo se está beirando a confusão entre Religião e Direito. Parece que haveria uma aproximação muito grande entre o sacramento da confissão da Igreja Católica e a colaboração premiada obstrutiva da denúncia nas apurações sobre Crime Organizado. Diria o Estado: Venham a mim, confessem seus pecados e eu vos perdoarei!

É preciso ter em mente que os requisitos para que o Promotor deixe de ofertar a inaugural acusatória são cumulativos e não estanques, ou seja, devem ser ambos os requisitos satisfeitos, não ser o líder e ser o primeiro a colaborar. Não basta não ser o líder somente, mas não ser o primeiro colaborador ou ser o líder e ser o primeiro a colaborar.

279 Op.cit.

Em seu § 5º, o artigo 4º, da Lei 12.850/13 trata da hipótese em que a colaboração seja dada por um réu já condenado, ou seja, após a sentença. O dispositivo visa incentivar a colaboração por parte daqueles que já cumprem ou estão na iminência de iniciar o cumprimento de pena. Efetivamente há nesse aspecto certo grau de astúcia na legislação, pois que o indivíduo já condenado pode ser um sujeito mais propenso à cooptação para a colaboração. Antes do julgamento o indivíduo tende a crer sempre em uma saída mediante absolvição, mas quando se vê condenado e preso pode tornar-se mais maleável às investidas de propostas de colaboração. Essa não é propriamente uma face muito benevolente da legislação, mas, como já se disse, a colaboração premiada é um instituto onde o pragmatismo insere-se de forma bastante intensa.

Após a sentença condenatória os benefícios são reduzidos:

a) Redução da pena até a metade ou
b) Progressão de regime, independentemente de satisfação dos requisitos objetivos;

A redação legal parece não deixar dúvida de que os benefícios não podem ser cumulados. Haverá a redução de pena *ou* a progressão de regime. No caso da progressão, o legislador abre mão dos requisitos objetivos como, por exemplo, o cumprimento de 1/6 da pena em crimes comuns e de 2/5 para primários e 3/5 para reincidentes no caso de crimes hediondos ou equiparados. A essa colaboração parece ser aplicável todo o procedimento já visto para aquela ocorrente antes da sentença.

Com acerto o § 6º, afasta o Juiz do acordo de colaboração, que se processa somente envolvendo o Delegado, Advogado e Colaborador, com manifestação do Ministério Público, ou o Ministério Público, Advogado e Colaborador. O dispositivo visa assegurar a imparcialidade do magistrado e é erigido como uma garantia do órgão julgador, não como um limite. A previsão é perfeita na conformação de um Sistema Acusatório no seio do qual o julgador deve abster-se do envolvimento na fase de investigação para que possa exercer suas funções com absoluta imparcialidade.

O que caberá ao Juiz, nos termos do § 7º, será a homologação do acordo quando receber o termo respectivo com as declarações do colaborador e cópia das investigações existentes até o momento. Ao magistrado caberá, com imparcialidade, verificar a regularidade, legalidade e voluntariedade da colaboração. Diz a lei que o Juiz poderá ouvir o colaborador sigilosamente na presença de defensor. Essa oitiva não se destina a colher provas, mas apenas a verificar a presença da efetiva voluntariedade e inexistência de alguma coação para a assinatura do termo. Jamais deve confundir o magistrado essa oitiva com alguma iniciativa probatória, o que seria nulo de pleno direito, pois violaria exatamente o objetivo da norma, que é a preservação do magistrado quanto ao seu distanciamento de atos de investigação. No caso de o Juiz constatar qualquer coação, deverá indeferir a homologação e oficiar às respectivas corregedorias para apurações criminais e administrativas cabíveis. A oitiva do colaborador pelo Juiz será sigilosa para a própria garantia da segurança do primeiro. Embora não diga a lei, obviamente a homologação ou sua negativa deverá ser sempre fundamentada, nos termos do artigo 93, IX, CF.

Em sua primeira parte o § 8º, diz o óbvio, ou seja, que o Juiz "poderá recusar a homologação da proposta que não atender os requisitos legais." Isso é claro, senão para que serviria o procedimento de submeter a proposta ao magistrado, ele funcionaria apenas como uma espécie de "carimbador maluco" a serviço do Delegado de Polícia e do Promotor de Justiça? Exatamente por isso já foi consignado anteriormente que toda decisão, seja homologatória ou não, deve ser fundamentada pelo Juiz. No caso de recusa de proposta formulada pelo Delegado e não corroborada pelo Ministério Público, não há recurso cabível. Mas, se a proposta do Delegado é acatada pelo Ministério Público ou se esta parte diretamente do Promotor, então da decisão negativa do Juiz caberá Mandado se Segurança ou Correição Parcial. Há também quem advogue a tese do Recurso em sentido estrito[280] a qual parece pouco viável porque predomina a tese de que o rol do artigo 581, CPP, é taxativo, inadmitindo analogia ou mesmo interpretação extensiva. Não havendo ali previsão de recurso em sentido estrito contra a decisão denegatória de colaboração premiada, torna-se difícil sustentar o manejo desse instrumento processual.[281] Também não será hipótese de aplicação analógica

280 PACELLI, Eugenio. Op. cit.

281 Cf. BONFIM, Edilson Mougenot. Op. cit., p. 766 – 767. Observe-se que a tese de Pacelli não é despida de sustentação doutrinário–jurisprudencial, embora minoritária, pois há autores e decisões no sentido de que seria possível a analogia ou então ao menos a interpretação extensiva em certos casos no recurso em sentido estrito. Malgrado isso, entende-se que, havendo a possibilidade mais induvidosa da ação de impugnação do Mandado de Segurança ou do recurso de Correição Parcial por inversão tumultuária da ordem processual, seria preferível a adoção desses instrumentos menos controversos. O tempo e a prática forense dirão como isso se processará, embora já se anteveja uma raridade no indeferimento judicial da colaboração, assim como ocorre com o arquivamento do Inquérito Policial e o requerimento de diligências ou cotas ministeriais.

ou naquilo que couber do artigo 28, CPP ("Princípio da Devolução"), pois que esse procedimento somente está previsto para o caso do § 2º, não havendo idêntica autorização no § 8º Esses parágrafos tratam de situações diversas: o § 2º, trata do pleito de perdão judicial, inclusive independentemente de acordo anterior e, para este caso específico, se prevê a aplicação, no que couber, do artigo 28, CPP, se o Juiz discordar do requerimento do Ministério Público; no § 8º, trata-se da recusa da homologação de proposta de colaboração premiada pelo Juiz e aí não se faz qualquer menção à aplicação no que couber do artigo 28, CPP, sendo então de se vislumbrarem outros instrumentos para manejo do Ministério Público, como já se fez.

Já em sua segunda parte, quando diz o § 8º, que o Juiz poderá adequar a colaboração firmada pelo Ministério Público ou pelo Delegado com a manifestação do Promotor ao caso concreto, surge de imediato um questionamento. Seria essa parte do dispositivo válida? Parece que não, inclusive numa interpretação sistemática do próprio diploma legal em que se acha inserido o dispositivo. Isso porque o § 6º, obedecendo o Sistema Acusatório e preservando a imparcialidade judicial, impede o Juiz de participar do acordo. Ora, se assim é, como poderia o magistrado ser autorizado logo depois a se imiscuir em atividade típica de investigação ou produção probatória a cargo do Delegado de Polícia e do Ministério Público? Se o Juiz altera o acordo, está, ainda que indiretamente, participando das negociações, o que é vedado pela própria Lei 12.850/13 em seu § 6º E a vedação é, como já se disse, correta e imune a críticas. Já a parte final do § 8º, colide com tudo isso, infringe o Sistema Acusatório, usurpa funções ministeriais e investigatórias, prejudica a imparcialidade do magistrado, ou seja, traz toda uma carga extremamente negativa, merecendo o rechaço da doutrina e da própria prática dos Juízes que em geral prezam muito pela sua imparcialidade.

Neste ponto muito bem se posiciona Pacelli, aduzindo:

> "De outro lado, e ainda como desdobramento da norma legal, que prevê a possibilidade de recusa à homologação, diz a lei que poderá o juiz adequar a proposta ao caso concreto (§ 8º). Absolutamente inaceitável a aludida disposição legal. Não deve e não cabe ao juiz imiscuir-se em tais questões (o acordo de colaboração), diante de regular manifestação de iniciativa postulatória que se faria presente no caso concreto. Não cabe ao juiz modificar os termos do acordo, ainda que seja de sua competência

> – *unicamente por ocasião da sentença condenatória!* – a aplicação da pena, seja mediante a sua redução, sua substituição, ou, por fim, a aplicação do perdão judicial. Ou bem ele recusa o acordo por entender ausentes os requisitos legais, ou bem o homologa para todos os fins de direito."[282]

Mas, e se o magistrado não tiver o bom-senso de se abster da utilização da parte final do § 8º, o que pode fazer o Ministério Público? Como sempre, pode manejar uma ação autônoma de impugnação que neste caso seria o Habeas Corpus em nome do colaborador (o que também poderá fazer o defensor). Poderá ainda o Ministério Público utilizar-se do recurso de Correição Parcial, já que obviamente estaria o magistrado invertendo tumulturariamente a ordem processual, colocando-se no lugar do Ministério Público e até do Delegado de Polícia. Aqui também poderia, ao menos para aqueles que advogam a tese da possibilidade de analogia no recurso em sentido estrito, haver a utilização desse meio recursal como mais uma opção de combate à aplicação de uma norma que parece eivada de inconstitucionalidade. Caberá aos tribunais, com o passar do tempo, decidir sobre o destino dessa famigerada parte final do § 8º, do artigo 4º, da Lei do Crime Organizado.

O procedimento da colaboração agora, diversamente do que ocorria nas legislações anteriores que o previam, detalha todo seu andamento e, no § 9º, é estabelecido que o colaborador somente será ouvido, sempre acompanhado de defensor, pelo Promotor ou pelo Delegado, depois de homologado o acordo. Dois aspectos destacam-se: primeiro o fato de que o termo de acordo ainda não versa sobre o conteúdo da colaboração sob seu aspecto material. Nele são estabelecidos apenas os objetivos da colaboração, os quais somente irão concretizar-se por parte do colaborador após a homologação. Isso lhe confere maior segurança. Note-se que antes, qualquer pessoa normal, devidamente assistida, jamais faria um acordo de delação premiada (expressão até então usada), pois que iria prestar a delação para depois se verificar se teria ou não sua colaboração considerada. A legislação anterior, em sua redação totalmente lacunosa, criava uma situação por demais insegura para o colaborador, o que em nada ajudava para que pudesse ser utilizada com maior constância. Em segundo lugar vale salientar o fato de que o colaborador deve ser sempre ouvido, seja pelo Promotor, seja pelo Delegado, na presença

282 PACELLI, Eugenio. Op. cit.

de seu defensor. Isso altera inclusive o grau de aplicação do direito de defesa na fase investigatória, pois agora, mesmo nesta fase, no caso do colaborador, será *sempre obrigatória* a presença de defensor em todos os atos de que participe. Nas demais hipóteses, há o direito constitucional do investigado de ser cientificado sobre a *possibilidade* de ser assistido por um defensor, mas não existe a previsão dessa *obrigatoriedade*, a qual somente se perfaz quando instalado o processo sob o pálio do contraditório e da ampla defesa.

Como não poderia deixar de ser, o acordo de colaboração é retratável (§ 10). E essa retratação pode dar-se bilateralmente, diz a lei, "por qualquer das partes", significando que qualquer dos envolvidos no acordo pode proceder à retratação, seja o colaborador, seja o Delegado de Polícia[283] ou o Promotor de Justiça. Não estabelece a legislação a necessidade de motivação para essa retratação. No entanto, geralmente ocorrerá quando os termos do acordo não estiverem sendo devidamente cumpridos ou não sendo eficazes de acordo com o esperado ou avençado. Não obstante, parece que a lei permite claramente uma espécie de "denúncia vazia" (grosso modo) do acordo. Isso não poderia ser diferente porque deve haver ampla liberdade para que os envolvidos sintam-se confortáveis e satisfeitos nas circunstâncias da avença do início ao fim. Essa possibilidade de quebra, se por um lado gera certa insegurança para os envolvidos, por outro é muito salutar na medida em que constitui elemento de coerção para que cada um cumpra com seu dever assumido, sejam os representantes dos órgãos persecutórios, seja o próprio colaborador. Afinal, há em jogo interesses mútuos.

A lei não determina que a retratação deva ser submetida ao judiciário para eventual homologação. Independentemente disso, Nucci entende que "a retratação deveria ser submetida ao crivo judicial, para

283 Observe-se que Nucci entende que o Delegado de Polícia não pode se retratar porque não é "parte" e a lei usa essa palavra. NUCCI, Guilherme de Souza. Op. cit., p. 60. Discorda-se, tendo em vista o já fartamente exposto sobre a questão do uso impróprio da palavra "parte" em toda a Lei 12.850/13. Essa lei, impropriamente, utiliza o termo de forma ampla, inclusive várias vezes se referindo claramente ao Delegado, embora, como já se afirmou, realmente não seja jamais "parte" em processo algum. Inclusive, a ferro e fogo, a própria noção de "parte" e "lide" no Processo Penal é altamente discutível, de modo que nesse sentido se pode entender que qualquer uso dessas expressões somente pode ser impróprio. Ademais, o Delegado de Polícia, no caso de investigação mediante Inquérito Policial, é a Autoridade que detém a maior legitimidade e possibilidade de formação de uma convicção fundada para optar ou não por eventual retratação. Isso pelo simples motivo de que é quem estará diretamente envolvido nas investigações e no contato com o suposto colaborador.

homologação, avaliando-se as vantagens e desvantagens da medida."[284] Com a devida "vênia", discorda-se: primeiro porque seria uma ingerência judicial na condução da investigação; segundo porque a lei não prevê essa possibilidade ou necessidade e terceiro porque, principalmente no caso de o próprio colaborador resolver unilateralmente cessar o acordo, simplesmente não há o que fazer, nem mesmo pelo magistrado, que não é dotado de poderes hipnóticos ou de forças sobrenaturais para obrigar ao cumprimento da avença. E mesmo que o fosse não poderia fazer isso, sob pena de violar a voluntariedade necessária para o acordo. É fácil imaginar a situação: um colaborador resolve desistir do acordo, isso seria submetido ao Juiz para homologação ou não, mesmo não prevendo a lei. Se o Juiz homologasse, tudo bem. Mas, se ele não homologasse, como poderia obrigar o "*colaborador a colaborar*"? Onde ficaria a voluntariedade que deve permear o acordo (e "acordo" etimologicamente quer dizer "corações juntos", vontades coincidentes e jamais coação). Seria algo impraticável, de modo que não se trata certamente de um lapso legislativo a não menção de necessidade de homologação judicial da retratação, mas de uma *correta* opção.

Ocorre que durante o período de colaboração o colaborador pode ter produzido algumas provas que o autoincriminem, fazendo-o sem o uso do seu direito ao silêncio ou à autoincriminação. A utilização dessas provas contra ele constituiria um espúrio contorno das garantias do indiciado ou réu na persecução penal, o que poderia gerar inconstitucionalidade. Mas, o legislador foi previdente, estabelecendo com limpidez que "as provas autoincriminatórias produzidas pelo colaborador não poderão ser utilizadas exclusivamente em seu desfavor."

É de anotar que, ao se elaborar a lei, todo cuidado é pouco. Quando foi utilizada a palavra "exclusivamente", foi dado azo a dupla interpretação. Explica-se:

a) A redação comporta a interpretação de que as provas não poderão ser usadas exclusivamente contra o colaborador, mas poderão ser usadas contra os demais investigados ou réus. O "exclusivamente" seria relativo à *exclusão* do colaborador em relação ao atingimento por tais provas.
b) Também pode a redação ser interpretada no sentido de que as provas referidas não poderão ser usadas "exclusivamente" contra

284 Op. cit., p. 61.

o colaborador, mas poderão ser usadas contra os demais em geral e contra ele mesmo desde que nas situações em que as ditas provas não o atinjam exclusivamente, isoladamente, mas façam parte de um todo que envolve os demais.

Exemplificando, no caso da letra "a", nenhuma prova (confissão, documentos, gravações, apreensões etc.) produzida com a colaboração poderá ser utilizada contra o colaborador, mas apenas contra os demais envolvidos. Já na letra "b", uma confissão, por exemplo, não terá validade contra ele, mas se incrimina os demais poderá ser elemento de convicção para os magistrados em relação àqueles. No entanto, um documento incriminador, por exemplo, que diga respeito não somente ao colaborador, mas a outros membros da organização, valeria como prova tanto contra os demais investigados ou réus como contra o próprio colaborador. O mesmo valeria para a perícia produzida graças à sua colaboração, para uma apreensão obtida por suas indicações etc. Tudo aquilo que o implica, mas não *exclusivamente* poderia ser utilizado.

A primeira interpretação tem a grande virtude de obedecer estritamente ao Princípio da não autoincriminação. Já a segunda, tem o valor de impedir que o suposto colaborador se valha do acordo para produzir todas as provas contra os demais participantes e depois rescindir a avença em seu benefício. Mas por que ele faria isso, vez que já prestou a colaboração e somente lhe caberia agora colher os frutos benéficos? A resposta é fácil: porque, por exemplo, não esteja totalmente satisfeito com esses benefícios. Digamos que tenha recebido a redução de pena e vislumbre que todas as provas produzidas nos autos são originadas de sua colaboração. Nesse caso estaria automaticamente transmudado em testemunha e totalmente livre do processo. Situação essa melhor e mais cômoda do que uma mera redução de pena e até mesmo do que o perdão judicial. Então poderia quebrar o acordo unilateralmente e beneficiar-se de uma imunidade legal. Por isso, a interpretação de que as provas não poderiam ser usadas *exclusivamente* contra ele comportaria uma interpretação pragmática de que esse *exclusivamente* não o imuniza totalmente, mas tão somente com referência às provas que o atinjam isoladamente, não envolvendo os demais participantes da organização.

Não obstante ambas as interpretações sejam racionalmente defensáveis, não parece haver como escapar da total vedação do uso das provas produzidas pelo colaborador contra si mesmo, sejam elas realmente exclusivas contra ele ou mesmo que abranjam outros envolvidos. A hipótese descrita na letra "a" acima surge como inescapável diante do Princípio da não autoincriminação. O legislador poderia ter redigido melhor o dispositivo, evitando a palavra "exclusivamente" e dizendo de forma mais clara que "qualquer das provas produzidas com o auxílio do colaborador não poderão ser contra ele utilizadas." Isso, contudo, abre a possibilidade da manobra de má-fé acima aventada. Mas, são os riscos do instituto, razão pela qual deve ser usado com a máxima parcimônia e cautela.

Na doutrina iniciante sobre o tema a tendência vem sendo a adoção da hipótese "a", conforme registrado neste texto. Pacelli questiona e afirma:

> "Por último, há previsão de retratação do acordo, tanto pelo Ministério Público quanto pela defesa (defensor ou o próprio réu), caso em que as provas autoincriminatórias não poderão ser usadas contra ele. A questão é: e contra os demais?? Sim, contra os demais as informações e documentos que tenham sido livremente apresentadas pelo colaborador poderão perfeitamente ser utilizadas e valoradas, sempre a depender da respectiva idoneidade."[285]

Na mesma toada Sannini:

> "Destaque-se, por oportuno, que o Juiz só decidirá sobre o quanto o colaborador será beneficiado ao final do processo, após a análise da eficácia da colaboração prestada, como não poderia deixar de ser, até porque, nos termos do §10, as partes poderão se retratar do acordo firmado, *caso em que as provas autoincriminatórias produzidas pelo colaborador não poderão ser utilizadas exclusivamente em seu desfavor.* Em uma interpretação *a contrario sensu,* podemos concluir que as provas e elementos de informação advindos da colaboração só não poderão ser utilizados em prejuízo do colaborador, servindo, entretanto, para a condenação dos demais integrantes da organização criminosa."[286]

285 PACELLI, Eugenio. Op. cit.

286 SANNINI NETO, Francisco. Op. cit.

Releva notar que desde o § 6º até o § 10, ou seja, desde o firmar do acordo até a possibilidade de sua retratação, deve sempre estar o indiciado ou réu acompanhado de defensor. Isso conduz a um questionamento necessário: qual vontade deve prevalecer, em caso de discordância, seja quanto à aceitação ou não do acordo, seja quanto à retratação ou não em momento posterior? A vontade do defensor ou a do indiciado ou réu?

Para acatar a tese da prevalência da vontade do advogado existe a argumentação de que seu conhecimento técnico–jurídico seria o mais abalizado para a decisão em prol dos interesses do envolvido. Por outro lado, tratando-se o acordo de uma negociação que versa sobre aspectos personalíssimos, tais como submeter-se ou não a um processo, cumprir uma reprimenda penal abrandada ou mesmo receber um perdão judicial, ou arriscar-se a ser condenado e cumprir a pena "in totum", caberia ao próprio indivíduo, devidamente assistido sim pelo seu defensor, mas não determinado ou condicionado por este ou por qualquer outra pessoa, decidir livremente, prevalecendo sua vontade. Afinal, quem corre todos os riscos é o envolvido e não seu causídico.

Neste trabalho defende-se a prevalência da vontade do indiciado ou réu sempre que em conflito com o seu defensor.

Assim também já entendeu Sannini em manifestação pioneira sobre o tema:

> "Ao que nos parece, a intenção da lei nesse dispositivo é determinar que a aceitação da colaboração deve ser acompanhada pelo advogado do colaborador, que terá a função de assessorá–lo. Contudo, não é necessária a aceitação por parte do defensor, o que, aliás, seria um absurdo. Imaginemos o caso em que o colaborador, ciente das consequências do seu ato, opte pela colaboração, mas seja contrariado pelo seu defensor. Será que a não aceitação do advogado seria suficiente para inviabilizar o acordo? Entendemos que não"!!![287]

Essa tese é reforçada pela análise já procedida pela doutrina e jurisprudência dominantes em situação semelhante, qual seja, a da proposta de transação penal e de suspensão condicional do processo nos termos dos artigos 76 e 89 da Lei 9.099/95. Ali também pode haver discordância entre advogado e cliente, mas já se tem reiteradamente defendido a

287 Op. cit.

tese e decidido que deve prevalecer a escolha do implicado e não a do causídico.

Neste sentido, na doutrina:

> "A manifestação de vontade do autor do fato é personalíssima, voluntária, absoluta, formal, vinculante e tecnicamente assistida. O autuado, seguro de sua inocência e devidamente orientado pela defesa técnica, poderá preferir responder ao processo para lograr absolvição. Ou poderá não concordar com os termos da proposta formulada e, considerando seus prós e contras, escolher a via jurisdicional. Nada se poderá fazer, sem o consenso do autor do fato. Se houver conflito entre a vontade do autor do fato e de seu advogado, o juiz deverá, antes de mais nada, usando de bom-senso e equilíbrio, tentar solucioná-lo. Mas, se não houver mesmo consenso pensamos que deve prevalecer a vontade do envolvido, desde que devidamente esclarecido das consequências da aceitação. Só a ele cabe a última palavra quanto à preferência pelo processo ou pela imediata submissão à pena, que evita as agruras de responder em juízo à acusação para lograr um resultado que é sempre incerto."[288]

Sobre a temática no bojo da Lei 9.099/95, a Escola Superior da Magistratura chegou a formular sua 15ª. conclusão nos seguintes termos:

> "Quando entre o interessado e seu defensor ocorrer divergência quanto à aceitação da proposta de transação penal ou suspensão condicional do processo, prevalecerá a vontade do primeiro."[289]

---

288 GRINOVER, Ada Pellegrini, "et. al." *Juizados Especiais Criminais*. 4ª. ed. São Paulo: RT, 2002, p. 153. A orientação supra pode ser aplicada praticamente "in totum" ao caso enfocado neste texto, "mutatis mutandis", especialmente no que diz respeito à atividade do Juiz. No Juizado Especial Criminal o magistrado participa da audiência de transação e de suspensão do processo, inclusive tendo a obrigação de esclarecer o autor do fato sobre todas as consequências do acordo, acaso firmado. Já na Lei 12.850/13, como já visto, visando à preservação da imparcialidade do órgão julgador, o legislador afastou o Juiz das negociações nos termos do artigo 4º, § 6º Portanto, aquela função de orientação (frise-se: "orientação", jamais coação ou indução) cabida ao Juiz na Lei 9.099/95, é transferida para os protagonistas legais da negociação, quais sejam, o Delegado de Polícia ou o Promotor de Justiça ou mesmo ambos em conjunto.

289 Cf. Op. cit., p. 153. Na obra também é apresentada jurisprudência no mesmo sentido sobre o tema: TACRIM SP. Apelação Criminal 1.221.535/5, Guarulhos, rel. Nicolino Del Sasso, j. 20.12.2000, Tribuna da Justiça, dez., 2001, p. 319.

No mesmo sentido encontra-se o Enunciado 4 do II Fórum dos Juizados Especiais do Estado de São Paulo:

"No caso de oferecimento de proposta de transação penal ou de suspensão condicional do processo, ou recurso, se houver divergência entre a vontade do autor do fato e de seu defensor, deve prevalecer a vontade do autor do fato."[290]

Essa orientação, tanto para os institutos da Lei 9.099/95, quanto, com ainda mais razão para a colaboração premiada da Lei 12.850/13, eis que nesta estão em jogo interesses personalíssimos mais intensos do envolvido, é a mais escorreita. É de levar em conta que a ampla defesa se subdivide em "defesa técnica e autodefesa"[291] e é justo que em muitos casos a defesa técnica sobreponha-se devido exatamente aos conhecimentos especiais que detém e que, normalmente, não detém o réu, salvo se bacharel ou advogado. Contudo, quando se trata de questões que envolvem aspectos personalíssimos, não pode ser dado ao defensor nem a ninguém sobrepor-se à vontade de outrem. Há um campo de autonomia do indivíduo que diz respeito inclusive ao seu próprio direito de liberdade, componente de sua dignidade humana, a constituir um campo de garantia indevassável até mesmo pelo seu próprio defensor.

Seguindo a apreciação dos parágrafos do artigo 4º, dispõe o § 11 que "a sentença apreciará os termos do acordo homologado e sua eficácia." Nada mais faz do que demonstrar aquilo que já foi comentado neste texto, ou seja, que a colaboração premiada se processa por meio de duas decisões judiciais, uma inicial de mera homologação do acordo, mas condicionada à realização dos objetivos preconizados neste, nos termos dos incisos I a V do artigo 4º, da Lei 12.850/13. E isso será avaliado num segundo momento, que é exatamente o momento da prolação da sentença pelo julgador. Aliás, esse seria o único momento possível para uma avaliação completa e segura quanto à eficácia da colaboração.

Quanto à decisão de concessão ou não dos efeitos almejados pelo colaborador com o acordo não há qualquer dúvida em relação à sua natureza jurídica, trata-se de uma *sentença condenatória* (obviamente condenatória, porque se o réu for absolvido, não há de se falar em qualquer benesse, mas na simples absolvição orientada por critério de Justiça). Já quanto à natureza jurídica da homologação do acordo pode

---

290 ENUNCIADOS do II Fórum de Juizados Especiais do Estado de SP. Disponível em www.aasp.jusbrasil.com.br , acesso em 24.08.2013.

291 TUCCI, Rogério Lauria. Op. cit., p. 214.

haver alguma dúvida. Entende-se que se trata de uma *decisão interlocutória simples objetivamente condicionada a resultados futuros*. É uma decisão interlocutória porque não põe fim ao processo com ou sem julgamento do mérito. É também simples e não mista porque não põe fim a qualquer fase processual, mesmo porque pode ser proferida ainda no curso da investigação criminal. Diz-se "objetivamente condicionada a resultados futuros" porque somente na sentença condenatória é que o magistrado irá realmente dar ao colaborador os efeitos previstos no acordo formulado, sempre na dependência da satisfação dos objetivos arrolados no próprio acordo (vide artigo 4º, I a V e § 11).

Retornando à sentença que concede os benefícios ao final do processo nos termos do artigo 4º, I a V e § 11, embora se tenha dito acima que não há dúvida quanto a tratar-se de uma *sentença condenatória*, é preciso analisar separadamente um caso específico.

Sabe-se que dentre os benefícios concedidos ao colaborador pode estar o "Perdão Judicial." Então, nestes casos o Juiz, acaso entenda que o acordo surtiu os efeitos desejados, irá proferir uma sentença de concessão de Perdão Judicial ao réu. Aí surge a questão. Ocorre que a doutrina e a jurisprudência, neste caso específico, não apresentam uniformidade quanto à definição da natureza jurídica da sentença que concede "Perdão Judicial." Assim sendo, não será, neste caso específico, tão tranquila a conclusão de que se trata de uma *sentença condenatória*.

Há basicamente quatro entendimentos sobre a temática:

a) A sentença concessiva de perdão judicial seria de natureza absolutória;
b) A sentença concessiva de perdão judicial seria condenatória;
c) A sentença concessiva de perdão judicial seria condenatória "sui generis", tendo em vista não gerar reincidência nos termos do artigo 120, CP;
d) A sentença concessiva de perdão judicial seria declaratória de extinção de punibilidade (nem condenatória, nem absolutória).

Acontece que tem prevalecido a natureza jurídica declaratória de extinção de punibilidade para a sentença que concede o Perdão Judicial. A matéria já foi inclusive sumulada pelo STJ em sua Súmula 18, que afirma: "A sentença concessiva do perdão judicial é declaratória da extinção da punibilidade, não subsistindo qualquer efeito condenatório."[292] Dessa forma se pode afirmar com segurança que em geral a decisão final de concessão dos benefícios da colaboração premiada pelo magistrado dar-se-á na forma de uma sentença condenatória, salvo no caso do Perdão Judicial em que se tratará de uma sentença declaratória de extinção de punibilidade.

O § 12 permite a oitiva do colaborador em juízo a requerimento da acusação ou defesa ou de ofício pelo Juiz, mesmo quando beneficiado pelo perdão judicial ou não denunciado. Nesses casos deverá o Judiciário e o Ministério Público diligenciar para a garantia da segurança do colaborador, atentando para os seus direitos previstos no artigo 5º, da lei de regência. Inclusive poderá ser o caso de aplicação de audiência por videoconferência nos termos do artigo 185, § 2º, I, III e IV e § 8º, CPP.

A oitiva por iniciativa judicial pode sofrer alguma crítica quanto ao Sistema Acusatório, mas parece que não seria justificada, pois cabe ao juiz, mesmo num Sistema Acusatório, alguma liberdade para produção de provas, especialmente aquelas que sirvam para dirimir dúvida relevante quanto ao seu convencimento (vide artigo 156, I e II, CPP). É preciso lembrar que o nosso processo penal não é um "Processo Acusatório de Partes" no modelo anglo - saxão, mas um "Processo Acusatório" de matiz romano-germânico, que permite tradicionalmente alguma atuação do magistrado na instrução e não sua inércia absoluta.

É incisivo o trabalho apresentado por Grinover,[293] a qual expõe uma visão bastante ampla sobre o tema. Explica que a terminologia que denomina o nosso e outros sistemas de "acusatório" é adotada em oposição ao chamado Sistema Inquisitório. O que efetivamente diferencia os dois sistemas é que "no primeiro, as funções de acusar, defender e julgar são atribuídas a órgãos distintos, enquanto no segundo as funções estão reunidas e o inquisidor deve proceder espontaneamente. É só no processo acusatório que o juízo penal é 'actum trium personarum'."[294]

A autora aponta certos "mal-entendidos" por parte de alguns teóricos que tendem a verificar em qualquer atribuição instrutória ao juiz, infração ao Sistema Acusatório. Diz a estudiosa que tais enganos adviriam

292 Neste sentido por todos: GRECO, Rogério. *Curso de Direito Penal Parte Geral*. Volume I. 15ª. ed. Niteroi: Impetus, 2013, p. 713.

293 GRINOVER, Ada Pellegrini. A iniciativa instrutória do juiz no processo penal acusatório, *Revista Brasileira de Ciências Criminais*. nº 27, jul./set., 1999, p. 71-79.

294 Op. cit., p. 71.

de uma confusão entre a dupla Sistema Acusatório e Inquisitório e outra dupla, oriunda dos países anglo-saxônicos, consistente na oposição dos sistemas denominados "adversarial system" e "inquisitorial system." "Denomina-se "adversarial system" o modelo que se caracteriza pela predominância das partes na determinação da marcha do processo e na produção das provas. No "inquisitorial system", ao revés, as mencionadas atividades recaem de preferência sobre o juiz." Portanto, "o conceito de processo penal acusatório não interfere com a iniciativa instrutória do juiz no processo."[295] Bastaria para caracterização de um processo acusatório a devida separação dos órgãos responsáveis pela acusação, defesa e julgamento, não sendo, porém, vedada a atividade instrutória judicial de maneira absoluta. No Código de Processo Penal, pode-se apontar em prol dessa assertiva a adoção do livre convencimento e dos poderes instrutórios do juiz, respectivamente nos artigos 155 e 156.

Malgrado a costumeira oportunidade das observações sobreditas, no sentido de que a adoção do Sistema Acusatório não impede totalmente poderes instrutórios ou apuratórios ao Juiz, há que considerar a relevância de ser dosada com cuidado a oferta de tais poderes ao órgão julgador, de modo a realmente com isso não infringir o citado sistema e, principalmente, não criar situações capazes de influir na imparcialidade dos julgamentos.

Qualificando a crítica que se faz à atribuição (pródiga) de poderes instrutórios ao juiz, podemos dizer que não se pretende, na maioria das vezes, indicar uma efetiva infração ao Sistema Acusatório, mas sim apregoar uma evolução do processo, sob a ótica garantista, a um "Sistema Acusatório Ideal." Em sistemas mais avançados, mantém-se a jurisdicionalização de certas medidas pré–processuais, destacadamente aquelas que envolvem direitos e garantias individuais. Não se prescinde da figura do juiz para o controle dessas medidas. No entanto, procura-se dividir de maneira estanque as funções dos órgãos jurisdicionais, de maneira que aqueles que atuam na fase pré–processual não venham a realizar o julgamento. Um sistema ideal seria aquele em que um juiz exercesse o papel de garantidor dos direitos individuais na fase investigatória, somente deliberando sobre medidas cautelares (ex., prisões provisórias, busca e apreensão, interceptações telefônicas etc.). Outro órgão jurisdicional deliberaria sobre a viabilidade da acusação (fase do recebimento da denúncia ou queixa). E um terceiro seria o encarregado

295 Op. cit., p. 77.

do julgamento propriamente dito, absolutamente incólume a qualquer influência anterior.[296]

Advoga-se até mesmo pela abolição da "comunhão dos autos" da fase investigatória com os do processo, tendo em mente extirpar qualquer possibilidade de decisão condenatória baseada em elementos colhidos sem a observância do contraditório.[297]

Desse modo, concluímos que as justas medidas dos artigos 155 e 156 do Código de Processo Penal Brasileiro podem servir de balizas para a aferição da oportunidade ou não da atuação instrutória do juiz em casos concretos ou previsões legais abstratas, tal como agora se reitera na parte final do § 12, do artigo 4º, da Lei 12.850/13. Ao juiz deve ser garantido o exercício do livre convencimento, desde que fundamentadamente, para isso podendo determinar certas diligências visando dirimir dúvidas de modo a habilitá-lo a um julgamento correto. Outrossim, embora seja redundante mencionar, na atuação concreta ou nas previsões legais abstratas, há sempre que se ter o devido respeito e acatamento às diretrizes constitucionais que delineiam o nosso sistema processual. Tratando especificamente da apuração referente à criminalidade organizada e levando em conta o instituto da colaboração premiada, bem como o afastamento imposto ao Juiz durante a sua fase inicial, parece justificar-se proporcionalmente esse poder instrutório de ofício previsto pela lei de regência.

No § 13 determina a lei que "sempre que possível, o registro dos atos de colaboração será feito pelos meios e recursos de gravação magnética, estenotipia, digital ou técnica similar, inclusive audiovisual, destinados a obter maior fidelidade das informações." Essa providência tem grande ligação com o requisito da voluntariedade da colaboração e a prevenção quanto a eventuais "colaborações" (*sic*) obtidas mediante coação física e/ou psicológica. As gravações sobreditas serão um grande fator de convencimento sobre a legitimidade do acordo de colaboração em seu aspecto da voluntariedade. Não obstante, a lei não obriga o ato a ser registrado por esses meios, pois que desde logo afirma que isso será levado a efeito "sempre que possível", o que, "a contrario sensu", leva à

296 CABETTE, Eduardo Luiz Santos. *Interceptação Telefônica*. 2ª. ed. São Paulo: Saraiva, 2011, p. 106-107.

297 CHOUKE, Fauzi Hassan. *Garantias constitucionais na investigação criminal*. São Paulo: RT, 1995, p. 96 - 129. Note-se que o autor, além de destacar esses problemas, relaciona o tratamento no direito comparado e ressalta os modelos de Itália e Portugal, dentro do chamado "movimento reformista europeu", como atentos à garantia de um sistema acusatório efetivo.

conclusão de que havendo óbices a esses procedimentos (normalmente de natureza material) não haverá, ao menos aprioristicamente, nenhum prejuízo à validade da colaboração, inclusive porque o colaborador deverá sempre estar assistido por advogado (vide § 15). Agora, é uma vergonha que numa lei que versa sobre a apuração de crime organizado admita o legislador que a Polícia ou o Ministério Público ou mesmo o Judiciário poderão não ter condições de efetivar, por falta de recursos materiais, sequer uma gravação magnética ou audiovisual. Como um aparato estatal tão deficiente pretende dar efetiva resposta repressiva e preventiva contra o crime organizado? Quando se exagera na proporção de certas reações diz-se, usando uma frase de Confúcio, que se está "matando mosquitos a tiros de canhão."[298] O dispositivo da Lei 12.850/13 ao admitir que o Estado pode não estar aparelhado para essa simples medida estaria fazendo o contrário que poderia ser traduzido em uma metáfora semelhante ao reverso: estaria "tentando matar elefantes com estilingues"!

O § 14 esclarece que o colaborador renunciará em seus depoimentos, sempre na presença de defensor, ao seu direito ao silêncio, assumindo o compromisso legal de dizer a verdade.

A menção à renúncia ao direito ao silêncio parece supérflua porque nada mais claro do que a abertura de mão desse direito, diga-se de passagem, plenamente disponível, a partir do momento em que se produz a própria fala do interlocutor. O direito ao silêncio esvai-se com o ato em si e não por uma declaração formal.

Quanto ao "compromisso legal de dizer a verdade", este integra o acordo de colaboração. Logicamente não se pretende que o colaborador traga aos autos mentiras. Ocorre que o alcance desse compromisso de dizer a verdade pode conduzir a certo dissenso na doutrina e jurisprudência:

a) Alguns entenderão que o compromisso somente tem validade para a celebração do acordo, bem como para a advertência quanto a eventual crime de Denunciação Caluniosa (artigo 339, CP) se o colaborador incriminar dolosamente pessoa que sabe ser inocente. Não servirá, porém, para submeter o colaborador ao estatuto da testemunha, de modo a responder, em caso de mendacidade ou omissão, por crime de Falso Testemunho (artigo 342, CP).

298 CONFÚCIO. Exagero. Disponível em www.reflexoeseutopias.wordpress.com, acesso em 24/08/2013.

b) Outros pensarão que, além das finalidades acima delineadas quanto ao acordo e ao crime de denunciação caluniosa (artigo 339, CP), também poderá o colaborador adquirir o estatuto de testemunha, respondendo por eventuais mentiras e omissões em seus depoimentos nos termos do artigo 342, CP (Falso Testemunho).

Pacelli já demonstra alinhamento com a hipótese "a":

> "(...) o dever de dizer a verdade na hipótese, tal como previsto no referido dispositivo, decorreria unicamente de ato voluntário do colaborador e não como imposição de norma legal! Se antes dessa decisão pessoal ele não era obrigado a depor – direito ao silêncio –, não se pode dizer que ele tenha renunciado a esse direito, mas, sim, que resolveu se submeter às consequências de sua confissão. Nesse passo, pode até ser que ele venha a responder pelo crime de denunciação caluniosa, dado que não é permitido a ninguém, ainda que na defesa de seus interesses, atribuir a responsabilidade penal de um fato a terceiro, sabendo falsa a afirmação (art. 339, CP). Mas, pelo falso testemunho, parece-nos que não! De início por que (*sic*) ele, a rigor, sequer ocuparia a posição de testemunha no processo, segundo exigências do princípio da legalidade estrita em matéria penal (art. 342, CP). Ao depois, a falsidade das declarações, com o objetivo de se favorecer dos benefícios da lei, é um risco que deve correr o Estado, sem que se possa falar em renúncia à autodefesa. O direito ao silêncio, aliás, surge, não para beneficiar pessoas levadas ao processo criminal, mas para respeitar os limites de todo aquele que se veja na iminência de ver restringida sua liberdade de ir e vir, além de constituir método mais seguro de formação da certeza judicial."[299]

Concorda-se em parte com o autor sobredito. Realmente quando há o acordo de colaboração premiada não se pode dizer que o réu ou indiciado passou à condição de testemunha propriamente dita, o que inviabiliza, pelo Princípio da Legalidade, a aplicação do crime de Falso Testemunho de acordo com a letra do artigo 342, CP. Tanto não é testemunha que o acordo homologado ainda não lhe concede nenhum benefício, mas fica na pendência da obtenção dos objetivos ali visados, conforme consta do artigo 4º, I a V, da Lei 12.850/13. Aliás, o colaborador pode ser

299 PACELLI, Eugenio. Op. cit.

inclusive condenado e receber apenas o benefício de redução ou substituição de pena ou mesmo o Perdão Judicial, mas somente depois de responder a todo o processo. Pode inclusive ser condenado e não receber benefício algum, acaso o Juiz entenda que os termos do acordo não foram devidamente cumpridos, que a colaboração não foi "efetiva." Seria uma perversão pretender atribuir-lhe a condição de testemunha nessas circunstâncias somente devido à menção ao compromisso de dizer a verdade inscrita no § 14.

Entretanto, há uma situação que parece que passou despercebida e que deve ser tratada como um meio–termo entre as soluções "a" e "b" acima mencionadas. Trata-se da circunstância em que o Promotor deixa de sequer denunciar o colaborador nos termos do artigo 4º, §§ 3º e 4º, da Lei do Crime Organizado. Nessa situação, conforme já explicitado no presente texto, o Ministério Público transmuda realmente o indiciado e potencial réu em testemunha. Ele já não figura de modo algum na qualidade de réu do processo. Assim sendo, será uma testemunha como outra qualquer e deverá prestar o compromisso legal, bem como estará sujeito às penas por Falso Testemunho nos termos do artigo 342, CP, assim como por Denunciação Caluniosa, de acordo com o artigo 339, CP. Parece que o § 14 do artigo 4º, da Lei 12.850/13 é aplicável ao indiciado ou réu colaborador denunciado, apresentando, portanto, um grau de limitação quanto às consequências das omissões ou mesmo mendacidades. Quanto ao colaborador que sequer é denunciado, não se trata de aplicar o artigo 4º, § 14, da Lei 12.850/13, ao menos na parte que diz respeito ao direito ao silêncio e ao compromisso de dizer a verdade, mas sim o artigo 203, CPP. Restará aplicável somente a exigência de assistência invariável de defensor em todos os depoimentos, isso para garantia de que a colaboração seja, do início ao fim, absolutamente voluntária e imune a coações de qualquer espécie.

Essa imprescindibilidade da presença do defensor em todos os atos que digam respeito à colaboração premiada em qualquer hipótese está bem assentada no § 15, que tem a seguinte escrita: "Em todos os atos de negociação, confirmação e execução da colaboração, o colaborador deverá estar assistido por defensor." A falta do defensor em qualquer ato de negociação, confirmação e execução da colaboração levará à *nulidade absoluta* por violação direta à Constituição Federal naquilo que diz respeito ao direito de defesa sob o aspecto da defesa técnica.

Finalmente, o § 6º determina que "nenhuma sentença condenatória será proferida com fundamento apenas nas declarações de agente colaborador." O dispositivo seria até mesmo despiciendo porque já faz parte do conhecimento comezinho da Teoria Geral da Prova o "limite probatório da unicidade" apontado desde antanho por Malatesta.[300] Dessa forma é sabido e consabido que nenhuma prova isolada, nem mesmo a confissão válida, serve para condenação (v.g., artigos 197 e 158, "in fine", CPP). A condenação de alguém tem de se basear em um conjunto probatório sólido e coerente. No caso da colaboração premiada, sua consideração de forma isolada é mais grave ainda e certamente por isso o legislador não se fez de rogado em praticar uma espécie de pleonasmo diante do conhecimento geral da regra da unicidade porque tinha em mente destacar muito intensamente o fato de que jamais alguém poderá ser condenado somente com base nas declarações ou depoimentos de colaboração premiada. Assim como na literatura, esse pleonasmo como recurso de linguagem para dar ênfase a alguma afirmação é válido e útil. O maior perigo dessa espécie de prova é a sua insegurança devido ao interesse pessoal que move o colaborador e que pode levá-lo muito facilmente à tentação de formular falsas imputações a terceiros, criar provas inexistentes etc., tudo com o fito de satisfazer a eficácia da colaboração que será o único caminho legal para o seu benefício.

Devidamente esmiuçadas as regras para a formulação e aplicação da colaboração premiada passa-se ao estudo dos direitos do colaborador.

6.3.1.7 – DOS DIREITOS DO COLABORADOR

O artigo 5º, da Lei 12.850/13 arrola em seus incisos I a VI os direitos assegurados ao colaborador. São eles:

I - Usufruir das medidas de proteção previstas na legislação pertinente - Estas são as medidas previstas na Lei de Proteção a Testemunhas e Réus colaboradores (Lei 9.807/99). Diga-se de passagem que o sistema de proteção nacional é uma piada de mau gosto.

II - Ter nome, qualificação, imagem e demais informações pessoais preservados é o mínimo que se pode assegurar para garantir a integridade e a vida do colaborador. Isso inclui a mídia e a

300 MALATESTA, Nicola Framarino Dei. *A lógica das provas em matéria criminal*. Trad. Paolo Capitanio. Campinas: Bookseller, 1996, p. 497-513.

imprensa em geral. Não há conflito aqui com a liberdade de imprensa e informação, pois que prepondera o interesse maior na segurança do colaborador e no necessário sigilo das investigações nos moldes inclusive já previstos no artigo 20, CPP.

III – Ser conduzido, em juízo, separadamente dos demais coautores e partícipes – outra previsão que tem em mira a preservação da integridade e da vida do colaborador, bem como evitar que influências exógenas venham a prejudicar o acordo firmado, o qual, é sempre bom lembrar, comporta retratação unilateral e imotivada (vide artigo 4º, § 10). Pensa-se que a lei, ao reduzir a condução separada apenas ao *juízo,* disse menos do que queria e devia. É inescapável que também a eventual condução à Delegacia de Polícia, ao Gabinete Ministerial, ao IML ou a qualquer local ou repartição deve dar-se separadamente ("Lex minus dixit quam voluit"). Este é também o entendimento de Nucci:

> "Pode-se – e deve-se – ampliar o entendimento para manter o delator totalmente separado dos outros corréus durante toda a instrução, em recintos diversos, no fórum ou tribunal."[301]

IV – Participar das audiências sem contato visual com os outros acusados – sempre a questão é preservar o colaborador de agressões, ameaças e quaisquer influências de intimidação que possam prejudicar o acordo ou significar risco para sua integridade ou vida. Como já aventado neste texto, trata-se de uma boa motivação para a utilização da videoconferência nos termos do artigo 185, § 2º, I, III e IV, e § 8º, CPP.

Não obstante é preciso reconhecer que essa proibição de contato pode ser relativizada em prol do direito de ampla defesa e contraditório, tendo em vista, por exemplo, necessidade de reconhecimentos, acareações etc.[302]

V – Não ter sua identidade revelada pelos meios de comunicação, nem ser fotografado ou filmado, sem sua prévia autorização por escrito. – vale aqui o que já foi comentado sobre o inciso II. Também é bom destacar que não somente o colaborador, mas qualquer réu ou investigado tem o direito de ter sua imagem

---

301 NUCCI, Guilherme de Souza. Op. cit., p. 66.

302 Op. cit., p. 66 – 67.

preservada (artigo 5º, X, CF) e somente conceder entrevistas ou ser filmado ou fotografado com sua anuência por escrito de acordo com normas da Corregedoria dos Presídios e de Polícia Judiciária. Ocorre que no caso do colaborador as motivações para a exacerbação desse direito são insofismáveis, razão de ser da repetição explícita pelo legislador.

VI - Cumprir pena em estabelecimento penal diverso dos demais corréus ou condenados – Essa é uma garantia mais do que evidente a ser assegurada ao colaborador. Quando a legislação anterior não estabelecia esse tipo e garantia, havia uma lacuna absurda que efetivamente tornava a então delação premiada totalmente inexequível, principalmente considerando o fato de que facções criminosas praticamente dominam todo o sistema prisional. Ofertar a então delação a alguém e dizer-lhe que teria uma redução de pena, mas que iria cumpri–la, ainda que reduzida, em um mesmo sistema que os demais corréus era uma piada de humor negro que qualquer operador do Direito sentiria mesmo vergonha em explicitar a um suspeito ou investigado. O que aconteceria seria que os demais corréus seriam condenados a penas de prisão, enquanto que o delator seria formalmente condenado a uma pena de prisão minorada, mas material ou faticamente condenado à pena de morte.

É preciso observar que se deve interpretar o dispositivo de forma ampla, de modo que o réu colaborador não somente tem o direito de cumprir pena em estabelecimento penal diverso, mas também em "cela ou pavilhão" diferenciados, naquilo que se denomina na gíria de "seguro." A verdade é que o colaborador é malvisto não somente pelo grupo a que pertencia, mas por toda a população carcerária (é o chamado "X–9" na gíria criminal). Ele corre o mesmo risco em qualquer estabelecimento penitenciário.[303]

6.3.1.8 – FORMALIDADES INTRÍNSECAS DO TERMO DE ACORDO DE COLABORAÇÃO PREMIADA

Quando se fala em formalidades intrínsecas do termo de acordo de colaboração premiada, isso se refere aos requisitos formais que devem compor o documento que consubstancia o dito acordo.

303 Cf. Op. cit., p. 68.

É no artigo 6º, incisos I a V, da Lei 12.850/13 que estão determinadas essas formalidades. A primeira delas é que esse acordo deve ser feito *por escrito*, não bastando o acerto verbal entre os envolvidos. Já diziam os latinos que "verba volant, escripta manent" ("Palavras voam, a escrita permanece"). Esse requisito básico inicial já vem descrito no próprio "caput." Em seguida são apresentados dos demais nos incisos:

I – O termo deverá conter o relato da colaboração e seus possíveis resultados – o colaborador e os demais participantes do acordo estabelecerão claramente o papel a ser executado pelo primeiro e os resultados visados na forma do artigo 4º, I a V, da lei de regência. Essa será apenas uma espécie de carta de intenções em que serão descritas as propostas do colaborador em termos de atuação e os resultados a que se pretende chegar quando essa colaboração ocorrer efetivamente. Não se deve confundir o termo de colaboração com já uma oitiva prévia do colaborador em que este passe a fornecer informações à Polícia e/ou ao Ministério Público. Isso porque o acordo ainda depende de homologação e seria uma deslealdade já colher os elementos de colaboração antes que o colaborador tenha segurança de que o acordo foi homologado pelo Juiz.

II – Deverá também conter as condições da proposta do Ministério Público ou do Delegado de Polícia – serão então componentes necessários do termo todas as condições propostas pelos órgãos persecutórios, bem como os benefícios acenados ao colaborador para que ele possa inclusive firmar sua convicção quanto à adesão informada e voluntária ao acordo.

III – A declaração de aceitação do colaborador e de seu defensor – Essa declaração retrata a voluntariedade do acordo e sua realização perante um advogado que assiste o colaborador nos termos da lei. Já foi anteriormente abordada a questão de eventual discordância entre advogado e colaborador, devendo prevalecer a decisão do indiciado ou réu, tendo em vista tratar-se de questão personalíssima. Nesse caso, entende-se que tal desacordo deva ser consignado no termo, inclusive, se for o caso, a motivação para que o Advogado não o assine. Num caso desses se agiganta a importância da gravação em audiovisual da celebração do acordo, conforme proposto no artigo 4º, § 13, do mesmo diploma. Isso a fim de que não reste qualquer dúvida quanto à voluntariedade do agente, mesmo contra a orientação de seu defensor.

IV – As assinaturas do representante do Ministério Público ou do Delegado de Polícia, do colaborador e de seu defensor – Este requisito não exige maiores comentários, pois é autoexplicativo. Apenas algumas observações podem ser feitas para casos excepcionais:

– Quando, por exemplo, o acordo for realizado pelo Ministério Público e o Delegado de Polícia conjuntamente, ambos deverão firmá-lo com o colaborador e o advogado;

– Como já dito, se o advogado discordar isso, deverá ser consignado no termo e ele poderá assiná-lo normalmente. Se vier a negar a assinatura, isso também deverá ser consignado no termo;

– Também se algum dos envolvidos não assinar o termo devido a eventual impedimento (lesão nas mãos, por exemplo) poderão ser aplicadas as regras do Código de Processo Penal, tais como artigos 195, 216 (testemunha a rogo), 304, § 3º (testemunhas instrumentárias) etc.

V – A especificação das medidas de proteção ao colaborador e à sua família, quando necessário – Nesse caso essas medidas devem ser tomadas na forma da Lei 9.807/99 e seu descumprimento ou cumprimento sofrível por parte do Estado pode certamente ensejar a retratação motivada do colaborador nos termos do artigo 4º, § 10, da Lei 12.850/13.

Entende-se que, considerando todos os direitos postos ao colaborador, bem como os requisitos intrínsecos do termo de colaboração e a própria natureza do instituto, se houver retratação justificada por parte do colaborador, deverá ser reconhecida a este pelo menos uma atenuante genérica inominada devido à sua inicial boa vontade para com as investigações (inteligência do artigo 66, CP). O mesmo já não se pode dizer se a retratação parte do Estado devido ao descumprimento por parte do próprio colaborador, bem como se é fruto de decisão unilateral do colaborador, mas imotivada. Por outro lado, também se entende que a eventual confissão espontânea firmada pelo colaborador, embora já não possa ser contra ele utilizada, não perde o caráter de atenuante genérica nos termos do artigo 65, III, "d", CP.

6.3.1.9 – SIGILO E PRAZOS PARA A HOMOLOGAÇÃO DO TERMO DE COLABORAÇÃO

Como não poderia deixar de ser, determina o artigo 7º, *caput,* da Lei do Crime Organizado que o pedido de homologação será "sigilosamente distribuído" e deverá conter somente informação por meios das quais não seja possível identificar o colaborador nem o objeto da colaboração.

O direcionamento será direto ao Juiz para o qual recair a distribuição e este terá o prazo de 48 horas para decidir (artigo 7º, § 1º). Esse prazo é impróprio, de modo que se o Juiz o extrapolar não haverá impedimento para que o acordo seja homologado.

É interessante observar que a lei não fala em um prazo para que o Ministério Público ou o Delegado encaminhem o Termo de Colaboração a juízo, razão pela qual se infere que tal medida deva ser tomada de imediato, tão logo esteja formalizado.

Durante o trâmite da homologação reinará o sigilo absoluto (interno e externo), somente tendo acesso aos autos o Ministério Público e/ou o Delegado de Polícia e o Juiz. Quer dizer que nem mesmo alguém que seja alvo daquela investigação ou seu respectivo advogado poderá ter acesso (sigilo interno). Muito menos o público em geral (sigilo externo). Não há inconstitucionalidade em nada disso diante do Princípio da Publicidade porque este admite relativizações nos termos do artigo 93, IX, CF c/c artigo 792, §1º, e artigo 20, CPP. Neste caso prevalece o interesse público no êxito das investigações e na própria segurança do colaborador (artigo 7º, § 2º). Também poderá ter acesso aos autos o defensor do colaborador para exercício do direito de defesa. No entanto, esse acesso deverá ser precedido de requerimento e deferimento judicial e as vistas se reduzirão às diligências já documentadas nos autos, excluídas aquelas em andamento, sempre com o fito de evitar prejuízo às apurações (artigo 7º, § 2º).

Finalmente, estabelece a legislação no artigo 7º, § 3º, o momento em que o acordo de colaboração deixa de ser sigiloso. Isso se dá com o "recebimento da denúncia." A lei, porém, faz a ressalva quanto ao disposto no artigo 5º, ou seja, quanto aos direitos do colaborador que o preservam em sua identidade, imagem e integridade. Disso se extrai que com o recebimento da denúncia finda o sigilo interno, mas segue havendo o sigilo externo, com o fim de proteger o colaborador.

6.3.2 – AÇÃO CONTROLADA

De acordo com o artigo 301, CPP, a prisão em flagrante pela Autoridade Policial ou seus agentes é obrigatória, configurando infração administrativa e ilícito penal (prevaricação) a sua não realização quando possível. Ocorre que há casos em que a atuação da Autoridade ou seus agentes, prendendo em flagrante em certas circunstâncias especiais, pode levar a um prejuízo na melhor apuração das condutas criminosas envolvidas, conduzindo à prisão de pessoas de menor importância num grupo criminoso e deixando livres indivíduos de maior relevância. Também pode prejudicar a devida recuperação de produtos, apreensão de objetos, documentos, instrumentos ou substâncias ou mesmo a liberação de reféns, conforme o caso.

Com vistas a esta realidade fática o legislador erigiu o chamado "flagrante prorrogado, postergado, diferido, protelado, adiado ou retardado ou ação controlada", que nada mais é do que a autorização legal para que as Autoridades Policiais e seus agentes possam protelar uma prisão com o fim de uma melhor apuração criminal.

A figura do flagrante protelado é prevista em dois diplomas legais: a Lei de combate ao Crime Organizado (Lei 12.850/13) em seus artigos 8º e 9º e a Lei de Drogas (Lei 11.343/06) em seu artigo 53, II.

A Lei 12.850/13, em seu artigo 8º, "caput", traz ao mundo jurídico uma definição de "ação controlada":

> "Consiste a ação controlada em retardar a investigação policial ou administrativa relativa à ação praticada por organização criminosa ou a ela vinculada, desde que mantida sob observação e acompanhamento para que a medida legal se concretize no momento mais eficaz à formação de provas e obtenção de informações."

É notável que a Lei do Crime organizado ultrapassa a questão da Prisão em Flagrante e acaba abrangendo também outras medidas de investigação, sejam quais forem, as quais poderão ser proteladas no interesse de uma melhor investigação. Quando o legislador fala em retardar a "intervenção policial *ou administrativa*", esta segundo expressão abre ainda mais o leque da ação controlada de modo que se entende que a critério da Autoridade Policial e do Ministério Público e por determinação Judicial sigilosa também poderão ser retardadas medidas de outros órgãos administrativos. Por exemplo, impedir o corte de fornecimento de acesso à internet ou ao uso de um celular por falta de pagamento, com a finalidade de investigação; retardar a atuação do fisco ou de outros órgãos públicos de fiscalização como a aduana, por exemplo, com relação aos investigados, a fim de otimizar a persecução penal etc. Nucci menciona ainda o retardamento da "intervenção *administrativa*" no que tange à atuação da "Corregedoria da Polícia."[304] A lembrança é correta no que tange às apurações de ordem administrativa afetas à Corregedoria (Sindicâncias ou Processos Administrativos). Entretanto, quanto ao Inquérito Policial, trata-se de atividade normal de investigação criminal para a qual não seria necessário recorrer à autorização especial para retardamento da atividade de caráter *administrativo*.

A doutrina tem apontado que essa prática policial somente é viável no tráfico de drogas e nas organizações criminosas, inclusive, mesmo no tráfico, em havendo situação que permita concluir pela existência de uma organização criminosa.[305]

Não obstante os judiciosos entendimentos neste sentido, considera-se que quando a Autoridade Policial ou seus agentes, em qualquer caso, independentemente de previsão legal, vislumbrar situação de fato que aconselhe o retraimento inicial em relação a uma abordagem para depois atuar com maior eficácia, deve assim agir, sob pena de atuar de forma pouco inteligente e hábil em seus misteres. Um exemplo pode aclarar:

Considere-se que um indivíduo esteja sendo vigiado por suspeita da prática de cárcere privado em relação a uma determinada pessoa. Em meio à vigilância, estando ele na via pública, percebe-se que está portando um revólver na cintura, possivelmente infringindo o Estatuto do Desarmamento (Lei 10.826/03, artigo 14 ou 16). Entretanto, não se sabe onde está a pessoa encarcerada, sendo necessária a localização para sua liberação, a qual possivelmente será prejudicada pela detenção do agente. Deveria a Autoridade Policial agir como um autômato teleguiado pelo artigo 301, CPP, e pela Lei 10.826/03 e, numa atitude de estultice, prender o suspeito em flagrante por porte ilegal de arma, deixando a vítima sob o risco de jamais ser localizada no cativeiro, podendo até

304 Op. cit., p. 69–70.

305 Nesse sentido Muccio, trazendo ainda as lições de Fernando Capez e Luiz Flávio Gomes. MUCCIO, Hidejalma. *Curso de Processo Penal*. 2ª. ed. Rio de Janeiro: Forense, 2011, p. 1.131 – 1132. Ver também no mesmo sentido: MARCÃO, Renato. *Prisões Cautelares, Liberdade Provisória e Medidas Cautelares Restritivas*. São Paulo: Saraiva, 2011, p. 82.

perecer naquele local, agora abandonada até mesmo por seu algoz, que, utilizando de seu direito constitucional ao silêncio, simplesmente pode nada informar às autoridades? Não se tratando de tráfico de drogas ou de organização criminosa, estaria a Autoridade Policial obrigada a agir como incompetente? Isso certamente seria o mesmo que tornar a expressão "inteligência policial" contraditória!!! Haveria uma lei obrigando os policiais a serem incompetentes e tolos!

O correto seria continuar o monitoramento e somente prender o suspeito em momento oportuno, por exemplo, quando ele se dirigisse para uma residência ou local suspeito de ser o cativeiro, possibilitando a apuração de ambos os crimes (porte ilegal de arma e cárcere privado), bem como, principalmente, liberando a vítima.

Mas, o que fazer com a infração administrativa que determina o cumprimento das normas legais e regulamentares e o crime de prevaricação? Obviamente que tais infrações não se perfazem em casos como este. Não há qualquer atuação dolosa e nem mesmo culposa atribuível à Autoridade que age com competência em sua função, procurando, ao reverso, cumprir as normas legais e regulamentares em seu máximo alcance. Também, muito menos, existe prevaricação, pois a inação momentânea não se dá para satisfação de qualquer interesse ou sentimento pessoal, mas com vistas ao interesse público e à preservação máxima possível dos bens jurídicos em jogo (inteligência do artigo 319, CP).

Assim sendo, as previsões da Lei 12.850/13 e da Lei 11.343/06 não são taxativas, inobstante as respeitáveis opiniões em contrário. O necessário é uma avaliação do caso concreto em que se possa detectar justa causa para o protelamento da Prisão em Flagrante ou outras diligências com vistas à maior eficácia da atividade repressivo-investigatória.

Nesse sentido, manifesta-se Silva na doutrina especializada:

> "Em que pese o tratamento legal específico para apuração do crime organizado, o emprego da ação controlada visando apurar a prática de conduta que não tenha relação com a criminalidade organizada pode ser resolvido no campo do direito material. Assim é que o agente policial que retarda sua intervenção para aguardar o momento mais adequado para cumprir com seu dever funcional de interromper o crime em curso não age com o dolo específico de 'satisfação de interesse ou sentimento pessoal' exigido pelo legislador penal, mas com a finalidade de

aguardar o melhor momento para surpreender o autor do delito. E, assim, não pratica crime de prevaricação, por ausência do elemento subjetivo do tipo."[306]

Outro aspecto que se julga importante sobre a chamada "ação controlada" na dicção do artigo 8º, § 1º, da Lei 12.850/13 é que nesse diploma não é feita a exigência de prévia *ordem* judicial para a adoção desse procedimento pela Autoridade Policial.[307] Isso é visível porque a lei fala em *prévia comunicação ao juiz e não em representação ou requerimento*. Ressalte-se que o dispositivo sob comento determina também a comunicação ao Ministério Público. Então significa que o Delegado adota a ação controlada por conta própria e após isso a comunica ao Juiz que, por seu turno, a informa ao Ministério Público. Até aí tudo bem. Ocorre que há no § 1º em discussão a afirmação de que o Juiz, "se for o caso, estabelecerá" os "limites" da ação controlada. Ora, esse dispositivo parece de evidente inconstitucionalidade, pois estaria deixando a investigação sob o controle do Juiz que atuaria como se fosse um Delegado de Polícia, infringindo sua necessária imparcialidade, tão protegida pela mesma Lei 12.850/13. O legislador precisa se conscientizar de que o magistrado não deve ser maculado por envolvimento na fase investigatória, especialmente com a prática de atos de *direção* da investigação. Entende-se que a comunicação feita ao Juiz e ao Ministério Público se deve dar apenas e tão somente para o controle da legalidade da atuação e para a transparência da atividade policial. É claro que se o Juiz verificar alguma ilegalidade poderá sustar a ação controlada e ainda proceder às responsabilizações criminais e administrativas cabíveis. Igualmente o Ministério Público poderá atuar em sua função de Fiscal da Lei e de controle externo da atividade policial, requerendo ao judiciário tudo aquilo que julgar necessário. Mas daí a permitir um dirigismo judicial na atividade de investigação pré-processual, vai uma enorme e inconstitucional distância por violação do Sistema Acusatório, que não admite a presença de um "Juiz-Investigador." Portanto, para salvar da inconstitucionalidade a alegação legal de que o Juiz estabeleceria "limites" para a ação controlada, a única interpretação possível é que esses "limites" significariam o mero controle de legalidade da atuação policial, jamais seu direcionamento. Dessa forma pode-se afirmar que a lei em si não

306 SILVA, Eduardo Araújo. *Crime Organizado*. São Paulo: Atlas, 2003, p. 93 – 94.

307

é inconstitucional, mas pode ser dependendo da interpretação que se empregue à sua dicção.

A comunicação a ser feita para o judiciário e deste para o Ministério Público deve processar-se sigilosamente, nos termos do artigo 8º, § 2º, da Lei 12.850/13, por óbvias razões de eficácia.

A "ação controlada", enquanto ainda vigorava a Lei 9.034/95, não era também prevista em outra legislação que exigisse ordem judicial para sua adoção, de modo que ao regulá-la sem essa exigência o legislador dispensou tal ordem. Acontece que posteriormente o mesmo instituto é previsto na Lei de Drogas (Lei 11.343/06, artigo 53, II), em que se determina que haja necessidade de ordem judicial e inclusive prévia oitiva do Ministério Público.

Nessa situação três interpretações surgiram na época:

- A Lei 11.343/06 (posterior) teria derrogado a Lei 9.034/95 (anterior),[308] passando a haver necessidade de ordem judicial para a ação controlada em qualquer caso, envolvendo drogas ou não;
- Cada diploma legal teria sua aplicação separada, não havendo necessidade de ordem judicial prévia para a apuração de crime organizado, mediante ação controlada dos órgãos policiais, desde que não se versasse sobre tráfico de drogas, quando, devido

308 Seria caso de revogação tácita em que a lei posterior é incompatível com a lei anterior, o que não parece razoável, já que cada diploma pode ter sua área de aplicação própria. Conforme lecionam Espínola e Espínola Filho, a revogação da lei anterior pela posterior somente se dá por incompatibilidade "absoluta", de modo que as duas normas não possam conviver harmonicamente no mesmo ordenamento jurídico. Sendo "duvidosa a incompatibilidade", impõe-se uma interpretação capaz de conjugar ambas as normas, fazendo "desaparecer a antinomia." Ademais, alertam os autores que, conforme escólio de Stolfi, "nem sempre a lei especial derroga a geral, podendo perfeitamente acontecer que introduza, a lei especial, uma exceção ao princípio geral, que deve coexistir ao lado deste." Pode-se dizer que "a lei especial só revoga a geral, quando a ela se referir, ou ao seu assunto, e exclusivamente no ponto em que a altera ou a exclui explicitamente ou implicitamente, o que, aliás, é o caso mais frequente." ESPÍNOLA, Eduardo, ESPÍNOLA FILHO, Eduardo. *A Lei de Introdução ao Código Civil Brasileiro*. Volume 1. 3ª. ed. Rio de Janeiro: Renovar, 1999, p. 63 – 70. Observe-se que atualmente a antiga "Lei de Introdução ao Código Civil" passou a denominar-se "Lei de Introdução às Normas do Direito Brasileiro", por força da Lei 12.376/10. Anote-se ainda que no caso enfocado, a lei posterior, ainda que considerada especial, não tocava no tema de revogação da Lei 9.034/95 e podia perfeitamente coexistir com esta, aplicando-se tão somente aos casos de tráfico de drogas, inclusive somente àqueles que não envolvessem organização criminosa. Não havia, em suma, incompatibilidade absoluta entre as normas em referência. É o mesmo que hoje ocorre entre as Leis 12.850/13 e 11.343/06, somente invertendo a ordem no sentido de que agora a Lei do Crime organizado é lei posterior à Lei de Drogas e não o inverso como ocorria antes.

à especialidade, a ordem judicial e a oitiva prévia do Ministério Público seriam impostas por lei.[309]

Nos casos de crime organizado (então Lei 9.034/95, ora revogada) não era necessária a ordem judicial prévia, mesmo em se tratando de tráfico de drogas. Apenas seria necessária a ordem judicial prévia para apurações referentes a tráfico de drogas que não envolvessem organização criminosa.

Hoje, com o vigor da Lei 12.850/13 que, como visto, somente prevê a necessidade de comunicação e não ordem judicial prévia, entende-se que as hipóteses acima aventadas continuam sendo as mesmas passíveis de discussão, mudando somente o fato de que a Lei de Crime Organizado agora é que é posterior à Lei de Drogas e não o inverso como antes acontecia. Seja como for, não parece correto dizer que a Lei 12.850/13 tenha derrogado a Lei 11.343/06 quanto à ação controlada. Dessa maneira, o terceiro posicionamento segue como o mais correto, mas não é compreensível a razão de tratamento tão desigual. Também não é inteligível a motivação do legislador em condicionar a ação controlada ou o flagrante diferido no caso de drogas à prévia ordem judicial e oitiva ministerial. Isso, de acordo com a experiência, torna essa atividade praticamente inviável. Em primeiro lugar, arrasta o Juiz para uma atuação tipicamente investigatória, o que não é recomendável no Sistema Acusatório. Além disso, a decisão sobre um retardamento na ação policial é tomada em campo, no momento de ação e deve ser imediata. Não se vislumbra possibilidade prática de que a Autoridade Policial possa representar formalmente e por escrito ao Juiz, aguardando a manifestação ministerial e uma ordem posterior. A formalidade, nesse caso, imiscui-se onde não é chamada, onde é mesmo impraticável. Imagine-se que uma Autoridade Policial depare com um caminhão carregado de cocaína durante investigações e tenha condições de interceptá-lo de imediato, isso em torno das 3 horas da manhã. No entanto, sabe que tal caminhão dirige-se a um depósito muito maior de drogas e onde estariam homiziados os principais agentes do grupo criminoso. Deveria a Autoridade contentar-se em prender imediatamente o mero motorista? Ou então teria que retornar à Delegacia para elaborar uma representação e protocolar no Fórum, aguardando novas orientações do Judiciário e do Ministério Público? Ora, é isso que a lei manda fazer!!! Sinceramente, trata-se de algo totalmente apartado da realidade, uma conformação legal produzida claramente por pessoas que não têm qualquer vivência do

309 SILVA, Eduardo Araújo da. Op. cit., p. 94.

cotidiano criminal.[310] A ação controlada deveria ser algo muito informal, como o é toda atividade investigatória pré-processual, sob pena de tornar-se impraticável. Deve caber a decisão sobre o protelar do flagrante ou a ação controlada somente à Autoridade Policial, devendo tudo ser narrado com pormenores nos autos de investigação e posteriormente sim avaliada jurisdicionalmente a correção ou não desse procedimento, tal qual o faz a Lei 12.850/13 em relação ao Crime Organizado. Mas, ao menos no caso das drogas, há exigência legal de ordem judicial prévia e de anterior manifestação do Ministério Público. Pensa-se que nesses casos a Autoridade Policial deve agir com base no Direito Material, ciente de que não prevarica nem descumpre deveres funcionais, de modo que sua atuação é lícita e, consequentemente, lícitas as provas obtidas, pois que a formalidade torna-se estéril e impraticável, razão pela qual inexigível. Além disso, envolvendo o caso organização criminosa, ainda que referente ao tráfico de drogas, podem-se aplicar os dispositivos especiais da Lei 12.850/13 que dispensam a ordem judicial prévia, conforme seu artigo 8º, §§ 1ºe 2º.

Também prevê a Lei do Crime Organizado o sigilo absoluto (interno e externo) da ação controlada "até o encerramento da diligência", período em que somente terão acesso aos autos o Juiz, o Ministério Público e o Delegado de Polícia. Tudo isso visa garantir o êxito das investigações (artigo 8º, § 3º). Conclui-se que, encerradas as diligências, volta a vigorar o Princípio da Publicidade com toda a sua pujança. Também aqui não há violação a esse princípio naquele primeiro momento de sigilo absoluto devido à existência de motivações para sua relativização momentânea. Em geral também não haverá razão para a manutenção do sigilo externo como ocorre no caso de colaboração premiada, a não ser em situações excepcionais que envolvam, por exemplo, interceptações telefônicas, sigilos bancário e fiscal etc. Com o encerramento da diligência, deverá ser elaborado um "auto circunstanciado" pelo Delegado de Polícia, descrevendo toda a atuação (artigo 8º, § 4º). A esse "auto circunstanciado" e demais provas já produzidas terá direito de acesso irrestrito o defensor nos termos da Súmula Vinculante 14, artigo 5º, LIV,

310 Inobstante isso, a adoção da ordem judicial e a oitiva prévia do Ministério Público têm sido aplaudidas como inovações corretas da Lei 11.343/06 em relação à antiga Lei 9.034/95. Ver por todos: GOMES, Luiz Flávio (coord.). *Nova Lei de Drogas comentada*. São Paulo: RT, 2006, p. 230. Entende-se que falta, nesse passo, uma maior reflexão prática sobre o tema. Além disso, há a menção à legislação estrangeira como um dos argumentos favoráveis à prévia ordem judicial ou mesmo ministerial, olvidando-se as diferenças enormes entre a organização judicial, ministerial e policial brasileira e a de outros países em que, por exemplo, Ministério Público e Polícia ou o Juízo de Instrução e a Polícia atuam praticamente em conjunto harmônico, constituindo quase que uma mesma instituição. Isso nada tem a ver com a realidade brasileira!

LV e LXIII, CF, e artigo 7º, incisos XIII e XIV, da Lei 8.906/94 (Estatuto da OAB).[311]

Por fim o artigo 9º, da Lei 12.850/13 trata de ações transnacionais e internacionais quando a ação controlada envolver passagem de fronteiras. Nesses casos o retardamento da intervenção policial ou administrativa somente poderá ocorrer com a cooperação das autoridades dos países que figurem como provável rota do investigado. Com isso se pretende reduzir os riscos de fuga e extravio de eventuais produtos, objetos, instrumentos ou proveitos do crime.

Por derradeiro é importante lembrar que também a Lei de Lavagem de Dinheiro (Lei 9.613/98), prevê uma espécie de "ação controlada" no seu artigo 4º – B., que assim dispõe:

> "A ordem de prisão de pessoas ou as medidas assecuratórias de bens, direitos ou valores, poderão ser suspensas pelo juiz, ouvido o Ministério Público, quando a sua execução imediata puder comprometer as investigações."

Certamente, como vislumbra Mendonça[312], esse dispositivo pode abranger mais uma modalidade de "flagrante retardado." No entanto, é preciso notar que o instituto ali desenvolvido é muito mais abrangente, referindo-se também a prisões por ordem judicial (v.g. temporárias ou preventivas) e a outras cautelares reais, tais como apreensões e sequestros de bens, direitos e valores. Por isso a deliberação neste texto de tratamento apartado dessa espécie de "ação controlada."

A Lei 9.613/98 também prevê necessidade de prévia ordem judicial e oitiva do Ministério Público para a realização dessas espécies de ações controladas. Não se discutem a oportunidade e a conveniência da ordem judicial como pré–requisito nos casos de prisões derivadas de mandados de prisão judiciais, bem como ordens judiciais de apreensão ou sequestro. Ora, sem uma prévia determinação judicial não caberia a qualquer Autoridade postergar, seja por que motivo for, uma determinação oriunda do Judiciário. Por isso imprescindível realmente a ordem prévia para tanto. No que tange à Prisão em Flagrante, que parece de menor incidência nos casos de Lavagem de Dinheiro, valem

311 Diga-se de passagem que é assustador e entristecedor o fato de que tenha sido necessária a edição de uma Súmula Vinculante para reconhecer um direito notório dos advogados, assegurado pela Constituição Federal e pelo Estatuto respectivo.

312 MENDONÇA, Andrey Borges de. Op. cit., p. 168.

os comentários anteriormente despendidos, com fulcro na Lei de Combate ao Crime Organizado e no Direito Material, a afastarem, em certos casos, a necessidade de ordem judicial prévia. Também releva destacar que essa ação controlada prevista na Lei 9.613/98 é passível de utilização em quaisquer casos de lavagem de dinheiro e não somente naqueles que envolvam organizações criminosas, pois que se trata de uma estratégia por demais útil nessa espécie de investigação, permitindo uma atuação mais adequada e no momento mais propício. Conforme bem destacam Márcia Bonfim e Edílson Bonfim em obra especializada:

> "A detenção de um 'operário' ou 'avião' de uma organização criminosa, por exemplo, pode causar mais prejuízos do que benefícios à investigação. Melhor retardar a diligência e agir em momento mais oportuno, depois de identificar os demais envolvidos ou após apurar a origem delitiva de outros bens ou valores."[313]

Percebe-se que a ação controlada é um instrumento altamente útil na investigação referente à denominada "macrocriminalidade", embora seu tratamento legal deixe um pouco a desejar, sendo necessário seu complemento por aplicação cuidadosa da razoabilidade e do bom-senso, para além dos regramentos formais (processuais) da matéria. É preciso atentar para a instrumentalidade das formas e, especialmente, para o Direito Material envolvido, que afasta infrações administrativas e/ou penais quando a Autoridade Policial atua com o fito de buscar a melhor apuração possível dos fatos, agindo de forma inteligente e emprestando o maior grau de proteção possível aos bens jurídicos em jogo, bem como dando o máximo de eficácia às normas legais envolvidas.

A personagem Sabina criada por Kundera em seu romance é uma pintora que produz quadros em que predomina em um plano frontal um estilo realista, mas deixando sempre ao fundo alguma imagem misteriosa ou abstrata. Nas palavras da personagem: "Na frente estava a mentira inteligível, e atrás a incompreensível verdade."[314]

Por vezes também o legislador age como Sabina: apresenta-nos a lei concreta, palpável, ideal e clara, coloca-a à nossa frente, deixando bem

313 BONFIM, Márcia Monassi Mougenot, BONFIM, Edílson Mougenot. *Lavagem de Dinheiro*. 2ª. ed. São Paulo: Malheiros, 2008, p. 78.

314 KUNDERA, Milan. *A insustentável leveza do ser*. Trad. Teresa Bulhões Carvalho da Fonseca. São Paulo: Companhia das Letras, 2008, p. 65.

ao fundo em pinceladas tênues, quase imperceptíveis, a realidade do mundo da vida, a qual precisamos perscrutar com sensibilidade para além da mera exegese confortável e fácil, desvelando uma verdade que nesse nível primário (pura exegese) seria inalcançável, incompreensível mesmo, mas sem acesso à qual jamais se poderia distinguir entre normatividade e factibilidade.

6.3.3 – INFILTRAÇÃO DE AGENTES

A partir do artigo 10 da Lei 12.850/13 passa-se a regular o meio investigatório da chamada "Infiltração de Agentes."

Logo no "caput" do primeiro dispositivo estabelece a legislação que a infiltração dependerá de ordem judicial "circunstanciada, motivada e sigilosa." Além disso, na mesma ordem serão estabelecidos os limites para a atuação do agente infiltrado.

O Juiz não a poderá determinar de ofício, dependendo de representação do Delegado de Polícia ou requerimento do Ministério Público. Nesses pedidos há uma dinâmica:

Se é o Delegado quem representa pela infiltração, deverá o Juiz, antes de decidir, ouvir o Ministério Público de acordo com o § 1º, do artigo 10. Doutro giro, se é o Ministério Público quem requer, deverá o Delegado de Polícia ser instado pelo Juiz a manifestar-se tecnicamente sobre a oportunidade, conveniência e possibilidade material e humana da diligência de infiltração. Essa manifestação técnica do Delegado é salutar, pois que somente ele tem a noção da existência ou não dos meios necessários ao desenvolvimento de diligência desse porte. Quando ele mesmo representa, é porque sabe o que está fazendo (ao menos se presume isso). Mas quando o requerimento parte do órgão ministerial nem sempre haverá a devida avaliação da realidade quanto à viabilidade das diligências (não por erro do Promotor, mas porque este não está normalmente afeto às contingências policiais), o que somente poderá ser esclarecido pelo parecer técnico do Delegado.

Na maior parte dos casos o Delegado que atuará com o uso de técnicas de infiltração será aquele ligado a Delegacias Especializadas de Investigações Gerais e Drogas. No entanto, nada impede que um titular de município ou um titular de distrito seja aquele a representar ou ofertar o parecer técnico policial, tendo em vista sua atribuição natural para o caso concreto. Mais uma vez parece que a lei faz atrelar as atuações do Ministério Público e da Polícia Judiciária, que somente poderão funcionar de forma harmônica. Essa afirmação é feita porque se entende que quando o Delegado representa e o Juiz ouve o Ministério Público, se o parecer deste for contrário, não deverá deferir a representação, ao menos em regra. Considera-se que uma atuação desse porte e exigente de grandes esforços e sigilo absoluto não se pode processar em meio a um conflito de instituições. O próprio agente infiltrado, se agir com bom-senso, se negará a participar de uma investigação que começa de uma forma tumultuada como essa, pois será a sua segurança e até a de sua família que estarão em jogo. Também mais óbvio ainda é o fato de que se o parecer técnico policial do Delegado for negativo, principalmente no sentido da não disposição de recursos humanos e materiais para uma empreitada dessa monta, deverá o Juiz e o Ministério Público conformarem-se com a situação. É inclusive uma questão de fato e não de Direito. A única atuação plausível para o Ministério Público nesses casos será intentar uma Ação Civil Pública contra o Estado ou a União a fim de que promovam a formação e o treinamento de equipes de infiltração acaso isso não seja levado a efeito espontaneamente.

Considerando a menção recorrente à figura do Delegado de Polícia e o fato de que a infiltração é um meio de investigação criminal sem a menor dúvida, somente pode ser executada por Policiais Civis ou Federais, conforme o caso. Jamais poderá ser realizada por outros órgãos policiais, tais como a Polícia Militar, a Polícia Rodoviária Federal e muito menos por forças armadas (inteligência do artigo 144, CF). Outro argumento nesse sentido é o fato de que a Lei 9.034/95 (ora revogada) permitia também a infiltração de "agentes de inteligência", o que foi sumariamente eliminado pela Lei 12.850/13, dando a entender claramente que a atividade deve ficar afeta somente a agentes policiais da Polícia Judiciária. Ademais, conforme lembra Nucci, imprescindível para que haja a infiltração a existência de Inquérito Policial regularmente instaurado,[315] o que, por si só, impede totalmente a atuação de outras polícias que não sejam a Federal e a Civil.

De acordo com a dicção do artigo 10, quando trata da manifestação técnica do Delegado de Polícia no caso de requerimento do Ministério Público e afirma que essa manifestação se dará "quando" a infiltração for "solicitada no curso do inquérito policial", resta subentendido que a diligência pode operar-se em outras formas de investigação, especialmente chamando a atenção, ao menos de forma subliminar, para a investigação

315 NUCCI, Guilherme de Souza. Op. cit., p. 76.

direta pelo Ministério Público. Parece que neste caso a autorização judicial independerá do parecer técnico policial.

Com as devidas reservas feitas quanto à investigação criminal direta pelo Ministério Público já explicitadas em outros trabalhos,[316] é fato que esta vem ocorrendo na prática e tem sido acatada pelo Pretório Excelso em suas últimas decisões. Dessa maneira, deve ser encarada como um fato e pelo menos no caso de Organizações Criminosas parece mesmo que a lei ordinária finalmente vai, ainda que de modo tímido, desenhando uma investigação passível de ser realizada diretamente pelo Ministério Público. Assim sendo, deve-se entender que quando o Ministério Público estiver desenvolvendo uma investigação direta, antes de postular pela infiltração, deverá obter os meios necessários para sua execução, normalmente junto à Polícia Judiciária. Não é admissível que utilize integrante de outros órgãos como as Polícias estritamente preventivas previstas no artigo 144, CF, como infelizmente tem ocorrido no dia a dia, inclusive com abusos como a instalação de uma central de interceptações realizadas pela PM em ação conjunta com o Ministério Público em São Paulo sem sequer ordem judicial. Infelizmente nesses casos agentes estatais atuam como criminosos, pois cometem infração ao artigo 10 da Lei 9.296/96.[317] A única hipótese que se enxerga, acaso o Ministério Público não deseje atuar em conjunto com a respectiva Polícia Judiciária, seja por que motivo for, é a de que o próprio órgão treine e organize grupo especial para infiltração que poderia ser composto de Agentes de Promotoria, embora isso não pareça algo exequível em curto ou mesmo médio prazo.[318] O ideal é aquilo que parece per-

316 CABETTE, Eduardo Luiz Santos. O papel do Inquérito Policial no Sistema Acusatório – O modelo brasileiro. *Revista Brasileira de Ciências Criminais*. n. 35, jun./set., 2001, p. 185 – 201. Ver também: IDEM. Primeiras Impressões sobre a Lei 12.830/13 – Investigação Criminal Conduzida pelo Delegado de Polícia. Disponível em www.atualidadesdodireito.com.br/eduardocabette/, acesso em 24.08.2013.

317 GRAMPO vira função da PM em São Paulo. Disponível em www.adpesp.org.br, acesso em 24.08.2013. Ver também a questão da anulação da famigerada Operação Satiagraha da Polícia Federal, envolvendo o Delegado Protógenes Queiroz devido à participação de Detetives Particulares e de Agentes da ABIN que não poderiam atuar em casos de escutas telefônicas e investigação criminal típica de Polícia Judiciária. Cf. ROCHA, Gabriela. STJ anula Satiagraha e condenação de Daniel Dantas. Disponível em www.conjur.com.br, acesso em 24.08.2013.

318 A sugestão de solução é dada a contragosto deste autor, que entende que pelo menos por agora o Ministério Público não tem o condão de investigar. Seria necessária uma legislação especial regulando essa investigação de forma pormenorizada. Não obstante, é preciso ceder face aos fatos concretos do dia a dia e ao posicionamento que se vem firmando no STF, mesmo à margem da lei. E deve-se agora considerar que realmente a Lei 12.850/13 ensaia alguns indícios de autorização de investigação direta pelo Ministério Público. Assim sendo, nada impediria que seus Agentes executassem atos de investigação, tal qual o fazem os Investigadores da Polícia Civil e os Agentes

mear toda a Lei 12.850/13, ou seja, uma sugestão de operação sempre conjunta e harmônica entre Polícia Judiciária e Ministério Público. Note-se que mesmo que a investigação direta feita pelo Promotor verse sobre o envolvimento de Policiais Civis ou Federais, ele poderá valer-se das respectivas corregedorias em situação de absoluto sigilo e trabalho concatenado.

O § 2º do artigo 10 explicita aquilo que já seria realmente uma característica inerente ao instituto da infiltração: sua condição de "ultima ratio." Em primeiro lugar deixa claro que a infiltração deve processar-se somente quando houver indícios de criminalidade organizada e não para qualquer espécie de investigação. Observe-se que também no artigo 53, I, da Lei de Drogas (Lei 11.343/06) é prevista a autorização do uso da infiltração como meio de prova. Ali se diz que a infiltração é possível nos "crimes previstos nesta lei." Isso faria com que se chegasse ao entendimento (equivocado) de que em qualquer caso de tráfico seria possível o uso desse instrumento extremo. Na verdade, a melhor interpretação é a que tem apontado que a utilização da infiltração, inclusive para o tráfico, somente deve ser deferida para os casos mais graves, envolvendo exatamente organizações criminosas. Isso preserva a "ultima ratio" desse procedimento e impede sua banalização.[319]

Também diz a lei que a infiltração somente será utilizada, mesmo em se tratando de organizações criminosas, acaso "a prova não puder ser produzida por outros meios disponíveis." Eis a confirmação definitiva da característica de "ultima ratio", de medida extrema e, diga-se mais, *medida extrema das medidas extremas*. A infiltração de agentes deve ser utilizada inclusive somente depois de esgotados todos os meios extremos de investigação, inclusive a interceptação telefônica que também somente pode ser usada quando a prova não puder ser obtida por outros meios (artigo 2º, II, da Lei 9.296/96). Isso considerando o conteúdo ainda mais invasivo desse instituto, pois que consiste inclusive na manutenção de relações pessoais com os investigados, superando a própria

---

da Polícia Federal. Contudo, o ideal seria a regulamentação legal completa da investigação direta pelo Ministério Público através de uma lei ordinária específica ou pelo menos indicando a aplicação "mutatis mutandis" das regras do Inquérito Policial previstas no Código de Processo Penal e das normas da Lei 12.830/13.

319 Neste sentido: BIZZOTTO, Alexandre, RODRIGUES, Andréia de Brito. *Nova Lei de Drogas*. 2ª. ed. Rio de Janeiro: Lumen Juris, 2007, p. 142. GOMES, Luiz Flávio (coord.). Op. cit., p. 228. Em contrário, admitindo o uso da infiltração para qualquer caso de investigação sobre tráfico: GRECO FILHO, Vicente, RASSI, João Daniel. *Lei de Drogas Anotada*. 3ª. ed. São Paulo: Saraiva, 2009, p. 192 – 193.

interceptação telefônica. Além disso, o meio de prova é muito arriscado para os próprios agentes infiltrados que põem em xeque de maneira extremada suas vidas e até a de terceiros inocentes, dentre os quais seus amigos e familiares. Também não é aconselhável exagerar no uso de agentes infiltrados sob pena de, com o tempo, criar-se uma verdadeira *simbiose* entre o crime organizado e os órgãos persecutórios. Ademais, o risco de perversão e corrupção dos agentes é muito grande quando o próprio Estado os introduz no mundo do crime organizado com seus ganhos financeiros absurdos, exigindo do agente uma formação moral praticamente sobre-humana, mas, ao mesmo tempo, maleável o suficiente para permitir uma atuação dissimulada ao extremo. Parece que essa espécie de personalidade é, no mínimo, rara, senão mesmo impossível de ser encontrada porque implicaria uma espécie de dupla personalidade. Certamente, os mais bem intencionados agentes irão enfrentar com o tempo um conflito psicológico e moral interno com esse tipo de atuação. De qualquer forma uma orientação cabível é não somente a utilização muitíssimo parcimoniosa desse meio investigativo, como também a formação de equipes especializadas para esse desiderato com treinamento especial e apoio psicológico. Além disso, é de suma importância que esses agentes não fiquem muito tempo no exercício dessa espécie de função, seja para que não possam ser facilmente identificados, seja para evitar danos psíquicos a eles e também aquela perigosa simbiose com o submundo do crime, afora o risco de corrupção.

Esse pensamento restritivo quanto ao uso da infiltração também é defendido por Sannini:

> "Sendo assim, podemos afirmar que a infiltração de agentes deve ser utilizada apenas em último caso, quando não houver outros meios de investigação aptos a produzirem provas contra o crime organizado, o que é absolutamente razoável, tendo em vista o risco deste procedimento. Sem embargo, cabe aqui a seguinte pergunta: considerando que Lei 9.296/96, que trata das interceptações telefônicas, também estabelece que este procedimento só poderá ser realizado quando não for possível a obtenção de provas por outros meios, qual dos procedimentos investigativos deve ser adotado em primeiro lugar? A infiltração de agentes ou a interceptação telefônica? Em princípio, entendemos que a infiltração de agentes deve ser subsidiária à interceptação telefônica, especialmente em virtude do risco

> que este procedimento acarreta aos agentes policiais. Num confronto entre o direito de privacidade do investigado e o direito a vida ou integridade física do policial, deve prevalecer este último, inclusive com base nos postulados da razoabilidade e da proporcionalidade.[320]

E mais adiante prossegue o autor, dissertando sobre as dificuldades humanas para a realização dessa espécie de meio probatório que pode ser muito eficaz, mas apresenta óbices grandiosos:

> "De acordo com o nosso entendimento, o meio de investigação em estudo pode gerar resultados extremamente eficientes no combate ao crime organizado. Contudo, a viabilidade desse procedimento é muito questionável em virtude da falta de policiais aptos para a sua realização. Tal crítica ganha ainda mais força nas cidades do interior, que, além de possuírem poucos policiais em seus quadros, são prejudicadas pelo fato de seus agentes serem conhecidos da população local. Com o objetivo de mitigar esse problema, entendemos que deveriam ser criadas unidades regionais formadas por policiais de várias regiões diferentes que pudessem atuar em situações específicas de infiltração. Dessa forma, além de contarmos com policiais especialistas nesse tipo de investigação, ainda evitaríamos o contato da população com os agentes infiltrados."[321]

É de observar, pela prática policial, que o encontro de pessoas vocacionadas para esse tipo de trabalho será muito difícil. Depois haverá o investimento em treinamento e preparação psicológica e a saída a campo. A natural decorrência será a de que aqueles que apresentarem bons resultados tendam a ser mantidos nessa atividade indefinidamente, não se promovendo ao rodízio que foi mencionado anteriormente neste texto, seja por carência de pessoal, seja pelos resultados apresentados pelo agente. Isso aponta para que esse meio investigatório, embora apresente um potencial pragmático enorme, pode converter-se num mal maior do que os eventuais resultados positivos que com ele possam ser obtidos. Enxerga-se na infiltração uma espécie de "ovo de serpente" posto nos órgãos persecutórios por si mesmos, com grande potencial deletério para as instituições e para os indivíduos envolvidos nesse processo.

320 SANNINI NETO, Francisco. Op. cit.

321 Op. cit.

Neste ponto concorda-se com o lúcido parecer de Pacelli, abordando o anterior tratamento do tema e sua atual conformação:

> "Rejeitamos a validade da medida com base em considerações de ordem legal, dado que não se previa qualquer forma de procedimento nas aludidas legislações e menos ainda acerca das consequências jurídicas dos atos de infiltração.[322] A Lei 12.850/13 tem a pretensão de suprir tais lacunas. De nossa parte, porém, evoluímos para rejeitar a validade das normas ali contidas por entendê-las excessivas e, por isso, inconstitucionais no horizonte normativo que deve obediência ao paradigma do Estado de Direito e, ainda mais especificamente, como há de ser um controle de constitucionalidade que se preze – ofensa direta! – ao princípio da *moralidade administrativa* consagrado no art. 37 da Constituição da República, mesmo quando em tensão ou em conflito com o dever de eficiência que, do mesmo modo, deve orientar as ações do poder público. A questão é muitíssimo complexa, reconhecemos, sobretudo por que (*sic*) aqui estamos a apontar uma dimensão mais ampla do aludido princípio (da moralidade), estendendo-o ao dever de comportamento segundo o direito, em sentido estrito, rejeitando, assim, qualquer forma de contribuição estatal na prática de delitos, ainda que na tentativa de legitimação segundo a nobreza dos fins. Eis, então, o nó (que não é górdio) de tensão hermenêutica a ser desatado."[323]

Seguindo na análise estritamente técnica dos dispositivos legais atinentes à infiltração, dispõe o § 3º sobre os limites temporais de sua utilização. É estabelecido um prazo inicial de *até* 6 meses com previsão de "renovações" de acordo com "comprovada necessidade." Desse dispositivo pode-se concluir o seguinte: primeiro que o prazo inicial de 6 meses é máximo, podendo ser menor a critério do Juiz quando estabelecer os limites da infiltração nos termos do artigo 10, "caput", parte final. Isso porque diz a lei que o prazo é de *até* 6 meses. Segundo que esse prazo é renovável dentro de uma razoabilidade e adequação a cada caso concreto submetido à jurisdição. A infiltração, por sua natureza, não é a espécie de investigação que apresenta resultados imediatos, já que depende de uma lenta e gradual conquista de confiança.

322 Até aqui o autor se refere à antiga Lei 9.034/95 e à Lei 11.343/06.

323 PACELLI, Eugenio. Op. cit.

Interessante e oportuna a metáfora de Nucci:

> "A *infiltração* representa uma penetração, em algum lugar ou coisa, de maneira lenta, pouco a pouco, correndo pelos seus meandros. Tal como a infiltração de água, que segue seu caminho pelas pequenas rachaduras de uma laje ou parede, sem ser percebida, o objetivo deste meio de captação de prova tem idêntico perfil."[324]

Assim sendo, vislumbra-se a possibilidade de renovações reiteradas, sendo que a infração à razoabilidade dos prazos, nos termos do artigo 5º, LXXVIII, CF, deverá ser sopesada caso a caso. A possibilidade de renovação reiterada dos prazos com os devidos fundamentos e necessidade exsurge evidente pela comparação entre a regulamentação da suspensão do prazo da denúncia e processo durante a colaboração premiada (artigo 4º, § 3º), que estabelece claramente a regra de uma renovação por mais seis meses, o que não se repete no artigo 10, § 3º, que apenas consente "eventuais renovações, desde que comprovada sua necessidade." Atente-se ainda que a reiteração de "renovações" é transmitida claramente pelo uso da palavra no plural.

Sobre a duração da infiltração, novamente se traz à balia o ensinamento de Nucci:

> "Prazo de *seis meses:* o período inicial máximo – podendo ser deferida por menor tempo – é de seis meses (art. 10, § 3º, da Lei 12.850/2013). Cabe prorrogação por outros períodos de até seis meses cada um, sem haver um limite, que, no entanto, deve ficar ao prudente critério judicial, pois seria inadmissível uma infiltração de caráter permanente e indefinido. Por outro lado, demanda-se *comprovada* necessidade para a prorrogação, esperando-se do juiz uma avaliação minuciosa sobre cada pedido nesse sentido."[325]

Terminada a infiltração de acordo com os prazos concedidos judicialmente, deverá ser apresentado um relatório circunstanciado ao Juiz que cientificará imediatamente o Ministério Público. Certamente esse relatório deverá ser elaborado pelo Delegado de Polícia em conjunto com

---

324 NUCCI, Guilherme de Souza. Op. cit., p. 76.

325 Op. cit., p. 78.

seu agente infiltrado, mas sem a identificação de tal agente por motivos evidentes de preservação de sua identidade. E não é somente ao final da diligência que pode haver relatórios, também no curso da investigação, tanto o Delegado pode requisitar relatos de seus agentes, como o Ministério Público pode também fazer essa requisição ao Delegado no acompanhamento da infiltração (artigo 10, § 5º). Esses serão relatórios parciais que, se ocorrerem, poderão ser referidos no relatório obrigatório final. Frise-se que o relatório ao final da infiltração é obrigatório ou compulsório, enquanto que os relatórios parciais são facultativos de acordo com a oportunidade e conveniência do Delegado de Polícia e do Ministério Público.

Embora a lei não o diga, entende-se que o Juiz também poderá requisitar relatórios parciais das atividades quando dos pedidos de renovação do prazo de infiltração. Aliás, parece que o mais correto é que o Delegado de Polícia ou o Ministério Público, ao elaborarem o pedido de renovação, já façam um breve relato das atividades e resultados obtidos e esperados, a fim de que o magistrado possa avaliar com segurança a comprovação da necessidade de renovação de acordo com o artigo 10, § 3º Neste caso não há que falar em violação do Sistema Acusatório por atuação do judiciário na investigação. Acontece que para que o Juiz exerça seu controle de legalidade e garantia na concessão de novos prazos é imprescindível que esteja a par do andamento das diligências.

O artigo 11 trata dos requisitos da representação do Delegado e do requerimento do Ministério Público para a infiltração. Esse pedido deve ser feito de forma sigilosa (artigo 12), por escrito, contendo a demonstração da necessidade da medida (destacando-se sua "ultima ratio") e o alcance das tarefas dos agentes, ou seja, quais são os objetivos pretendidos com a diligência extrema. Também, sempre que possível, deverá conter os nomes ou apelidos dos investigados e o local da infiltração. Estes últimos são requisitos dispensáveis de acordo com cada caso concreto, pois pode haver situação em que a infiltração seja necessária justamente para conseguir determinar esses dados tão relevantes para a persecução criminal. Quando a lei determina que o pedido contenha o alcance das tarefas, consequentemente se deduz que na autorização isso também constará, inclusive fazendo parte do estabelecimento dos limites da infiltração em interpretação sistemática com a parte final do artigo 10, "caput." Neste ponto cabe avaliar a questão dos chamados "encontros fortuitos" que são tão discutidos, por exemplo, no campo das interceptações telefônicas. Entende-se que o estabelecimento das metas e condutas do infiltrado não deve limitar a ação investigatória no que tange às descobertas de atuações criminosas. Mesmo porque se a infiltração é usada, é porque, como já se disse, há um apelo final pelo último recurso, de modo que certamente a Polícia e o Ministério Público não têm elementos suficientes para saber de todos os detalhes com que se poderá deparar o agente infiltrado. Exigir uma congruência absoluta entre as tarefas determinadas na ordem de infiltração e as efetivas descobertas do agente infiltrado seria manietar o instituto de uma forma monstruosa e insustentável. Eventualmente, poderá sustentar-se apenas que as provas colhidas por meio de infiltração somente terão serventia para infrações penais punidas com pena máxima acima de 4 anos ou com qualquer pena, mas que tenham caráter transnacional (inteligência do artigo 1º, § 1º, da Lei 12.830/13). Esse é um raciocínio válido, eis que a infiltração somente é admitida como meio de prova para casos de crime organizado e ao entender deste autor, mesmo para o tráfico somente nessa situação (embora o tráfico tenha pena acima de 4 anos). Além disso, pode-se ainda aventar que, mesmo sendo o crime transnacional e com pena máxima acima de 4 anos, a prova por infiltração somente seria válida se estiver configurada realmente uma "Organização Criminosa." Isso pelo mesmo motivo já delineado, qual seja, o de que esse meio de prova se destina somente à apuração de crime organizado. Parece que esses limites são razoáveis e então as informações fortuitamente obtidas por meio da infiltração fora dos casos de crime organizado somente poderão servir como "notitia criminis" para ensejar uma investigação por meios ordinários e obtenção de outras provas em direito admitidas, já que as provas por infiltração não são admitidas para tais circunstâncias. Aliás, o estabelecimento dessas limitações é salutar, visando exatamente não permitir a banalização do uso da infiltração, inclusive em casos que não são afetos ao crime organizado, alegando-se "a posteriori" descobertas fortuitas numa manobra jurídica desleal que tornaria a restrição legal desse meio de prova às organizações criminosas praticamente uma letra morta. Com essas limitações os órgãos de persecução naturalmente irão restringir o uso da infiltração somente mesmo a casos em que haja fortes indícios de crime organizado.

O artigo 12 determina o sigilo absoluto (interno e externo) do pedido, orientando inclusive para que não contenha informações que possam indicar a operação a ser realizada ou identificar o agente a ser infiltrado.

Esses requisitos de segurança são imprescindíveis tanto para a efetividade das diligências quanto para a segurança pessoal do infiltrado. Esse sigilo deve ser mantido durante todo o decorrer da infiltração.

Diversamente das interceptações telefônicas (artigo 4º, § 1º, da Lei 9.296/96), não há previsão de pedido verbal, ainda que de forma excepcional em casos de urgência. A imprevisão do legislador parece justificada, pois não condiz com a própria natureza da medida de infiltração que deve ser procedida com cautela, aos poucos, sem atropelamentos ou pressa.

Dentro do sistema sigiloso, determina o § 1º, do artigo 12 da Lei 12.850/13 que o pedido de infiltração deverá ser dirigido diretamente ao Juiz competente, o qual deverá decidir em 24 horas (prazo impróprio). Exige a lei prévia manifestação do Ministério Público na hipótese de representação do Delegado de Polícia.

Como já se disse, o sigilo absoluto (interno e externo) deve impor-se desde a formulação do pedido, seu processamento e durante toda a execução da infiltração. No entanto, findas as diligências e ofertado o relatório conclusivo (artigo 10, § 4º), o sigilo interno é levantado nos termos do § 2º, do artigo 12. Nessa oportunidade, a defesa terá acesso às informações sobre a infiltração, as quais, inclusive, acompanharão a denúncia do Ministério Público. Apenas, permanecerá assegurada a "preservação da identidade do agente" infiltrado por motivos óbvios de segurança pessoal e familiar. Quanto aos autos de infiltração, entende-se que após o término das diligências não é somente o sigilo interno para a defesa que se abrirá, mas também o externo, retomando o Princípio da Publicidade toda sua força, tirante, como já dito, os dados de identificação do agente infiltrado.

Uma questão de fundo é levantada por Nucci:

> "Porém, surge um problema: 'assegurando-se a preservação da identidade do agente.' Ora, como esse agente poderá depor como testemunha, no futuro, se ficar incógnito? Não se pode admitir uma 'testemunha sem rosto'. Ela não pode ser contraditada, nem perguntada sobre muitos pontos relevantes, visto não se saber quem é. Além disso, todos os relatórios feitos por esse agente camuflado – e nunca revelado – não podem ser contestados, tornando-se provas irrefutáveis, o que se configura num absurdo para o campo da ampla defesa. A única solução viável para que todo o material produzido por esse agente se

torne válido é a sua identificação à defesa do acusado, possibilitando o uso dos recursos cabíveis. É responsabilidade do Estado garantir a segurança de seus servidores policiais, não se podendo prejudicar o direito constitucional à ampla defesa por conta disso. O agente pode e deve ficar oculto do público em geral e do acesso da imprensa, mas jamais do réu e seu defensor."[326]

Exatamente por ter toda a razão o autor acima transcrito é que a infiltração deve ser usada como "ultima ratio", inclusive com vistas à segurança do agente policial e sua família, bem como, pelo mesmo motivo, que somente uma pessoa inconsequente aceitaria participar de uma atividade como esta. Note-se que não divulgar o agente na imprensa ou ao público em geral, mas divulgá-lo, como é imprescindível para a ampla defesa e o contraditório, ao defensor e aos corréus, é o mesmo que atirá-lo aos leões. A não divulgação à impressa e ao público não tem outro motivo senão aquele de preservá-lo exatamente com relação aos demais criminosos. A partir do momento que a revelação se dá aos criminosos, então a divulgação na imprensa, na internet, por megafone na via pública passa a não ter qualquer relevância. Por isso essa atividade de infiltração é muito mais romântica e aventureira do que realmente eficaz na vida real. Pode ser muito espetacular em filmes e livros, mas no mundo da vida é de uma imbecilidade incrível em sua própria conformação. Além de tudo isso, há ainda um fator técnico-policial. Esses agentes devem ser muito treinados e especializados, portanto raros, inclusive pela vocação para essa atividade. Bem, sempre que um agente for usado e revelado, automaticamente estará inviabilizado para outras ações e então o Estado precisará ter uma espécie de máquina mágica de criação de excepcionais agentes infiltrados a serem continuamente substituídos, uma vez que são descartáveis (e o pior é que esse termo "descartáveis" não parece ser somente aplicável no sentido administrativo, mas também no sentido humano, já que essa história de proteção pelo Estado após a missão é bastante teórica e ilusória).

Tendo em vista a natureza de extremo perigo da função de infiltração, prevê a lei que essa atividade pode ser suspensa de imediato por determinação ministerial ou diretamente pelo Delegado de Polícia que chefia as investigações, sempre que houver "indícios seguros de que o agente infiltrado sobre risco iminente." Se o Delegado toma essa medida,

326 Op. cit., p. 81-82.

deve *comunicá-la* imediatamente ao Ministério Público e ao Juiz. Se o Promotor deve *comunicar* o fato ao Juiz. Não diz a lei que o Ministério Público deve comunicar a sustação da diligência à Autoridade Policial porque isso está implícito. Ora, se o Promotor requisita a sustação, ele o faria a quem senão ao próprio Delegado de Polícia que então estaria já ciente do ocorrido? Nessa esteira surge uma indagação: se o Promotor requisita a sustação e o Delegado discorda do temor ministerial quanto à segurança do agente, pode ele não cumprir a determinação? Claro que não. Trata-se de "requisição" e não de "requerimento" do Promotor, segundo os termos da lei. O Delegado, como todo agente estatal, deve agir pautado na legalidade e, ademais, em casos como esse, deve ponderar sua atuação pelo "Princípio de Precaução", visando à proteção máxima do policial engajado naquela espécie de investigação extremamente arriscada em respeito à dignidade de sua pessoa humana.

Por outro lado é interessante anotar que não é o risco comum à atividade de infiltração que poderá justificar a sustação de sua execução, mas, como diz a lei, "indícios seguros de risco iminente", ou seja, algo que extrapole o risco natural da atividade.

Conforme se vê, tanto o Promotor como o Delegado não dependem de ordem judicial para a sustação como o dependem para o início das diligências e mesmo para sua renovação. Isso é funcional, pois se refere a circunstâncias de urgência que não admitiriam nenhuma burocratização sob pena de colocar em xeque a vida do agente. Determinando a lei dessa forma, ou seja, que o Promotor ou Delegado sustam a diligência e simplesmente *comunicam* o Juiz, não é dado a este pretender imiscuir-se e determinar o seguimento da infiltração contra o entendimento policial ou ministerial, seja em razão da vedação da atividade Judicial direta na investigação, seja por observância do "Princípio de Precaução" aventado. Agora, o fato de que uma infiltração tenha sido sustada não significa que não possa haver outra infiltração sobre o mesmo caso, inclusive utilizando outro agente, tendo em vista a possível revelação ou suspeita pairante sobre o anterior.

Embora a lei não seja explícita a respeito, é claro que se não se tratar de risco para o infiltrado, mas de surgimento de suspeitas sobre sua conduta funcional durante as diligências, também será o caso de sustação do meio de prova e inclusive responsabilização criminal e administrativa do agente nos mesmos moldes do artigo12, § 3º, "mutatis mutandis" e ainda tendo em vista o disposto no artigo 13, "caput."

Pois bem, o artigo 13 da Lei do Crime Organizado afirma que, se o agente infiltrado não atuar com proporcionalidade em relação à finalidade da investigação, responderá pelos excessos praticados. No decorrer da legislação se percebe que toda a atuação do agente é permitida, inclusive seu envolvimento em atos criminosos, de acordo com o reconhecimento da excludente de culpabilidade de "inexigibilidade de conduta diversa." Ora, como em toda excludente, podem ocorrer excessos, os quais são puníveis. O grande problema, não somente da legislação brasileira como da internacional ao regular a infiltração, é a falta de clareza sobre os limites de atuação dos agentes, o que torna sua atividade não somente arriscada sob o ponto de vista dos criminosos, mas também sob o aspecto administrativo e de responsabilidade criminal pessoal. A tensão a que estará submetido um agente desses é sobre-humana e esta é mais uma das razões pelas quais esse instituto parece bastante inconveniente.

Pode parecer que a falta de uma determinação legal exata dos limites da atuação seja uma tibieza da legislação pátria e de outros países, mas, em verdade, entende-se que isso integra de forma inextrincável a própria natureza da infiltração, sendo impossível ao legislador manifestar-se de forma exaustiva, prevendo todas as situações concretas. Exatamente por isso é um instituto indesejável. A única saída seria permitir ao agente infiltrado toda e qualquer atuação criminosa, inclusive o homicídio. Mas que sociedade estaria disposta a tanto? Que legislador teria a ousadia para isso? E, principalmente, isso seria algo admissível num Estado de Direito sob o ângulo da moralidade administrativa e da legalidade? Até mesmo com relação a outras questões como a vedação da pena de morte (já que o agente teria uma "licença para matar" – o que já foi título de filme hollywoodiano estrelado por Denzel Washington)? Quem gostaria de ter um agente estatal com carta branca para roubar, matar, estuprar livremente? Mas fora disso é impossível regular com precisão os limites da atuação do agente infiltrado. A verdade é que o meio de prova da infiltração pretende realizar o impossível e já dizia um velho brocardo latino que "Ad impossibilia nemo tenetur" ("Ninguém é obrigado a fazer o impossível", nem mesmo o legislador).

Institutos como a infiltração violam o que Goma denomina de "imperativo de exemplaridade" que gravita sobre os funcionários e a administração pública, especialmente a da Justiça. Administrando negócios alheios, ou seja, a denominada "coisa pública", incorrem em responsabilidade de ordem legal. Mas, essa "exemplaridade do funcionário público e da administração pública (da Justiça) também decorre de uma responsabilidade moral que está nas entrelinhas, de forma a submetê-los a comportamentos de honestidade e decoro. Nesse passo, aos agentes públicos cabe o "imperativo de exemplaridade" no sentido de serem modelos para o cidadão. Na dicção do autor:

> "De uma y outra fuente se deduce que del funcionario se espera no solo que observe estrictamente la ley positiva sino también que practique valores como la imparcialidad, la independência, la esquidad, la lealtad, la anteposisición del interes general al próprio o la probidad en el servicio público."[327]

Ora, a indagação que não se pode calar é a seguinte: que espécie de "exemplaridade pública" se pode esperar de um instituto para o qual é necessário prever e regular exatamente a atuação mimética do policial em relação ao delinquente no cometimento das mesmas infrações penais que este último?

Retomando a temática do instituto que levaria à impunidade do agente infiltrado por eventuais crimes perpetrados durante a infiltração, é expresso o artigo 13, Parágrafo Único, ao afirmar que este estaria acobertado pela excludente de culpabilidade da "inexigibilidade de conduta diversa", o que ensejaria "falta de justa causa" para eventual ação penal. Trata-se de um caso de *inexigibilidade de conduta diversa legal*, pois que previsto expressamente na Lei 12.850/13. Faz-se essa observação porque na doutrina se encontra a distinção entre a *inexigibilidade de conduta diversa legal (prevista em lei) e inexigibilidade de conduta diversa supralegal (aplicável a certos casos concretos imprevistos).*[328]

Importa ainda anotar que a própria opção legislativa pelo reconhecimento da *inexigibilidade de conduta diversa* como forma de evitar a punição do agente infiltrado por seus atos proporcionais também não segue o melhor caminho. É que esse instituto retrata uma *excludente de culpabilidade*, o que significa que o Estado está afirmando que *o agente pratica fato típico e antijurídico (injusto penal), somente não culpável.* Soa muito estranha essa opção, já que o policial atua por determinação estatal e de acordo com um instituto legalmente previsto. O reconhecimento das ações do agente infiltrado como mera *inexigibilidade de*

327 GOMÁ, Javier. *Ejemplaridad Pública*. Madrid: Taurus, 2009, p. 268 – 269.

328 Sobre o tema específico: Cf. JESUS, Damásio Evangelista de. Op. cit., p. 527–528.

conduta diversa significa mais um indicativo, na sua faceta teórica, de que o instituto é falido desde o seu nascedouro.

O mínimo que se pode entender é que a dicção legal é inadequada e deve ser objeto de uma releitura doutrinária. Na verdade as condutas aparentemente criminosas perpetradas pelo agente infiltrado, dentro de uma proporcionalidade e, portanto, permitidas e até mesmo incentivadas pela legislação respectiva, configuram aquilo que Zaffaroni e Batista denominam de *atipicidade conglobante*, a afastar, desde logo a *tipicidade da conduta* e não a reconhecer mera excludente da culpabilidade.[329] Do contrário, a paga social do agente infiltrado pelo arriscar da própria vida seria sua insegurança perpétua e, para além disso, seu reconhecimento pelo Estado como um criminoso que somente não seria punível! Simbólica e moralmente isso é um reconhecimento mais do que claro de que o instituto é uma aberração.

A subsunção das condutas proporcionais perpetradas pelo infiltrado à figura da *atipicidade conglobante* é perfeita no aspecto do "cumprimento de um dever jurídico" enquanto "um fenômeno que ocorre quando um mandado recorta uma norma proibitiva, prevalecendo sobre ela."[330] Nesse caso:

> "A antinormatividade não se revela apenas na simples oposição entre a norma deduzida do tipo legal e a conduta, postulando também a consideração conglobada da norma deduzida do tipo com outras normas dedutíveis de outros tipos legais."[331]

Indo mais a fundo, pode-se afirmar que a catalogação de todo cumprimento de um dever jurídico como mera causa de justificação ou excludente de culpabilidade é uma explicação insuficiente, na medida em que não tem o poder de afastar a própria tipicidade da conduta. De acordo com os autores em destaque:

> "Como consequência de considerar o cumprimento de um dever jurídico como causa de justificação a doutrina engendrou os casos da chamada *colisão de deveres*. Essa posição parte de uma insuficiente concepção da estrutura do tipo, que dela exclui a

329 ZAFFARONI, Eugenio Raúl, BATISTA, Nilo. *Direito Penal Brasileiro*. Volume II. 2ª. ed. Rio de Janeiro: Revan, 2010, p. 212.

330 Op. cit., p. 232.

331 Op. cit., p. 233.

> questão da antinormatividade, como se o tipo a consagrasse tácita ou eufemisticamente, ou como se ela pertencesse à antijuridicidade. Dentro do modelo que preconizamos, tomando o cumprimento do dever legal como causa de atipicidade, e, portanto, como um problema de normatividade e não de juridicidade, *todas as colisões de deveres imagináveis são falsas ou aparentes*. No campo da realidade, dois deveres podem concretamente antagonizar-se a ponto de que nenhum deles estaria cumprido sem a violação do outro; mas no campo normativo um dever sempre limita a outro ou deve ser preterido a outro. Toca ao direito decidir qual é o dever que prevalece, resolvendo conflitos ou colisões – tal como as normas proibitivas – através da *precedência ou prevalência*. Geralmente aqueles conflitos são resolvidos em favor de um dever prevalente e a doutrina se inclina a considerar que configuram causas de justificação, embora no caso de bens equivalentes, particularmente se referidos à vida humana, tenda-se a excluir apenas a culpabilidade. Esta última explicação é insuficiente, porque não logra explicar como pode o direito consagrar como dever jurídico a prática de um injusto, já que qualquer das duas condutas configuraria um injusto."[332]

E prosseguem:

> "A consideração do dever jurídico como causa de atipicidade, em decorrência de que sempre há uma norma proibitiva que prevalece e de que os preceitos permissivos ou de justificação não são aqui pertinentes, soluciona superiormente tais casos pela exclusão da tipicidade, por estarem diretamente excluídos da norma proibitiva."[333]

É visível, enfim, que somente essa solução permite que, ao menos no campo teórico, o instituto da infiltração não se configure como uma absoluta inviabilidade e incoerência interna do próprio sistema penal e processual penal, sem falar no mais relevante que é a constitucionalidade. Afinal, como pode ser admissível que, num Estado Democrático de Direito, se afirme que um agente estatal é autorizado a atuar praticando um "injusto penal", por mandado estatal e legal, não sendo punido apenas porque, embora seja um criminoso, age acobertado por uma mera

332 Op. cit., p. 233-234.

333 Op. cit., p. 234.

excludente de culpabilidade? Então, num Estado Democrático de Direito seria admissível que um agente estatal, e por meio dele o próprio Estado, se convolasse num Leviatã do crime, mimetizando os criminosos, atuando exatamente como eles e sendo isso descaradamente declarado e admitido pela letra da lei e pela interpretação dada por seus cultores. A admissão das ações do agente infiltrado na forma de atipicidade conglobante não é livre de críticas sob o ponto de vista moral da atuação estatal, mas, ao menos juridicamente, é uma explicação mais plausível ou, talvez, um véu sutil para ocultar sua inviabilidade prática afora a poiética.[334] A reflexão final é a seguinte: será que precisamos escolher dos males o menor? Não seria melhor nem haver tocado nesse assunto da infiltração? Não estaria, na realidade, o mal se infiltrando (ou inundando) na própria sociedade por meio de institutos semelhantes? Ficam essas questões.

6.3.3.1 – OS DIREITOS DO AGENTE INFILTRADO

Estabelece o artigo 14, incisos I a IV, da Lei 12.850/13 os direitos do agente infiltrado. O primeiro deles é recusar ou fazer cessar a atuação infiltrada. Certamente ninguém pode ser forçado a uma atividade como essa, mesmo porque exige capacitação e até mesmo vocação excepcionais. Na realidade, tendo em vista a natureza da atividade e a precariedade do aparato nacional judiciário, ministerial e policial, entende-se que qualquer pessoa de bom-senso deveria negar-se ao envolvimento nessa espécie de investigação. Mas a lei também prevê que o indivíduo, mesmo após haver ingressado na atividade, pode a qualquer tempo, unilateral e independentemente de motivação, fazer cessar a atividade infiltrada, o que também se justifica plenamente.

Ao agente infiltrado é permitida a alteração de sua identidade por aplicação, naquilo que couber, do artigo 9º, da Lei 9.807/99, referente à proteção de testemunhas e réus colaboradores. Além disso, pode também beneficiar-se de todo o aparato previsto nessa legislação.

334 A palavra "prática" é empregada aqui no sentido Aristotélico de ação prática, como regra do agir político e ético, da "perfeição moral." Não se refere ao uso corrente da palavra como "prática" em oposição a "teoria." Aristóteles apresenta a chamada "teorética", que consistiria na elaboração do pensamento, na busca "do saber pelo saber", a "prática" que consistiria na formulação de regras do agir e, finalmente, a "poiética", que seria a efetiva atuação humana, a produção de coisas. Portanto, é muito comum, quando se usa a palavra "prática", confundi-la com o que, na realidade seria a "poiética", numa popularizada oposição entre "teoria" e "prática." Cf. REALE, Giovanni, ANTISERI, Dario. *História da Filosofia – Filosofia pagã antiga*. Volume 1. Trad. Ivo Storniolo. São Paulo: Paulus, 2003, p. 193.

Novamente é preciso salientar que, considerando os recursos existentes para a concretização dessas medidas de proteção, somente um tolo ou inconsequente se submeteria à atividade de infiltração, pois que sua segurança estaria pendendo nas bordas evanescentes de uma fábula.

Também tem direito o agente a "ter seu nome, sua qualificação, sua imagem, sua voz e demais informações pessoais preservadas durante a investigação e o processo criminal." Parece que aqui a lei novamente diz menos do que deveria ou pretendia. Porque a interpretação literal dá a entender que essa preservação somente iria até o fim do processo, quando, na verdade, deve ser perene. De que adiantaria ocultar os dados do infiltrado somente durante as investigações e o processo se depois eles fossem publicizados? Seria o mesmo que atirá–lo aos leões após utilizá–lo como se agora fosse uma "coisa" inservível! Haveria clara violação da dignidade humana do policial. Mas a lei ainda prevê que todo esse sigilo pode ser excetuado por "decisão judicial em contrário." E não estabelece limites para a justificativa dessa espécie de decisão judicial que coloca em risco total o agente. Há neste ponto mais uma razão a aconselhar qualquer pessoa de bom-senso a não se imiscuir nessa atividade, pois que totalmente despida de qualquer garantia mínima de segurança pessoal, funcional e jurídica. A redação aberta do dispositivo praticamente deixa ao alvedrio judicial a abertura da identidade do agente. Não se pode ser ingênuo a ponto de não contar com a possibilidade de corrupção ou de intimidação do órgão judicial. Nem também com a falta de bom-senso. Assim o agente infiltrado está simplesmente exposto a abusos imponderáveis. Vislumbra-se apenas uma única situação em que se justificaria a revelação de sua identidade, a qual seria aquela em que ele seja suspeito de extrapolar suas funções policiais, de envolver-se em corrupção ou de praticar ações criminosas fora da proporcionalidade prevista no artigo 13 e seu Parágrafo Único. Mas, novamente, se verifica que o agente está dependurado em uma série de dispositivos polissêmicos, sujeitos a um grau enorme de subjetividade, que o lançam em uma viagem tenebrosa a um vale das sombras onde tudo deverá temer porque não há ninguém a protegê–lo.

Finalmente, tal como o investigado ou réu colaborador, detém o agente infiltrado o direito de não ter sua identidade revelada, nem ser fotografado ou filmado pelos meios de comunicação, sem sua prévia autorização por escrito. Dessa forma, remete-se o leitor aos comentários já expendidos com referência ao colaborador, os quais são aplicáveis ao caso ora em estudo com os devidos ajustes.

6.3.4 – ACESSO A REGISTROS, DADOS CADASTRAIS, DOCUMENTOS E INFORMAÇÕES

A Lei do Crime Organizado, em seu artigo 15, autoriza o Delegado de Polícia e o Promotor de Justiça a terem acesso direto, independentemente de autorização judicial (sem reserva de jurisdição), a "dados cadastrais" dos investigados que "informem exclusivamente a qualificação pessoal, a filiação e o endereço", constantes na "Justiça Eleitoral, empresas telefônicas, instituições financeiras, provedores de internet e administradoras de cartão de crédito." Essa é uma previsão salutar que agiliza as investigações e desburocratiza os procedimentos, principalmente nos casos de crime organizado. Já havia anteriormente previsto essa possibilidade, para qualquer investigação pelo Delegado de Polícia, a Lei 12.830/13 em seu artigo 2º, § 2º, o que certamente se estende ao Ministério Público, considerando seu poder requisitório constitucionalmente previsto, bem como em sua Lei Orgânica. Deve-se ter em mente que o acesso direto sem reserva de jurisdição é limitado aos meros dados cadastrais elencados no dispositivo e não influencia em nada as reservas de jurisdição previstas constitucionalmente, tais como as interceptações telefônicas, sigilo fiscal e bancário etc. Portanto, nem o Delegado, nem o Promotor poderão, por exemplo, ter acesso direto às movimentações bancárias de uma pessoa, a suas comunicações telefônicas, mas tão somente aos seus dados cadastrais. Para mais que isso será necessária ordem judicial.

No mesmo sentido:

> "A previsão do art. 15 não merece censura, pois os dados cadastrais referentes à qualificação pessoal (nome completo, RG, CPF, profissão, nacionalidade, estado civil), à filiação (nome dos pais) e ao endereço (lugar de domicílio ou residência) não constituem *meios de prova* contra o indivíduo, mas sua identificação. O direito de não produzir prova contra si mesmo nunca abrangeu a ocultação de tais dados. Igualmente, não tem o investigado ou acusado o direito de manter silêncio sobre isso. Esses informes constituem dados de natureza pública, não constituindo cenário da intimidade, razão pela qual é desnecessária a intervenção judicial. Por isso, a autoridade policial e o membro

> do Ministério Público podem acessar os mencionados dados diretamente dos entes retratados no artigo. Aliás, podem ir além, consultando outros órgãos, como os de proteção ao crédito, lojas etc."[335]

Também estabelece a lei em seu artigo 16 que as empresas de transporte darão acesso por cinco anos diretamente ao Juiz, ao Ministério Público e ao Delegado de Polícia aos bancos de dados de reservas e registros de viagens. Esse é outro instrumento útil para o monitoramento de deslocamento de suspeitos pelas autoridades. Também se entende que por força da Lei 12.830/13 e seu dispositivo mencionado esses dados poderão ser obtidos pelo Delegado ou Promotor não somente em investigações de crime organizado, mas em qualquer situação de interesse criminal. A partir do momento em que a Lei 12.850/13 determina a disponibilização desses bancos de dados pelas agências aos órgãos da persecução e que a Lei 12.830/13 permite a requisição direta de "informações, documentos e dados que interessem à apuração dos fatos" pelo Delegado, parece indiscutível que esses informes poderão ser utilizados para toda e qualquer atividade apuratória.

Finalmente o artigo 17 determina às concessionárias de telefonia fixa e móvel a manutenção, pelo prazo de cinco anos, de um banco de dados à disposição dos Delegados de Polícia e Promotores de Justiça, de todos os registros de identificação dos terminais de origem e destino das ligações telefônicas internacionais, interurbanas e locais. A partir de agora, novamente, tanto na investigação de crime organizado, como em outras quaisquer, considerando a criação desse banco à disposição das autoridades e o disposto no artigo 2º, § 2º, da Lei 12.830/13, o acesso aos chamados "registros telefônicos", finalmente deixa de ser submetido à reserva de jurisdição, podendo ser requisitado diretamente às concessionárias pelo Delegado ou pelo Promotor, como, aliás já se aventava desde antanho, já que não abrangidos pela dicção do artigo 5º, XII, CF e nem da Lei 9.296/96 que versam exclusivamente sobre "interceptação telefônica" e não sobre os registros de ligações.

Há que ser procedida uma diferenciação entre "comunicação telefônica" e os "registros" dessa comunicação constantes, geralmente por

335 NUCCI, Guilherme de Souza. Op. cit., p.41.

escrito, nas companhias telefônicas.[336] O acesso a tais registros possibilita ao investigador o conhecimento de uma série de informações muitas vezes bastante úteis ao deslinde da atividade criminosa sob disquisição.

Podem ser obtidos informes sobre as datas e horários das chamadas telefônicas, duração delas, linha telefônica acessada etc.

Basicamente, são informações de menor amplitude do que aquelas passíveis de serem coletadas por intermédio de uma interceptação telefônica propriamente dita. Isso porque, durante a interceptação, penetra-se na comunicação no mesmo momento em que ela se desenrola, apreendendo-se não somente dados externos, mas o seu próprio conteúdo palavra por palavra. Já no acesso aos registros telefônicos, trata-se de levantamento de informações pretéritas. Pode-se dizer que a obtenção dos informes contidos nesses registros é uma operação ordinária no Processo Penal, uma vez que se pode enquadrar na atividade corriqueira de "reconstrução histórica dos fatos."[337] Por seu turno, as interceptações telefônicas configuram uma atividade investigatória atípica, pois, conforme já demonstrado, consistem numa constatação simultânea ou concomitante dos fatos.

Bem entendida a distinta natureza dos registros com relação às comunicações telefônicas, a questão que se põe é saber se a quebra do sigilo dos primeiros pode ocorrer e também se tal quebra pode sustentar-se nos ditames da Lei 9.296/96.

A doutrina apresenta-se multímoda quanto ao tema:

Grinover[338] parece apontar a impossibilidade legal da quebra do sigilo, afirmando que "a informação a respeito do registro de ligações feitas de ou para determinada linha telefônica não se enquadra na lei, podendo aí caracterizar-se violação do sigilo profissional."

---

336 Para maior aprofundamento ver: CABETTE, Eduardo Luiz Santos. *Interceptação Telefônica*. 2ª. ed. São Paulo: Saraiva, 2011, p. 46 – 48.

337 "Não é mistério que no processo, e não só no processo penal, se faz história. Digo: não é um mistério para os juristas, os quais aqui têm há tempo voltado a atenção; mas pode surpreender o homem comum, ao qual é dirigido meu discurso. Isto acontece porque nós estamos acostumados a considerar a história dos povos, que é a grande história; mas há também a pequena história, a história dos indivíduos; aliás não haveria aquela sem esta, como não haveria a corda sem os fios, que estão torcidos entre si. Quando se fala de história, o pensamento percorre as dificuldades que se apresentam para reconstituir o passado; mas são, tendo em conta a medida, as mesmas dificuldades que se devem superar no processo." CARNELUTTI, Francesco. *As misérias do processo penal*. Trad. José Antonio Cardinalli. Campinas: Conan, 1995, p. 43 – 44.

338 GRINOVER, Ada Pellegrini. O regime brasileiro das interceptações telefônicas. *Revista Brasileira de Ciências Criminais*. nº 17, jan./mar., 1997, p. 115.

Em frente oposta encontra-se Greco Filho[339] para quem não somente são válidas as ingerências nos registros telefônicos como podem elas operar-se com base na Lei 9.296/96. Afirma o autor:

> "aplica-se a disciplina da norma legal comentada (...) mesmo não se tratando de 'interceptação' propriamente dita, quanto aos registros sobre as comunicações existentes nos concessionários de serviços públicos, tais como a lista de chamadas interurbanas, os números chamados por telefones celulares etc."

Assume posição intermediária Luiz Flávio Gomes[340] ao corroborar a constatação de que a Lei 9.296/96 não abrange os registros telefônicos, possuindo seu campo de atuação limitado às interceptações propriamente ditas. No entanto, destacando a relatividade dos direitos em face do princípio da proporcionalidade, pugna pela possibilidade de quebra do sigilo dos registros telefônicos mediante ordem judicial. Destaca, porém, que tal somente se poderá dar em casos excepcionais e de gravidade, podendo a Lei 9.296/96 ser utilizada não como norma reguladora direta, mas como baliza em analogia para estabelecimento de parâmetros mais seguros do critério de proporcionalidade e de razoabilidade. Por fim, vale mencionar que o referido autor aponta a necessidade de permissivo legal para a quebra do sigilo, o qual certamente seria diverso da Lei 9.296/96, mas imprescindível, tendo em conta a regra de que "nenhum direito fundamental pode sofrer restrição sem a intervenção do legislador" ("interpositio legislatoris").

Realmente a Lei de Interceptações Telefônicas não abrange os registros telefônicos, pois em nenhum momento faz menção a respeito em seus dispositivos. Nada impediria que houvesse o legislador aproveitado a oportunidade para tratar desse assunto, sanando mais uma omissão. Aliás, o tratamento da matéria seria bem mais singelo do que no caso das interceptações, seja porque, como já demonstrado, nesse caso a invasão da intimidade assume contornos menos pungentes, seja porque não haveria necessidade de uma regulamentação pormenorizada de um "modus operandi", inevitável no caso da operacionalização das interceptações. Quanto aos registros, bastaria uma lembrança do legislador de, em poucas linhas, prever a possibilidade do pedido (pela Autoridade

339 GRECO FILHO, Vicente. *Interceptação telefônica*. São Paulo: Saraiva, 1996, p. 6–7.

340 GOMES, Luiz Flávio, CERVINI, Raúl. *Interceptação telefônica*. São Paulo: RT, 1997, p. 100–104.

Policial ou pelo Ministério Público) e a requisição pelo Juiz às empresas responsáveis pela telefonia.

Ainda que infelizmente silente a lei específica, há que acatar-se a tese da "relatividade dos direitos" para reconhecer a possibilidade de acesso aos registros telefônicos, especialmente agora diante de regulamentação da matéria, seja pela Lei 12.850/13, seja pela anterior Lei 12.830/13.

A matéria ensejará, contudo, debate. Pacelli, por exemplo, embora não critique o acesso aos dados cadastrais previstos no artigo 15, já aponta a inconstitucionalidade do artigo 17 da Lei 12.850/13 devido ao afastamento da reserva de jurisdição para obtenção dos registros telefônicos:

> "De outra parte, mas, na mesma direção, apontamos desde já a inconstitucionalidade da regra contida no art. 17 da Lei 12.850/13, que avança sobre o *sigilo de registros telefônicos* pelo período dos últimos 5 (cinco) anos. Com efeito, aí já não se trata mais de informações acerca do nome, da qualificação e do endereço do investigado, mas de dados essencialmente conectados com o exercício da intimidade e da privacidade. Impõe-se a necessidade de autorização judicial, como desdobramento das comunicações dessa natureza (art. 5º, XII, CF)."[341]

No mesmo diapasão manifesta-se Nucci:

> "Este dispositivo, no entanto, não corresponde à legitimidade das autoridades mencionadas no art. 15 (delegado e membro do Ministério Público para ter acesso a dados diversos da qualificação pessoal, filiação e endereço, pois o art. 17 refere-se a registros de ligações telefônicas, algo que ingressa no âmbito íntimo do indivíduo, necessitando de autorização judicial para serem revelados."[342]

Releva observar que os autores disseram bem quando se referiram à esfera de proteção da vida privada e da intimidade, mas equivocaram-se ao mesclar isso com as comunicações telefônicas e o disposto no artigo 5º, XII, CF. Na verdade, a tutela dos registros telefônicos pode ser encontrada no próprio artigo 5º, mas inciso X, CF, que este sim trata da intimidade e vida privada e não das comunicações telefônicas, estas

341 PACELLI, Eugenio. Op. cit.

342 NUCCI, Guilherme de Souza. Op. cit., p. 42.

abrangidas pelo inciso XII e pela Lei 9.296/96. Portanto, em discordância com Pacelli e Nucci, entende-se, conforme acima já explicitado, que a Constituição não exige reserva qualificada de legislação, mas reserva simples, ou seja, não exige uma lei pormenorizada como a Lei 9.296/96 para a quebra das informações contidas nos simples registros telefônicos, como o faz com relação às interceptações. Servem-lhe legislações mais simplificadas como as Leis 12.830/13 (artigo 2º, § 2º) e 12.850/13 (artigo 17). Basta para isso comparar as dicções dos incisos X e XII e constatar que nesse segundo a Constituição afirma a necessidade de "ordem judicial, nas hipóteses e na forma que a lei estabelecer para fins de investigação criminal ou instrução processual penal." No inciso X apenas estabelece a inviolabilidade que, como é sabido, não é absoluta. Mas não exige uma legislação estabelecendo "as hipóteses e forma, bem como os casos especiais", de modo que há, como já visto, uma *reserva legal simples*. Inclusive as interceptações somente podem ser utilizadas para fins criminais, enquanto que a pesquisa dos registros o pode ser para quaisquer fins (civis, por exemplo).

6.3.5 – CAPTAÇÃO AMBIENTAL DE SINAIS ELETROMAGNÉTICOS, ÓPTICOS E ACÚSTICOS (ARTIGO 3º, III, DA LEI 12.850/13)

A Lei de Interceptações Telefônicas (Lei 9.296/96) não trata do tema de gravações, fotos ou filmagens procedidas em locais públicos ou privados. A questão deve ser avaliada tendo em conta o artigo 5º, X, CF, que trata da inviolabilidade da honra, privacidade, intimidade e da imagem das pessoas.

Parece que esse tipo de conduta quando levado a efeito em locais públicos não afeta consideravelmente os referidos direitos e deve prevalecer o interesse público da segurança e da apuração das infrações penais.

Esse é o entendimento de Avolio ao asseverar que

> "não há o que objetar contra a validade desse meio de prova em se tratando de captação de sons e imagens em locais públicos, merecendo a mesma acolhida em juízo que o testemunho ou a fotografia. Sob o ponto de vista da sua autenticidade, a tecnologia já possibilita condições para sua aferição."[343]

343 AVOLIO, Luiz Francisco Torquato. *Provas Ilícitas – Interceptações telefônicas, ambientais e gravações clandestinas*. 3ª. ed. São Paulo, RT, 2003 p. 206.

Diversa é a situação quanto a esse tipo de conduta perpetrada em ambientes privados, por exemplo, no interior de uma residência ou no local de trabalho de uma pessoa em não se tratando de repartições públicas. Nessas condições há que se ter em mente a expectativa de privacidade e, mais que isso, o próprio direito constitucionalmente tutelado, que não pode ceder simplesmente ao objetivo de produção probatória. Por isso, ressalvando-se eventual aplicação do Princípio da Proporcionalidade, especialmente no que tange à prova defensiva, entende-se que referida espécie de coleta probatória é ilícita por ferir o disposto no artigo 5º, X, CF.[344]

Atualmente se devem ressalvar sobre o tema em comento as disposições trazidas a lume pela Lei 12.850/13 que revogou a antiga "Lei do Crime Organizado" (Lei 9.034/95). Referido diploma introduziu novos procedimentos de coleta de provas, dentre os quais, a captação ambiental de sinais eletromagnéticos, ópticos ou acústicos, bem como o acesso a registros de ligações telefônicas e telemáticas, bem como dados cadastrais. Essas inovações legais, em parte já previstas na revogada Lei 9.034/95, possibilitaram a filmagem e a gravação (sinais óticos e acústicos) dentro de residências e outros locais privados ou íntimos. Tornou-se legal expressamente, nos casos de investigação de crime organizado, a denominada "gravação ambiental",[345] deixada outrora ao esquecimento pela Lei 9.296/96, e ensejando certa perplexidade na doutrina e na jurisprudência em relação aos demais casos não adequáveis ao crime organizado. Também se legalizou a chamada "interceptação ou escuta ambiental", quando um terceiro não participante de uma conversa capta seu conteúdo sem o conhecimento dos interlocutores, conduta esta não permitida para outras situações.

Portanto, a partir do advento da Lei 10.217/01, que alterou a Lei 9.034/05, bem como agora, com a revogação desses diplomas pela Lei 12.850/13 e ainda maior ampliação dos meios investigatórios, tais procedimentos são legais para a apuração e prova de atividades ligadas ao

344 No mesmo sentido: Op. cit., p. 206.

345 Procedida em uma conversa num ambiente físico por um dos interlocutores e também a escuta clandestina, que seria a gravação ambiental feita por terceiro não interlocutor da conversa. A gravação ambiental e a gravação clandestina (gravação de conversa telefônica por um dos interlocutores sem a ciência do outro) tem sido considerada válida, desde que procedida para defesa de direito pelo STF (HC 75.338, sendo relator o Ministro Nelson Jobim), ainda que sem autorização judicial, pois não se confundem com interceptação telefônica. No caso das gravações ambientais (entre interlocutores num ambiente físico) e clandestinas (entre interlocutores por telefone) a prova é válida tanto para o crime organizado, como em outras investigações, inclusive em apurações não criminais (civis, administrativas etc.).

crime organizado, desde que precedidos de "circunstanciada autorização judicial." Isso porque neste caso das gravações e captações de sinais ópticos ou acústicos o legislador não conferiu o poder de atuação direta aos órgãos persecutórios do Ministério Público e da Polícia Judiciária.

6.3.6 – INTERCEPTAÇÃO DE COMUNICAÇÕES TELEFÔNICAS E TELEMÁTICAS

Em seu artigo 3º, inciso V, a legislação em estudo permite o uso de interceptação de comunicações de informática e telemática para a investigação da criminalidade organizada, "nos termos da legislação específica", o que quer dizer, *nos termos da Lei 9.296/96.*

Na verdade, o dispositivo sob comento não é inovador, apenas diz aquilo que já se inferiria. A interceptação telefônica, como meio de prova preexistente à Lei 12.850/13, certamente seria mesmo aplicável para a investigação das Organizações Criminosas. Como a Lei do Crime Organizado faz referência à Lei 9.296/96 na aplicação para seus fins, conclui-se que haverá necessidade de satisfazer os mesmos requisitos e formalidades necessários para quaisquer investigações, conforme a legislação específica.[346]

Deve-se consignar, porém, que realmente uma lei de combate ao crime organizado não poderia deixar de mencionar esse meio utilíssimo de prova nos dias atuais. Inclusive com a lembrança oportuna das interceptações de fluxos de telemática, pois é fato mais que comprovado que a marcrocriminalidade vem se utilizando desses meios para seus fins espúrios. Em trabalho específico, Sydow destaca o sistema informático denominado de "Silk Road" utilizado para venda livre de drogas via internet, com sistemas telemáticos e informáticos que inviabilizam quase totalmente a identificação dos IPs dos usuários e traficantes que acessam o sistema onde ocorre um verdadeiro mercado livre virtual de compra e venda de drogas ilícitas.[347]

---

346 Para maior aprofundamento sobre a matéria das interceptações telefônicas vide: CABETTE, Eduardo Luiz Santos. *Interceptação Telefônica.* 2ª. ed. São Paulo: Saraiva, 2011, "passim."

347 SYDOW, Spencer Toth. *Silk Road* e o novo problema do combate ao tráfico de entorpecentes. *Boletim IBCCrim.* nº 249, ago., 2013, p. 8–9.

6.3.7 – AFASTAMENTO DOS SIGILOS FINANCEIRO, BANCÁRIO E FISCAL

Também no artigo 3º, inciso VI, permite a lei o afastamento dos sigilos financeiro, bancário e fiscal, "nos termos da legislação específica." Novamente não traz a lei qualquer inovação, mas apenas faz referência à Lei Complementar nº 105/01 a qual exige ordem judicial, de modo que, tal qual para as interceptações telefônicas, todas as formalidades devem ser obedecidas normalmente e não haverá acesso direto aos movimentos do investigado sob os prismas financeiro, bancário ou fiscal, sempre devendo ser observada a reserva de jurisdição.

Sobre este afastamento de sigilo e as interceptações telefônicas sobreditas é importante notar que o Ministério Público e a Autoridade Policial, de acordo com os artigos 15 e 17 da Lei 12.850/13, terão acesso somente aos dados cadastrais e aos registros telefônicos das bases de dados das empresas de telefonia fixa e móvel, bem como, de acordo com o artigo 16 do mesmo diploma, aos registros de empresas de transporte, sem necessidade de ordem judicial. Mas isso não significa que se prescinda dessa ordem para o acesso às movimentações financeiras, bancárias e fiscais, bem como para a interceptação telefônica. Ao reverso de excepcionar a regra geral, neste ponto o legislador deixa muito claro que tudo se deverá conformar à *legislação específica* já vigorante sobre as matérias em questão.

6.3.8 – COOPERAÇÃO ENTRE INSTITUIÇÕES E ÓRGÃOS FEDERAIS, DISTRITAIS, ESTADUAIS E MUNICIPAIS NA BUSCA DE PROVAS E INFORMAÇÕES DE INTERESSE DA INVESTIGAÇÃO OU DA INSTRUÇÃO CRIMINAL

Tendo em vista os poderes requisitórios das autoridades judiciária e policial, bem como do Ministério Público, esses órgãos e instituições são mesmo obrigados a colaborar com as investigações, simplesmente cumprindo as determinações legalmente exaradas pelos respectivos interessados, inclusive sob pena de responsabilização criminal, civil e administrativa de seus agentes.

Contudo, o dispositivo do inciso VIII do artigo 3º, da Lei 12.850/13 remete a uma possível regulamentação acerca de um programa de colaboração e troca de informações constante em termos de serviço de inteligência interligado entre os diversos órgãos dos entes federativos, bem como entre as polícias civil e federal, o Ministério Público e o Judiciário. A formação de uma rede de inteligência seria realmente o ideal, mas isso demanda boa vontade política, união de esforços e uma regulamentação segura que permita a colocação em prática dessa ideia, que pode emergir do dispositivo comentado.

6.4 – DOS CRIMES OCORRIDOS NA INVESTIGAÇÃO E NA OBTENÇÃO DE PROVA

A Lei 12.850/13, além do crime de organização criminosa, previsto em seu artigo 2º, também elenca algumas novas figuras criminosas em seus artigos 18 a 21.

Todos são crimes que se referem a atuações que podem obstruir o bom andamento das investigações em casos de Organização Criminosa.

Entende-se, portanto, que em geral essas infrações penais têm por bem jurídico tutelado a "administração da justiça."

A seguir passa-se à análise de cada tipo penal separadamente:

6.4.1 - ARTIGO 18 - "Revelar a identidade, fotografar ou filmar o colaborador sem sua prévia autorização por escrito. Pena - reclusão, de 1 a 3 anos, e multa."

Nesse crime, que é de ação múltipla, de conteúdo variado ou tipo misto alternativo, a prática de qualquer das condutas acima leva a um prejuízo tanto das investigações quanto da segurança pessoal do colaborador. Portanto, além do bem jurídico "administração da justiça", estão também em jogo a integridade física e a vida do colaborador, de modo que se trata de um crime complexo, pois que tutela vários bens jurídicos. Também é um instrumento a assegurar os direitos do colaborador previstos no artigo 5º, I, II e V, da lei de regência. Inclusive o inciso V do referido artigo 5º, exige exatamente a autorização expressa e por escrito do colaborador com relação a entrevistas, filmagens, fotografias etc.

O tipo penal parece dirigir-se mais contundentemente aos órgãos de imprensa, mas não significa uma violação ao direito de informação e liberdade de imprensa. Ocorre aqui, como já comentado alhures, um conflito entre direitos e interesses igualmente tutelados pela Constituição Federal, de modo que o Princípio da Proporcionalidade leva à prevalência da segurança do colaborador e do interesse na apuração criminal. Ademais, o tipo penal não descreve crime próprio, mas comum. Assim sendo, não somente jornalistas e fotógrafos de órgãos de imprensa podem incidir em suas penas, mas qualquer pessoa, inclusive autoridades e policiais em geral, advogados ou qualquer indivíduo que viole a restrição legal.

Note-se que não há necessidade de divulgação das fotografias ou filmagens, mas sua mera realização fora dos padrões legais permissivos já configura crime. Dessa forma, eventual divulgação constituirá mero exaurimento do crime. Já no que tange à revelação da identidade do colaborador, esta pode ocorrer tanto tornando público seu conhecimento, como fazendo a revelação a qualquer pessoa. Dessa forma deve-se ponderar que na modalidade da revelação não constituirá crime o mero acesso à identidade do colaborador por alguém. Somente quando essa identidade for transmitida a terceiros, seja em geral, de forma pública, seja em particular, a determinadas pessoas, é que irá haver a consumação delitiva. Em todos os casos caberá a tentativa, mas no caso da revelação, esta somente poderá se configurar após a obtenção pelo infrator da identidade do colaborador quando, então, parta para atos executórios da revelação. Enquanto apenas estiver tentando obter a identidade ou mesmo quando a obtém e ainda não partiu para atos de revelação, pode-se afirmar que está ainda na fase do "iter criminis" dos atos preparatórios.

O ilícito admite concurso de agentes, inclusive mandantes que deverão responder nas mesmas penas cominadas. Por exemplo, o chefe de redação de um jornal, manda seu fotógrafo fotografar um colaborador identificado por ele. Ambos respondem pelo crime.

Como todo crime de ação múltipla, mesmo que o agente incida em vários dos verbos, responde por um único ilícito.

Não há previsão de figura culposa, de modo que o elemento subjetivo do tipo é o dolo genérico.

6.4.2 — ARTIGO 19 - "Imputar falsamente, sob pretexto de colaboração com a justiça, a prática de infração penal a pessoa que sabe ser inocente ou revelar informações sobre a estrutura de organização que sabe inverídicas. Pena - reclusão, de 1 a 4 anos, e multa."

São descritas duas condutas, em que também se tem como bem jurídico tutelado a "administração da justiça." Numa delas o suposto colaborador imputa falsamente a prática de infração penal à pessoa que sabe inocente, noutra revela informações falsas sobre a estrutura de organização criminosa. Em ambos os casos desvia-se a Justiça de seu caminho reto na apuração criminal.

Também se trata de tipo misto alternativo, de conteúdo variado ou de ação múltipla, de modo que se o agente incidir em ambas as condutas, num mesmo contexto, responde por crime único.

A norma procura tutelar o interesse da administração da justiça em que o colaborador cumpra com suas obrigações, sob pena de responsabilização criminal para além da organização criminosa e de outros eventuais ilícitos que lhe possam ser imputados. Note-se que não há necessidade de que o eventual acordo já tenha sido homologado, pois a isso não faz menção o tipo penal. Entretanto, de acordo com a normatização correlata, em geral o crime se dará somente após a homologação, pois será a partir daí que o colaborador será inquirido formalmente pelo Delegado de Polícia e/ou pelo Promotor de Justiça nos termos do artigo 4º, § 9º, da Lei 12.850/13. É, porém, imprescindível que as informações inverídicas sejam fornecidas "a pretexto de colaboração com a justiça", de modo que se exige dolo específico do agente. Além disso, o crime somente pode se perfazer por meio do dolo direto, já que o agente tem de saber com certeza da inocência do imputado, bem como da inverdade de suas informações sobre a organização e sua estrutura. Se ele age de boa-fé, não pode ser responsabilizado, nem a título de culpa, pois não há previsão dessa modalidade, nem mesmo a título de dolo eventual.

Não há confundir o dispositivo em estudo com os crimes de Denunciação Caluniosa (artigo 339, CP) e Comunicação Falsa de Crime ou Contravenção (artigo 340, CP). A primeira parte do artigo 19 em estudo tem semelhança com o artigo 339, CP, mas são infrações diversas. Um agente colaborador pode incidir, mesmo em situação de organização criminosa, nas penas do artigo 339, CP, e não do artigo 19 da Lei especial. Ora, mas no conflito aparente de normas não deveria prevalecer o artigo 19 de acordo com o Princípio da Especialidade? Não. E a razão é simples. Porque não há "conflito aparente de normas" e sim diferentes campos de aplicação para cada um dos dispositivos. No caso do artigo 19 da Lei 12.850/13 somente haverá aplicação para casos envolvendo crime organizado e agente colaborador (o crime é próprio e inclusive de mão própria). O artigo 339, CP, é crime comum e pode ocorrer em qualquer situação em que se impute falsamente crime (artigo 339, "caput") ou contravenção (artigo 339, § 2º) a alguém que se sabe inocente, ocasionando a esta pessoa a instauração de procedimento apuratório contra ela. Ademais, no artigo 19 da Lei de Crime Organizado, não há necessidade de instauração de nenhuma investigação contra a pessoa, enquanto que no artigo 339, CP, isso é integrante do tipo penal. Dessa forma, mesmo em casos de organização criminosa, se o indivíduo imputar falsamente infrações penais a outrem e dessa imputação não chegar a resultar a instauração de algum feito contra a pessoa prejudicada, não haverá infração ao artigo 339, CP, mas sim ao artigo 19 da lei especial. Nesse caso, ficará também afastado o crime contra a honra de Calúnia, previsto no artigo 138, CP, o qual será absorvido pelo artigo 19 da Lei 12.850/13. Entretanto, se mesmo durante uma apuração referente a organização criminosa, um colaborador imputar falsamente infração penal a outrem e disso resultar a instauração de qualquer procedimento investigatório contra tal pessoa, incidirá o artigo 339, CP, afastando-se o artigo 19 da Lei 12.850/13, isso porque a conduta tipifica-se mais perfeitamente no dispositivo do Código Penal, o qual, aliás, tem pena mais gravosa (reclusão de 2 a 8 anos). Mesmo que a imputação seja de contravenção, instaurando-se, por exemplo, um Termo Circunstanciado contra a pessoa prejudicada, a pena do Código Penal é igual à do artigo 19 da lei especial, ou seja, reclusão de 1 a 4 anos (inteligência do artigo 339, § 2º, CP), o que autoriza a prevalência do dispositivo do Código Penal devido à sua melhor subsunção ao caso concreto. Enfim, somente terá aplicação o artigo 19 para os casos que envolvam organização criminosa e de cuja imputação falsa não resulte investigação contra o prejudicado.

Ressalte-se, portanto, que no artigo 19, primeira parte, da Lei 12.850/13, a instauração de eventual procedimento contra o imputado inocente não constitui mero exaurimento do tipo penal, mas sim motivo para que se transmude em infração ainda mais grave, prevista no artigo 339, CP.

Sua segunda parte poderia ensejar alguma lembrança com o crime previsto no artigo 340, CP, onde se faz comunicação falsa de crime ou contravenção. No entanto, os dispositivos tratam de casos totalmente diversos. Na segunda parte do artigo 19 da Lei 12.850/13 o agente colaborador mente sobre a estrutura da organização e não dá a simples notícia de um crime ou contravenção que não ocorreu. Ademais, como no caso anterior, o artigo 19 somente se aplica para casos que envolvam o crime organizado e agente colaborador, enquanto que o artigo 340, CP, é crime comum e pode ocorrer envolvendo qualquer espécie delitiva. Também não é impossível que um agente colaborador incida no artigo

340, CP, durante as investigações. Bastará para isso que não minta sobre eventuais imputados ou sobre a estrutura da organização, mas efetivamente faça tão somente uma comunicação falsa de um crime ou de uma contravenção inexistente a fim de dispersar a atuação investigatória.

O crime é formal e consuma-se com a imputação ou informação falsa, sem necessidade de efetivo dano à investigação, o qual será exaurimento. Não cabe tentativa, a não ser, eventual e teoricamente, na forma escrita.

Enquanto crime de mão própria, não admite coautoria, mas tão somente participação. Pode, por exemplo, o advogado participar do crime orientando o colaborador a mentir.

Advirta-se que, para além das consequências criminais sobreditas para o colaborador mendaz, também haverá repercussões processuais no que tange à possibilidade de retratação do acordo de colaboração por parte do Delegado de Polícia ou do Ministério Público nos termos do artigo 4º, § 10, da Lei de Organizações Criminosas. É interessante notar que embora o dito § 10 estabeleça que as provas produzidas pelo colaborador contra si mesmo não poderão ser utilizadas contra ele, isso não abrange a conduta de sua mendacidade com relação aos crimes do artigo 19 do mesmo diploma, artigo 339, CP e artigo 340, CP. Isso porque não se trata de informações específicas sobre sua atuação na organização, mas de uma conduta ardilosa externa e independente da colaboração, aliás, até mesmo contraposta à colaboração a tal ponto que a própria palavra "colaboração" é usada nessa situação de modo impróprio. Não há colaboração nesses atos e produção de provas, mas sim mera obstrução da justiça ocasionada de forma dolosa e de má fé pelo suposto "colaborador." Por isso as garantias dispostas pelo instituto da colaboração premiada não podem e não devem alcançar o "colaborador" (sic) mendaz, ao menos no que diz respeito aos dispositivos criminais acima mencionados que, em caso contrário, ficariam totalmente esvaziados de conteúdo, concedendo-se ao suposto "colaborador" (sic) uma carta branca para praticar crimes. Ora, isso nem sequer é admissível em relação ao chamado agente infiltrado, quanto mais a um criminoso que se traveste de colaborador da Justiça.

6.4.3 — ARTIGO 20 – "Descumprir determinação de sigilo das investigações que envolvam a ação controlada e a infiltração de agentes. Pena – reclusão, de 1 a 4 anos, e multa."

O dispositivo também tem como bem jurídico a "administração da justiça", bem como a segurança das pessoas envolvidas em ação controlada e infiltração. É interessante notar que no artigo 18, quando o legislador tratou de assegurar os direitos de sigilo do réu colaborador, esqueceu-se de também tutelar o agente infiltrado no que tange à revelação de sua identidade, fotografia ou filmagem não autorizada. É fato que o réu colaborador é dotado de direitos expressos no artigo 5º, I, II e V, da Lei 12.850/13. No entanto, também o agente infiltrado tem seus direitos legais a serem preservados nos mesmos termos, somente que no artigo 14, II, III e IV, do mesmo diploma. A lacuna ocorrida no artigo 18 é odiosa na medida em que desconsidera a humanidade do Policial e dá ênfase ao "réu" colaborador. Não se está aqui advogando a tese da despersonalização do indiciado ou réu, nem mesmo dos criminosos mais empedernidos. A condição humana abrange todo e qualquer homem, bastando para isso pertencer à espécie humana, nada mais. Não obstante, não se pode agir como se um Policial não fosse humano, simplesmente se preocupando com o réu colaborador e olvidando o agente infiltrado. Sinceramente, isso é dar munição para os repetidores irracionais do discurso de que somente se pensa em Direitos Humanos para "bandidos." A lacuna que o legislador deixa no artigo 18 é altamente contraproducente não somente sob o prisma jurídico, mas em relação ao apelo popular que, ao deparar-se com uma lei dessa espécie, vem a confirmar o discurso falacioso contrário aos próprios direitos fundamentais de todo homem (Policial, réu, não importa).

Sob o aspecto jurídico–penal, entretanto, a existência da norma mais genérica do artigo 20, protegendo o sigilo tanto da ação controlada como da infiltração de agentes, pode colmatar a lacuna do artigo 18, de forma que se entende que aquele que revelar a identidade, fotografar ou filmar o agente infiltrado sem sua autorização irá incidir na norma do artigo 20 em estudo.

Como a lei não estabelece limitação ao sujeito ativo, entende-se que se trata de crime comum, podendo ser praticado por qualquer pessoa. No entanto, será mais comum sua prática por funcionários públicos e advogados. Em sentido contrário manifesta-se Nucci, afirmando que o crime é próprio de funcionário público porque depende de "descumprimento de determinação judicial ou legal."[348] Discorda-se, conforme já mencionado, mesmo porque não são somente funcionários públi-

348 NUCCI, Guilherme de Souza. Op. cit., p. 93.

cos que podem descumprir ordens judiciais ou determinações legais. Qualquer pessoa pode assim atuar. Ademais, se a lei realmente o quisesse, teria forjado um crime funcional, mencionando no corpo do artigo a expressão "funcionário público", o que não ocorreu.

A especialidade do artigo 20 da Lei 12.850/13 afasta a incidência dos crimes de violação de segredo previstos nos artigos 153 e 154, CP, bem como artigo 325, CP, sempre que se tratar de Organização Criminosa, bem como da violação do sigilo referente à ação controlada ou à infiltração de agentes.

A incidência do indivíduo no artigo 20 sobredito não impedirá eventual concurso de infrações, normalmente material, com crimes funcionais, tais como Concussão (artigo 316, CP) e Corrupção Passiva (artigo 317, CP). Outros ilícitos próximos como a Prevaricação (artigo 319, CP) e a Advocacia Administrativa (artigo 321, CP) parecem ser absorvidos pelo crime específico e mais severamente punido do artigo 20 da Lei 12.850/13.

O crime é formal e de mão própria, de forma que somente admite tentativa pela forma escrita, bem como normalmente fica afastado o concurso de agentes, a não ser pela via da participação. Ademais, não é exigido efetivo dano à ação controlada ou à infiltração, o qual será mero exaurimento da infração, a qual se consuma com o simples descumprimento do dever de sigilo.

Não há previsão de figura culposa.

6.4.4 — ARTIGO 21 - "Recusar ou omitir dados cadastrais, registros, documentos e informações requisitadas pelo juiz, Ministério Público ou delegado de polícia, no curso de investigação ou do processo. Pena–reclusão, de 6 meses a 2 anos, e multa.

Parágrafo Único. Na mesma pena incorre quem, de forma indevida, se apossa, propala, divulga ou faz uso dos dados cadastrais de que trata esta lei."

A Lei 12.850/13 cria uma nova espécie de desobediência a ser aplicada especificamente nos casos de investigação do crime organizado e quanto à recusa ou omissão de dados cadastrais, registros, documentos ou quaisquer informações requisitadas pelo Juiz, Ministério Público ou Delegado de Polícia. Assim sendo fica afastada pelo Princípio da Especialidade a aplicação do artigo 330, CP (Desobediência). Também não há que confundir esse dispositivo com o artigo 10 da Lei 7.347/85 (Lei de Ação Civil Pública), crime de desobediência também especial, previsto no caso de requisições ministeriais no bojo de Inquérito Civil Público ou Ação Civil Pública.

Frise-se que em outros casos de requisições Judiciais ou Ministeriais e também do Delegado de Polícia, este com fulcro no artigo 2º, § 2º, da Lei 12.830/13, não envolvendo crime organizado, restará a infração ao artigo 330, CP (Desobediência), normalmente.

O crime é de conteúdo variado, ação múltipla ou tipo misto alternativo, pois tem dois verbos, um comissivo ("recusar"), outro omissivo ("omitir"). Em ambos os casos a infração penal é formal. Basta a recusa ou omissão, sem necessidade de comprovação de prejuízo concreto, para a consumação do delito. Em ambos os casos não é viável a tentativa. Novamente se trata de crime de mão própria, não comportando, em regra, o concurso de agentes, a não ser pela mera participação.

O objeto material são os dados cadastrais, registros, documentos ou quaisquer informações requisitadas pelas autoridades arroladas no dispositivo, sempre no interesse da investigação do crime organizado, abrangendo toda a persecução criminal, desde sua fase investigatória até o processo. Portanto, o bem jurídico tutelado é a "administração da justiça", a fim de dar concretude ao disposto nos artigos 15 a 17 do mesmo diploma.

Havendo a lei usado dois verbos, a incidência em ambos não acarreta dupla apenação.

É preciso ressaltar que no verbo "recusar" entende-se a necessidade de manifestação expressa, enquanto que eventual recusa tácita estaria abrangida pelo verbo "omitir." Assim sendo, se, por exemplo, o Ministério Público requisita uma informação e uma empresa de telefonia se nega expressamente ao fornecimento, enviando sua recusa por um ofício ou informação, então haverá o verbo "recusar." Noutro giro, se essa empresa simplesmente não responde no prazo ofertado pelo requisitante, haverá o verbo "omitir." Também podem ocorrer a "recusa" ou "omissão" parciais. Por exemplo, há uma requisição pelo Delegado de Polícia quanto ao nome e endereço de uma pessoa. Ocorre a informação do nome e recusa do endereço ou mesmo a omissão deliberada. Isso também configura a infração.

Deveria o legislador ter constado o verbo "retardar", pois, acaso haja protelação na prestação de informações, de acordo com a redação dada ao tipo penal do artigo 21, o fato será atípico, o que já não ocorre, por exemplo, com o artigo 10 da Lei de Ação Civil Pública (Lei 7.347/85) que prevê expressamente o "retardamento."

O crime do artigo 21 é próprio, pois somente o poderão cometer as pessoas afetas às empresas e órgãos arrolados nos artigos 15 a 17 da Lei 12.850/13: Justiça Eleitoral, Empresas Telefônicas (fixa ou móvel), Instituições Financeiras, Provedores de Internet, Administradoras de Cartões de Crédito e Empresas de Transporte. O particular não afeto a essas empresas ou órgãos ou mesmo o funcionário público, poderá incidir respectivamente nos crimes de Desobediência (artigo 330, CP) ou Prevaricação (artigo 319, CP).

No § 1º, do artigo 21 há previsão de conduta equiparada para aquele que, *de forma indevida*, se apossa, propala, divulga ou faz uso dos dados cadastrais de que trata a lei.

O dispositivo é voltado para toda pessoa que incidir nos verbos tendo acesso *indevido aos dados*. Portanto, o § 1º, admite o cometimento por qualquer pessoa, não se tratando de infração própria como ocorre com o "caput." Na conduta de se "apossar" inclusive pressupõe-se que será sempre uma pessoa que não teria acesso aos documentos, informações e dados em geral, não sendo autoridade ou componente das empresas ou órgãos envolvidos. Isso porque "apossar" passa a ideia de acesso indevido, subtração, violação. Já nos verbos "propalar", "divulgar" ou "fazer uso" indevido, tanto pode haver o envolvimento de pessoa fora dos quadros das empresas e órgãos, bem como de indivíduos que pertençam a estas e até mesmo das autoridades e seus agentes que têm acesso inicialmente correto aos dados, mas que, num segundo momento, os propala, utiliza ou divulga de forma incorreta. O crime também neste dispositivo é formal, não exigindo efetivo dano, mas apenas o apossamento, propalação, divulgação ou uso indevido. Embora formal, a conduta é plurissubsistente, admitindo então a tentativa. Também é tipo misto alternativo, de modo que não é necessário incidir em todos os verbos, e a incidência em mais de um não configura ilícito múltiplo. Por exemplo, pode o indivíduo apenas apossar-se indevidamente dos dados sem usá–los de qualquer forma e ainda assim estará consumado o delito.

A única forma *devida ou correta* de uso dos dados cadastrais enfocados é para os fins específicos de investigação ou processo criminal referente ao crime organizado. Quaisquer outras divulgações, midiáticas, por exemplo, em shows de "pirotecnia" de autoridades ferindo a imagem de investigados e até mesmo, porventura, de vítimas, configura infração penal.

6.5 – DISPOSIÇÕES FINAIS

6.5.1 – DO PROCEDIMENTO PREVISTO PARA OS CRIMES DA LEI 12.850/13 (ARTIGO 22)

O artigo 22 da Lei 12.850/13 determina qual o procedimento a ser adotado para os crimes previstos no citado diploma legal. Nesse aspecto então adota o procedimento ordinário previsto no Código de Processo Penal (artigo 394, I, CPP), tanto para os crimes previstos na lei do crime organizado quanto para aqueles que lhes são conexos. Novamente é bom destacar, como já se fez, quando do estudo do conceito de crime organizado, que, embora a lei faça menção somente à conexão, abrange também a continência. Para não haver alongamento desnecessário no tema, remete-se o leitor àquilo que já foi dito.

Verifica-se que os crimes previstos na Lei 12.850/13 são cinco: artigos 2º (Crime de Organização Criminosa) e artigos 18 a 21 (crimes ocorridos na investigação e na obtenção de prova), estudados logo acima. Em todos o procedimento a ser tomado é o ordinário do Código de Processo Penal.

Anote-se que o procedimento ordinário é previsto para todo crime cuja sanção máxima cominada for igual ou superior a quatro anos de pena privativa de liberdade, não importando se detentiva ou reclusiva.

Observando os crimes previstos na Lei 12.850/13, percebe-se que naturalmente a maioria deles seria mesmo destinada ao procedimento ordinário. Isso se pode afirmar com relação ao crime previsto no artigo 2º (Organização Criminosa), que tem pena máxima de 8 anos, assim como para os crimes previstos nos artigos 19 e 20, cujas penas máximas são de 4 anos. Nesses casos o artigo 22 chega a ser redundante, apenas repetindo o que já seria determinado pela norma geral do Código de Processo Penal.

Entretanto, há dois outros casos:

O artigo 18 apresenta pena máxima de 3 anos, o que o conduziria ao procedimento sumário, conforme consta do artigo 394, II, CPP. O procedimento sumário é previsto, em regra, para crimes cuja sanção máxima cominada seja inferior a 4 anos de pena privativa de liberdade e maior que 2 anos. O artigo 394, II, CPP não esclarece sobre a pena dever ser maior que 2 anos, mas isso se conclui do próprio artigo 394, III, que determina o procedimento sumaríssimo da Lei 9.099/95 para as infrações de menor potencial ofensivo, cujas penas máximas podem chegar no máximo de 2 anos. Pois bem, segundo a regra geral, o artigo 18 teria o procedimento sumário. Acontece que o legislador editou norma especial e posterior, a qual então, neste caso específico, derroga o artigo 394, CPP, e determina o procedimento ordinário mesmo quando a pena é abaixo de 4 anos (no caso 3 anos). Trata-se de aplicação da lei no tempo, bem como do Princípio da Especialidade. A norma especial prevalece e a geral é afastada.

Não há de se falar em inconstitucionalidade desse afastamento do procedimento sumário e adoção do ordinário. Isso porque claramente a opção legislativa é vantajosa para o réu, que passa a ser submetido a um procedimento mais amplo, em que, consequentemente, a defesa e o contraditório também são mais amplos (v.g. maior número de testemunhas, prazos maiores etc.).

O outro caso em que o artigo 22 da Lei do Crime Organizado tem maior relevância é o do crime do artigo 21, cuja pena máxima é de somente 2 anos. Ora, isso faria com que essa infração penal fosse considerada de menor potencial ofensivo e fosse então submetida ao procedimento sumaríssimo da Lei 9.099/95, inclusive com os benefícios cabíveis para essas infrações (Termo Circunstanciado, audiência preliminar, composição civil de danos, transação penal). Isso se concluiria do artigo 394, III, CPP c/c artigo 61 da Lei 9.099/95.[349]

No entanto, diz o artigo 22 que o procedimento a ser adotado para os crimes previstos na Lei 12.850/13, *sem exceção*, é o ordinário. Novamente há que prevalecer a norma especial em relação à geral. Dessa forma, afastam-se os procedimentos do Juizado Especial Criminal e aplica-se o procedimento ordinário.

Aqui a questão da constitucionalidade pode ganhar maior polêmica. Ocorre que ao afastar a Lei 9.099/95 do artigo 21 o legislador impede o infrator de obter alguns benefícios previstos nesse diploma especial (Lei 9.099/95, conforme já arrolados).

Perceba-se que o procedimento em si (considerando o artigo 77 e seguintes da Lei 9.099/95) não é problema, pois, tal qual e com ainda mais

349 Pelo menos ao que parece, esse é o pensamento de Nucci ao afirmar: "Trata-se de infração de menor potencial ofensivo, comportando transação." Op. cit., p. 96.

razão do que ocorreu com o artigo 18, chega-se à conclusão de que o réu será submetido a um procedimento mais amplo, em que sobrelevam a ampla defesa e o contraditório. Não há prejuízo neste ponto, tal qual no caso da troca do procedimento sumário pelo ordinário e, na verdade, ainda com maior intensidade. O problema surge com a questão do afastamento da audiência preliminar, da possibilidade de composição civil de danos e de transação penal de acordo com os artigos 70 a 76 da Lei 9.099/95. Ainda nessa fase pré-processual também podem surgir críticas quanto à possibilidade de substituição do Inquérito Policial pelo Termo Circunstanciado sem prisão em flagrante nos termos do artigo 69 e seu Parágrafo Único do mesmo diploma. O afastamento desses institutos não esbarraria na inconstitucionalidade por infração ao artigo 98, I, CF, que prevê os Juizados Especiais Criminais?

Entende-se que a resposta à indagação suprarreferida é não. Ocorre que a Constituição deferiu ao legislador ordinário a designação de quais seriam os critérios para a eleição de uma dada infração penal como de menor potencial. Essa definição já foi procedida uma vez, quando então se elegiam as contravenções penais e crimes apenados com pena máxima até 1 ano e que não tivessem previsão de procedimento especial (redação original do artigo 61 da Lei 9.099/95), depois se passou à definição que abrangia as contravenções penais e todos os crimes apenados com pena máxima até 2 anos, independentemente do procedimento especial ou comum (redação dada pela Lei 11.313/06). O legislador ordinário também veio a afastar da Lei 9.099/95, independentemente da pena cominada, os crimes militares através do artigo 90 – A da própria Lei 9.099/95, acrescentado pela Lei 9.839/99. Também por meio da Lei 10.741/03 (Estatuto do Idoso), em seu artigo 94, foi expandida a possibilidade de aplicação do procedimento sumaríssimo (artigos 77 e seguintes da Lei 9.099/95) a crimes com pena máxima cominada até 4 anos previstos no Estatuto do Idoso.[350] Finalmente vale lembrar o artigo 41 da Lei 11.340/06 (Lei Maria da Penha) que afasta expressamente os benefícios da Lei 9.099/95 para todos os crimes que envolvam violência doméstica e familiar contra a mulher, independentemente da pena máxima cominada. Inclusive, com relação a este último diploma, que guarda grande semelhança com a situação ora em estudo, o STF já se

350 Obviamente que somente o procedimento mais célere em prol do idoso e não os benefícios especiais da Lei 9.099/95 para o réu, o que seria submeter os idosos a uma catalogação como pessoas de segunda categoria. Isso fica bem claro com a manifestação do STF na Adin nº 3.096, de 16/06/2010.

manifestou pela constitucionalidade do artigo 41 supracitado, nos autos da ADC nº 19 de 09.02.2012.

Assim sendo, cabendo ao legislador ordinário a definição do que seja ou não uma infração de menor potencial, nada impede que o artigo 22 da Lei do Crime Organizado afaste os institutos e procedimentos da Lei 9.099/95 do artigo 21 ora em estudo, independentemente da pena máxima prevista no caso não superar a dois anos. Entende-se que há razoabilidade nessa previsão especial, vez que seria irrazoável tratar um crime ligado às organizações criminosas como sendo de menor potencial ofensivo. Haveria, aí sim, uma contradição e uma desproporção, ensejando uma inconstitucionalidade por insuficiência protetiva. Inclusive, entende-se que a própria pena prevista de reclusão de 6 meses a 2 anos não condiz com a gravidade da infração em sua ligação com a criminalidade organizada. Certamente o legislador deveria ter sido mais rigoroso, até mesmo para evitar toda eventual crítica ou dúvida com relação à aplicabilidade ou não da Lei 9.099/95, conforme acima exposto.

Mas um dispositivo da Lei 9.099/95 pode ser aplicado aos crimes dos artigos 18 a 21 da Lei 12.850/13. É a Suspensão Condicional do Processo, prevista no artigo 89 da Lei 9.099/95. Ocorre que esse instituto pode ser aplicado a toda infração cuja *pena mínima* não seja superior a 1 ano. Essa condição é satisfeita pelos crimes acima arrolados, de forma que não há óbice à aplicação do instituto, o qual, inclusive, não é exclusivo de infração de menor potencial e nem tem limitações de aplicação em termos de procedimento ordinário, sumário ou sumaríssimo. Somente o artigo 2º, da Lei 12.850/13 não admitirá nem mesmo o artigo 89 da Lei 9.099/95, não por causa do artigo 22 do primeiro diploma, mas devido ao fato de que sua pena mínima é de 3 anos, superando o limite exigido para o "sursis" processual (máximo de 1 ano).

O Parágrafo Único do artigo 22 estabelece que a instrução deva ser encerrada "em prazo razoável", em cumprimento ao disposto no artigo 5º, LXXVIII, CF. Em boa hora estabelece um prazo máximo expresso em lei para encerramento da instrução com réu preso. Esse prazo é de 120 dias, prorrogáveis por igual período. Parece que esse prazo máximo pode passar a ser a baliza legal para todos os processos, vez que, se nos casos de criminalidade organizada o prazo não pode ser maior que este, o que dizer então de casos comuns?

A prorrogação não é automática, dependendo de despacho fundamentado do Juiz que deverá ter por base duas motivações, as quais podem ser concomitantes ou separadas:

a) A complexidade da causa (v.g., número muito grande de réus, precatórias ou rogatórias, perícias complexas etc.);
b) Fato procrastinatório atribuível ao réu (v.g., arrolar testemunhas de referência moradoras no exterior ou em Estados longínquos somente para atrasar o feito, pedidos reiterados de cancelamento de audiências com alegações de problemas de saúde etc.).

Pode haver críticas à redação aberta das fundamentações previstas na lei, mas não poderia ser de outro modo e cada caso concreto precisará ser avaliado pelo Judiciário em primeira e segunda instâncias.

No caso desse prazo com o réu preso duas coisas exsurgem evidentes:

I – Que o prazo deve ser computado na regra de prazo penal, incluindo-se o dia do início e não admitindo prolongamentos acaso o último dia recaia em sábado, domingo ou feriado;

II – Que não há que se discutir acerca da possibilidade de mais de uma renovação. A renovação do prazo só pode ser uma, pois se está lidando com o direito de liberdade do cidadão. Se houver necessidade de mais prazo, então os réus deverão ser soltos para continuidade do processo. Aliás, a lei dá essa pista ao dizer que o prazo é prorrogável *"em até igual período."* No contexto, a palavra *"até"* é eloquente.

Quanto ao que se venha a entender por "instrução criminal", que deverá ser finda naqueles prazos, entende-se que a posição jurisprudencial já predominante de que se refere à instrução acusatória será mantida, já que o legislador não foi explícito.

Terminada a instrução, embora a lei também não o diga, deverá o Juiz sentenciar em prazo razoável, não se admitindo que o processo permaneça dormitando à espera de uma decisão em tempo indefinido (inteligência do artigo 5º, LXXVIII, CF).

A lei também se quedou silente quanto ao estabelecimento de um prazo máximo para encerramento da instrução em caso de réu solto.

6.5.2 – DO DECRETO DE SIGILO JUDICIAL DAS INVESTIGAÇÕES E DO ACESSO DA DEFESA AOS AUTOS (ARTIGO 23)

Dispõe o artigo 23 da Lei do Crime Organizado que o Juiz poderá decretar o sigilo da investigação, visando garantir a celeridade e a eficácia das diligências investigatórias, mas assegurando-se ao defensor, no interesse do seu representado, amplo acesso aos elementos de prova que digam respeito ao exercício do direito de defesa, devidamente precedido de autorização judicial, ressalvados os referentes às diligências em andamento.

Um primeiro aspecto a ser comentado é que o sigilo das investigações é natural a todo procedimento investigatório de acordo com o artigo 20, CPP. Neste caso do artigo 23 da Lei 12.850/13 se está falando de um sigilo mais rigoroso do que aquele inerente a toda investigação, inclusive com alguma limitação interna e não somente externa.

Mas esse sigilo mais rigoroso, somente pode ser decretado pelo Juiz e não pelo Delegado de Polícia ou pelo Ministério Público diretamente. Também é fato que a adoção dessa providência não é imposta pela lei, mas constitui uma *faculdade* do magistrado (diz a lei que a autoridade judicial *"poderá"* decretar o sigilo).

Embora a lei seja silente a respeito, tendo em vista o respeito ao Sistema Acusatório e à regra geral para medidas de natureza cautelar prevista no artigo 282, § 2º, CPP, o magistrado não poderá decretar esse sigilo de ofício, mas somente mediante provocação de representação do Delegado de Polícia e/ou requerimento do Ministério Público. Havendo esses pedidos e sua negativa, quanto ao Delegado, como já visto em outros casos, não há o que fazer. Quanto ao Ministério Público, seja quando acolhe a representação do Delegado, seja quando requer a medida, poderá valer-se do Mandado de Segurança ou da Correição Parcial. Reforça-se que o Juiz não deve decretar o sigilo de ofício, pois que desta forma estaria atuando na fase investigatória, o que macularia seu necessário distanciamento e imparcialidade.

Obviamente a decisão de decreto do sigilo das investigações deve ser fundamentada, por força do artigo 93, IX, CF. Essa fundamentação deverá comprovar a presença das motivações legalmente previstas para legitimar o sigilo mais intenso, quais sejam, a garantia da celeridade e da eficácia das diligências investigatórias. Uma observação merece ser feita. Quanto à garantia da eficácia das investigações, pode-se realmente lobrigar algum caso concreto em que o sigilo seja útil. Contudo, não é visível como poderia o sigilo melhorar a *celeridade* das apurações, a não ser que se esteja pensando em reduzir as vias impugnativas defensórias passíveis de serem utilizadas, o que significaria clara e evidente inconstitucionalidade do dispositivo por ataque frontal ao exercício de defesa.

Outro aspecto que merece destaque é que esse sigilo especial somente é previsto para a fase de investigação da persecução penal, não tendo aplicação na fase processual. É que nessa fase vigem a ampla defesa e o contraditório plenos de acordo com o princípio mais abrangente do devido processo legal, o qual não admitiria o andamento do feito com sigilo interno.

Mesmo na fase investigatória o artigo 23 sob comento assegura o acesso aos autos ao defensor para exercício da defesa técnica. Entende-se que, embora a lei não o diga, poderá ter acesso também aos autos o investigado para o exercício da autodefesa. Apenas, por óbvio, são ressalvadas as diligências em andamento, já que nesses casos o acesso do investigado ou mesmo do seu advogado poderia constituir um prejuízo total às atividades (v.g. imagine-se o acesso a um Mandado de Busca a cumprir ou a uma interceptação telefônica em andamento etc.).

Esse acesso do defensor e seu representado faz-se em respeito ao exercício de defesa constitucionalmente consagrado ao artigo 7º, incisos XIII e XIV, da Lei 8.906/94 (Estatuto da OAB), bem como objeto da Súmula Vinculante nº 14, STF. Aliás, a redação do artigo 23 é muito similar à da referida Súmula Vinculante:

> "É direito do defensor, no interesse do representado, ter acesso amplo aos elementos de prova que, já documentados em procedimento investigatório realizado por órgão com competência de polícia judiciária, digam respeito ao exercício do direito de defesa."[351]

No entanto, há uma importante e medonha diferença entre a Súmula Vinculante 14, STF, e a redação do artigo 23 da Lei 12.850/13. É que a lei determina que o acesso do advogado aos autos dependa de *prévia autorização judicial*. Significa que toda vez que um advogado quiser ter

351 É incrível que uma Súmula Vinculante do Supremo tenha precisado dizer essa obviedade, bem como também que nessa Súmula, escrita pela pena dos Ministros da mais alta corte do país, haja uma impropriedade terminológica técnica ao referir-se à "competência" de Polícia Judiciária, quando o termo correto seria "atribuição", já que somente o Poder Judiciário detém "competência" em termos jurídicos.

acesso a um feito investigativo nessas condições deverá peticionar ao Juiz ou ao menos dirigir-se até o magistrado, solicitando a sua autorização verbalmente, já que a lei não estabelece a forma pela qual será procedido esse pedido. Isso, tendo em vista a Súmula 14, STF, o direito de defesa constitucionalmente tutelado e as prerrogativas do exercício da advocacia soa como um absurdo. A inconstitucionalidade surge patente. Primeiro porque o Juiz passa a administrar o Inquérito Policial ou seja lá qual for o instrumento investigatório, o que, por si só, já viola sua imparcialidade e distanciamento das investigações, valorizado pela própria Lei 12.850/13 em outros dispositivos como, por exemplo, quando da colaboração premiada. Segundo porque o direito do advogado de acesso aos autos formalizados, ressalvadas as diligências que por razoabilidade dependem de sigilo absoluto até sua realização, somente pode ser imediato e mediante solicitação perante a autoridade que presida as investigações. Nem ela e nem mesmo o magistrado podem vedar esse acesso sob pena de inconstitucionalidade e abuso de poder. Para dizer a verdade, o dispositivo do artigo 23 soa absolutamente supérfluo em face do tratamento constitucional do tema, das normas do Estatuto da OAB e da própria Súmula Vinculante 14 do STF. Parece que esse artigo somente vem para complicar as situações e trazer inconstitucionalidade em tudo que já estava razoavelmente solucionado. Agora, então a autoridade presidente se verá compelida a vedar o acesso aos autos de investigação ao advogado, no aguardo de uma decisão judicial que somente burocratiza e obstaculiza o exercício de defesa nessa fase. Surge ainda mais uma dúvida que já era solvida pelo Estatuto da OAB: precisaria o defensor, para o acesso aos autos, ter procuração do seu cliente? Para o Estatuto isso não é necessário. E é correto, já que se deve procurar o máximo de desburocratização no exercício da defesa na fase preliminar da persecução penal, já que é mesma informal. No entanto, havendo na lei a exigência de requerimento prévio em juízo, fica a dúvida sobre a necessidade ou não de procuração para tanto. Em nosso entender o dispositivo não tem força vinculante, vigora, mas é inválido perante a ordem constitucional, de modo que não há necessidade de procuração e nem mesmo de autorização judicial. Mas isso somente será realmente firmado quando o STF declarar a inconstitucionalidade aqui antevista. Por ora, estarão as autoridades amarradas a esse dispositivo até porque, a depender da postura deste ou daquele magistrado, podem estar sujeitas a represálias administrativas e até penais nos termos do artigo

20 da Lei 12.850/13. Isso seria um absurdo. Mas seria apenas mais um dos absurdos no sistema jurídico brasileiro, de modo que, como se diz popularmente, "o que é mais uma ferida para um leproso"?

No mesmo sentido crítico:

> "Sob outro prisma, não se compreende o sentido da autorização judicial prévia, tendo em vista constituir direito do defensor do indiciado acessar os autos de investigação sempre que quiser. Entretanto, burocratizou-se o referido acesso, devendo o defensor despachar petição com o magistrado para tomar conhecimento das diligências investigatórias."[352]

O Parágrafo Único do artigo 23 ao menos assegura algum exercício mais intenso da defesa e da autodefesa na fase investigatória quando em andamento sob sigilo. Determina o dispositivo que, quando do depoimento do investigado nessa situação, seu defensor deva ter acesso prévio aos autos no prazo mínimo de três dias que antecedam ao ato. Esse prazo poderá ser ampliado a critério da autoridade responsável pela investigação. A ampliação não é determinada numericamente pela lei, de modo que dependerá da discricionariedade da autoridade e da razoabilidade em cada caso concreto. Essa ampliação poderá dar-se de ofício pela iniciativa da autoridade ou a requerimento do defensor, devidamente fundamentado. Entende-se que a obrigatoriedade de vista prévia aos autos com ao menos 3 dias de antecedência antes do interrogatório ou declarações do investigado somente é válida para os casos de sigilo judicialmente decretado, conforme o artigo 23, tendo em vista a própria topologia do dispositivo e o fato de que não havendo sigilo parece que o acesso aos autos será mais que natural de acordo com as normas já existentes, não havendo motivação para tratamento excepcional. O que pode gerar alguma dúvida sobre se essa regra é aplicável a quaisquer casos de investigação sobre crime organizado é o fato de que o legislador "fez o favor" de escrever na lei "ainda que classificados como sigilosos" (*sic*), o que pode dar a entender que essa vista prévia de três dias seria aplicável aos casos sigilosos e também aos demais. No entanto, pelos motivos já expostos, entende-se que essa interpretação não se sustenta e aquela passagem infeliz somente pode ser compreendida como um recurso de ênfase usado (diga-se de passagem, "mal usado")

352 NUCCI, Guilherme de Souza. Op. cit., p. 102.

pelo legislador para deixar bem claro que o sigilo não seria jamais obstáculo para o assegurar desse direito do defensor e de seu constituído. Ademais, como se sabe, não é todo investigado que tem advogado constituído desde a fase de investigação. Dessa forma, havendo advogado atuante nos autos, deverá ser este notificado pela autoridade quanto ao prazo para vistas. Não havendo, deverá ser o próprio indiciado notificado quanto a este direito, bem como, obviamente, ao direito de um defensor. Fato é que exercido ou não esse direito dentro do prazo estabelecido, a oitiva do investigado poderá ser levada a efeito sem qualquer prejuízo, pois que se trata de direito disponível nessa fase inquisitória.

6.5.3 – ALTERAÇÃO DO ARTIGO 288, CP (QUADRILHA OU BANDO)

O artigo 24 da Lei 12.850/13, visando eliminar definitivamente qualquer espécie de confusão possível entre o ilícito de Quadrilha ou Bando com as Organizações Criminosas, altera a redação do artigo 288, CP, e acaba com o "nomen juris" "Quadrilha ou Bando." Doravante o artigo 288, CP, descreve o crime de nome "Associação Criminosa" que consiste na conduta de "associarem-se três ou mais pessoas, para o fim específico de cometer crimes."

O ilícito continua sendo de concurso necessário ou plurissubjetivo e o bem jurídico tutelado é a paz pública, mas a partir de agora não são mais necessárias quatro ou mais pessoas como antes, mas apenas três ou mais indivíduos, de modo a acentuar a diversidade em relação ao Crime de Organização Criminosa que, logo de início, afora outros requisitos, exige o mínimo de quatro pessoas para sua conformação.

No estudo do conceito de organização criminosa e do crime de organização criminosa já foram abordados os eventuais conflitos com a qualificadora do crime de extorsão mediante sequestro ("bando ou quadrilha - artigo 159, § 1º, CP) e com o próprio Crime de Organização Criminosa (artigo 2º, da Lei 12.850/13), para onde se remete o leitor.

Repete-se, porém, que não ocorreu em relação à antiga "Quadrilha ou Bando" o fenômeno da "Abolitio Criminis", mas sim "continuidade normativo-típica" na forma de "novatio legis in pejus", já que o novo tipo penal é menos exigente para sua configuração no que tange ao número de componentes da "Associação Criminosa." Portanto, tal tipo penal não pode retroagir a fatos pretéritos. Porém, nesse aspecto ocorre um fato inusitado, o "caput" constitui "novatio legis in pejus" como já demonstrado, não podendo retroagir, mas a causa de aumento de pena devido à associação ser armada constitui, em parte, "novatio legis in mellius", isso porque antes da alteração o aumento era do dobro para este caso e agora é de somente até a metade. Dessa maneira, em casos de pessoas condenadas por "Quadrilha ou Bando" armado, a majorante nova deverá retroagir a fim de beneficiar os réus ou condenados que cumprem pena, ajustando quantitativamente as sanções. Note-se que o aumento nem sequer é fixo na metade, mas diz a lei que é de *até* a metade, de forma que pode ser de menos que a metade. É um mistério insondável a razão pela qual o legislador teria operado essa *benesse* aos criminosos que se associaram e associarão com emprego de armas! Diz-se que o Parágrafo Único que traz aumento de pena para a "Associação Criminosa" constitui "novatio legis in mellius" apenas *em parte* porque nele passa a ser prevista uma causa nova de aumento, qual seja, a "participação de criança ou adolescente." Isso não tinha previsão antes no artigo 288, Parágrafo Único, CP, razão pela qual é "novatio legis in pejus", tal qual o "caput" e, portanto, também não pode retroagir a antigos condenados.

Surge aqui um conflito aparente de normas com o crime de "Corrupção de Menores" previsto no artigo 244–B do ECA (Lei 8.069/90). A solução é a não aplicação nesses casos de "Associação Criminosa" majorada pela presença de crianças ou adolescentes do crime do artigo 244 – B do ECA, isso devido ao Princípio da Especialidade e para evitar "bis in idem."

Também não há confundir a "Associação Criminosa" com o crime de "Constituição de Milícia Privada", previsto no artigo 288–A, incluído no Código Penal pela Lei 12.720/12. Aliás, esse crime não se confunde nem com a "Associação Criminosa" nem com o Crime de Organização Criminosa (artigo 2º, da Lei 12.850/13). No primeiro caso a diversidade está em que a constituição de milícia privada é uma manifestação particular da antiga "Quadrilha ou Bando", hoje "Associação Criminosa", tendo seus elementos próprios e diversificadores. Já quanto ao segundo caso ("Organização Criminosa"), há que verificar se estão ou não presentes todos os requisitos do artigo 2º c/c artigo 1º, § 1º, da Lei 12.850/13. Nesse caso prevalecerá a legislação especial (Princípio da Especialidade), sem concurso de crimes com o artigo 288 – A para evitar o "bis in idem." Mas, se não estiverem presentes os requisitos da "Organização Criminosa", será então o caso de aplicação pura e simples do artigo 288 – A, CP.

Ainda quanto ao concurso de crimes, é importante salientar que tanto no artigo 2º, da Lei 12.850/13 (preceito secundário), quanto no artigo 288 – A, CP, ou mesmo no artigo 288, CP, haverá concurso material com os crimes eventualmente praticados pelos grupos criminosos. Somente se afasta o concurso entre esses ilícitos de associações criminosas porque aí então se operaria especificamente o fenômeno do "bis in idem", o que não ocorre em relação a outros ilícitos perpetrados pelos respectivos grupos criminosos.

Retornando à análise da "Associação Criminosa" e sua majorante em virtude de ser "armada", deve-se destacar que o legislador não restringiu a espécie de arma utilizada, nada impedindo que sejam armas brancas. No entanto, o mais comum será o emprego de armas de fogo. Nesse caso, além da causa de aumento, será possível a responsabilização individual de cada sujeito, de acordo com sua respectiva conduta, pelos crimes previstos no Estatuto do Desarmamento (Lei 10.826/03). O concurso será material, eis que uma conduta é a posse, porte, comercialização etc. de armas por determinados indivíduos e outra conduta independente é o ato de associar-se para a prática de crimes. Não se configura "bis in idem", tendo em vista que as condutas de porte, uso, transporte, venda etc., de armas de fogo em geral não se dão apenas no âmbito da "Associação", mas a antecedem ou mesmo prosseguem em momentos em que o indivíduo não está em atuação direta na conduta de "Associação Criminosa."

Outra alteração que ocorre no artigo 288 por força da Lei 12.850/13 é que antes estava disposto que constituía crime a associação de pessoas (eram então pelo menos quatro), "para o fim de cometer crimes." Agora diz a lei, mantendo o chamado "dolo específico", que a associação deve ser "para o fim *específico* de cometer crimes." Devido à pluralização da palavra (crimes) continua valendo a velha lição de que a associação com a finalidade de cometimento de um único ilícito, embora satisfaça o requisito numérico de pessoas, não serve para a configuração do delito. O grupo deve estar voltado para a prática de *crimes, no plural.* Mas haveria alguma alteração de monta com o surgimento da palavra *específico* antes não presente?

Entende-se que a inclusão da dita palavra somente vem a sublinhar o fato de que para a caracterização do crime de "Associação Criminosa", tal qual devia ocorrer com o crime de "Quadrilha ou Bando", mister se faz a comprovação do liame subjetivo com a finalidade *específica* de cometimento de crimes. Não havendo, não se configura o ilícito. No entanto, não tem a inclusão da palavra *específico* o condão de afastar a aplicação do tipo penal se um grupo de três ou mais pessoas for unido para a prática de crimes, mas também executar uma atividade lícita em conjunto, por exemplo. Digamos que um grupo de 10 pessoas abra uma empresa de moto-táxi e faça corridas normais, mas em meio a essas, devidamente escolhidas a dedo, também pratiquem, em conluio prévio, latrocínios de fregueses. A existência da atividade lícita em promiscuidade com os crimes não afastará jamais a configuração da "Associação Criminosa." Como afirmado, a palavra *específico* apenas vem para dar ênfase na necessidade de prova concreta do liame subjetivo entre os agentes com o fim (dolo específico) de cometer crimes.

Neste sentido:

> "Inseriu-se, ainda, o termo *específico* na finalidade (para o fim *específico* de cometer crimes). A alteração não provoca nenhum efeito prático, mas somente consolida a ideia de se demandarem estabilidade e durabilidade para a associação, ou seja, não se pode considerar associação criminosa o mero concurso de pessoas para o cometimento de um crime."[353]

Não se configura a "Associação Criminosa" se a finalidade do grupo é a de cometer Contravenções Penais. Trata-se de pura aplicação do Princípio da Legalidade, já que a legislação menciona apenas "crimes."

Para a conformação do número mínimo de participantes contam pessoas inimputáveis etárias e mentais.

Não há falar em tentativa, eis que se trata de crime de atentado, de empreitada ou de empreendimento, em que a mera intenção grupal já é criminalizada, como se o legislador se adiantasse no "iter criminis" até o momento da cogitação ("cogitatio"). No entanto, reforça-se que o eventual cometimento efetivo de crimes não configura mero exaurimento, mas leva ao concurso material de infrações com o artigo 288, CP.

O crime é comum, podendo ser cometido por qualquer pessoa, bem como é permanente, protraindo-se a consumação enquanto perdurar a associação entre os componentes do grupo.

Finalmente importa destacar que segue em pleno vigor o artigo 8º, da Lei dos Crimes Hediondos (Lei 8.072/90), que prevê uma pena mais rigorosa, de 3 a 6 anos de reclusão, quando a "Associação Criminosa" for

353 Op. cit., p. 106.

constituída para o fim de cometer crimes que sejam catalogados como hediondos ou equiparados. Não há qualquer dificuldade quanto a essa conclusão porque a Lei dos Crimes Hediondos faz referência somente ao artigo 288, CP, e não ao "nomen juris" modificado de "Quadrilha ou Bando." Aqui, portanto, não ocorrerá a possível celeuma que reveste a questão da qualificadora de "bando ou quadrilha" prevista no crime de extorsão mediante sequestro (artigo 159, § 1º, "in fine", CP). Frise-se ainda que se excetua da aplicação do artigo 288, CP c/c 8º, da Lei 8.072/90, a associação para o tráfico de drogas. Embora o tráfico de drogas seja crime equiparado a hediondo e, até por equívoco e verborragia do legislador, esteja citado no corpo do artigo 8º, da Lei 8.072/90, há que prevalecer a "Associação para o Tráfico" prevista no artigo 35 da Lei 11.343/06, legislação posterior e especial.

6.5.4 – ALTERAÇÃO DO ARTIGO 342, CP (ARTIGO 25)

A Lei 12.850/13 também muda o crime de "Falso Testemunho ou Falsa Perícia" previsto no artigo 342, CP.

A redação da conduta em si permanece intacta. Apenas muda a pena cominada que passa de reclusão, de 1 a 3 anos, e multa para reclusão, de 2 a 4 e anos, e multa. Também não se alteram os demais dispositivos do artigo 342 (aumento de pena do § 1º e exclusão de punibilidade do § 2º).

Trata-se de "novatio legis in pejus", eis que há um aumento considerável da sanção penal dobrando a pena mínima e acrescentando um terço à pena máxima. Assim sendo, o novo preceito secundário não pode ter aplicação retroativa.

6.5.5 – REVOGAÇÃO DA ANTIGA LEI DO CRIME ORGANIZADO (ARTIGO 26)

Como não poderia ser diferente, a Lei 12.850/13 opera a revogação expressa e integral da Lei 9.034/95 que tratava da repressão ao crime organizado.

6.5.6 – A "VACATIO LEGIS"

O artigo 27 da Lei 12.850/13 não permite sua entrada imediata em vigor, estabelecendo uma "vacatio legis" de 45 dias a partir de sua publicação oficial.

CONCLUSÃO

No decorrer deste texto foi desenvolvida a temática da Criminalidade Organizada, tendo como inspiração a edição da Lei 12.850/13, que altera o tratamento da matéria no Brasil.

Entretanto, como logo de início se percebe o problema da Criminalidade Organizada não é simples, ao reverso, trata-se de questão complexa, apresentando múltiplos aspectos que devem, num estudo sério e aprofundado, ser abordados e desenvolvidos.

Por isso a obra foi inaugurada com o estudo do fenômeno da Globalização Econômica, dando seus contornos básicos, vantagens e desvantagens em uma abordagem interdisciplinar histórica, social, cultural, financeira e econômica.

Mediante a análise desse fenômeno da globalização, em especial em seu aspecto econômico, pode-se constatar sua influência no surgimento e desenvolvimento do atual estágio da Criminalidade Organizada, tudo propiciado ou ao menos facilitado e reforçado pelas características fluidas da nova ordem econômica global. Seus impactos são relevantes para a devida compreensão da complexidade e características da Criminalidade Organizada contemporânea. Dentre esses fatores são destacáveis a diluição do poder, a globalização da riqueza, a globalização da comunicação, o que redunda na globalização do crime organizado.

O contexto contemporâneo em conjunto com a evolução histórica dos fatos é apresentado como ensejador de uma "conexão do mal" que torna possível uma "economia da criminalidade global." A partir dessa premissa é possível descrever o processo de globalização organizacional da criminalidade com suas consequências intimidadoras, predadoras e dominadoras. Também é viável descrever os modelos ou paradigmas do crime organizado, esboçando com a doutrina nacional e internacional seus contornos básicos essenciais e contingentes.

Frente ao quadro exposto surge inevitavelmente o desafio do enfrentamento da criminalidade organizada, o qual passa por diversas dimensões, a saber: ética, política, cultural e jurídica. Isso novamente demonstra a complexidade da questão; complexidade no sentido de se tratar de um problema que enreda numa teia bem tecida uma série de fatores e aspectos que não podem ser desprezados sob pena de se recair em um reducionismo meramente simbólico tanto da legislação como dos aplicadores das leis.

Finda a exposição dessas informações cruciais para a devida compreensão do fenômeno da criminalidade organizada em nível mundial e local, passou-se aos comentários dos diversos dispositivos da Lei 12.850/13, sendo de se destacar que a novel legislação tem seus méritos e lacunas ou até mesmo equívocos, mas não pode ser desprezada, pois constitui um legítimo esforço, ao menos no campo jurídico-penal, para a instrumentalização do Estado a fim de fazer frente ao fenômeno da criminalidade organizada.

REFERÊNCIAS

ABBAGNANO, Nicola. *Dicionário de Filosofia*. Trad. Alfredo Bosi e Ivone Castilho Benedetti. São Paulo: Martins Fontes, 2003.

AGLIETTA, Michel. *Régulation et Crises du Capitalisme*. Paris: Vrin, 1976.

ALBANESE, Jay S. *Organized Crime in our Times*. 5. ed. New York: Lexis–Nexis 2007.

ALEO, Salvatore. *Sistema Penale e criminalità organizzata: le figure delituose associative*. 3. ed. Milano: Giuffré, 2009.

ALIGHIERI, Dante ALIGHIERI, *A Divina Comédia*. Rio de Janeiro: Ediouro, 1999.

AMORIM, Carlos. *Assalto ao Poder: o crime organizado*. Rio de Janeiro: 2010, Record.

ANARTE BORRALO, Enrique. *Conjeturas sobre la criminalidad organizada*. Huelva: Universidad de Huelva, 1999.

ARENDT, Hannah. *A vida do espírito: o pensar, o querer, o julgar*. Trad. de Antonio Abranches; César Augusto R. de Almeida; Helena Martins. 2. ed. Rio de Janeiro: Relume–Darumã, 1993.

ARISTÓTELES, *A Ética*. Rio de Janeiro: Ediouro, 1985.

ARISTÓTELES. *Ética a Nicômano*. São Paulo: Abril Cultural, 1973.

AVOLIO, Luiz Francisco Torquato. *Provas Ilícitas – Interceptações telefônicas, ambientais e gravações clandestinas*. 3. ed. São Paulo, RT, 2003.

BACHOF, Otto. *Normas constitucionais inconstitucionais?* Trad. José Manuel M. Cardoso da Costa. Coimbra: Atlântida, 1977.

BAITELLO JUNIOR, Norval. *O animal que parou os relógios*. São Paulo: Annablume, 1997.

BARROS, Flávio Augusto Monteiro de. *Direito Penal Parte Geral.* Volume 1. 8ª. ed. São Paulo: Saraiva, 2010.

BAUMAN, Zygmunt. *Vida líquida.* Trad. de Carlos Alberto Medeiros Rio de Janeiro: J. Zahar, 2007.

__________. *Vida para o consumo: a transformação das pessoas em mercadoria.* Trad. de Carlos Alberto Medeiros. Rio de Janeiro: J. Zahar, 2008.

BERMAN, Marshall. *Tudo o que é sólido desmancha no ar: a aventura da modernidade.* Trad. de Carlos Felipe Moisés e Ana Maria L. Ioriatti. São Paulo: Companhia das Letras, 1991.

BIANCHINI, Alice. Aspectos subjetivos da sentença penal, *Revista Brasileira de Ciências Criminais.* nº 22, p. 38, abr./jun., 1998.

BÍBLIA. Português. *Bíblia de Jerusalém.* Trad. de Samuel Martins Barbosa et. al. São Paulo: Paulinas, 2006.

BIZZOTTO, Alexandre, RODRIGUES, Andréia de Brito. *Nova Lei de Drogas.* 2ª. ed. Rio de Janeiro: Lumen Juris, 2007.

BLOCK, Alan A.; William, J. *Organizing Crime.* New York: Cardiff, 1981.

BONFIM, Edilson Mougenot. *Curso de Processo Penal.* 7. ed. São Paulo: Saraiva, 2012.

__________. *Reforma do Código de Processo Penal.* São Paulo: Saraiva, 2011.

BONFIM, Márcia Monassi Mougenot, BONFIM, Edílson Mougenot. *Lavagem de Dinheiro.* 2ª. ed. São Paulo: Malheiros, 2008.

BOYER, R. *La théorie de la régulation.* Paris: La Decouverte, 1987.

BRAUDEL, Fernand. *Civilisation Matérielle et Capitalisme: XV–XVII siècle.* Paris: Armand Colin, 1967.

BUCKLEY, Peter. *Cooperative Forms of Transnational Corporation Activity.* London: Routledge, 1994.

CABETTE, Eduardo Luiz Santos. Inconstitucionalidade do artigo 17–D da Lei 9.613/98 (Lavagem de Dinheiro). Disponível em www.jus.com.br , acesso em 21.08.2013.

__________. *Interceptação Telefônica.* 2. ed. São Paulo: Saraiva, 2011.

__________. *Lei 12.403 Comentada – Medidas cautelares, prisões provisórias e liberdade provisória.* Rio de Janeiro: Freitas Bastos, 2013.

___________. O papel do Inquérito Policial no Sistema Acusatório - O modelo brasileiro. *Revista Brasileira de Ciências Criminais* nº 35, p. 185–201, jun./set., 2001.

___________. Primeiras Impressões sobre a Lei 12.830/13 - Investigação Criminal Conduzida pelo Delegado de Polícia. Disponível em www.atualidadesdodireito.com.br/eduardocabette/, acesso em 24.08.2013.

___________. *Responsabilidade Penal da Pessoa Jurídica - Breve Estudo Crítico*. Curitiba: Juruá, 2006.

CAMBI, Eduardo. *Neoconstitucionalismo e Neoprocessualismo*. São Paulo: RT, 2009.

CANALS, Jordi. Universal Banking: international comparisons and theoretical perspectives. Oxford: Oxforf University Press, 1997.

CARNELUTTI, Francesco. *As misérias do processo penal*. Trad. José Antonio Cardinalli. Campinas: Conan, 1995.

CARRAPIÇO, Helena. *O crime organizado e as novas tecnologias: uma faca de dois gumes*. São Paulo: Instituto de Defesa Nacional, 2005.

CARVALHO, Djalma Eutímio de. *Curso de Processo Penal*. Rio de Janeiro: Forense, 2007.

CARVALHO, Olavo de. *O Imbecil Coletivo I*. Bandidos & Letrados. São Paulo: É realizações, 2006.

___________. *O mínimio que você precisa saber para não ser um idiota*. 3. ed. Rio de Janeiro: Record, 2013.

CASTELLS, Manuel. *End of Millennium*. New York: The Johns Hopkins University Press, 2002.

___________. *The Power of Identity*. Oxford: Blackwell Publishers, 2010.

___________. *The Rise of the Network Society*. 2. ed. Oxford: Blackwell Publishers, 2000.

CHAMBERLIN, Henry Barret. *Some observations concerning organized crime*. Chicago: Chicago University Press, 1931.

CHESNAIS, François. *La Mondialisation du Capital*. Paris: Syros, 1964.

CHOUKE, Fauzi Hassan. *Garantias Constitucionais na Investigação Criminal*. São Paulo: RT, 1995.

CINTRA, Antonio Carlos Araujo, GRINOVER, Ada Pellegrini, DINAMARCO, Cândido Rangel. *Teoria Geral do Processo*. 8. ed. São Paulo: RT, 1991.

COMTE-SPONVILLE, André. *O capitalismo é moral?: sobre algumas coisas ridículas e as tiranias do nosso tempo.* Trad. de Eduardo Brandão. São Paulo: Martins Fontes, 2011.

___________. *Pequeno tratado das grandes virtudes.* Trad. de São Paulo: Martins Fontes, 1999.

CONFÚCIO. Exagero. Disponível em www.reflexoeseutopias.wordpress.com , acesso em 24/08/2013.

CORDERO, Franco. *Guida alla Procedura Penale*. Torino: UTET, 1986.

CRESSEY, Donald R. *Theft of the Nation: the structure and operations of organized crime in America.* Santa Barbara: University of California, 1969.

CRUZ, Rogério Schietti Machado. *Prisão Cautelar*. 2. ed. Rio de Janeiro: Lumen Júris, 2011.

DAHL, Robert. *Polyarchy: participation and opposition*. New Haven: Yale University, 1972.

DANIELS, P. W. Service Industries in the World Economy. Oxford: Blackwell, 1993.

DAVID, P. A. *Thecnical Choice Innovation and Economic Growth: essays on american and british experiment in the nineteenth century.* London: Cambridge University Press, 1975.

DELMANTO JÚNIOR, Roberto. Garantismo, legalidade e interpretação da lei penal. *Revista Brasileira de Ciências Criminais* nº 67, p. 218, jul./ago., 2007.

DEZEM, Guilherme Madeira. Medidas cautelares pessoais: primeiras reflexões. *Boletim IBCCrim*. nº 223, p. 15, jun., 2011.

DIAS, Jorge Figueiredo. *A criminalidade organizada: do fenômeno ao conceito jurídico-penal.* Revista Brasileira de Ciências Criminais. São Paulo: v. 16, p. 11-30, nº 71, 2008.

DUNNING, John. *Multinational Enterprises and the Global Economy.* Reading-Ma: Addison-Wesley, 1993.

DUNNING, John. *Multinational Enterprises and the Global Economy.* Reading-MA: Addison-Wesley, 1993.

DUYNE, Petrus C. Van. *Organized Crime in Europe.* New York: Commack,1996.

ENUNCIADOS do II Fórum de Juizados Especiais do Estado de SP. Disponível em www.aasp.jusbrasil.com.br , acesso em 24.08.2013.

ESPÍNOLA, Eduardo, ESPÍNOLA FILHO, Eduardo. *A Lei de Introdução ao Código Civil Brasileiro.* Volume 1. 3ª. ed. Rio de Janeiro: Renovar, 1999.

FAYET, Paulo. *Da criminalidade organizada.* Porto Alegre: Núria Fabris, 2012.

FERRO, Ana Luiza Almeida. *Crime Organizado e Organizações Criminosas Mundiais.* Curitiba: Juruá, 2009.

FONTOVA, Humberto. *Fidel, o tirano mais amado do mundo.* Trad. Rodrigo Simonsen. São Paulo: Leya, 2012.

FOSCHINI, Gaetano. Sistema del diritto processuale penale. Volume 1. Milão: Giuffrè, 1965.

FULVETTI, Gianluca. *The Mafia and the Problem of the Mafia: organised crime in Italy.* 1820-1970. Pisa: University of Pisa Press, 1975.

GALIMBERTI, Umberto. *Os vícios capitais e os novos vícios.* Trad. de Sérgio José Schirato. São Paulo: Paulus, 2004.

GARCIA DE PAZ, Isabel Sanchez. *Concepto y Perfil Criminológico de la Delincuencia Transnacional Organizada.* Madrid: Colex , 2005.

GIDDENS, Anthony. *A Contemporary Critique of Historical Materialisme: the nation-state and violence.* Berkeley: University of California Press, 1985.

GILPIN, Robert. *O Desafio do Capitalismo Global.* Rio de Janeiro: Record, 2004.

GIORGIS, José Carlos Teixeira. *A lide como categoria comum do processo.* Porto Alegre: Letras Jurídicas, 1991.

GOMÁ, Javier. *Ejemplaridad Pública.* Madrid: Taurus, 2009.

GOMES, Décio Luiz Alonso. Proteção aos réus colaboradores (Ou da barganha com a criminalidade). *Boletim IBCCrim.* nº 82, p. 12, set., 1999.

GOMES, Luiz Flávio (coord.). *Nova Lei de Drogas Comentada*. São Paulo: RT, 2006.

GOMES, Luiz Flávio, CERVINI, Raúl. *Interceptação telefônica*. São Paulo: RT, 1997.

__________. *Crime Organizado*. 2. ed. São Paulo: RT, 1997.

GOMES, Luiz Flávio, MARQUES, Ivan Luís (coord.). *Prisão e Medidas Cautelares*. 2ª. ed. São Paulo: RT, 2011.

GONÇALVES, Victor Eduardo Rios. *Crimes Hediondos, Tóxicos, Terrorismo e Tortura*. São Paulo: Saraiva, 2001.

GOULD, Stephen Jay. *The Mismeasure of Man*. New York: W.W. Norton & Company, 1981.

GRAMPO vira função da PM em São Paulo. Disponível em www.adpesp.org.br , acesso em 24.08.2013.

GRECO FILHO, Vicente. *Interceptação telefônica*. São Paulo: Saraiva, 1996.

GRECO FILHO, Vicente, RASSI, João Daniel. *Lei de Drogas Anotada*. 3. ed. São Paulo: Saraiva, 2009.

GRECO, Rogério. *Curso de Direito Penal Parte Geral*. Volume I. 15. ed. Niteroi: Impetus, 2013.

GRINOVER, Ada Pellegrini, "et. al." *Juizados Especiais Criminais*. 4. ed. São Paulo: RT, 2002.

GRINOVER, Ada Pellegrini. A iniciativa instrutória do juiz no processo penal acusatório, *Revista Brasileira de Ciências Criminais* nº 27, p. 71–79, jul./set., 1999.

__________. *Liberdades Públicas e Processo Penal*. São Paulo: Saraiva, 1976.

__________. O regime brasileiro das interceptações telefônicas. *Revista Brasileira de Ciências Criminais* nº 17, p. 115, jan./mar., 1997.

ZIEGLER, Jean. *Os senhores do crime: as novas máfias contra a democracia*. Trad. de Clóvis Marques. Rio de Janeiro: Record, 2003.

HASSEMER, Winfried. *Límites del Estado de Derecho para el combate contra la Criminalidad Organizada*. Revista de Estudos Criminais. São Paulo: v. 5, p. 11–16, nº 19, 2003.

____________. *Perspectivas de uma moderna política criminal: três temas de direito penal.* Porto Alegre: AMP, 1993.

HEGEL, George Wilhelm Friedrich. *Enciclopédia das ciências filosóficas em compêndio. A Filosofia do Espírito.* Trad. de Paulo Meneses e José Machado. São Paulo: Loyola, 1995.

HOBBS, Dick. *Criminal Collaboration: youth gangs, subcultures, professional criminals and organised crime.* 2. ed. Oxford: Clarendon Press, 1997.

HOBSBAWM, Eric J. *Era dos Extremos: o breve século XX.* Trad. de Marcos Santarrita. 2. ed. São Paulo: Companhia das Letras, 1995.

HOOGVELT, Ankie. *Globalisation and the Postcolonial World: the new political economy of development.* London: Macmillan, 1997.

HUTTON, Will. *The State We Are In.* London: Jonathan Cape 1995.

IANNI, Octavio. *Teorias da globalização.* 4. ed. Rio de Janeiro: Civilização Brasileira, 1997.

IHONVBERE, Julius O. *The Third World and the New World Order in the 1990s.* New York: Futures, 1992.

JAKOBS,Günther; Cancio Meliá, Manuel. *Derecho Penal del Enemigo.* Buenos Aires: Hammurabi, 2007.

JESUS, Damásio Evangelista de. *Direito Penal.* Volume 1. 33. ed. São Paulo: Saraiva, 2012.

JUDT, Tony. *O mal ronda a Terra: um tratado sobre as insatisfações do presente.* Trad. Celso Nogueira. Rio de Janeiro: Objetiva, 2011.

KANT, Immanuel. *A religião no simples limite da razão.* Trad. de Artur Morão. Lisboa: Edições 70, 1992.

KHEL, Maria Rita. Do narcisismo das elites ao narcisismo das massas. *Revista Brasileira de Ciências Criminais* nº 16, out./dez., 1996.

KLERKS, Peter. *Transnational Organised Crime: perspectives on global security.* London: Routledge, 2003.

KUNDERA, Milan. *A insustentável leveza do ser.* Trad. Teresa Bulhões Carvalho da Fonseca. São Paulo: Companhia das Letras, 2008.

LEMBO, Cláudio. *A pessoa e seus direitos.* Baureri: Manole, 2007.

LIPOVETSKY, Gilles. *A era do vazio*: ensaios sobre o individualismo contemporâneo. Trad. de Therezinha Monteiro Deutsch. Barueri: Manole, 2005.

LOPES JÚNIOR, Aury. *Sistemas de Investigação Preliminar no Processo Penal*. 2ª. ed. Rio de Janeiro: Lumen Júris, 2003.

LYOTARD, Jean-François. *A condição pós-moderna*. Trad. de Ricardo Correia Barbosa. Rio de Janeiro: José Olympio, 1986.

MACDONALD, Greg. *The Emergence of Multimedia Conglomerates*. Genebra: ILO 1990, p. 35-37.

MAIEROVITCH, Walter Fanganiello. *Novas tendências da criminalidade mafiosa*. São Paulo: Unesp, 2010.

MALATESTA, Nicola Framarino Dei. *A lógica das provas em matéria criminal*. Trad. Paolo Capitanio. Campinas: Bookseller, 1996.

MARCÃO, Renato. *Estatuto do Desarmamento*. São Paulo: Saraiva, 2008.

__________. *Prisões Cautelares, Liberdade Provisória e Medidas Cautelares Restritivas*. São Paulo: Saraiva, 2011.

MATTERLAT, Armand. *La communication-monde: histoires des idées e des strategies*. Paris; La Decouverte, 1991.

MAXIMILIANO, Carlos. *Hermenêutica e Aplicação do Direito*. Rio de Janeiro: Forense, 1999.

MAZZUOLI, Valério de Oliveira. *O controle jurisdicional da convencionalidade das leis*. São Paulo: RT, 2009.

MCLUHAN, Herbert Marshall. *The Gutenberg Galaxy: the making of typographic man*. Toronto: University of Torornto Press, 1962.

MEDINA ARIZA, J.J. *Una Introducción al Estúdio Criminológico del Crimen Organizado*. Huelva: Universidad de Huelva, 1999.

MELLO, Silvia Leser de. A cidade, a violência e a mídia. *Revista Brasileira de Ciências Criminais* nº 21, p. 194, jan./mar., 1998.

MENDONÇA, Andrey Borges de. *Prisão e outras medidas cautelares pessoais*. Rio de Janeiro: Forense, 2011.

MENDRONI, Marcelo Batlouni. *Crime Organizado*. 2. ed. São Paulo: Atlas, 2007.

Miguel REALE, *Teoria Tridimensional do Direito*. 5 ed. São Paulo: Saraiva, 1994.

MINGARDI, Guaracy. *O Estado e o Crime Organizado*. São Paulo: Universidade de São Paulo, 1996.

MONTEIRO, Antonio Lopes. *Crimes Hediondos*. 8. ed. São Paulo: Saraiva, 2008, p. 131.

MORAES, Alexandre de. *Direito Constitucional*. 10. ed. São Paulo: Atlas, 2001.

MOREAU DEFFARGES, Philippe. *La mondialisation: vers la fin des frontieres?* Paris: Dunod, 1993.

MOREIRA, Rômulo de Andrade. A nova lei de organização criminosa - Lei nº 12.850/13. Disponível em www.atualidadesdodireito.com.br, acesso em 01/09/2013.

MUCCIO, Hidejalma. *Curso de Processo Penal*. 2. ed. Rio de Janeiro: Forense, 2011.

NAVARRO, Vicente. *The Politics of Health Policy*. Oxford: Blackwell Publishers, 1995.

NIEBUHR, Reinhold. *Moral Man and Immoral Society: a study in ethics and politics*. New York: Scribner's, 1960.

NUCCI, Guilherme de Souza. *Código Penal Comentado*. 9. ed. São Paulo: RT, 2008.

____________. *Organização Criminosa - Comentários à Lei 12.850, de 02 de agosto de 2013*. São Paulo: RT, 2013.

OLIVEIRA, Antonio Carlos. *O Cangaço*. 2. ed. São Paulo: Ática, 1997.

PACELLI, Eugenio. Atualização do Curso de Processo Penal - Comentários ao CPP - Lei 12.850/13. Disponível em www.eugeniopacelli.com.br , acesso em 16.08.2013.

PASCHOAL, Janaina Conceição. *Constituição, Criminalização e Direito Penal Mínimo*. São Paulo: RT, 2003.

PETER-ALEXIS, Albrechte. *Kriminologie: eine Grundlegung zum Strafrecht*. München: Verlag C. H. Beck, 1999.

PHIL, Williams. *Organizing Transnational Crime: networks, markets and hierarchy*. London: Cass, 2005.

PIEPER, Joseph. *Die Wirklichkeit und das Gute*. München: Kösel, 1949.

PITOMBO, Antônio Sérgio Altieri de Moraes. *Organização Criminosa: nova perspectiva do tipo legal.* São Paulo: RT, 2009.

POULANTZAS, Nicos. *L'etat, le pouvoir et le socialisme.* Paris: Presses Universitaires de France, 1978.

PRADEL, Jean. La célerité de la procédure pénale en droit compare. *Revue Internationale de Droit Penal.* Toulouse: Érès. Volume 66, p. 323, jul./set., 1995.

REALE, Giovanni, ANTISERI, Dario. *História da Filosofia - Filosofia pagã antiga.* Volume 1. Trad. Ivo Storniolo. São Paulo: Paulus, 2003.

REIS, Marcus Vinícius. Tratados das Nações Unidas contra o Terrorismo Internacional. Disponível em marcusviniciusreis.files.wordpress.com, acesso em 18.08.2013.

ROCHA, Gabriela. STJ anula Satiagraha e condenação de Daniel Dantas. Disponível em www.conjur.com.br , acesso em 24.08.2013.

ROUSSEAU, Jean Jacques. *O Contrato Social.* São Paulo: Nova Cultural, 1987.

ROXIN, Claus. *Política criminal e sistema jurídico-penal.* São Paulo: Renovar, 2000.

SAÉNZ, José Montoya. *Introducción a algunos problemas de la historia de la etica.* Universidade de Valencia, Espanha: *manuscrito*, 1998.

SALES, Sheila Jorge Selim de. *Escritos de direito penal.* 2. ed. Belo Horizonte: Del Rey, 2005.

SALLA, Fernando. *Considerações sociológicas sobre o crime organizado no Brasil.* Revista Brasileira de Ciências Criminais. São Paulo: v. 16, p. 364-390, n. 71, 2008.

SANDEL, Michael J. *Justiça: o que é fazer a coisa certa.* Trad. de Heloísa Matias e Maria Alice Máximo. Rio de Janeiro: Civilização Brasileira, 2011.

____________. *O que o dinheiro não compra: os limites morais do mercado.* Trad. de Clóvis Marques. Rio de Janeiro: Civilização Brasileira, 2012.

SANNINI NETO, Francisco. Nova Lei das Organizações Criminosas e a Polícia Judiciária. Disponível em www.atualidadesdodireito.com.br/eduardocabette/ , acesso em 17.08.2013.

SANTOS, Boaventura de Sousa. *Pela Mão de Alice: o social e o político na pós-modernidade*. 7. ed. São Paulo: Afrontamento, 1999.

SANTOS, Juarez Cirino dos. *Crime Organizado*. Revista Brasileira de Ciências Criminais. São Paulo: v. 11, p. 214-224, nº 42, 2003.

SANTOS, Milton. *Por uma outra globalização: do pensamento único à consciência universal*. 16. ed. Rio de Janeiro: Record, 2008.

SCHILLER, Dan. *Digital Capitalism: networking in the global market system*. Cambridge: Mit Press, 1999.

SCHUMPETER, J. A. *Business Cycles: a theoretical, historical and statistical analysis of the capitalist process*. New York: McGraw-Hill, 1939.

SHAPIRO, Carl; VARIAN, Hal. *Information Rules: a strategic guide to the network economy*. Cambridge: Harvard Business School Press, 1999.

SILVA FRANCO, Alberto. *Globalização e Criminalidade dos Poderosos*. São Paulo: RT, 2000.

SILVA, Eduardo Araujo da. *Crime Organizado*. São Paulo: Atlas, 2003.

SOROS, George. *The crisis of global capitalism: open society endangered*. New York: Public Affairs, 1998.

SUTHERLAND, Edwin Hardin. *White collar crimes*. New York: Dryden Press, 1949.

SUZUKI, Cláudio Mikio, AZEVEDO, Vinicius Cotta. Organização Criminosa: confusões e inovações trazidas pela Lei 12.850/13. Disponível em www.atualidadesdodireito.com.br, acesso em 29.08.2013.

SYDOW, Spencer Toth. *Silk Road* e o novo problema do combate ao tráfico de entorpecentes. *Boletim IBCCrim*. n. 249, p. 8-9, ago., 2013.

TASSE, Adel El. Nova Lei de Crime Organizado. Disponível em www.atualidadesdodireito.com.br, acesso em 29.08.2013.

THOMPSON, Oliver. *A assustadora história da maldade*. Trad. de Mauro Silva. São Paulo: Ediouro, 2002.

TIPKE, Klaus. *Innere Sicherheit, Gewalt und Kriminälitat*. München: Kösel, 1998.

TORNAGHI, Hélio. *Curso de Processo Penal*. Volume 1. 7. ed. São Paulo: Saraiva, 1990.

TOURINHO FILHO, Fernando da Costa. *Processo Penal.* Volume 1. 21 ed. São Paulo: Saraiva, 1999.

TUCCI, Rogério Lauria. *Direitos e garantias individuais no processo penal brasileiro.* São Paulo: Saraiva, 1993.

VAZ, Henrique Cláudio de Lima. *Escritos de Filosofia IV. Introdução à Ética Filosófica 1.* São Paulo: Loyola, 1999.

___________. *Escritos de Filosofia II. Ética e Cultura.* São Paulo: Loyola, 1988.

WEBER, Max. *General Economic History.* Trad. Frank H. Knight. New York: Greenberg, 1927.

WEIL, Eric. *Philosophie Morale.* Paris: Vrin, 1961.

WELZEL, Hans. *Direito Penal.* Trad. Afonso Celso Rezende. Campinas: Romana, 2003.

WESSEL, Jan. *Organisierte Kriminalität und soziale Kontrolle.* Wiesbaden: Deutscher Universitätsverlag, 2001.

WOODIWISS, Michael. *Capitalismo Gangster.* Trad. C. E. de Andrade. Rio de Janeiro: Ediouro, 2007.

___________. *Organized Crime and American Power: a history.* Toronto: University of Toronto Press Incorporated, 2001.

ZAFFARONI, Eugenio Raúl, BATISTA, Nilo. *Direito Penal Brasileiro.* Volume II. 2. ed. Rio de Janeiro: Revan, 2010.

ZAFFARONI, Eugenio Raul. *Crime organizado: uma categorização frustrada.* Rio de Janeiro: GZ Editora, 2010.

___________. *Em busca das penas perdidas: a perda de legitimidade do sistema penal.* Trad. de Vânia Romano Pedrosa. Rio de Janeiro: Revan, 1991.

ZIEGLER, J. *Os Senhores do Crime: as novas máfias contra a democracia.* Trad. de Clóvis Marques. Rio de Janeiro: Record, 2003.